天道圣经注释

士师记注释

曾祥新　著

上海三联书店

出版说明

　　基督教圣经是世上销量最高、译文最广的一部书。自圣经成书后，国外古今学者注经释经的著述可谓汗牛充栋，但圣经的完整汉译问世迄今尚不到两个世纪。用汉语撰著的圣经知识普及读物（内容包括圣经人物、历史地理、宗教哲学、文学艺术、伦理教育等不同范畴）和个别经卷的研究注释著作陆续有见，唯全本圣经各卷注释系列阙如。因此，香港天道书楼出版的"天道圣经注释"系列丛书尤为引人关注。这是目前第一套集合全球华人圣经学者撰著、出版的全本圣经注释，也是当今汉语世界最深入、最详尽的圣经注释。

　　基督教是尊奉圣典的宗教，圣经也因此成为信仰内容的源泉。但由于圣经成书年代久远，文本障碍的消除和经义的完整阐发也就十分重要。"天道圣经注释"系列注重原文释经，作者在所著作的范围内都是学有专长，他们结合了当今最新圣经研究学术成就，用中文写下自己的研究成果。同时，尤为难得的是，大部分作者都具有服务信仰社群的经验，更贴近汉语读者的生活。

　　本注释丛书力求表达出圣经作者所要传达的信息，使读者参阅后不但对经文有全面和深入的理解，更能把握到几千年前的圣经书卷的现代意义。丛书出版后受到全球汉语圣经研习者、神学教育界以及华人教会广泛欢迎，并几经再版，有些书卷还作了修订。

　　现今征得天道圣经注释有限公司授权，本丛书由上海三联书店出版发行国内中文简体字版，我们在此谨致谢意。神学建构的与时俱进离不开对圣经的细微解读和阐发，相信"天道圣经注释"系列丛书的陆续出版,不仅会为国内圣经研习提供重要的、详细的参考资料,同时也会促进中国教会神学、汉语神学和学术神学的发展,引入此套注释系列可谓正当其时。

上海三联书店

天道圣经注释

本注释丛书特点：

- 解经（exegesis）与释经（exposition）并重。一方面详细研究原文字词、时代背景及有关资料，另一方面也对经文各节作仔细分析。
- 全由华人学者撰写，不论用词或思想方法都较翻译作品易于了解。
- 不同学者有不同的学养和专长，其著述可给读者多方面的启发和参考。
- 重要的圣经原文尽量列出或加上英文音译，然后在内文或注脚详细讲解，使不懂原文者亦可深入研究圣经。

天道书楼出版部谨启

目录

序言

　　"天道圣经注释"的出版是很多人多年来的梦想的实现。天道书楼自创立以来就一直思想要出版一套这样的圣经注释,后来史丹理基金公司也有了一样的期盼,决定全力支持本套圣经注释的出版,于是华人基督教史中一项独特的出版计划就正式开始了。

　　这套圣经注释的一个特色是作者来自极广的背景,作者在所著作的范围之内都是学有专长,他们工作的地点分散在全世界各处。工作的性质虽然不完全一样,但基本上都是从事于圣经研究和在学术方面有所贡献的人。

　　另外,一个值得注意的地方,是这套书中的每一本都是接受邀请用中文特别为本套圣经注释撰写,没有翻译的作品。因为作者虽然来自不同的学术圈子,却都是笃信圣经并出于中文的背景,所以他们更能明白华人的思想,所写的材料也更能满足华人的需要。

　　本套圣经注释在陆续出版中,我们为每一位作者的忠心负责任的工作态度感恩。我们盼望在不久的将来,全部出版工作可以完成,也愿这套书能帮助有心研究圣经的读者,更加明白及喜爱研究圣经。

荣誉顾问　鲍会园

主编序言

　　华人读者对圣经的态度有点"心怀二意",一方面秉承华人自身的优良传统,视自己为"这书的人"(people of the Book),笃信圣经是神的话;另一方面又很少读圣经,甚至从不读圣经。"二意"的现象不仅和不重视教导圣经有关,也和不明白圣经有关。感到圣经不易明白的原因很多,教导者讲授肤浅及不清楚是其中一个,而教导者未能精辟地讲授圣经,更和多年来缺乏由华人用中文撰写的释经书有关。"天道圣经注释"(简称为"天注")在这方面作出划时代的贡献。

　　"天注"是坊间现有最深入和详尽的中文释经书,为读者提供准确的数据,又保持了华人研读圣经兼顾学术的优美优良传统,帮助读者把古代的信息带入现代处境,可以明白圣经的教导。"天注"的作者都是华人学者,来自不同的学术背景,散居在香港、台湾地区以及东南亚、美洲和欧洲各地,有不同的视野,却同样重视圣经权威,且所写的是针对华人读者的处境。

　　感谢容保罗先生于 1978 年向许书楚先生倡议出版"天注",1980年 11 月第一本"天注"(鲍会园博士写的歌罗西书注释)面世,二十八年后已出版了七十多本。史丹理基金公司和"天注"委员会的工作人员从许书楚先生手中"接棒",继续不断地推动和"天注"有关的事工。如果顺利,约一百本的"天注"可在 2012 年完成,呈献给全球华人读者研读使用。

　　笔者也于 2008 年 10 月从鲍会园博士手中"接棒",任"天注"的主编,这是笔者不配肩负的责任,因多年来为了其他的工作需要而钻研不同的学科,未能专注及深入地从事圣经研究,但鲍博士是笔者的"恩师",笔者的处女作就是在他鼓励下完成,并得他写序推介。笔者愿意接棒，联络作者及构思"天注"前面的发展，实际的编辑工作由两位学有所成的圣经学者鲍维均博士和曾祥新博士肩负。

愿广大读者记念"天注"，使它可以如期完成，这是所有"天注"作者共同的盼望。

邝炳钊

2008 年 12 月

旧约编辑序

　　"天道圣经注释"的出现代表了华人学者在圣经研究上的新里程。回想百年前圣经和合本的出现,积极影响了五四运动之白话文运动。深盼华人学者在圣经的研究上更有华人文化的视角和视野,使福音的传播更深入社会和文化。圣经的信息是超时代的,但它的诠释却需要与时俱进,好让上帝的话语对当代人发挥作用。"天道圣经注释"为服务当代人而努力,小弟多蒙错爱参与其事,自当竭尽绵力。愿圣经的话沛然恩临华人读者,造福世界。

曾祥新

新约编辑序

　　这二十多年来，相继出版的"天道圣经注释"在华人基督教界成为最重要的圣经研习资源。此出版计划秉持着几个重要的信念：圣经话语在转变的世代中的重要，严谨原文释经的重要，和华人学者合作与创作的价值。在这事工踏进另一阶段的时候，本人怀着兴奋的心情，期待这套注释书能够成为新一代华人读者的帮助和祝福。

鲍维均

作者序

　　天道书楼出版"天道圣经注释"的构想非常有意思,因为华人教会在华人文化中生根建造,总需要有华人的观点与角度去理解圣经。当鲍会园牧师邀请我分担注释工作的时候,本来我是不敢答允的,因为我以往念的只是一点点西方人对圣经的解释而已,对中国书籍更很少研读。但结果我还是不自量力地答允了,希望一方面给自己一点鞭策的力量,另一方面让华人教会对神的宝贵话语有更多的研究和爱慕。从我答允写《士师记》注释到现在已经四年多了,由于牧会工作很忙碌,一直未能有较长的时间安静写作。感谢神的恩典,本书现在终于完成了。这本注释的大部分写作是在过去半年来完成的。这里我要谢谢我牧养的曼彻斯特华人基督教会,因为他们给了我半年的安息年假期,让我可以离开曼城,在剑桥的 Tyndale House 安静读书和写作。那里的研究人员也给了我很多帮助。我在这里也要谢谢内子和我们的三个小孩子,他们给了我最大的忍耐和鼓励,内子更为我审阅原稿,让这本注释可以如期完成。虽然如此,书中肯定会有"挂一漏万"的地方,还请读者指正。我的祈祷是,神的道在中国大地上更见兴旺。阿们。

曾祥新
1997 年 6 月
于英国曼彻斯特

简写表

AB	Anchor Bible
AJBA	*Australian Journal of Biblical Archaeology*
ASB	*Austin Seminary Bulletin*
AusBR	*Australian Biblical Review*
AUSS	*Andrews University Seminary Studies*
BA	*Biblical Archeologist*
BAR	*Biblical Archeology Review*
BASOR	*Bulletin of the American Schools of Oriental Research*
BBB	*Bulletin de Bibliographie Biblique*
BeO	*Bibbia e Oriente*
BHS	Biblia Hebraica Stuttgartensia
Bib	*Biblica*
BIOSCS	*Bulletin of the International Organization for Septuagint and Cognate Studies*
BJRL	*Bulletin of the John Rylands University Library of Manchester*
BN	*Biblische Notizen*
BR	*Biblical Research*
BRev	*Bible Review*
BS	*Bibliotheca Sacra*
BT	*The Bible Translator*
BTB	*Biblical Theology Bulletin*
BZ	*Biblische Zeitschrift*
CB	Century Bible

CBQ	*Catholic Biblical Quarterly*
CTQ	*Concordia Theological Quarterly*
EI	*Eretz Israel*
EstBib	*Estudos Biblicos*
EvQ	*The Evangelical Quarterly*
EvT	*Evangelische Theologie*
ExpTim	*Expository Times*
HAR	*Hebrew Annual Review*
HeyJ	*Heythrop Journal*
HTR	*Harvard Theological Review*
HUCA	*Hebrew Union College Annual*
ID	*Interpreter's Dictionary of the Bible*
IEJ	*Israel Exploration Journal*
Imm	*Immanuel*
IndJTh	*Indian Journal of Theology*
Interp	*Interpretation*
JAAR	*Journal of the American Academy of Religion*
JANES	*The Journal of the Ancient Near Eastern Society*
JAOS	*Journal of the American Oriental Society*
JBL	*Journal of Biblical Literature*
JBQ	*The Jewish Bible Quarterly*
JETS	*Journal of the Evangelical Theological Society*
JJS	*Journal of Jewish Studies*
JNES	*Journal of Near Eastern Studies*
JQR	*The Jewish Quarterly Review*
JSOT	*Journal for the Study of the Old Testament*
JSS	*Journal of Semitic Studies*
JTS	*Journal of Theological Studies*
Jud	*Judaism*
LB	*Linguistica Biblica*
Ma	*Maarav*
MQR	*Michigan Quarterly Review*

NEB	New English Bible
NTT	Nederlands Theologisch Tijdschrift
Or	Orientalia
OTE	Old Testament Essays
OTL	Old Testament Library
OTS	Oudtestamentische Studiën
PEGLMBS	Proceedings, Eastern Great Lakes and Midwest Biblical Society
PEQ	Palestine Exploration Quarterly
Proof	Prooftests
QR	Quarterly Review
RB	Revue Biblique
RSV	Revised Standard Version
RTR	The Reformed Theological Review
Scrip	Scriptura
Sem	Semitica
SJOT	Scandinavian Journal of Old Testament
SJT	Scottish Journal of Theology
SR	Studies in Religion
TB	Tyndale Bulletin
TBT	The Bible Today
Tel Aviv	Tel Aviv
Them	Themelios
TLZ	Theologische Literaturzeitung
TZ	Theologische Zeitschrift
UF	Ugarit-Forschungen
USQR	Union Seminary Quarterly Review
VE	Vox Evangelica
VT	Vetus Testamentum
WThJ	The Westminster Theological Journal
ZAW	Zeitschrift für die alttestamentliche Wissenschaft
ZKTh	Zeitschrift für katholische Theologie

希伯来文音译表

Consonants			Vowels	
א -'	ט -ṭ	פ -p, p̱	‏ָ‏ -ā, -o	‏ֱ‏ -ĕ
ב -b, ḇ	י -y	צ -ṣ	‏ַ‏ -a	‏ִ‏ -i
ג -g, ḡ	כ -k, ḵ	ק -q	‏ֲ‏ -ă	‏ִי‏ -î
ד -d, ḏ	ל -l	ר -r	‏ָה‏ -â	‏וֹ‏ -ô
ה -h	מ -m	שׂ -ś	‏ֵ‏ -ē	‏ֳ‏ -ŏ
ו -w	נ -n	שׁ -š	‏ֶ‏ -e	‏ֹ‏ -ō
ז -z	ס -s	ת -t, ṯ	‏ֵי‏ -ê	‏וּ‏ -û
ח -ḥ	ע -'		‏ֶ‏ -e	‏ֻ‏ -u

绪论

绪论

壹 士师记、士师与旧约其他经卷

士师记①之所以被称为士师记，因为这本书大部分记载是关于古代以色列士师的事迹。当时的以色列领袖们被称为士师，可以从士师记本身（二 16～19）和别的经文看到（得一 1；撒下七 7、11；王下廿三22；代上十七 6、10）。虽然如此，士师记中的以色列领袖没有一个是在该书直接被称为"士师"的。中文圣经士师记中，俄陀聂（三 10）、底波拉（四 4）、陀拉（十 2）、睚珥（十 3）、耶弗他（十二 7）、以比赞（十二 8～9）、以伦（十二 11）、押顿（十二 13～14）和参孙（十五 20，十六 31）都曾被形容为以色列的士师，但那些经文中"士师"的称呼在原来的希伯来文是动词，不是名词。士师记之外的撒母耳和以利也曾"作以色列的士师"（撒上四 18，七 15），但士师记被称为士师记的圣经支持主要还是士师记第二章十六至十九节的记载——那里作为士师记的引言，总结了士师记第三至十六章中古以色列领袖的事迹。除了这四节经文外，士师记中只有耶和华神曾被直接称为"士师"（十一 27）。那么，士师记之所以被称为士师记，也许要强调只有耶和华神才是以色列的士师。

士师的职责究竟是什么呢？ 一般认为，"士师"（*šptym*）是古以色列中统治百姓和仲裁社会纠纷的领袖。根据这个解释，和合译本圣经将这个字翻译为"士师"也很有意思。从字面的意义来说，"士"一向是中国社会的栋梁，国家的统治和社会纠纷的仲裁都需要倚赖士人。这

---

① 希伯来文圣经作 *šptym*，七十士译本作 *kritai*。后者是旧约圣经的希腊文译本，约于主前270 年完成。

个意义比英文圣经的译名 Judges 来得恰当,因为 Judges(审判官)一词容易使人错误地以为,士师只是在法律上给以色列人作仲裁的官长而已,但"士师"的希伯来文 *šptym* 还有比这个更丰富的意思,②这个词在亚喀得文、腓尼基文和迦太基文中同属一个语根的相应词语都有"统治者"或"裁判官"的意思。罗马历史家李维(Livy)又把这个职事与罗马的"执政官"相比。

然而,根据士师记本身的记载,没有一个士师是曾经"统治"以色列人的。士师的"裁判"职事也只有在底波拉身上才可以清楚地看到(四4~5),其他士师的"裁判"职事则需要由推论而来。我们知道,士师记之外,撒母耳也被称为士师,而且他是每年巡回不同地方施行审判的(撒上七15~17),这样的记载又是在他带领以色列人打败了非利士人之后的事(撒上七5~14)。撒母耳的模式也可能是士师记中所有士师的模式。耶弗他与基列长老谈判的时候,他的条件也是在他战胜亚扪人之后,基列的长老们要让他作基列的"领袖"。根据第十二章七节,这里的"领袖"很可能就是"士师"的意思。耶弗他的例子与一些从历史角度去研究的结果有相符的地方,即士师是古以色列介于长老与君王之间的领袖。古以色列人的社会是由血缘关系为组织结构的宗法社会,长老在社会上扮演着重要的仲裁角色。当社会因为有政治、经济等不安定的因素而出现危机的时候,便需要在长老之外有更高的领袖来执行更大的权柄;这样的领袖通常是短时期和地区性的。这就是古以色列王国建立之前士师时期的情况。③

士师记中,士师最清楚的职事是拯救以色列人脱离敌人的欺压。我们上面提到曾经"作以色列士师"的九位士师,大多数都曾经打败敌

---

② 关于士师的职事可以参考里赫特的基本研究:W. Richter, "Zu den 'Richtern Israels'," *ZAW* 77(1965), pp. 40‑71. Ernst Axel Knauf 认为士师是地区的首领,可以比作希腊早期历史的霸主;仲裁社会公义的行政士师要到以色列人被掳以后才有。参见他的专文:"Eglon and Ophrah: Two Toponymic Notes on the Book of Judges," *JSOT* 51(1991), p. 37.但麦金士(McKenzie)认为士师兼有"仲裁"和"拯救"的角色,而且是全以色列的和终身的。参 D. A. McKenzie, "The Judge of Israel," *VT* 17(1967), pp. 118‑121.
③ 参 J. W. Flanagan, "Chiefs in Israel," *JSOT* 20(1981), pp. 47‑73; R. R. Wilson, "Israel's Judicial System in The Preexilic Period," *The Jewish Quarterly Review* LXXIV (1983), pp. 229‑248, esp. pp. 239f.

人，将以色列人从外邦人的欺压中拯救出来。直接称这些领袖们为士师的经文（二 16～19），也强调了他们的拯救角色。俄陀聂（二 9）、以笏（二 15）、陀拉（十 1）都被称为曾经"拯救"了以色列人的士师，其中俄陀聂和以笏更被称为"拯救者"。因此，从士师记本身来看，士师的主要职事是拯救，其次是仲裁。虽然如此，士师记中的士师质素却每况愈下，一个不如一个；第一个士师俄陀聂是最理想的，最后一位士师参孙是最不称职的。他的生活似乎与百姓的情况相去很远（十五 11）——他与非利士人的争战是个人的，没有任何百姓跟随他；后来，他反而被自己的百姓绑起来，交给了敌人（十五 12～13）；最终他仍然无力拯救以色列人脱离非利士人的辖制。以色列人完全脱离非利士人的辖制，要等到大卫出现的时候（撒下五 17～25，八 1）。大卫是以色列历史中的一位理想领袖，以西结先知描绘的将来也以他为领袖（结卅四 23～24）。④那么，士师记不直接称呼当时任何一位领袖为士师，也许是因为他们在士师的职责上都有亏缺吧。

士师记是旧约圣经的第七卷书，在约书亚记和路得记的中间，属于历史书中的一部分；这是中文圣经和英文圣经根据七十士译本的排列次序。但原来的希伯来文圣经（旧约）分为律法书、先知书和圣卷三部分，其中先知书又分为前先知书和后先知书。士师记是前先知书的第二卷，在约书亚记和撒母耳记上的中间。路得记则被列在圣卷中。前先知书所记载的是古以色列人从征服和定居迦南到王国建立和灭亡的历史。

其实，古以色列人的历史在圣经中还可以在上自创世记、下至尼希米记各书中找到。这些历史经卷都有"w"这个希伯来文的连接词在各书卷的开端。⑤ 这个连接词可以翻译为"现在"或"然后"。换句话说，这些历史经卷所记载的是一个连续不断的历史故事，这个故事的真正开端是创世记第一章一节的"起初"。那么，士师记便是这个漫长历史

---

④ 加西理斯（Cazelles）留意到，在拯救之后有仲裁的士师角色也是以西结先知对末世领袖的期望。参 Henri S. Cazelles, "Shiloh, the Customary Laws and the Return of the Ancient Kings," in J. I. Durham and J. R. Porter, eds., *Proclamation and Presence* (Richmond: John Knox, 1970), p.241.

⑤ 创世记除外，因为那是连续次序的第一卷书。参马所拉经文创：十二 1；出一 1；利一 1；民一 1；申一 3；书一 1；士一 1；得一 1；撒上一 1；撒下一 1；王上一 1；王下一 1；拉一 1；尼一 1。

故事的一部分了。古以色列的传统将约书亚记到列王纪下这六卷书称
为前先知书,近代圣经学者称之为"申命记式的历史",⑥这历史的精神
是申命记中神与祂的百姓立约的精神。根据这约,神要看以色列百姓
是否守祂的律法而决定给他们赐福或咒诅(申廿七～廿九章)。约书亚
记和士师记所记载的是王国建立以前的故事,这两卷书正好将以色列
人建立王国以前的故事分为顺服蒙福期和叛逆受咒诅期(参书十一
23,十四5,廿一 43～45;士二章)。这样,士师记在圣经历史中便一直
起着警戒百姓的作用。

贰 历史背景

士师记所记载的事迹,传统上被认为发生于古以色列人入住迦南
之后和王国建立之前,这是一般圣经学者所接受的。换句话说,士师记
所记载的是主前 1000 年以前的事迹,前后约有二百至三百年的时
间,⑦大约在中国历史商朝末至西周初的期间。以色列在王国建立以
前的历史,学术界至今仍然议论纷纭,⑧原因是我们在这方面的直接历

---

⑥ 这学说首先由德国学者诺马丁于 1943 年提出,现在已经普遍地被接纳了。英文译本可以
参考 Martin Noth, *The Deuteronomistic History* (Sheffield: JSOT Press, 1981)。

⑦ 从社会学的观点去研究士师时期的学者哥特华德,将这里的年期定为主前 1250 至 1050
年,参 Norman K. Gottwald, *The Tribes of Yahweh* (New York: Orbis Books, 1979)。

⑧ 参 John Bright, *Early Israel in Recent History Writing* (*SBT* 19, London 1956); R. de
Vaux, *The Early History of Israel*: I. *To the Exodus and Covenant of Sinai*; II. *To the
Period of the Judges* (London and New York, 1978); Norman K. Gottwald, *The Tribes
of Yahweh* (New York: Orbis Books, 1979), pp. 191 - 227. 近期的讨论可以参考
Thomas L. Thompson, *Early History of the Israelite People: From the Written and
Archaeological Sources* (Studies in the History of the Ancient Near East 4, Leiden/New
York/Cologne: Brill, 1992); William G. Dever, "Unresolved Issues in the Early
History of Israel: Toward a Synthesis of Archaeological and Textual Reconstructions,"
in D. Jobling, P.L. Day, G.T. Sheppard, eds., *The Bible and the Politics of Exegesis.
Essays in Honor of Norman K. Gottwald on His Sixty-Fifth Birthday* (Cleveland:
Pilgrim, 1991), pp. 195 - 208; John J. Bimson, "The Origins of Israel in Canaan: An
Examination of Recent Theories," *Themelios* 15(1989), pp. 4 - 15; R.B. Coote, K.W.
Whitelam, *The Emergence of Early Israel in Historical Perspective* (Sheffield: Sheffield
Academic Press, 1987)。

史资料太贫乏了。我们在下面试简略地来看看士师时代史的几方面：研究以色列历史的困难、以色列人出现的历史环境、以色列人出现的可能情况、以色列人的信仰冲击、以色列人的社会特色，以及士师记所载的历史年代。

(I) 研究以色列历史的困难

我们上面说了，以色列在王国建立以前的直接历史资料很贫乏。除了圣经以外，古文献中只有埃及法老马尼他（Merenptah，约 1224 - 1211 B.C.）出兵巴勒斯坦的碑记，提到这时期的以色列。该碑记提到马尼他征服了巴勒斯坦各种人等，以色列是其中一种。从这碑记，我们只能够说，当时以色列人已经住在巴勒斯坦了，而且当时的社会并不稳定。这与士师记所记载的情况也相似。但除此以外，我们便不能确定什么了。

由于以色列建立王国以前的直接历史资料太贫乏，不同圣经学者对以色列历史应从什么时候开始也有不同态度。布赖特（John Bright）所写的《以色列史》，⑨上溯以色列历史直到亚伯拉罕等列祖的时候；诺马丁（Martin Noth）写的以色列史则从以色列人入住迦南地以后开始；⑩苏根（J. Alberto Soggin）写的以色列史就更要迟到王国时期才开始了，⑪他将王国以前的时期称为以色列的史前史。

这些学者有不同态度，主要是因为他们对圣经的记载作为历史资料有不同程度的接纳。布赖特从考古学上的发现指出圣经中很多历史记载都是可靠的，其他两位学者则有很多怀疑。古特（R. B. Coote）和卫特兰（K. W. Whitelam）更说："申命记式的历史不是历史，它是对以色列的过去所作的高度神学性解释，目的是要给以色列人证明，主前 587 年所发生的事（南国犹大在北国以色列之后最终也灭亡了）不是因

---

⑨ 该书已于二十多年前翻译成中文，由基督教文艺出版社出版。
⑩ 参 Martin Noth, *The History of Israel*（London：Adam & Charles Black, 1972）。
⑪ 参 J. Alberto Soggin, *A History of Israel. From the Beginnings to the Bar Kochba Revolt*, A.D. 135（London：SCM, 1984）。

为耶和华无力保护他们，或对他们无信用，乃是因为他们偏离了神的
道。申命记式的历史的主题是：偏离正道、悔改、顺服、救恩。士师记这
本书最能够说明这个模式……"[12]究竟圣经记载如何或可否帮助我们
了解以色列的历史呢？这个问题已经有越来越多的讨论。[13] 这是研究
古以色列历史的另一个困难。

(II) 以色列人出现的历史环境

虽然我们对以色列在王国建立以前的历史知道的不多，但并不等
于那段历史是完全空白的。考古学上的发现最少可以给我们提供一些
社会环境上的轮廓。

我们从古文献得知，以色列人在历史上出现之前，巴勒斯坦是由埃
及人统治的。到了亚马拿时期（约主前十五至十四世纪），[14]埃及渐弱，
巴勒斯坦也进入混乱时期。亚马拿出土的书信告诉我们，这时期的巴
勒斯坦是由各自独立的城邦政府统治的，而城邦之间经常有争夺的事。
此外，有一种被称为"哈皮鲁"（Habiru 或 Apiru）的人常滋扰城邦。有
些学者认为这些人就是圣经所说征服迦南地的希伯来人（Hebrew）。[15]
克兰（Meredith G. Kline）却认为亚马拿书信中所说的"哈皮鲁"与士
师记第三章提到的古珊利萨田所代表的人是同属一系的。[16] 其实，"哈
皮鲁"不单在亚马拿书信中出现，也在其他古文献中出现。他们出现的
范围包括了整个古代近东世界，出现的时间大约由主前 2000 年至
1200 年。他们所代表的可能不是单一的种族，也不是单一的社会阶

---

[12] 参 R. B. Coote & K. W. Whitelam, *The Emergence of Early Israel in Historical Perspective*, p. 15.

[13] 参 Lester L. Grabbe, ed., *Can A "History of Israel" Be Written?* (JSOTS 245, Sheffield: Sheffield Academic Press, 1997).

[14] 亚马拿（Amarna）是古埃及一个城。1887 年考古学家在这里发现了三百多块泥板，上面描述了主前十五至十四世纪巴勒斯坦的情况。

[15] 参马士顿（Charles Marston）的观点：*The Bible Comes Alive* (New York: n. d.), pp. 89 - 108.

[16] 参 Meredith G. Kline, "The Ha-BI-ru: Kin or Foe of Israel?" *The Westminster Theological Journal*, XIX - X, pp. 1 - 24, 170 - 184, 46 - 70.

层。但他们的共通点仍然是社会性的，因为他们常被形容为反对既有建制的逃亡者、走难者、掠夺者、反叛者，甚至土匪或盗贼，有时他们又会当雇佣兵，或为了生计出卖劳力。撒母耳记上第廿二章一至二节提到的大卫和跟随他的四百人，也似乎有"哈皮鲁"的光景。

这样看来，以色列建立王国之前的巴勒斯坦社会似乎极不稳定，这也是士师记给我们的印象。古特和卫特兰从考古学方面的研究也印证了这一点。他们的研究显示，主前十三世纪，希腊半岛的迈锡尼（Mycenaean）帝国和小亚细亚的赫人（Hittite）帝国衰落，埃及被入侵的"海民"（Sea People）削弱，近东各地经历了一次贸易上的大衰退。埃及在巴勒斯坦的影响力虽然一直维持到兰塞三世（Ramses III，1195－1164 B.C.），但巴勒斯坦当时已经陷于混乱情况，倚靠国际贸易维持的城邦极权政府也被大大削弱了统治能力。很多城池在这个时期被毁了，但我们不能肯定是谁毁了这些城池——可能是外来的侵略者，如埃及的征伐、"海民"或以色列人的入侵；又可能是内部的纠纷，如城邦之间的争夺；甚至可能是地震或火灾。上面的情况就是以色列人出现时巴勒斯坦的局面。

(III) 以色列人出现的可能情况

以色列人在巴勒斯坦究竟如何出现，学者们有不同的理论。[17] 现在，大多数学者都相信，古以色列的人口很大部分是由迦南本土发展而来的。考古学发现，铁器时代开始的时候（约 1200 B.C.），巴勒斯坦山地的居民比以往增加了很多，不少村庄是新成立的，这现象可能与以色

---

[17] 基本上有"外来民族征服"、"游牧民族渗透"、"本地农民革命"三种学说。参 J. J. Bimson，"The Origins of Israel in Canaan：An Examination of Recent Theories," *Themelios* 15 (1989), pp. 4－15. 古特和卫特兰认为，当巴勒斯坦的城邦因为国际贸易衰退而权力削弱的时候，很多一向受城邦政权支配的农民和倚靠城邦贸易维持生计的牧民与土匪，便选择山地作为他们自由发展的地方。为了他们的经济生计，农业生产得以确保，山地上各区必须和平共处。这样就形成了后来所称的"以色列人"（参 Coote & Whitelam, *The Emergence of Early Israel in Historical Perspective*, p. 131）。这说法无疑是很吸引人的，但完全抹煞圣经所记载那些从埃及上来之以色列人的因素是不可能的，因为那些以色列人的经历早在王国建立之前就已经成为"以色列"的信仰核心了。

列人的出现很有关系。以色列人初期在巴勒斯坦居住的地方是山地，这也是圣经所印证的，因为当时他们无力将迦南人赶走（士一 19、21、27～36；书十七 14～16）。山地本来已经不是那些平原的城邦政府可以完全施展权力的地方，加上当时整个近东世界贸易衰退，城邦权力削弱，住在山地的以色列人便可以更自由发展了。

究竟当时的以色列人有没有什么组织呢？德国学者诺马丁于本世纪初叶发表了一个重要学说，[18]认为士师时期的以色列人是一个支派同盟（amphictyony），有一个敬拜神的中心，该中心有约柜，十二支派轮流，每一个月有一个支派负责该中心的一切供应；十二支派各有一个代表，按时在该中心聚集，讨论有关全以色列的事情，该中心又是全以色列宗教节期或其他活动进行的地方。这学说现在已经渐渐被学者们怀疑，甚至放弃了。[19] 但边逊（Bimson）根据马尼他的碑记（约 1220 B.C.）认为，士师时期的以色列人还是有支派联盟组织的，不过那是地区性的，如底波拉之歌（士五章）所反映的一样。[20] 加利（Kallai）根据十二支派这一系统在以色列历史和地理上的作用，也认为王国时期以前是以色列支派结构的形成期，雅各十二个儿子的出生次序及他们的母系关系，也可能反映了早期以色列各支派的成立和不同的组合。[21]

"以色列"一名最初可能只用于中部和北部的支派，后来才被应用到全部十二支派。我们从士师记的记载可以知道，当时以色列各支派之间的联系是很松散的。事实上，耶斯列平原和耶路撒冷及其以西的地方（士一 27～33、34～36）仍然在迦南人的手里，这就将以色列实际上分为南、中、北三部分了。当时，各地区有不同的争战经历，多数是为

---

[18] Martin Noth, *Das System der zwölf Stämme Israels*, BWANT IV/1, 1930.

[19] 参 A. D. H. Mayes 专文；H. Hayes & J. M. Miller, eds., *Israelite and Judaean History* (*OTL*, Philadelphia: The Westminster Press, 1977), pp. 304 - 308. 更详细的分析可见于同一作者的 *Israel in the Period of the Judges* (SBT 2/29; Naperville, IL: Allenson, 1974). 哥特华德也指出这说法的多项弱点。参他的著作 *The Tribes of Yahweh*, pp. 345 - 357. 这说法首要先肯定王国以前的以色列人最少在行政上是统一的。但很多资料都显示，他们并不统一。士师记中的士师可能只是地区性的领袖而已。

[20] John J. Bimson, "Merenptah's Israel and Recent Theories of Israelite Origins," *JSOT* 49 (1991), p. 14.

[21] Zecharia Kallai, "The Twelve-Tribe System of Israel," *VT* 47(1997), pp. 53 - 89.

了抵御外来的敌人,然而支派之间也有争论谁为大的事(如以法莲人与基甸及耶弗他的争论),甚至有彼此争战的事。士师记提及的众士师,可以了解为一般地区性的首领或治理者,与撒母耳所扮演的角色相仿(撒上七 15～17)。虽然如此,以色列各支派都认为他们是合一的,这合一的基础早已经在他们出埃及和旷野飘流的历史经验中奠定了。

(IV) 以色列人的信仰冲击

出埃及和旷野飘流的历史经验是以色列宗教信仰的基础。这信仰强调神与以色列人有立约的关系,而所有以色列人在神的面前都是平等的;这信仰是在神与以色列人相交的历史中奠定和发展的,传递这信仰的是一些宗教生活的中心,如示罗、示剑、伯特利、吉甲等。

迦南人的信仰基本上是生殖力的崇拜,与农耕生活的作息和自然四时的循环有密切的联系,他们甚至在庙中设立庙妓,用男女交合的淫乱方式敬拜他们的神巴力,企图促进巴力在自然界中的生殖力,好叫他们的农作物丰收。这种迦南人的宗教对以色列人有很大的冲击。旧约圣经中有很多对抗巴力敬拜的记载。以色列人的宗教生活在迦南人的信仰冲击下,也留下了不少由异教转化过来的传统,例如,本来是农耕社会的除酵节和收藏节,以色列人用来庆祝他们的逾越节和住棚节,记念神带领他们出埃及和旷野飘流的历史(参出廿三章;利廿三章;特别参出十二 17,廿三 15,卅四 18;利廿三 43)。在士师时期,很多以色列人都与迦南人通婚,将迦南人的信仰引入自己的信仰中(士三 5～6)。基甸的故事也充分表达了这样的冲击(六 25～32,八 24～27)。其实,士师记全书也一再强调,以色列人所以被外族人辖制,是因为他们敬拜事奉巴力的缘故(二 11～13,三 7,八 33,十 6～10)。

(V) 以色列人的社会特色

自从门得可(G. E. Mendenhall)提出"本地农民革命"作为以色列人最初出现在迦南地的学说以来,不少学者都循着社会学的角度去研究以色列的早期历史。哥特华德(N. K. Gottwald)认为,迦南人的多

神信仰是为当时统治阶层的剥削政策服务的,而以色列人的一神信仰
则反映了各支派皆平等的社会关系。[22] 哥氏的论述虽然将圣经的神学
简化成为社会学,但他所描述的王国时期以前以色列人的社会结构,仍
然是值得我们参考的。

从旧约圣经的记载来看,以色列人与迦南人之间的对抗是明显的。
迦南人的社会以城邦为单位,而城邦的中心是该城的君王,围绕着君王
的是一群统治阶层,这些人在生活上的大量开支主要来自他们所辖制
的农民。因此,迦南人的社会是很不平等的。反之,士师时期的以色列
人以支派为单位,强调神是他们的统治者(士八 22～23)。他们反对迦
南人,其中的重要原因是他们不满那些城邦的极权统治和他们的社会
制度。迦南人中有向以色列投诚的,以色列人都接纳了(士一 22～26;
书六 22～25),或与他们立约(书九章)。士师记中提到的基尼人(一
16,四 11)和疏割人与毗努伊勒人(八 4～9),都可能与以色列人有立约
关系。

其实,以色列人之所以能够团结在一起,其中一项重要原因是他们
与神有立约的关系,这个关系强调社会上的平等原则,例如社会中不应
该有特殊阶级对土地、水源、自然物料等生产或生活资源有特殊权利。
神是独一的,祂是以色列的统治者和仲裁者,又是以色列军队的统帅
(书五 13～15)。所有以色列人都是神的军队,他们有责任保卫以色列
社会不受外来敌对力量的扰害,也不受内部不良势力的破坏。士师记
中的很多战争记载都可以从这个角度去了解。当时的以色列人没有常
规军队,军人都是有需要的时候临时招聚的,而军队的首领就是士师,
他们都是由神所选召,被神的灵感动的战士。因此,这样的战争也被称
为圣战。

以色列中的利未人是一个特殊的支派。他们没有自己的分地,却
在其他以色列支派所得之地中分有利未城。他们的份是百姓供献给神
的祭物和利未城近郊的一些出产。他们所拥有的,与其他近东地方的
祭司所拥有的大量财富相比,实在微不足道。然而,利未人在当时的以

---

[22] 参 N. K. Gottwald,*The Tribes of Yahweh*,pp. 612 - 616.

色列社会中却有非常重要的角色。他们除了作祭司为百姓献祭外,又负责传递以色列的信仰传统,教导百姓关于神的事情,甚至负有军事角色(民廿五1～13;比较王下十一1～16)。士师记第十七至廿一章中描述了当时以色列社会的黑暗情况,其中都牵涉到利未人的问题,似乎利未人的社会角色不彰显,以色列社会也就陷入了完全的黑暗中。

(VI) 士师记所载历史的年代

士师记中的事迹究竟发生在什么年代,这个问题并不容易解决。首先,士师记中提到很多年份,计有:

古珊利萨田辖制以色列人(三8)……………… 8 年
犹大的俄陀聂拯救以色列人之后的太平时期(三11)……… 40 年
摩押王伊矶伦辖制以色列人(三14)……… 18 年
便雅悯的以笏拯救以色列人之后的太平时期(三30)……… 80 年
迦南王耶宾辖制以色列人(四3)……… 20 年
以法莲的底波拉和拿弗他利的巴拉拯救以色列人之后
　的太平时期(五31)……… 40 年
米甸人辖制以色列人(六1)……… 7 年
玛拿西的基甸拯救以色列人之后的太平时期(八28)……… 40 年
亚比米勒统管以色列人(九22)……… 3 年
以萨迦的陀拉作以色列的士师(十2)……… 23 年
基列的睚珥作以色列的士师(十3)……… 22 年
亚扪人欺压以色列人(十8)……… 18 年
基列的耶弗他作以色列的士师(十二7)……… 6 年
伯利恒的以比赞作以色列的士师(十二9)……… 7 年
西布伦的以伦作以色列的士师(十11)……… 10 年
比拉顿(以法莲山地)的押顿作以色列的士师(十二14)…… 8 年
非利士人辖制以色列人(十三1)……… 40 年
参孙作以色列的士师(十六31)……… 20 年

以上各年代的总和是四百一十年。根据列王纪上第六章一节,圣殿开始建造的时候是所罗门王在位第四年,也是以色列人出埃及以后的第四百八十年。但上面的四百一十年加上以色列人在旷野飘流的四十年、以利作以色列士师的四十年(撒上四 18)、大卫作王的四十年(王上二 11)、所罗门在位的头四年,已经是五百三十四年了,而且约书亚和他那一代人仍然在世的年数(三 7)、撒母耳作士师的年数(撒上七 15)和扫罗作王的年数(撒上十三 1)还没有计算在内。如果这三个未知数各为二十年,[23]那么总数就是五百九十四年,与四百八十年相差了一百一十四年。

　　多年来,圣经学者提出不同意见去解决这个年代相差的问题。[24]我们相信,古以色列人与近东其他国家的人一样,当他们计算自己国家的年代时,往往不会包括外族人辖制他们的年数,好像亚比米勒这样的叛徒,他的统治年数也不会包括在内。那么,士师记中每位士师的统治年数都可能是由前面一位士师死后开始计算的。这样,列王纪上第六章一节的四百八十年,是不应该包括士师记中所有外族人辖制以色列人的年数和亚比米勒的统治年数的,而这些年数的总和刚刚就是一百一十四年。因此,圣经的记载还是有道理的。但圣经的记载很可能是

㉓ 相信那是合理的,因为这里圣经提供给我们的年数多为四十或是四十的倍数或分数。昔日与约书亚一同去窥探迦南地的迦勒,当以色列人在迦南分地的时候是八十五岁(书十四 10),当时约书亚的年纪可能轻一些,因为他仍然是以色列人的军事统帅。约书亚死的时候是一百一十岁(士二 8),这样,约书亚接续摩西作以色列人的领袖有二十年之久还算是合理的。撒母耳和扫罗以色列人的领袖有重叠的时期,将他们两人的年数合计为四十年,就是一个世代,也算是合理的。

㉔ 士师记的主要注释书如 G. F. Moore, *A Critical and Exegetical Commentary on Judges* (*ICC*, Edinburgh: T. & T. Clark, 1966), pp. xxxvii - xliii 有较详细的交代。近年的专文可以参考 D. L. Washburn, "The Chronology of Judges: Another Look," *Bibliotheca Sacra* 147(1990), pp. 414 - 425. 该作者认为要符合王上六 1 和士十一 26 的记载,士师记中各士师的统治年份有些是彼此重叠的,因为各士师统治的范围往往是地区性的。那么,他们的相对年代大概如下表:

		以比赞	
	参孙	以伦	
	耶弗他	押顿	
珊迦	基甸/	睚珥	

俄陀聂→以笏→底波拉→亚比米勒→陀拉

读者还可以参考 David Faiman, "Chronology in the Book of Judges," *The Jewish Bible Quarterly* 21(1993), pp. 31 - 40.

以四十年为一代的整数计算法，不是依据实际年代的计算法，所以士师或其他领袖的统治年数多是四十或四十的倍数或分数。㉕

我们要寻找士师时期的实际年代，除了参考圣经的记载以外，还需要倚赖考古学方面的证据。现在很多学者都相信，以色列人出现在迦南地是在主前 1200 年左右，就是铁器时代开始的时期。但埃及法老马尼他的碑记已经将迦南地的以色列人形容为相当有规模的人民了。㉖况且，圣经的记载也支持较早的年代。因此，以色列人在迦南地出现很可能是在主前十三世纪初，甚至是主前十四世纪末的时候。当时，"以色列"一词还没有应用在全部十二支派上。"以色列"作为全十二支派的总称是后来的事，士师记中的以色列各支派也没有给人一种统一行动的印象。㉗

叁　经文

本注释所依据的中文圣经是和合译本；希伯来文圣经是 Biblia Hebraica Stuttgartensia（简称 BHS），该版本根据的是马所拉经文（Masoretic Text）的列宁格勒古抄本（Leningrad Codex，A. D. 1008）。马所拉经文的士师记比旧约历史书其他部分保存得好，除了底波拉之歌有一些困难，其他都没有什么大问题。当经文原文有困难的时候，我们通常需要查考其他古版经文，特别是七十士译本，因为那是马所拉经文（主后六至十一世纪）之前的旧约希腊文译本（约 250 - 200 B. C.）。但现有士师记的希腊文译本却有两个不同的主要版本，可见于亚历山大抄本（Codex Alexandrinus，主后五世纪）及梵蒂冈抄本（Codex

---

㉕ 由陀拉至押顿各位士师的统治年数最参差，但总数是七十六年，加上所罗门作王的头四年，刚好是八十年。这是诺尔德克（Noldeke）的观察所得，摩尔（G. F. Moore）也接纳。参 Moore, *Judges*, p. xli.

㉖ 参 John J. Bimson, "Merenptah's Israel and Recent Theories of Israelite Origins," *JSOT* 49（1991）, pp. 3 - 29.

㉗ Warner 也从约旦河东各国如摩押、以东和亚扪等的建立，认为士师时期是大约主前 1375 年开始的。但他将士师时期放在以色列人征服迦南地之前，不在征服之后，与圣经的说法刚刚相反。参 S. M. Warner, "The Dating of the Period of the Judges," *VT* 28（1978）, pp. 455 - 463.

Vaticanus,主后四世纪);㉘这两个抄本有很多不同的地方。此外,死海古卷自从 1947 年逐渐出土以来,其中士师记的经文虽然只有零星片断,却已经有与马所拉经文不相符的地方。

由于最初的七十士译本出现时,希伯来文的旧约圣经尚未确立,仍然在发展阶段,七十士译本也因希伯来文旧约圣经的不同发展而有不同的适应。当时的发展中心有三个,即埃及、巴勒斯坦和巴比伦,这三个中心各有不同的经文传统是在所难免的。古代教父耶柔米(Jerome)在主后四世纪末就曾提到三个不同的七十士译本。现存的马所拉经文是以巴比伦的传统为主的,那么,它与七十士译本有不同也是意料中的事。但无论如何,七十士译本只是旧约原文的翻译本,所根据的原文版本纵使与现有的马所拉经文有出入,我们已经无从建立。我们的注释仍然需要以马所拉经文的士师记为原文根据,当原文经文有困难的时候,才需要倚靠其他古版经文的帮助,主要是七十士译本。公元四世纪的武加大译本(Vulgate)也可以有帮助,这是初世纪教父耶柔米翻译的拉丁文圣经。

肆   成书过程

犹太人的他勒目(Talmud)认为士师记是撒母耳写的,可是士师记的行文却显示它的作者或编者不止一位。例如,约书亚的死被看为全书的开始(一 1),但这事在约书亚记的记载(书廿四 29～31)用词,却在士师记第二章六至九节重新出现——似乎士师记作为一本延续约书亚记的书,原本是由第二章六节开始的,而第一章一节至二章五节是后来加上去的。如果士师记的作者或编者不止一位,那么,为什么最后那一位作者或编者不将这些明显的出入用编辑的方法除去呢? 我们知道,圣经的作者或编者并不轻易更改已有的传统文献,总是小心翼翼地将原来的文献保存下来。这现象也见于士师记之外的旧约其他经文。

根据近代圣经学者的研究,士师记的形成有一段颇长的历史。士师

㉘ 较详细的讨论可参考 G. F. Moore, *Judges*, pp. xliii‑l; C. F. Burney, *The Book of Judges* (London: Rivingtons, 1930), 3rd impression of 2nd edition, pp. cxxii‑cxxviii.

记的两位近代主要注释家宾尼(C. F. Burney)和摩尔(G. F . Moore)，都认为士师记的原始资料有"J"和"E"两个：前者源于主前第九世纪初叶的犹大，后者源于主前第八世纪的北国以色列，两者在主前第七世纪被合并在一起；到主前第六世纪末或第五世纪的时候，现有的士师记才出现。[29]

自从德国旧约神学家诺马丁于 1943 年提出申命记神学的历史以来，士师记的成书过程通常被认为受到申命记神学思想的很大影响。[30] 所谓申命记神学的历史，就是指旧约由申命记到列王纪下（路得记除外）所记载的历史。士师记作为申命记神学历史的一部分，自然免不了受申命记神学思想的影响。根据这学说，士师记的中心部分是第二至十六章，而申命记的神学思想也表达于这部分；第一及十七至廿一章是后来才加上去的，没有申命记的神学思想，特别是第十七至廿一章更是如此。这最少是诺马丁的意见。但后来的学者如韦佐拉（Veijola）认为第十七至廿一章也是属于申命记神学思想的。[31]

现在，一般解经家相信，士师记的原始部分是一些个别士师的事迹，这些事迹原来可能在不同的支派分别以口传的方式流传着，王国建立后即被写成文字，作为以色列民族由来的记录之一，也可以给百姓自娱；到了王国的后期，大约在犹大王约西亚在位（约 640 - 609 B. C.）前后，这些不同支派的士师被看成为全以色列的士师，而且被贯串起来，一个接连一个，他们所在的时期便被称为士师时期；更重要的是这些士

---

[29] 参 Moore，*Judges*，pp. xxxiii - xxxvii；Burney，*The Book of Judges*，pp. xxxvii - l. 宾尼有较详尽的论述。

[30] 参 Martin Noth，*The Deuteronomistic History*（JSOTS 15；Sheffield：JSOT Press，1981）。该书译自 1957 年的德文版。原书于 1943 年首次出版；又参 Frank Moore Cross，*Canaanite Myth and Hebrew Epic：Essays in the History of the Religion of Israel*（Cambridge：Harvard University Press，1973），pp. 274 - 289；Richard Elliott Friedman，*The Exile and Biblical Narrative：The Formation of the Deuteronomistic and Priestly Works*（Chico，California：Scholars Press，1981）；Richard D. Nelson，*The Double Redaction of the Deuteronomistic History*（Sheffield，Eng.：JSOT Press，1981）。

[31] 参 Timo Veijola，*Das Königtum in der Beurteilung der Deuteronomistischen Historiographie：eine redaktionsgeschichtliche Untersuchung*（Annales Academiae Scientiarum Fennicae，Ser. B，Tom. 198；Helsinki：Suomalainen Tiedeakatemia，1977），pp. 27 - 29.

师的兴替反映了古以色列人犯罪被惩罚和呼求蒙拯救的循环历史，这历史表明了以色列人与神有立约的关系，正因为他们违背了与神所立的约，所以神将他们交在外邦人的手里受惩罚（参二1～5、11～23，十6～16）。很多圣经学者都认为，士师记这个时期的编辑者是属于申命记神学传统的，因为违背约法即受惩罚的精神是申命记神学的精神。士师记第一章和第十七至廿一章可能是犹大国灭亡，以色列人被掳到巴比伦之后才加入的。这两段经文显示了古以色列人的历史资料，同时反映出以色列人被掳之后和王国建立之前的光景很相似——两个时期的以色列人都没有领袖，生活失败和散漫，有不成为以色列的危机。但这两段经文也将士师记从前面的约书亚记和后面的撒母耳记（原文圣经中撒母耳记是紧随着士师记的）分割开来了——因为没有了这两段经文，士师记在故事的发展上是连接着约书亚记和撒母耳记的；㉜加入了这两段经文，士师记便在旧约历史书中自成一格，有了自己独立的地位了。㉝

　　我们相信，现有的士师记有一个成书过程是可以理解的。但我们在以后的注释中不会讨论这些过程，因为我们认为，士师记的成书过程对我们了解士师记并不是最重要的。我们更不能好像宾尼的士师记注释一样，将经文拆开，归入不同的写作或编辑时期去，因为这样作必然会失去经文的完整意义。我们要看的主要不是那些过程，而是过程的

㉜ 根据申命记式历史的段落，每一个时代的结束都有一神学性的总结。例如，约书亚记第廿四章中约书亚的讲话总结了约书亚的时代；撒母耳记上第十二章撒母耳的讲话则总结了士师时代。事实上以利和撒母耳都仍然被称为士师（撒上四18，七15）。这样，士师记第廿一章还不是士师时期的结束呢。虽然从申命记神学的角度去看士师记，士师记的结束应该在撒母耳记上第十二章撒母耳的讲话，但我们还是要看士师记为一个独立的单元。因为它在文艺上是独立的。这也是我们在这里看士师记的态度。

㉝ 士师记形成的有关历史背景，读者也可以参考 Robert G. Boling, *Judges*（The Anchor Bible；New York/London/Toronto/Sydney/Auckland：Doubleday，1975），pp. 29‐38. 他将以色列人被掳后对士师记的编辑也一并归在申命记神学的传统里。他受克罗斯（Cross，F. M.）申命记式历史双重编辑论（Double redaction of the Deuteronomistic History）的影响，认为二1～十五20是主前第八世纪的作品；二1～5，六7～10，十6～16，十六1～十八31是主前第七世纪（约西亚王时期，640‐609 B.C.）申命记式神学的作品；而一1～36，十九1～廿一25则是主前第六世纪（被掳时期，586‐539 B.C.）申命记式神学的作品。

结果,就是现有摆在我们面前的士师记这本书。我们又相信,神向人启示士师记,而该启示的结果就是现有的全本士师记。所以,我们不会特别去探讨经文的发展源流,因为我们更加看重现有经文的完整性和整体意义。

伍　内容结构

波令(Boling)在他的士师记注释中,将全部士师记放在申命记神学思想的编辑之下。[34] 虽然如此,他对士师记的文艺结构仍然是敏感的。他认为士师记第二至十八章的编辑立场是以耶路撒冷的圣所为主的,编辑者有计划地否定了其他圣所的正统性:他在开始的时候否定了伯特利(即波金,二1~5),在末了否定了但(十八章),在两者的中间否定了示剑(九章)。[35] 他认为士师记第一章与第十九至廿一章是以色列人被掳到巴比伦以后才增加的,目的在安慰和鼓励被掳中的以色列人,在被掳到的外邦仍然要歌唱。当时以色列没有王。士师时期的以色列也是这样,他们由各自分散和软弱无力的光景(一章),到最后勉强维系了以色列十二支派的合一(十九~廿一章)。波令称全本士师记是一部悲戚的喜剧。[36] 他从文艺的角度去了解士师记的内容结构是重要的。

早在 1967 年,李尔利(Lilley)就已经呼吁要从文艺的角度去看士师记了。他认为士师记各士师的记载重点不在事迹的重复,而在以色列的逐渐瓦解,由士师打败敌人而国家太平到士师无力败敌,甚至国家内战,终至政治和灵性道德完全败落。不但如此,耶和华神的角色也由直接明显(如对底波拉及基甸)渐渐变得间接模糊(如对耶弗他和参孙)。[37] 古丁(Gooding)从文艺的角度看士师记,更认为以色列逐渐瓦

---

[34] 参 Boling, *Judges*,p.30.关于"Deuteronomistic"一词是否用得恰当,可参考 G. Auld 对该书的评论及波令自己的回应(*JSOT* 1[1976],pp.41－50).

[35] 参 Boling, *Judges*,pp.184－185.

[36] 他说:"喜剧是一种逃跑,但不是从真理中,乃是从失望里逃跑出来,仅仅进入信心里去。"参 Boling, *Judges*,pp.37－38.

[37] 参 J. P. U. Lilley, "A Literary Appreciation of the Book of Judges," *Tyndale Bulletin* 18 (1967),pp.94－102；J. Cheryl Exum, "The Centre Cannot Hold：Thematic and Textual Instabilities and Judges," *CBQ* 52(1990),pp.410－431.

解的趋势在第二章十九节中已经说明了,而士师记的"作者"又将全本士师记的内容用对称的形式安排起来,表明以色列逐渐瓦解的中心就在士师本身:⑧

    A   序:以色列与外敌的争战(一 1~36)

        B   以色列离弃耶和华去事奉别神(二 1~三 6)

           C   俄陀聂的妻子是他成功的秘密(三 7~11)

              (比较一 11~15 与三 6)

              D   以笏:送信给外帮王,在约旦河津击杀摩押人

                  (三 12~31)

                  E   雅亿杀了西西拉并结束了一场战争

                      (四 1~五 31)

                      a   他与偶像抗争(六 1~32)

                      b   他与仇敌争战(六 33~七 25)

                  F   基甸:

                      b′   他与本国人争战(八 1~21)

                      a′   他堕入了偶像敬拜(八 22~32)

                  E′ "一个妇人"杀了亚比米勒并结束了一场战事

                    (八 33~九 57)

              D′   耶弗他:送信给外邦王,在约旦河津击杀以法莲人

                  (十 1~十二 15)

           C′   参孙的外邦妻子是他败落的秘密(十三 1~十六 31)

        B′   偶像敬拜的蔓延:利未人在但人所立的偶像坛前事奉

           (十七1~十八 31)

    A′   跋:以色列内部的争战(十九 1~廿一 25)

    按照古丁的看法,士师应该是拯救以色列人的领袖,却反而成了以色列败落的中心。这实在是一种讽刺。克来因(Klein)的《士师记中讽

---

⑧ D. W. Gooding, "The Composition of the Book of Judges," *Eretz-Israel*, *Archeological*, *Historical and Geographical Studies* (Jerusalem: Israel Exploration Society, 1982), Vol. 16 Orlinsky Volume, pp. 70–79. 也可参考 Alexander Globe, "Enemies Round About: Disintegrative Structure in the Book of Judges," *Mappings of the Biblical Terrain*, V. Tollers and J. Maier, eds. (Lewisburg, Pa.: Bucknell University, 1990), pp. 233–251.

刺的胜利》㉟一书就是从讽刺角度去了解士师记的。士师记的研究
直到现在,已经不容许我们再将它看为约书亚记或撒母耳记的延伸
或补充了。它也不是单单反映申命记神学思想的一本书。它有自己
独特的内容结构,有自己要表达的思想信息。在内容结构上,威廉士
(Williams)更认为士师记中的十二位士师不但代表了以色列的十二支
派,而且他们的排列次序是一年四季的次序,士师的事迹都多少与太阳
历的周期有关;参孙作为最后一位士师,他的事迹与太阳的关系特别
多,他的一生也好像太阳一样经历了出生、结合、胜利、衰落、失败和重
新得力的阶段。㊵ 我们不一定要同意这些学者们的见解,而且文艺批
判也不是没有它的缺点。但从文艺角度去了解士师记的内容结构的方
法已经是不可忽略的了。㊶

㉟ Lillian R. Klein, *The Triumph of Irony in the Book of Judges* (*JSOTS* 68, Sheffield: Almond Press, 1989). 古恩(David Gunn)则留意到约书亚记的末了(廿三~廿四章)和士师记的开始(一~二章)在主题上的联系,认为这里不同事迹的平行结构是要强调应验/不应验这个主题模式的,而不应验和失败正是士师记的特征。参 David M. Gunn, "Joshua and Judges," *The Literary Guide to the Bible*, Robert Alter and Frank Kermode, eds. (Cambridge: Harvard University Press, 1987), pp. 102 - 121.

㊵ 参 Jay G. Williams, "The Structure of Judges 2:6 - 16:31," *JSOT* 49(1991), pp. 77 - 85.

㊶ 参 Gale A. Yee, ed., *Judges & Method: New Approaches in Biblical Studies* (Minneapolis: Fortress, 1995). 从文艺角度去看圣经的方法也被称为"修辞批判"(rhetorical criticism)、结构批判(structural criticism)或叙事批判(narrative criticism)。这方法的理论专著可参 R. Alter, *The Art of Biblical Narrative* (New York: Basic Books, 1981); *The World of Biblical Narrative* (London: SPCK, 1992); M. Sternberg, *The Poetics of Biblical Narrative: Ideological Literature and the Drama of Reading* (Bloomington: Indiana University Press, 1985); R. Alter, and F. Kermode, eds., *The Literary Guide to the Bible* (London: Collins 1987); S. Bar-Efrat, *Narrative Art in the Bible* (JSOTS 70; Sheffield: Almond Press, 1989); A. Berlin, *Poetics and Interpretation of Biblical Narrative* (Bible and Literature Series 9; Sheffield: Almond Press, 1983). 这方法被一般批评者认为过于主观,批评经文时过于选择性,因而不同的学者在同一段经文所看到的"结构"可以分别很大,难有客观的统一性,参 Kim Jichan, *The Structure of Samson Cycle* (Kampen, The Netherlands: Kok Pharos Publishing House, 1993, pp. 112 - 114). 其他评论文艺批判这种方法的还有如:Terry Eagleton, *Literary Theory: An Introduction* (Minneapolis, 1983); James Kugel, "On the Bible and Literary Criticism," *Prooftexts* 1 (1981), pp. 217 - 236; "Controversy: On the Bible as Literature, James Kugel Responds," *Prooftexts* 2(1982), pp. 328 - 332. 另一方面,我们也要提防将士师记当作纯文艺的作品来看。士师记还是有它的历史性的,它的产生还是有社会性的。参 Gale A. Yee, "The Author/Text/Reader and Power: Suggestions for a Critical Framework in Biblical (转下页)

　　上述对士师记内容结构不同的研究结果都可以帮助我们更多了解士师记。我们以后的注释会采纳其中一部分的意见，而注释本身会按照本书目录对士师记的分段来进行。

陆　主旨信息

　　士师记有它的主旨信息是可以肯定的，但这主旨信息是什么却有不同的意见。鲍美琦（Mieke Bal）认为士师记是一部关于死亡的书，而书中那么多暴力事件所表达的是社会关系的革命多于政治权力的斗争。例如，士师记中少女被杀害所表达的是婚姻制度变革中父权（fatherhood）的不稳定。[42] 她的意见在士师记的研究中是很特别的，代表了女性主义学者对士师记的解释。事实上，士师记突出了女子的事

（接上页）Studies," *Reading from This Place: Social Location and Biblical Interpretation*, Fernando F. Segovia and Mary Ann Tolbert, eds. (Minneapolis: Fortress Press, 1995), pp. 109-118. 究竟圣经作者/编辑者的写作方法如何，也许可以从下列两书得到一些线索：Jeffrey Tigay, ed., *Empirical Models for Biblical Criticism* (Philadelphia, 1985); Michael Fishbane, *Biblical Interpretation in Ancient Israel* (Oxford, 1985).

[42] 参 Mieke Bal, *Death & Dissymmetry* (Chicago and London: The University of Chicago Press, 1988). 这书是她研究士师记的主要著作。她首先批评所有传统的士师记注释家都离不开从一般政治/军事的历史角度去看士师记的方法，继而用叙事学（narratology）和心理分析的方法去看士师记。她说，士师记中充满了谋杀的事，而谋杀又与性别相联；表达了一种恐惧——作为社会秩序支柱的父权（fatherhood）基础显得很脆弱了。她又认为底波拉是士师记中最理想的领袖，是以色列政治上和社会上的母亲；她没有父亲、丈夫（她将四 4 "拉比多的妻"译作"火炬女子"），也没有儿女。换言之，她没有传统女性作为母亲、妻子、女儿等规范，她是独立的，不是因为别人而存在的。鲍美琦用同类的角度还写了 *Lethal Love: Literary Feminist Interpretations of Biblical Love-Stories* (Bloomington: Indiana University Press, 1987), *Murder and Difference: Genre, Gender and Scholarship on Sisera's Death* (Bloomington: Indiana University Press, 1988). 她的研究看来有丰富的收获，但也不是没有缺点。参 D. N. Fewell and D. M. Gunn, "Controlling Perspective: Women, Men, and the Authority of Violence in Judges 4 & 5," *Journal of the American Academy of Religion* 58 (1990), pp. 389-411. 鲍美琦似乎太高举女性了，以致对经文的了解往往有勉强的地方。例如，她认为希百是一个家族名称，不是雅亿的丈夫。她更取消了五 1 中巴拉的名字，好让底波拉独唱胜利之歌。而且她又不按圣经文艺的次序，要将第五章放在第四章之前，因为她认为第五章的诗歌表达的是女性的观点，而第四章的叙事则表达了男性的观点。她调转这两章经文的次序，显然是要将女性的观点放在男性观点之前。

迹,打破了古以色列社会以男性为中心的观念。这一点正可以矫正我们对士师记的传统解释。另一方面,布勒特来(Brettler)认为士师记是一部政治寓意的书(allegory),目的在培养支持大卫王朝的思想。[43] 最近,奥康纳(O'Connell)从修辞的角度去看,也认为士师记是要向读者推荐大卫王朝,而贬低扫罗王朝。[44] 他们的观点都有一定的道理,但都不是经文明显的意见。而且,我们以后会发现,士师记对犹大并非没有批评(参一 19,十五 9~13)。如果我们接纳布洛克斯(Brooks)的意见,则参孙的故事(十三至十六章)是反对大卫王朝而支持扫罗王朝的。[45]

我们将士师记看为神自己的话语,相信它的信息不单是为过去的以色列人,也是为今天的世代的。从士师记表面的文艺结构来看,我们首先发现它介绍每一位士师的事迹之前都有所谓申命记神学的引言。这令人想到,申命记守律法蒙福和不守律法遭祸的思想也可能是士师记的主旨。然而,士师记告诉我们,神一次又一次兴起士师拯救以色列人都不是因为以色列人真正悔改,遵行了神的律法。当士师记说:"以色列人又行耶和华眼中看为恶的事",这不是指他们悔改后又跌倒了,而是指他们从未悔改,继续不断行恶。神拯救他们,完全是因为神怜悯他们受敌人欺压的苦境。所以,到了耶弗他的时候,神对以色列人说,"我岂没有救过你们……吗?……你们竟离弃我,事奉别神。所以我不再救你们了"(十 11~13)。但圣经随后又说:"耶和华因以色列人受的苦难,就心中担忧"(十 16)。结果,神还是救他们脱离了亚扪人的欺压。这样看来,士师记所宣讲的神,不是一位律法主义的神,而是一位怜悯人的神。

士师记开始的时候,以色列中没有领袖,所以他们求问神,谁当首先上去攻打迦南人(一 1)。我们来到士师记的末了,这光景似乎还没有改变。经文说:"那时以色列中没有王,各人任意而行"(廿一 25)。很多解经家都认为,这是士师记期望王国时期来临的清楚表示。那么,

---

[43] 参 Marc Brettler, "The Book of Judges: Literature as Politics," *JBL* 108 (1989), pp. 395 - 418.

[44] 参 Robert H. O'Connell, *The Rhetoric of The Book Judges* (Leiden. New York. Koln: E. J. Brill, 1996).

[45] 参 Simcha Brooks, "Saul and the Samson Narrative," *JSOT* 71(1996), pp. 19 - 25.

士师记中的士师们不是以色列人的领袖了吗？我们上面已经说了，士师记中没有一个士师是直接被称为士师的。事实上，士师记又告诉我们，士师一个不如一个，到参孙的时候，已经不能够拯救以色列脱离非利士人的辖制了。按照上面提到的古丁的说法，士师本身就是问题的所在。这样看来，君王会比士师更有能力为以色列人扭转乾坤吗？

我们相信，士师记很可能是以色列王国的末期或王国灭亡之后写成的书。那么，王国一切的失败经历难道还不能使写士师记的以色列人对"君王"有所保留吗？士师记第八章廿二节说，当时的以色列人要建立基甸王朝，使他和他的子孙管理以色列人，但基甸却说："我不管理你们，我的儿子也不管理你们。惟有耶和华管理你们"（八23）。我们又知道，后来基甸的儿子亚比米勒作王了，但他带给以色列人的却是灾难和浩劫。如果说第廿一章廿五节表示以色列人期望王国的来临，那王国的领袖可能不是地上哪一个人或哪一个家族，而是耶和华神自己。地上的君王往往成了欺压百姓的领袖。只有神是完全的。

当然，神不是人，祂的王权怎样在地上实现并不容易解决。士师记没有给我们深入讨论这个问题。[46] "那时以色列中没有王，各人任意而行。"这句话一方面说明了士师一个不如一个，都败坏了；另一方面也批判了以色列人不要神作王的罪。他们要自己作王，不接受神的管治。结果就是政治和灵性道德的完全瓦解败落，有国族灭亡的危险。那么，神还会向他们施恩，好像以往一样，为他们兴起"拯救者"吗？[47] 在"士师"已经败坏了的情况下，除了神自己以外，还有谁可以成为以色列人的真

---

[46] 布勒特来认为士师记全书都是高举犹大支派的，所以理想的王应指大卫王朝。为这缘故，除了犹大支派的俄陀聂以外，所有其他士师都是有缺点的。换言之，犹大支派以外的领袖都是不完全符合神心意的。这思想表现在以色列人要立基甸为王的事上，也表现在以法莲（以色列北部各支派代表）非分地胡闹及受罚的事上（八1～3，十二1～6）。参 Brettler，"The Book of Judges: Literature as Politics," pp. 403 – 408.

[47] W.J. Dumbrell 认为士廿一25表明士师记的目的是要以色列人将希望完全放在耶和华神那里。他认为士师记的原始读者是王国灭亡后被掳时期的以色列人。当时他们也和士师时期的以色列人一样，国中没有王，应许地被外邦人蹂躏，百姓被神惩罚，受外邦人欺压。但神的恩典却带他们进入了强盛的王国时期。地上的君王未必是以色列人应当仰望的，但神却是以色列人的希望。参他的专文："'In Those Days There Was No King In Israel: Every Man Did What Was Right In His Own Eyes.' The Purpose of The Book of Judges Reconsidered," *JSOT* 25(1983)，pp. 23 – 33.

正"拯救者"呢？这样，以色列逐渐瓦解的最后结局还是要他们仰望神。神的恩典是以色列人不可以缺少的。今天人类的情况也不能例外。

其实，归根究底，以色列人的败坏是他们敬拜巴力的结果。巴力敬拜是以色列濒临灭亡边缘的主要原因。巴力敬拜与耶和华敬拜是彼此对立的。根据耶和华敬拜的精神，士师记批判了外邦人对以色列人的欺压，那欺压的形式往往是以王权的模式出现的。这也是巴力敬拜的精神面貌——以"自我"为中心对周围事物和人的利用与操纵。这一点，我们看王国时期的王后耶洗别便可以知道了。她是腓尼基的公主，在巴力敬拜中长大。她嫁给以色列王亚哈以后，在以色列大力鼓吹巴力敬拜。当时，亚哈王想得到拿伯的葡萄园，拿伯不肯，他就心里愁烦，但还不敢对他怎样欺压。耶洗别却对他说："你现在是治理以色列国不是，只管起来，心里畅畅快快的吃饭，我必将耶斯列人拿伯的葡萄园给你"（王上廿一7）。这样，耶洗别用污秽的行政手段害死了拿伯，把他的葡萄园给了亚哈。当时作以色列王的亚哈还未能完全习惯的巴力精神，后来一般的百姓都渐渐习惯了。结果，以色列（北国）将亡的时候，王位争夺的事不断发生（参王下十五及十七章，比较何七1～7）。何西阿先知说："以色列是茂盛的葡萄树，结果繁多。果子越多，就越增添祭坛；地土越肥美，就越造美丽的柱像"（何十1）。葡萄树果子的多少与巴力祭坛数目的多少是互相平行的。换言之，以色列人敬拜巴力的目的是要控制自然的生殖力，好为自己带来更多的农产品，让自己更好地控制周围的事物与人。

士师记告诉我们，以色列人离弃耶和华，去敬拜巴力，结果便到了士师记最后五章经文所描述的堕落光景。昔日以色列的危机今天仍然存在。今天的人企图对周围环境和其他人的利用和操纵，比过去有过之而无不及。今日人类对自然环境的破坏是巴力敬拜精神的结果；今日人类社会关系的疏离乃至家庭关系的瓦解，也是巴力敬拜精神的结果。将男女的性当作彼此利用的手段也是巴力敬拜的精神。女性在古时候的社会中地位远低于男性。因此，女性往往是被利用的对象。巴力敬拜中的"圣妓"制度是人对生殖力和性欲渴求在宗教上的结合。透过这种制度，人企图一方面利用神，另一方面利用女性。士师记中那个利未人的妾侍所遭遇的惨剧使人惊讶地说："从以色列人出埃及地，直到今日,这样的事没有行过,也没有见过;现在应当思想,大家商议当怎样办理"(十九30)。这就是巴力敬拜带来的光景,也是今天人类社会性泛滥的危机。

今天很多人都寄望,东方人注重群体生活的智慧可以为人类社会带来新的转机。我们在这里庆幸中国人的传统文化可能给今天的世界带来一点希望。但我们不要忘记,中国在近数百年的历史中都在追求现代化,到今天仍然在传统文化的包袱下挣扎。中国的主流思想儒家是非常人本的,追求人性与天道的合一。其实,所谓天道恐怕是人性在自然界中的反映而已。这也许是"万物皆备于我"的意思吧。⑱ 今天,中国人在现代化的挣扎中需要有思想和灵性上的更新,而这种更新需要在"人性"之外有真正的"天道"——神自己的启示。我们相信,这个启示就在圣经里。

中国人一向以人为本的思想促使人对神也采取一种"用"的态度。难怪一般人拜神或拜偶像的心理是要看某位神或偶像是否"灵",也就是对"我"是否有"用"的意思。其实,真正的神是要我们"信",不是被我们"用"的。我们若仍从"用"的态度去看待神,我们就仍然在巴力敬拜的精神中。当然,"用"的态度可以将一切事物都放在自己的掌握中,这对每一个人都是有很大吸引力的,因为我们都是"罪人"。"信"却要我们将一切事物都放在神的手中,叫一个以自我为中心的人有一种不安全的感觉。但这也正是对神有信心的人必须要克服的心理。

今天,人类社会因为"巴力"敬拜的精神而正处于危险的边缘,无论东方西方都需要回到神的面前,让神来更新我们的信仰和文化生活。圣经提到的巴勒斯坦是今天世界的火药库。所谓"灯脚最暗",这里更需要圣经的福音。⑲ 中国人也同样需要知道自己的"盲点"在哪里。

---

⑱ 近世纪的西方思想也渐渐失去了"天道"。影响本世纪神学思想颇大的德国新约神学家布特曼(R. Bultmann)曾说,神学就是人类学。这与中国人"万物皆备于我"的思想相去不远,两者皆来自人本主义,只是西方的人本主义强调个别的人,而中国的人本主义则强调集体的人。

⑲ 以色列人和巴勒斯坦人在巴勒斯坦(迦南地)的斗争似乎没完没了。讽刺的是,昔日士师时期以色列人挣扎求存的根据地,大概就是今日巴勒斯坦人希望在那里建立自己国家的约旦河西以色列占领区。

柒　注释形式

　　士师记的注释书很多，形式也各不相同。^{○50} 宾尼和摩尔的士师记注释虽然古老，仍然有相当高的参考价值。他们都很看重用底本学说去批判和分析经文，又用比较语言学去建立经文的意思。但这两本注释书毕竟是本世纪开始时候的作品了。过去二三十年来的注释，如格雷、苏根和波令的，都对士师记有深入的注解。格雷的注释多从申命记神学思想去看士师记；苏根的注释比较看重经文背后的传统问题，在每一段注解之前都列出了很多关于该段经文的其他资料；波令的注释看重经文的字义，有不少从考古学来的解释。近期出版的士师记注释多从某一个特殊的角度去看士师记，例如汉林（Hamlin）从神学角度注解，卫布（Webb）和克来因从文艺角度解释，费威尔（Fewell）从女权角度注解等。^{○51}

　　我们下面的注释将按照上面对士师记的分段来看每一段经文。我

○50　士师记主要的英文注释书，除了宾尼、摩尔和波令的以外，还有格雷（John Gray）的 *Joshua，Judges and Ruth*（New Century Bible；London：Thomas Nelson & Sons Ltd，1967）和苏根（J. A. Soggin）的 *Judges*（*Old Testament Library*；London：SCM Press LTD，1981），translated from the Italian original by John Bowden. 关于士师记注释书的评估，读者可参考贝利的专文，Raymond Bayley，"Which is the Best Commentary？14，the Book of Judges，" *Expository Times* 103（1991/2），pp. 136 - 138. 他认为奥德的士师记注释对信息宣讲和查经都很有启发性（A. G. Auld，*Joshua，Judges & Ruth*［The Daily Study Bible；Saint Andrew Press/Westminister Press，1984］）. 关于如何解释士师记，潘齐思基（Penchansky）提醒我们需要留意经文编辑者及我们自己的先在观念，以免在解释上有了偏见而不自知。参 David Penchansky，"Up for Grabs：A Tentative Proposal for Doing Ideological Criticism，" *Semeia* 59（1992），pp. 35 - 41. 他的意见可以作为我们的提醒。但我们不能将圣经当作任何其他书一样。我们相信最后形成的圣经（final form of the Bible）是神的话语。我们第一要关心的是现有士师记的信息，不是士师记形成过程中的其他信息或目的。我们又相信士师记的信息主要是从文艺形式表达出来的。

○51　E. John Hamlin，*Judges：At Risk in the Promised Land*（International Theological Commentary，Grand Rapids，Michigan：Wm. B. Eerdmans Publishing Company，1990）；Barry G. Webb，*The Book of the Judges，An Integrated Reading*（JSOTS 46，Sheffield：Sheffield Academic Press，1987）；Lillian R. Klien，*The Triumph of Irony in the Book of Judges*（JSOTS 68，Sheffield：Sheffield Academic Press，1988）；Danna Nolan Fewell，"Judges，" in *The Women's Bible Commentary*（London：SPCK，1992），eds.，C. A. Newson and S. H. Ringe.

们会先列出该段经文的中文翻译，主要是和合译本的译文。该译本需要讨论的译文，与非和合译本的译文，会被放在［　］这个括号中。这些经文将会在下面的"经文"部分加以讨论。每段经文按"分段"、"经文"、"注解"和"释义"四部分来探讨。"分段"是要说明该段经文为什么要放在一起来看，原因主要是文艺的。"经文"是要讨论［　］这个括号内的经文，就是原文本身有困难或和合译本译文有商榷的经文。"注解"是要认识一些与该段经文有关的背景，如历史、地理、文字、社会、思想、文化和故事当时的情况等等，从而对经文要表达的意义有更好的掌握。"释义"是要看经文本身要表达的神学思想或生活信息。我们相信，经文的思想或信息基本上是从文艺方式表达出来的，所以我们的讨论重点也会在这里。在有需要的时候，注脚的内容会包括一些额外的资料来源，方便有兴趣者作进一步研读。注释中有些词语加上了原文音译，也是为了方便有兴趣者作进一步的比较研究。

注释

第一篇
引 论
（一 1～三 6）

第一篇　引论（一1～三6）

引论经文的合一性

士师记第一章一节至第三章六节一向被学者们认为是由不同文献组成的。最少第一章一节至第二章五节及第二章六节至第三章六节是两个不同的士师记引言，而两者都将士师时期放在约书亚死后（一1，三6～10）。如果我们细心读约书亚记第廿三至廿四章，便可以发觉士师记第一章是以色列人照约书亚临终遗言而行的记载（参书廿三1～5），而士师记第三章六至九节与约书亚记第廿四章廿八至卅一节的内容和用词又几乎完全相同。那么，为什么士师记两次提到约书亚的死，作为该书的开始呢？

我们并不排除士师记在成书过程中被引进了不同序言的可能性，但第一章一节至第三章六节作为士师记的引论是完全合一的。第一章一节至第二章五节及第二章六节至第三章六节并不互相排斥，而是互相支持的：前者从历史的角度看以色列人如何没有完全除灭迦南人，反而与他们妥协，住在一起，结果引来神的审判（二1～3）；后者从宗教的角度看以色列人如何违背了与神的立约关系，去敬拜事奉迦南人的神，结果被神审判（二14～15、20～23）。这两段经文虽然从不同的角度去看以色列人的生活，但同样是指以色列人在约书亚死后的光景，而且前后两段经文有因果的关系：以色列人生活上与迦南人妥协，迦南人的偶像敬拜自然会令他们远离耶和华神。神对以色列人的审判也从前一段经文的警告（二3），发展到后一段经文的执行（三14～15）。这两段经文摆在一起，也就像后浪推前浪一样反映了以色列人的罪恶深重。

此外,神的本性也在祂对以色列人的态度上反映了出来。祂一方面被以色列人的罪恶惹动了怒气(二 14),要审判他们,另一方面又为他们所受的痛苦景况后悔,要兴起士师拯救他们(三 18)。当以色列人变本加厉犯罪的时候,神的怒气再被惹动,于是就作了一项长久的决定(二 20～23)。这就成了往后士师出现的因由,为士师记的演论(三 7～十六 31)预先铺好了路。原来,以色列人不能完全获得神应许给他们的迦南地不是因为神没有能力应验祂的应许,也不是因为神对他们没有赦罪的怜悯,乃是因为他们不肯真正悔改归向神。这样,士师记的主题也在第一章一节至第三章六节的引论中透露了,随后的演论只是演绎这个主题而已。

引论与演论的关系

士师记演论(三 7～十六 31)中各主要士师的事迹都被放在同一个模式的架构中。那就是:以色列人离弃神,神将他们交在外邦人手中受迫害,他们在苦难中哀求神,神兴起士师拯救他们,这样国中太平若干年,士师死后他们又离弃神。这个模式已经在第三章十一至十九节预先讲述了。演论中各士师所代表的以色列支派,由俄陀聂代表的犹大支派到参孙代表的但支派,基本上是由南到北的,而且士师们的拯救使命也由成功渐渐趋于失败。最后,参孙更被非利士人俘掳,死在非利士人当中。这种现象在第一章已经有了预兆:以色列与外邦人的对抗也由南方的犹大开始,而且很成功;渐渐地他们没有制伏外邦人,只是与外邦人同住在一起;最后,但支派更被外邦人制伏,被逼住在山地了(一 34)。士师记第十八章告诉我们,但支派后来是十二支派中处于最北方的一个。这正好说明,演论与引论的思想路线是同出一辙的。此外,演论中所演绎的事迹或思想,很多在引论中已经提到了。下表可以给我们在这方面一些说明:①

---

① 这里的比较表多已见于卫布的士师记注释。Bary G. Webb, *The Book of the Judges* (JSOTS 46, Sheffield: JSOT Press, 1987), pp.118-119.

事迹或思想	引论	演论
a. 神质问以色列人拜偶像的事	二 1～5	六 7～10，十 10～16
b. 俄陀聂战胜外邦人	一 11～15	三 7～11
c. 基尼人与以色列人的关系	一 16	四 11、17～22，五 24～27
d. 米吉多与耶斯列平原的争夺	一 27～28	四章，五 19～23
e. 王权，特别是迦南王权的消极面及其遭遇	一 4～7（亚多尼比色）	古珊利萨田，伊矶伦，耶宾，基甸与亚比米勒
f. 女性的主动及其左右男性的力量	一 11～15（押撒）	底波拉，雅亿，一个妇人（九 53），耶弗他的女儿，大利拉
g. 以诈胜敌的军事行动	一 22～26（攻取伯特利）	以笏攻摩押，雅亿杀西西拉，基甸胜米甸人，大利拉制服参孙，以色列攻取基比亚

引论与结论的关系

士师记的引论与结论（十七 1～廿一 25）也是遥遥相对的。我们在绪论中已经提到，第十七至十八章与第十九至廿一章是士师记的双重结论，呼应了第一章一节至第二章五节及第二章六节至第三章六节的双重引论。引论和结论皆指向以色列人离弃神的罪：前者着重神的责备和审判，后者着重他们离弃神的实际结果。很多解经家都留意到第一章一至二节及第二十章十八节相同的地方：两处都提到以色列人求问神，谁当首先上去攻击敌人；两处神的答案都是要犹大首先上去。这是引论与结论相呼应的一个例子。只是引论中以色列的敌人是迦南人,结论中以色列的敌人却是以色列本身的一个支派。另一个例子是引论与结论同有一个显著的女性:前者是俄陀聂的妻子押撒(一 11～15),后者是一个利未人的妾侍(十九章)。两个女子都是犹大人,但前者是一个成功的女子,有名字、地位,甚至支配了父亲和丈夫;后者却是一个行淫的女子,无名字、地位,被父亲和丈夫支配,结果甚至她的身体也被肢解了。可见引论与结论在相同之中仍然有很大的分别。圣经常以新妇象征以色列,那么引论与结论中的两个女子就更可以说明,以色列由一个成功的女子渐渐瓦解(肢解)为一个失败的女子。她的过程就是演论的部分(三 7～十六 31)所要告诉我们的。这样看来,士师记的引论不单是合一的,而且与全书的发展都有密切的关系。

壹　战争之前的求问
（一1～2）

1 约书亚死后，以色列人求问耶和华说："我们中间谁当首先上去攻击迦南人，与他们争战？"

2 耶和华说："犹大当先上去，我已将那地交在他手中。"

（Ⅰ）分段

这两节经文作为全书的开始，一方面使士师记与前面的约书亚记连接起来，另一方面开启了士师记的序幕。约书亚的死是约书亚记结束的一件事，士师记拿来作开始，自然有接续约书亚记的意思。士师记原文的第一个字（*wayᵉhî*）也有连接以往的意思。同时，以色列人要去攻击迦南人一事，也是约书亚临终时吩咐他们要这样作的（参书廿三4～5）。这样，士师记与约书亚记的事迹在时间上是分开的，但在发展上是不可分的，而全本士师记所记载的，也正是以色列人在外邦人的困扰下如何争战和生活的历史。这一点在这两节经文中不单肯定了，而且有了争战的计划。因此，这两节经文实在是全书引论中的引言。

（Ⅱ）注解

士师记第一章的事迹被放在约书亚死后。很多解经家认为这样安排的时间次序会有历史上的困难，因为第一章记载的事迹，有些在约书亚记中已经记载了。最明显的是俄陀聂攻取基列西弗的事（一10～15；比较书十五13～19）。其他例子可以比较士师记第一章廿一节，廿七至廿九节与约书亚记第十五章六十三节，第十七章十一至十三节及第十六章十节。有些学者认为，士师记第一章与约书亚记同样记载了以色列人征服迦南地的事，前者的征服是个别支派分开逐渐进行的，后者的征服是十二支派在一个领袖约书亚的带领下进行的。这些不同的意见可以在一般有关古以色列的历史书中看到,不在这里论述了。①

我们相信,士师记既然以约书亚记为背景,它是无意用第一章的记载去反对约书亚记之记载的。因此,有些学者将士师记第一章一节分为两半,认为上半节"约书亚死后"一语是全书的总题,指整个士师时期说的。第一章只是总括约书亚时期的事,但它所描述的约书亚时期不是成功的一面,而是失败的一面。因此,士师记第一章在古以色列人征服迦南地的历史上是约书亚记的补充。但我们若从文艺的角度来看士师记,第一章既然属于士师记,它的目的就不是要补充约书亚记,而是要引出第二章一至五节的结论。② 我们认为,将第一章一节分为独立的两半在文法上是不可能的,因为上半节不是一个独立的句子,而是为下半节设立的条件。历史上的问题我们可以这样了解:士师记第一章的记载基本上是在约书亚死后发生的,那些重复在约书亚记中出现的部分并不表示必然在约书亚生前发生的。例如,玛拿西人未能赶出住在耶斯列平原的迦南人(一 27～30;书十七 11～13)是一个约书亚生前和死后的事实。约书亚曾经肯定玛拿西和以法莲人可以将那里的迦南人赶出去(书十七 16～18),只是他们未能成就。此外,约书亚记将一些约书亚死后成功取得土地的例子放在约书亚记中也是可能的,因为约书亚毕竟是一个显赫的人物,容易将一些成功的例子吸纳在他的名下。

一 1 "求问" 这件事将以色列人与神之间的应有关系突现了出来——他们与迦南人的争战需要顺服在神的引导之下。我们从"求问耶和华/神"一语出现的其他地方(十八 5,二十 18;比较撒上廿二 10～

---

① 关于古以色列人如何入驻迦南地的历史,可以参考绪论中讨论历史的部分及其中的专文。士师记第一章作为历史资料的讨论,可参考 Gottwald, *The Tribes of Yahweh*, pp. 163 - 175; G. Ernest Wright, "The Literary and Historical Problem of Joshua 10 and Judges 1," *JNES* 5(1946), pp. 105 - 114.

② 参 Moore, *Judges*; Cundall & Morris, *Judges and Ruth* (Tyndale OT Commentaries, 1968).士师记的其他主要注释书如 Burney, *The Book of Judges*; Gray, *Joshua*, *Judges and Ruth*; Boling, *Judges*; Soggin, *Judges* 都认为士师记第一章与约书亚记的征服事迹是同时期的不同传统,但没把"约书亚死后"一语看为全本士师记的总题而将它与下半节分割开来,只认为那是有申命记神学的编者后来加上去的,目的是要分开失败的士师时期和成功的约书亚时期。

13、15），可以知道这里的求问很可能是透过祭司的，而祭司所用的工具有以弗得（撒上廿三9，三十7）或乌陵与土明（撒上十四41，这里的签在七十士译本作乌陵和土明）。考古学上曾发现属于这个时期的一些箭头，上面写了箭头所属者的名字，作为掣签的用途。③ 无论掣签的工具或方法如何，祭司的角色是重要的，因为他是负责解释和传递神话语的人，而古以色列人的律法是由祭司看管的（参耶十八18）。

　　"上去" 这个词语在第一和第二节共出现了两次。有些解经家认为它表示当时以色列人仍然在约旦河谷的吉甲地方，准备"上去"山地攻击那里的迦南人，因而认为士师记第一章的战事是与约书亚记的战事平行的。不过，这个词语也常用于"上去"战场的意思（十二3，十八9；书廿二12；撒上七7）。我们不能单凭这一个词来断定当时以色列人是否仍然在约旦河谷的吉甲。但吉甲是约书亚征服迦南地的大本营（书四19，五10，九6，十6，十四6），约书亚死后，以色列人从那里开始去计划夺取各支派的分地也是可能的。

　　一2 "首先"（batt⁽ḥillâ） 这个字的原文并没有等级高低的分别，只有时间先后的分别。

(III) 释义

战胜迦南人的秘诀

　　这两节经文似乎已经将士师记的问题引出来了。这里的问题是：以色列人要与迦南人争战。前者代表神的百姓，后者代表异教分子及其一切生活的精神。现在以色列人的领袖约书亚死了，争战还没有完结，他们于是陷入了"群龙无首"的危机中。但他们自己顺服在神的下面，让神作他们的领袖，"求问"神当由哪个支派首先上去攻击敌人。以色列人认识到，他们与迦南人争战的胜负完全系于他们是否服从神的吩咐。但他们能够成功吗？ 神在回应以色列人的求问中指定了犹大支

---

③ 参 Iwry 在这方面的专文，*JAOS* 81（1961），pp. 27-34.

派当先上去与迦南人争战,并且说,祂已经将那地交在犹大的手中了。换言之,争战的成功是肯定的,胜利已经在犹大手中了,问题只在以色列人与神的关系是否能够维持正常。犹大被选上,不是因为他比其他支派高一等,犹大在这里只是一个试验的个案,结果如何在本章余下的经文可以看到。这样,第一章一至二节就将士师记的舞台预备好了。神的旨意是清楚的,人的回应将会影响故事的发展。

贰　犹大家的胜利
（一 3～21）

3 犹大对他哥哥西缅说："请你同我到拈阄所得之地去,好与迦南人争战;以后我也同你到你拈阄所得之地去。"于是西缅与他同去。

4 犹大就上去;耶和华将迦南人和比利洗人交在他们手中;他们在比色击杀了一万人。

5 又在那里遇见亚多尼比色,与他争战,杀败迦南人和比利洗人。

6 亚多尼比色逃跑;他们追赶,拿住他,砍断他手脚的大拇指。

7 亚多尼比色说："从前有七十个王,手脚的大拇指都被我砍断,在我桌子底下拾取零碎食物;现在神按着我所行的报应我了。"于是他们将亚多尼比色带到耶路撒冷,他就死在那里。

8 犹大人攻打耶路撒冷,将城攻取,用刀杀了城内的人,并且放火烧城。

9 后来,犹大人下去,与住山地、南地和[示非拉]的迦南人争战。

10 犹大人去攻击住希伯仑的迦南人,杀了示筛、亚希幔、挞买;希伯仑从前名叫基列亚巴。

11 他们从那里去攻击底壁的居民;底壁从前名叫基列西弗;

12 迦勒说："谁能攻打基列西弗,将城夺取,我就把我女儿押撒给他为妻。"

13 迦勒兄弟,基纳斯的儿子俄陀聂夺取了那城,迦勒就把女儿押撒给他为妻。

14 [押撒过门的时候劝丈夫]向她父亲求一块田;押撒一下驴,迦勒问她说："你要什么?"

15 她说："求你赐福给我;你既将我安置在南地,求你也给我水泉。"迦勒就把上泉下泉赐给她。

16 摩西的内兄是[基尼人何巴],他的子孙与犹大人一同离了棕树城,往亚拉得以南的犹大旷野去,就住在[亚玛力人]中。

17 犹大和他哥哥西缅同去,击杀了住洗法的迦南人,将城尽行毁灭。

那城的名便叫何珥玛。

18 犹大又取了迦萨和迦萨的四境,亚实基伦和亚实基伦的四境,以革伦和以革伦的四境。

19 耶和华与犹大同在,犹大就赶出山地的居民;只是不能赶出平原的居民,因为他们有铁车。

20 以色列人照摩西所说的,将希伯仑给了迦勒;迦勒就从那里赶出亚衲族的三个族长。

21 便雅悯人没有赶出住耶路撒冷的耶布斯人,耶布斯人仍在耶路撒冷与便雅悯人同住,直到今日。

(I) 分段

　　士师记第一章记载了以色列人与迦南人争夺巴勒斯坦土地的情况,战事基本上可以分为南部和北部。我们将第三至廿一节合起来看,因为这段经文都与犹大夺取应许地南部有关。犹大的战事在十二支派中所占的篇幅最多,显示了犹大在以色列中的重要地位。总的来说,犹大与迦南人的争夺战是成功的,这与其他支派总体失败的情况刚刚相反。第三至廿一节在文艺上也需要合起来看:一方面,神在第二节曾经应许,祂必将那地交在犹大手中,第四节和第十九节即两次提到神成就了祂的应许;另一方面,第三节提到了犹大与西缅同意合作,一同去夺取应许地,第十七节又提到他们一同去攻击洗法的迦南人。这两节经文好像一呼一应将犹大的战事总括起来。第十九至廿一节可以看为本段经文的结论,它一方面总结了犹大的战事,另一方面也带出了战事成功与失败的问题。第廿一节没有提到犹大,只提到便雅悯支派的事,然而便雅悯在以色列往后的发展中是与犹大结合在一起的,而且耶路撒冷的得与失与犹大也有密切的关系(比较八节与廿一节)。所以,将这段经文合起来看是合宜的。

(II) 经文

　　一 9　"示非拉"(šᵊṭēlâ)　这名称是原文的音译。和合译本译作

"高原"。其实,那不是一般地理上所说的高原,如中国的青藏高原或云贵高原。它是巴勒斯坦介于犹大山地与沿海平原之间的一个地区(参申一7;书九1,十40,十二8,十五33;代下廿八18)。英文圣经将它译为"低地"(RSV)或"西部山麓"(NIV)是较适合的。

　　一14　"押撒……劝丈夫"　七十士译本和武加大译本都理解为"她的丈夫劝她",这样便维持了俄陀聂作为士师(三7~11)的主动形象。同时,第十四节的下半节告诉我们,押撒是真正向她父亲发出要求的人。但我们在这里还是要采取马所拉的经文,因为它更能够突出押撒这位女士的个性。而且,她要丈夫向她父亲求的是一块田,她自己向父亲求的却是一口水泉。所以,押撒和她丈夫向迦勒的要求是两回事。从第十五节看来,求田的事是已经成功的了。求水泉的事是在求田的事以后,却与那田有密切的关系。那么,第十四节上半节与下半节所说的是两件先后不同的事。经文将这两件事放在一起,就表明了押撒是一位精于筹算而又主动的女性。马所拉经文读作"押撒劝她的丈夫"是适当的。

　　一16　"基尼人何巴"　和合译本作"基尼人"(qênî)。这个字的原文是一个形容词。很多解经家都认为这里丢掉了一个专有名词。根据第四章十一节,"何巴"可能是那丢掉了的名词。这修改是合理的。

　　"亚玛力人"('mlq)　马所拉经文作'm(民)。即基尼人何巴的后裔最后住在"民"中。这里好像又丢掉了什么似的,因为原文没有告诉我们那民是什么民。大多数解经家都认为这里的"民"应该被改为"亚玛力人",因为原文中"民"('m)是"亚玛力人"的头两个字母。而且,基尼人与亚玛力在圣经中常出现在一起(民廿四20~21;撒上十五6)。这修改是可以接纳的。

(III) 注解

　　一3　犹大与西缅彼此同意一齐去攻取拈阄所得之地是很自然的,因为根据约书亚记,西缅的分地是在犹大境内(书十五章,十九1~9)。以色列的敌人是迦南人。"迦南人"是对迦南地原居民的总称呼(1节)。

　　一4　"比利洗人"　我们对这族人的了解很少。"比利洗"有"村

落的居住者"的意思,可能泛指住在以法莲山地的外族人,与住城邦的
迦南人相对。所以他们被放在一起(5 节),表示他们是迦南地的原住
民(比较创十三 7,卅四 30)。

"比色" 通常被了解为示剑东北的一座城(撒上十一 8)。犹大分
得的土地应该在耶路撒冷以南,为什么他们会跑到离自己分地那么远
的地方去打仗呢? 这一点,我们实不明白。如果本节的"比色"真的指
示剑东北的一座城(撒上十一 8),这里记载的可能反映了一个古老的
传统——西缅曾经在示剑与迦南人武力对抗(创卅四 25～31,卅五 5)。
另一方面,比色也可能是犹大山地的一座城,但我们尚未在任何文献中
遇到这样称呼的城坐落在犹大山地。

一 5 "亚多尼比色"($^a\underline{d}onî\ bezeq$) 他似乎是比色城的王。为什
么他会被带到耶路撒冷去呢(7 节)? "亚多尼比色"这个名字的意思是
"比色是我的主"。按照一般了解,这样组合的名字,"比色"是一个神明
的名称,如亚多尼洗德(书十 1,洗德是耶路撒冷王的神)、亚多尼雅(撒
下一 5,雅是耶和华的简写)。但这里说,比色是一个城的名称(4 节),
这与一般名字的组合不符。"亚多尼比色"可能不是比色王,而是耶路
撒冷王。因为犹大擒拿了他以后,把他带去了耶路撒冷(示众?),随即
攻打该城(7 节下至 8 节)。宾尼在这里的解释很有意思,他说,"比色"
可能是特意被拿来代替了耶路撒冷王的神"洗德"。"洗德"的原文
($\c{s}edeq$)是正义的意思,而"比色"的原文($bezeq$)有石块的意思。换言
之,耶路撒冷王的神虽然被称为正义的,这里却讽刺他为一动也不动的
石块(比较哈二 19)。[①]

一 6～7 "砍断他手脚的大拇指……他就死在那里" 这里提到,
亚多尼比色砍断了七十个王的手脚大拇指,他自己的手脚大拇指也被犹
大人砍断了。这刑罚在古时的战争中似乎颇为普遍,古希腊和古罗马的
战争记录中也有类似的事情,目的可能是要令受刑者再不能拿枪去打
仗。汉林认为这里还有废除君尊祭司的意思,因为迦南人的王通常都同
时有祭司的职分(创十四 18)。圣经告诉我们,祭司就职的时候,他们的

① C.F. Burney, *The Book of Judges*, pp. 5 - 6.

手脚大拇指都要抹上祭牲的血(出廿九 20；利八 23)。手的大拇指很可能代表了为百姓献祭和祝福的手(利七 30，八 26～27，九 22)，而脚的大拇趾则代表了站在圣洁地方的脚(民十六 9；代上廿三 30；诗廿四 3)。砍断了祭司手脚的大拇指就等于废弃了他的祭司职事。② 犹大对迦南人的争战是激烈的，将亚多尼比色的手脚大拇指砍断是一种酷刑。

— 8 "犹大人攻取了耶路撒冷……并且放火烧城" 这与第廿一节所说的似乎有矛盾，因为那里说，便雅悯人没有赶出住耶路撒冷的耶布斯人。这个问题不容易解决。我们在第廿一节再来尝试了解。

— 10 "示筛、亚希幔、挞买" 这是迦勒在希伯仑赶出的三个亚衲族族长(20 节；比较书十五 14；民十三 22)。但这里说，攻取希伯仑的是犹大，第二十节却说是迦勒。可能在圣经作者眼中，迦勒和犹大支派是不能分开的(比较 12 节注解)。这里的亚衲族人被称为伟人(民十三 33)，而亚巴是他们中间最尊大的人，又是他们的始祖(书十四 15，十五 13)。

"基列亚巴"(qiryat 'arba') 是希伯仑以往的名字(10 节)，它的意思是"亚巴的城"。亚巴的原文字面意思是"四"。可能亚衲族人将这个字作为他们所敬奉之神的名字，并且称亚巴为他们的始祖。所以"希伯仑从前名叫基列亚巴"这个注脚可能表示，亚衲族人从希伯仑被建造的时候(民十三 22)就已经住在那里了。

— 11 "底璧" 这城位于犹大西部山麓的南端，在希伯仑城的西南约十一公里。它的原名为"基列西弗"(qiryāt-sēper)，意思是"记录"或"书"之城，可能是古时候的一个行政重镇。从第十二节我们可以知道，迦勒显然是攻打底璧城之犹大人的领袖。这就告诉我们，迦勒与犹大是不可分的。

— 16 "棕树城" 一般被解释为耶利哥城，因为这个名字在第三章十三节再出现的时候肯定是指耶利哥城。但这里也可能指死海南端的一座城，因为从地理上来看，基尼人从这里移居到亚拉得以南的犹大旷野去比较合理。

---

② E. John Hamlin，*Judges - At Risk in the Promised Land*(ITC，Grand Rapids：William B. Eerdmans Publishing Co.，1990)，p. 27.

"亚拉得"　在希伯仑以南约二十六公里的地方。它的南面是"南地"的东部。

一 17　"尽行毁灭"（ḥrmh）　这里说，犹大和西缅将迦南人的城"洗法"尽行毁灭了。第四节又说，犹大在比色击杀了许多迦南人。这些描述一方面表示犹大的军事胜利，另一方面表示犹大所打的是一场"圣战"。"尽行毁灭"特别表示圣战是要将一切人口和牲口都杀掉，可烧的掳物都烧掉，其他不可烧的金属器物都要拿到圣所去献给神（参书六 17～21；撒上十五 3～23；比较民卅一章；申二 34，三 6；书八 24～27，十 28～40，十一 11～15）。根据申命记第七章二节及第二十章十六至十八节，以色列人对付迦南人的一切争战都是圣战，应该将迦南人完全除灭。但在士师记中，"尽行毁灭"（wayyaḥᵃrîmû）的军事行动只在这里和第廿一章十一节出现。这个词语的原文可以音译为"何珥玛"（hārᵉmâ）。这就是"洗法"被尽行毁灭以后改称为"何珥玛"的缘故。该城在犹大的南部，在西缅的分地以内。这样，犹大的战事基本上是由北而南的：从耶路撒冷，经希伯仑、底壁、亚拉得，到何珥玛。

一 18　"迦萨……亚实基伦……以革伦"　这是非利士人五大城邦中的三个城邦，都在沿海平原上。这里说，犹大攻取了这些城，与随后第十九节所记载的有些矛盾。该节说，犹大不能赶出平原（指沿海的非利士平原）的居民，因为敌人有铁车。这里的矛盾很难解决，待第廿一节一并来讨论好了。

一 19　"铁车"　是指古时候的战车。铁可能只是全车的某些部分而已。当时人类历史刚刚进入了铁器时代，铁被应用在战车上，可以大大加强作战的能力，战车也就以铁而闻名，所以被称为铁车了。这种战车最初可能是由"海民"引进巴勒斯坦的。非利士人是"海民"的一支，他们在扫罗时代仍然控制了以色列人的铁器应用（撒上十三 19～22）。但有些学者怀疑这里的铁车在当时是否可能。[3]

---

[3] 战车应用的全盛期在主前十七世纪末至十三世纪末。铁器时期开始于主前十二世纪，以色列人也在这时期或之前出现在迦南地。人们在这时期将大量铁器应用于战车上的可能性不大，而且铁的重量大，必大大降低战车的灵活度和速度，因而降低作战的能力。所以很多学者对这里的铁车都有疑问。德卫斯（Drews）认为约书亚记和士师记提到 （转下页）

一 20　"希伯仑"　参第十节注解。迦勒将住在希伯仑的亚衲族人打败了，结束了犹大攻打迦南人的战记。迦勒的胜利就是犹大的胜利（参 11、12 节）。第十节也将迦勒对亚衲族人的胜利等同犹大对迦南人的胜利。由于希伯仑在地理上处在犹大山地最高的地方，而亚衲族又是伟人，迦勒打败了希伯仑的亚衲族人，就表示犹大与迦南人的争夺战有了决定性的胜利。

一 21　"耶布斯人"　我们只知道这是迦南人的一族，由约书亚时期到大卫时期，这一族的人一直住在耶路撒冷（书十五 63；撒下五 6～10，廿四 16）。这里关于耶路撒冷的记载与第八节的记载有不相符的地方：那里说耶路撒冷已经被犹大人攻取，而且毁灭了，这里却说，便雅悯人没有赶出住耶路撒冷的耶布斯人。我们缺乏确实的历史资料解决这个问题，但也许可以了解如下：耶路撒冷被大卫王攻取（撒下五 6～10）以前，耶布斯人一直住在那里（十九 10～12）。那么，本节"直到今日"一语可以告诉我们，本章所记载的事迹最少是在大卫王以前发生的。根据哥特华德的研究，大卫王以前，古以色列人在巴勒斯坦奋斗自立大约有二百年之久。④ 士师记第一章的记载可能包括了相当长的时期。然而，耶路撒冷、迦萨、亚实基伦和以革伦等可能在这长时期中曾经被犹大攻取，后来又被耶布斯人或非利士人夺去了。我们知道，非利士人是在主前 1200 年左右才由今天希腊的克里特岛移居巴勒斯坦的，但以色列人在这以前已经在那里了。

(IV) 释义

清除迦南精神

以色列人要与迦南人争战，是士师记的精神，这在第一章一至二节

（接上页）的铁车可能是有铁轮的战车或附有铁镰刀的战车。这都是主前 700 年以后才出现的战车。然则，圣经的作者可能将自己写作时期的战车搬到约书亚和士师时期去了。参 Robert Drews, "The 'Chariots of Iron' of Joshua and Judges," *JSOT* 45（1989），pp. 15 - 23.

④ 参 Gottwald, *The Tribes of Yahweh*, p.187.

中已经说明了。本段经文也在开始的第三节说明了这一点。这节经文的结构可以排列如下：⑤

A　犹大对他哥哥西缅说

　B　请你同我到拈阄所得之地去

　　C　好与迦南人争战

　B′　以后我也同你到你拈阄所得之地去

A′　于是西缅与他同去

以上的结构显示，"与迦南人争战"是在中心的位置。B 和 B′告诉我们，争战的目的是要得神所应许（拈阄）的地方，而且争战需要"你"与"我"合作。A 和 A′告诉我们，犹大与西缅同意了，而且这里强调他们是"兄弟"。换言之兄弟需要团结一致，彼此支持。这与中国人的俗语"打虎不离亲兄弟"有相仿的意思。以色列与迦南人争战的事在第四至八节中有很好的描述。首先，犹大一上去争战，神就将敌人交在他们手中了。换言之，他们打胜仗的信心是十足的。这也是每一场争战所需要的。随即争战的结果被宣布了——犹大击杀了一万个敌人。这实在是一场非常成功的战事。⑥ 犹大对亚多尼比色的战事进一步描述了他们与迦南人争战的性质是要除去迦南人的生活精神。

亚多尼比色的实例

亚多尼比色作为耶路撒冷的王（参注解中的解释）代表了迦南人的精神。他自夸砍断了七十个王的手脚大拇指，让他们在他的桌子底下拾取零碎食物，表明了他骄傲与残暴的政策。除去了这样的王，表示除去了迦南人的政治宗教制度所代表的一切生活精神。耶路撒冷城的被攻取和焚烧，更是清除迦南精神的彻底行动。亚多尼比色的死也有双重的讽刺：一方面，他以往对待别人的酷刑结果也临到了他自己身上，

---

⑤ 参 Webb, *The Book of Judges*，p.83.

⑥ 布勒特莱将士一 1~二 10 与约书亚记的同类经文比较，认为士师记的引言（一 1~二 10）是高举犹大支派。参 Brettler, "The Book of Judges：Literature as Politics," *JBL* 108（1989），p.402.但我们从以后的分析看来，士师记的引言也不是对犹大完全没有批评的。

他承认说，他的遭遇是一项"公义"的报应；另一方面，如果他原来的名字真的表明"正义"是他的神，那么，他的遭遇表明他的神是毫无救恩可言的。这与以色列人所敬拜的赐人应许的神完全不同。称迦南人的神为一动也不动的"石块"（参注解部分）是合宜的。

成功与失败

犹大在山地的争战是非常成功的。我们上面已经说了，攻取希伯仑象征了犹大的胜利是彻底的和决定性的。虽然如此，第九节以后的战事却有走下坡的趋势。这里基本上是按着"山地、南地、示非拉（低地）"的次序描述的。第九节说，犹大人"下去"与迦南人争战，与第四节的"上去"刚刚相反。这是我们的经文从地理上来象征犹大战事逐渐走下坡的描述，因为从山地去南地，再去低地，是"下去"趋势。这种成功与失败的对比在本段经文的末了再出现。第十七节告诉我们，犹大在南地何珥玛大大杀败了敌人。第十八节又说，犹大攻取了沿海平原的三个重要城镇。但这种成功的情况很快在第十九节又被翻转过来了，因为那里说，他们不能赶出平原的居民。这样，以色列人对抗迦南人的争战就成了"成功"与"失败"混杂在一起的问题。

犹大的失败是有原因的。第十和第二十节告诉我们，犹大"走下坡"的问题似乎在他们最成功的希伯仑开始了。第十节说希伯仑是犹大攻取的，第二十节却说希伯仑是迦勒攻取的。这里表达的似乎是两个不同的观点和角度：前者强调整个犹大支派是攻取希伯仑的英雄，后者则强调迦勒个人是攻取希伯仑的英雄。这种谁是英雄的争论往往就是人失败的开始。其实，犹大的成功是神赐给他们的（2 节）。

我们从第十六节以后的描述也可以看到一点犹大失败的原因。首先，迦勒和俄陀聂所属的基尼洗族可能源于以扫的后裔，因为他们的先祖基纳斯是以扫后裔中的一个族长（创卅六 11、15）。他们后来可能渐渐投入了犹大支派，而且成为该支派的主要组成部分。我们从本段经文可以看到，他们在犹大支派的投入是完全的，他们在犹大支派的领导地位也是显而易见的。另一方面，基尼族与犹大支派也有非常密切的关系：他们与犹大人一同离了棕树城，到亚拉得以南的犹大旷野去（16

节），可是他们不但没有完全投入犹大支派，反而住在亚玛力人（以色列长久以来的敌人，参经文部分的讨论）中间。根据第十六节，基尼人与犹大人是"一同"去住在亚玛力人中的。我们从以后的经文（一 21～36）可以看到，以色列人与迦南人同住就是他们失败的原因。

第十九至廿一节用两个"对比"来总结关于"成功"与"失败"的教训。第一个对比是山地战事的"成功"与平原战事的"失败"。这一个对比里面又有"耶和华"与"铁车"的对比。既然说耶和华与犹大同在（2、4、19 节），为什么犹大不能胜过敌人的铁车呢？显然，这里不单是战争科技的问题，还有更严重的犹大人与神的关系的问题。第二个对比是迦勒"成功赶出"了希伯仑的亚衲族人与便雅悯人"没有赶出"耶路撒冷的耶布斯人。希伯仑和耶路撒冷的战事都在前面讲述了（8 及 10 节）。总结的时候再提到这两个城，表明它们同样是神应许给以色列人的城邑，却有不同的结果。这不是因为希伯仑的敌人比较容易赶出去——相反，亚衲族人一向有伟人的称呼（民十三 33）。真正的原因是便雅悯人与敌人妥协。犹大是"不能"赶出敌人（19 节），便雅悯是"没有"赶出敌人（21 节）。换言之，便雅悯人比犹大人更加偏离神了，他们得不着神应许给他们的地方是不难理解的。

争战的最终目的

第十一至十五节的描述重点由战事转移至婚事。攻取底璧只是婚事的背景而已。这里似乎要告诉我们，战事虽然是士师记的重心，但争战本身不能成为目的，它只是达到更高层次之生活的方法而已。这里更高层次的生活就是婚姻所象征的生活。婚事中，父亲迦勒和新郎俄陀聂都是重要的人物：他们是分别攻取希伯仑和底璧的英雄。从经文的文法看来，俄陀聂可以是迦勒的幼弟。原来，第十三节中的基纳斯可能不是俄陀聂的亲生父亲，而是他的先祖。因为圣经也会以一个人的后裔为他的儿子，而且迦勒也被称为基尼洗族的人（qnz，民卅二 12），与基纳斯（qnz）的原文为同一个字。无论如何，迦勒与俄陀聂有亲密的兄弟关系。他们成功击败迦南人的战事，正好说明了第三节中"兄弟"互相帮助的作战精神。

　　但我们上面已经说了，这几节经文中最主要的不是战事，而是婚事。婚事的主角不是父亲迦勒或新郎俄陀聂，而是新娘押撒。故事开始的时候，押撒是完全被动的，因为她只是父亲手里准备要送给一位战争英雄的"礼物"。迦勒这样作，对他的女儿是不公平而且有危险的，因为他事前没有询问押撒的意见，而且，当迦勒提出要将押撒作礼物送出去的时候，他自己也不知道那位可能攻取底璧的人是谁。但押撒就在这个女性地位非常低的社会里转"被动"为"主动"，反过来支配了她的父亲和丈夫这两位战争英雄。第十四节中翻译为"劝"（swt）的原文有"强烈诱导"的意思，可见押撒对丈夫俄陀聂的主动性是强的。她对父亲迦勒的态度也非常有敬意。她一下驴，即俯伏在父亲前面，以致她父亲要问她求什么。她先向父亲求福，尊重他好像赐福给人的神一样，再说出她所求的是一口水泉。⑦ 结果，第十五节说，她得了两口水泉。押撒心里所求的"田"和"水泉"都是关系到今后家庭幸福生计的大事。这反映了她有圣经形容的理想女性的形象。

　　圣经常常比方以色列为神的新妇。以色列也可以像押撒一样向神"祈求"和从神"领受"所应许的土地。同样，以色列如果向神求生命的水泉，也可以有生气盎然的蒙福家庭，而且神所赐的福往往是超过人所求的，正如押撒求一口水泉，她父亲却给了她两口。以色列人的神与亚多尼比色这些迦南人的神实在有天渊之别，前者赐给人生命，后者带给人死亡。以色列人在迦南应许地应当远离偶像，追求只有以色列的神才能赐与的丰富生命。这样看来，押撒在本段经文实在有非常崇高的地位。

---

⑦ "水"象征了生殖的力量，常出现在圣经记载的婚嫁或男女相爱的描述中，如：亚伯拉罕的仆人为以撒娶得利百加（创廿四 10～27），雅各与拉结相遇（创廿九 1～12），摩西与西坡拉相遇（出二 16～21）。

叁　约瑟家及其他支派的失败
（一 22～36）

22　约瑟家也上去[攻打]伯特利；[耶和华]与他们同在。

23　约瑟家打发人去窥探伯特利。那城起先名叫路斯。

24　窥探的人看见一个人从城里出来，就对他说："求你将进城的路指示我们，我们必恩待你。"

25　那人将进城的路指示他们，他们就用刀击杀了城中的居民，但将那人和他全家放去。

26　那人往赫人之地去，筑了一座城，起名叫路斯；那城到如今还叫这名。

27　玛拿西没有赶出伯善和属伯善[乡村]的居民，他纳和属他纳乡村的居民，多珥和属多珥乡村的居民，以伯莲和属以伯莲乡村的居民，米吉多和属米吉多乡村的居民；迦南人却执意住在那些地方。

28　及至以色列强盛了，就使迦南人作苦工，[完全没有把他们赶出]。

29　以法莲没有赶出住基色的迦南人，于是迦南人仍住在基色，在以法莲中间。

30　西布伦没有赶出基伦的居民和拿哈拉的居民；于是迦南人仍住在西布伦中间，成了服苦的人。

31　亚设没有赶出亚柯和西顿的居民，亚黑拉和亚革悉的居民，黑巴、亚弗革与利合的居民。

32　于是亚设因为没有赶出那地的迦南人，就住在他们中间。

33　拿弗他利没有赶出伯示麦和伯亚纳的居民；于是拿弗他利就住在那地的迦南人中间；然而伯示麦和伯亚纳的居民成了服苦的人。

34　亚摩利人强逼但人住在山地，不容[他们]下到平原。

35　亚摩利人却执意住在希烈山和亚雅伦并沙宾；然而约瑟家胜了他们，使他们成了服苦的人。

³⁶ ［亚摩利人］的境界，是从亚克拉滨坡，从西拉而上。

（I）分段

　　第廿二节显然是一个新段落的开始，因为第十九至廿一节总结了犹大家的战事后，以色列人与迦南人的争夺战又开始了。不过，这一回是以约瑟家为主，因为约瑟家不但支配着第廿二至廿六节中伯特利的争战，也在本段经文的末了击败了以色列的顽敌亚摩利人（35 节）。这两个战事的记载就在本段经文的前后将整个以色列北部各支派的战事都包括在约瑟家之内了。其实，正如犹大家代表了以色列南部各支派一样，约瑟家也代表北部各支派（参摩六 6；诗七十八 67～68）。故此，本段经文应该当作一个单元来看待。这个单元讲的是以约瑟家为主的以色列北部战事，而且是与前面（3～21 节）以犹大家为主的以色列南部战事互相平行的。第廿二节说："约瑟家也上去攻打伯特利；耶和华与他们同在"。这与前面第二和第四节的记载是相仿的，其中的"也"字表明了这方面的意思——犹大家"首先上去"攻打迦南人（2 节），约瑟家随后"也上去"了。神与犹大家"同在"，神也与约瑟家"同在"。

（II）经文

　　一 22　"攻打"　这词在原文中是没有的，和合译本为了对应后面的战事才加上了这个词。没有这个词的原文经文会给读者另一层的意思，我们在释义部分再来讨论这一点。

　　"耶和华"　这个词在七十士译本的亚历山大版本作"犹大"，不过七十士译本的梵蒂冈版本与马所拉经文一样是"耶和华"，所以我们最好还是保持现有的中文翻译。而且，"犹大"代替"耶和华"的版本将会破坏上面所说，以色列南北战事的平行叙述。

　　一 27　这节以后多个城镇都有属该些城镇的乡村。这里翻译作"乡村"的原文是"女儿"（*bt*），反映了这些城作为母亲对这些乡村的支援和保护角色。

　　一 28　"完全没有把他们赶出"　和合译本作"没有把他们全然赶

出"。我们在这里采纳的是更准确的翻译。后者的意思是,他们赶出了迦南人,但没有全部都赶出去。前者的意思是,他们没有赶出一个迦南人。① 两者的分别是很大的。

一 34 "他们" 这是根据七十士译本翻译的。然而马所拉经文的"他"是单数的。"他们"指的是上半节的"但人",原文意思是"但的儿子们"。所以这里依据七十士译本的翻译是正确的。

一 36 "亚摩利人" 根据民数记第卅四章四节及约书亚记第十五章三节的记载,"亚摩利人"可能指"以东人"。不过亚摩利人也可以泛指迦南地的原住民(民卅二 39;书十 6;创十五 16;王上廿一 26)。那么,以色列的南疆与迦南地的原住民接壤是完全可以理解的。

(III) 注解

历史背景

这段经文在背景上最大的问题还是历史方面的。我们不知道这里所记载的事项在时间次序上是怎样的,也不知道这里包括的时间实际上有多长。首先,本段经文提到以色列北部各支派争夺应许地的情况,包括了玛拿西、以法莲、西布伦、亚设、拿弗他利和但支派。② 我们不知道为什么以萨迦和约旦河东面各支派没有被提及。可能约旦河东各支派早已经安顿下来了,因为民数记第卅二章告诉我们,他们在以色列人过约旦河以前早已经得地为业了。至于以萨迦,他们可能因为在迦南人中作了服苦的人(创四十九 15),已经渐渐失去自己作为以色列人的身份了。

---

① 希伯来文常常将一个动词和它的绝对不定词(infinitive absolute)放在一起,来表示该动作的彻底性(参 F. Burney, *The Book of Judges*, p. 25)。这里原文是 *wehôrêš lō' hôrîšô*(赶出他们—没有—完全)。正确的意思应该是"完全没有把他们赶出去"。如果翻译作"没有把他们全然赶出",那么,原文的次序应该是"赶出他们—完全—没有"。

② 以色列北部各支派的分地可以参考约书亚记如下:玛拿西(十七 11~13),以法莲(十六 4~10),西布伦(十九 10~16),亚设(十九 24~31),拿弗他利(十九 32~39),但(十九 40~48)。

一 22～26 这里描述伯特利的陷落令人不容易明白。约书亚记中已经提到了伯特利王被杀的事（书十二 16），但没有记载战事。有些学者推测艾城的战事就是伯特利的战事（比较 23～25 节与书七 2～3，八 17），③但圣经很清楚说明艾与伯特利是两个不同的城（创十二 8；书八 9）。这里以色列人攻取伯特利的策略似乎是以秘密取胜的。

一 24 "进城的路" 应该不是一般通往城门的路，因为那是很明显，不用别人指引的。那路很可能是进城的秘密通道，或是伯特利城防卫最弱的一处。

一 25 "击杀了城中的居民" 伯特利最后被攻取了。根据考古学上的发现，伯特利最迟在主前 1300 年的早期曾经遭遇一次大破坏，很可能就是这里经文所说的战事所带来的破坏。

一 26 "赫人之地" "赫人"泛指由赫人大帝国（今之小亚细亚）来的人。一般解经家都将赫人之地指向叙利亚的北部地区，因为昔日赫人大帝国的版图曾经在主前十四世纪中至十二世纪初伸展到那里，以后亚述帝国的记录也称那里为赫人之地。但哥特华德颇有理由地认为这里的"赫人之地"是指以色列境内的地。④ 圣经也实在将"赫人"形容为巴勒斯坦的原住民之一（三 5；书十一 3；民十三 29）。⑤

一 27～36 这里的记载有很多彼此相似的地方。其中，第廿八、三十、卅三、卅五节多次提到迦南人后来成为以色列人中间服苦的人。解经家一般认为以色列要到大卫和所罗门时期，才有足够的力量使迦南人成为他们中间服苦的人。这样看来，本段经文包括的时期可能有二百多年。但这里只有十五节经文，很多重要的历史发展都可能被略去了。

王国建立以前的以色列人基本上是需要为自己的生活与现实世界搏斗的，特别是对付迦南城邦的建制，更需要如此。当时迦南人的政治是城邦政治。第廿七至廿八节提到玛拿西北部五个位于以斯德伦平原

---

③ 参 Gray, *Joshua, Judges and Ruth*, p.251.

④ Gottwald, *The Tribes of Yahweh*, pp.559-561.

⑤ 门得可指出圣经中所说的迦南七族，除了迦南人和亚摩利人之外，其他都是在铁器时代开始的时期（约 1200 B.C.）进入迦南地的。当时赫人大帝国灭亡，近东各民族有大迁徙。

的迦南城邦,这些城邦每个都有属城的"乡村"。住在城里的统治阶层需要保护属城的乡村,而乡村要供应统治阶层的需要。整个建制是高度剥削性的。相反,以色列人自摩西以来即奉行平等政策。律法告诉他们,人在神面前都是平等的(利十九15,廿四22;民十五29;比较书二十9)。他们进入迦南地以后,便与迦南城邦的建制对抗,虽然有很多成功的例子,却也有不少失败的经历。本段经文就是以他们的失败为中心,记述了他们还未攻取的地方。我们综览那些地方,就会发现多在古埃及对外贸易的交通要道上。当时约旦河西的贸易通道主要是经过非利士地的沿海大道,这条路沿着地中海岸向北伸展,直到迦密山南部的多珥转向东北进入内陆,经过玛拿西的西北面,再经加利利海,朝大马士革而去。从撒母耳记上第卅一章十节,我们可以推想,在士师时期,这条巴勒斯坦国际商贸要道一直控制在非利士人手里。这条沿海大路在以法莲的南部有一分支进入巴勒斯坦的中央山地。第廿九节提到的基色,第卅五节提到的亚雅伦和第廿一节提到的耶路撒冷,都在这条路上,但都仍然在外邦人的手里。

　　我们从上面描述的情况可以看到,当时的以色列被这些坚强的迦南城邦分成了三部分。南部是犹大家,对迦南人的争战有最大的成功。中部是约瑟家,他们在南北两面的发展都被迦南城邦限制了(比较书十七14～18),但在巴勒斯坦中部山地仍然有很大的活动范围,比政治上分离的迦南城邦较容易发展合一的政治、经济、社会和军事力量。最后,中部的约瑟家与南方的犹大家同样成为以色列王国的核心地带。北部加利利是情况最不妙的地区。

　　一27　这里提到五个城邦。这些城邦都在这条沿海大路上,西起地中海岸的"多珥",经迦密山麓的"米吉多",向东经过以斯德伦平原的"他纳"和"以伯莲",再到约旦河附近的"伯善"。

　　"伯善"　控制了约旦河谷与以斯德伦平原的通道,一直到主前十二世纪初仍然有埃及的驻军在那里,后来可能被非利士人占领了(参撒上卅一10,那里的伯珊就是这里的伯善)。

　　"以伯莲"　控制了以斯德伦平原往南通示剑和伯特利的路。

　　"他纳"　在米吉多东南约八公里的地方。

　　"米吉多"　与"他纳"同时控制了以斯德伦平原西南通往"多珥"的

路(参五19;王上四12)。这城一直到主前十二世纪中仍然在埃及人的控制之下,后来忽然毁灭了,有一段相当长的时期无人居住。

"多珥" 迦密山南面,地中海沿岸的一个重镇。沿海大道从这里转入内陆。

一29 "基色" 在沿海大路的分支上。这条路东去经过"亚雅伦"(35节),再去"耶路撒冷"(21节)。"基色"位于耶路撒冷以西二十九公里,它要到所罗门王的时候,才被埃及法老攻取,作为他女儿嫁给所罗门王的陪嫁礼物(王上九15~17)。

一30 "基伦……拿哈拉" 这两个城的地点现在无法确定。

"服苦的人" 服苦是指没有工价的艰苦劳动。古时候的统治者为了修筑庞大的工程如驻防城、王宫或庙宇等,往往将战俘甚至自己的百姓征召去作这种劳动。以色列人所采纳的服苦制度可能来自他们在埃及的经历,或来自迦南人。考古学家在乌加列(Ugarit)这个古代迦南文化中心发现的文献中,有不少关于这种制度的行政运作。从撒母耳(撒上八11~17)和约坦(九15)对君王制度的批评看来,以色列在王国建立以前可能没有这种服苦的制度。

一31 "亚设……就住在他们中间" 这里提到七个城,其中开头四个都在迦密山以北的沿海一带,其他三个不能确定。有些解经家认为这里"七"的数目有完全的意思。⑥ 换言之,亚设完全不能赶出迦南人,完全受迦南人支配了。我们知道,西顿以南的沿海地区是古代迦南文化的中心地带,腓尼基的所在地,而腓尼基又是海上王国。底波拉之歌形容亚设人"在海口静坐,在港口安居"(五17),很可能那时亚设人主要是在迦南人的海上贸易当劳工的。后来,大卫和所罗门曾经与腓尼基结盟(撒下五11;王上五1~12),北国以色列的亚哈王又娶了腓尼基的公主耶洗别为王后(王上十六31),带来了以色列的巴力敬拜的全盛时期,几乎将北国完全异教化了。由此可见亚设支派处境的危险。

一33 "伯示麦" 不是"亚雅伦"附近的伯示麦(撒上六9),而是加利利北部的伯示麦。地点不详。从它的名字可以推想,它可能是敬

⑥ 参 John Hamlin, *Judges*, p.46.

拜太阳神的地方。

　　"伯亚纳"　亚纳之家的意思。这里的亚纳就是第三章卅一节的亚
拿。它的地点也不能确定,但可能是敬拜"亚拿"这个迦南女神的地方。
根据乌加列文献显示,亚拿是一个战神和生殖力的神,迦南主神巴力的
姊妹及配偶。以色列人与迦南人一同居住,自然会受这些异教的影响。

　　一 34　"亚摩利人强逼但人住在山地"　亚摩利人可能泛指住在
山地的迦南人。他们强逼但人住在山地。但人的情况是以色列众支派
中最失败的了。那"山地"是他们原来分配得到的地(书十九 40～46)。
因为亚摩利人的逼迫,他们很难在自己的分地上立足。可能这个时期
亚摩利人受到沿海平原非利士人的压力,更加大力排挤但支派的人。
我们读参孙故事(十三～十六章)的时候,发现但人仍然在自己的分地
上挣扎求存(十三 2)。然而他们的敌人不是亚摩利人,而是非利士人。
当非利士人要为参孙的缘故与以色列人谈判的时候,他们的主要对手
又已经不是但人,而是犹大人了(十五 9～13)。很可能那个时候但支
派的人已经放弃了自己的分地,到以色列最北的地方去了(十八章;书
十九 47)。根据比兰(Biram)的研究,但支派的人北迁大约发生在主前
十一世纪早期。[7]

　　一 35　"希烈山"　太阳山的意思。我们不知道这地方在哪里。
如果它是亚雅伦附近的伯示麦(太阳之家的意思),那么它就在耶路撒
冷西面约二十四公里的地方。

　　"亚雅伦"　在耶路撒冷西北十八公里,在沿海大路的一条通往中
央山地的分支上。

　　"沙宾"　地点不详(比较书十九 42)。

　　"约瑟家胜了他们"　约瑟家制伏亚摩利人,可能是但支派离开了
自己原来分地以后的事。

　　一 36　"亚摩利人的境界"　宾尼根据七十士译本将"亚摩利"改
为"以东人"。但马所拉经文仍然是较好的选择,因为可以与第卅五节
的"亚摩利人"一致。这里的边界通常被理解为犹大支派的南部边界,

––––––––––––

⑦　参 Biram 的专文:*Israel Exploration Journal* 19(1969),p.123.

可能指别是巴东南通往亚拉巴的谷地。

(IV) 释义

以色列人失败的格局

　　以色列北方各支派与迦南人争夺应许地的结果是失败的,情况由约瑟家开始越来越坏,这是显而易见的。如果由南方的犹大开始,我们会发觉整个第一章中以色列一直走下坡的情况,是与士师记第三至十六章中众士师的事迹互相平行的。第一章的记载由最成功的犹大支派到最失败的但支派;第三至十六章的记载也由最成功的士师俄陀聂(代表犹大)到最失败的士师参孙(代表但)。

以色列人失败的原因

　　从上面注解部分的讨论看来,我们或许会认为以色列未能成功地取得所有应许地是必然的,因为当时的历史条件对他们有很大的限制。但我们的经文并不这样认为。除了犹大是"不能"赶出迦南人(19 节)之外,其他各支派都是"没有"赶出迦南人(21、27、29、30、31、33 节)。"没有"在亚设支派还出现了两次呢。换言之,北部各支派所缺乏的不是能力,而是决心。他们的问题主要不是政治或军事的,而是宗教的。这一切都似乎由"伯特利"开始。

　　首先,我们知道"伯特利"是神向以色列的先祖雅各显现的地方。神在那里应许赐给雅各土地与后裔(创廿八 13～14,卅五 12,四十八 3～4)。雅各在那里两次将原来的名字"路斯"改为"伯特利"(创廿八 19,卅五 15)。伯特利应该很早就成为以色列人的城了,但在约书亚的时代,伯特利仍然是反对以色列的一座城(书八 17)。后来,约书亚将伯特利的王击败了(书十二 16),可是伯特利在本段经文再次以敌挡以色列的姿态出现。我们又知道伯特利在王国时期成了以色列信仰异教化的一个根源(王上十二 29～32,十三 2;摩七 10～13,三 14;何十 8;耶四十八 13)。

其实,伯特利并不缺少神的赐福,究竟它的问题在哪里呢？本段经文给了我们一个清楚的答案,就是以色列人清除伯特利"异教因素"的决心不足。本来以色列北部各支派与迦南人的争战要以伯特利一役最为成功。从表面看来,约瑟家夺取伯特利的经过也是很成功的,但他们却与城中的一个人立了约(比较书二 12,九章)。第廿四节中"恩待"(ḥāsed)一词原文意思是"用忠于约法的态度来对待"。这是神要求以色列人对待与他们立约之神的态度(参书廿三 16)。但神不喜欢以色列人用同样态度去与迦南人立约(二 2;出廿三 32,卅四 12;申七 2)。

或许有人会说,从前约书亚派去刺探耶利哥城的探子与喇合立约不是被接纳了吗？(书二 8～12,六 25)喇合的情况是不同的,因为她相信了以色列人的神,而且后来也住在以色列人中间了。但这里的伯特利人并不信靠以色列的神。结果,约瑟家依照所立的约,将他和他的全家都放走了(25 节),他们便去赫人的地方筑了一座城,起名叫"路斯"(26 节),就是伯特利原来的迦南名字(23 节)。换言之,约瑟家虽然攻取了伯特利城,击杀了城中的居民,但"迦南的因素"却没有完全除去。"路斯"在这里被毁灭了,却在其他地方又被建立起来。那个被约瑟家放走了的伯特利人和他的家族,虽然仍住在以色列境内(参注解部分第 26 节),却没有归信以色列的神。故此,伯特利的迦南因素在以色列境内仍然对以色列构成一定的影响。这也许是最后一句"那城到如今还叫这名"的弦外之音吧！

如果将第一章廿二至廿六节与四至七节作一比较,我们很快便可以发现,犹大家对迦南因素的清除是彻底的,约瑟家对迦南因素的清除却是有保留的。其实,伯特利战役的重点不在约瑟家的胜利,乃在约瑟家与迦南人的立约和这种妥协行为的不良后果。故此,伯特利的故事没有停止在战役的结束上(25 节),却停止在"路斯"城的重新建造上(26 节)。这一点在第廿二节已经有暗示了,该节经文中的"攻打"两个字在原文里是没有的。即原文直接翻译,应该是"约瑟家也上去伯特利"。这就似乎有约瑟家上伯特利去朝圣的意思(比较创卅五 1;摩五 5)。伯特利有那么多异教因素,约瑟家"上去"那里岂不是首先带领北方众支派走入歧途吗？这就是以色列北方各支派失败的真正原因。

以色列人失败的路

以色列在伯特利还可以有军事上的胜利。但第廿七至卅三节告诉我们,他们在其他地方不但没有赶出迦南人,反而与他们住在一起了。这是一个非常危险的信号,因为他们与迦南人住在一起,自然要有一些妥协的地方。这种与敌人妥协的精神也就是约瑟家与伯特利人立约的精神。他们"渐渐"受迦南人的影响是在所难免的。

经文也告诉我们,最初是迦南人住在以色列人中间(27、29、30节),后来却是以色列人住在迦南人中间了(32、33节)。这个转变表示以色列人的妥协由容许迦南人的影响,渐渐成为被迦南人的影响俘掳过去了。迦南人的影响也可以从"服苦"的事看出来。我们在上面已经提到迦南人在以色列人中成了服苦的人,但服苦的制度是迦南人的文化,不是以色列人的文化。当以色列人要求好像四周的列国一样立王的时候,先知撒母耳已经预先警告他们关于服苦的事了(撒上八4~18)。但王国建立以后以色列人显然有了服苦的制度(撒下十二 31,二十 24)。所罗门甚至设立专门掌管服苦之人的大臣,而且征召"以色列人"服苦(王上四6,五 13~18,七 1~12,九 15~21),完全违背了"以色列"原有在神面前人人平等的精神。这精神是在安息年和禧年的律例中显明了的(出廿三 11;利廿五 4;申十五 9;利廿五 8~22)。这样,以色列人与迦南人"同住"就使他们渐渐走上迦南化的路了。

以色列人失败的结果

本段经文最后第卅四至卅六节与前面经文的描述有明显不同的地方。一方面以色列的敌人由迦南人转变成亚摩利人,另一方面但支派被亚摩利人强逼住在山地。德富(de Vaux)认为这里的亚摩利人完全没有历史或种族的意义。[8] 如果他是对的,这里亚摩利人的主要意义

---

⑧ de Vaux,*The Early History of Israel*,p.133.

可能是神学的。旧约圣经多次提到亚摩利人的时候都指向他们拜偶像的罪(六 10；创十五 16；书廿四 15；王上廿一 26；王下廿一 11)。亚摩利人强逼但支派的人住在山地，表示以色列人被罪围困已到了非常危险的地步。我们从士师记第十八章三十至卅一节知道，但支派的人后来立起了偶像的敬拜。这是否与他们受拜偶像的亚摩利人压迫(34 节)有关呢？然则，本段经文告诉我们，以色列人最初在伯特利走错了路，最后便会陷入拜偶像的罪。不过，这要等到士师记的末了才会显明出来。虽然如此，士师记的第一章已经暗示全书的结局了。第卅四节中"强逼"(*lhṣ*)这个词的原文又可译作"欺压"。这个字出现在第二章十八节、第四章三节、第六章九节和第十章十二节。这样，但支派被亚摩利人"压迫"的光景就成为士师记第一章以后要发展下去的先声——全以色列都在敌人的压迫之下，需要拯救。

最后，表面上看来，本段经文末了的第卅六节是不必要的，因为亚摩利人不是以色列人，无需要在以色列人的征服记录中提到他们的疆界；而且该疆界是亚摩利人与以色列人的分界线，这里为什么不像其他地方一样说是"以色列人的疆界"(比较民卅四 4；书十五 3)，却说是"亚摩利人的疆界"呢？卫布的意见很有意思，他认为这最后一节正好总结了士师记的第一章，表明以色列人的征服行动在总体上来说是失败的，他们到最后还是住在敌人中间，被"敌人的疆界"包围着。[9] 其实，他们不但仍然住在敌人中间，而且被敌人强逼(34 节)。根据第十八章的记载，但支派的人因受压迫最后迁到以色列最北的地方去了。换言之，以色列不但没有赶出敌人，反而被敌人赶出去了。这与前面约瑟家赶出了伯特利的某一个人家，使他们迁到赫人之地居住的事(26 节)又遥遥相对。不过，以色列人在这里的光景却是完全相反的，因为被逼迁走的不再是外邦人，而是以色列人自己了。这就是以色列人踏上迦南化之路的最后结果，也是后来的神之百姓的一个极大警戒。

---

⑨ 参 Webb，*The Book of the Judges*，p. 101.

肆　在波金的哀哭
（二1～5）

1　耶和华的使者从吉甲上到波金，［对以色列人］［说］："我使你们从埃及上来，领你们到我向你们列祖起誓应许之地；［我曾说］：'我永不废弃与你们所立的约；

2　你们也不可与这地的居民立约，要拆毁他们的祭坛。'你们竟没有听从我的话；为何这样行呢？

3　［我又曾说］：'我必不将他们从你们面前赶出，他们必作你们［肋下的荆棘］，他们的神必作你们的网罗。'"

4　耶和华的使者向以色列众人说这话的时候，百姓就放声而哭。

5　于是给那地方起名叫波金；众人在那里向耶和华献祭。

（I）分段

本段经文在结构上与第一章是连结在一起的。第一章叙述了以色列人攻占迦南地是失败的，本段经文则叙述了神对以色列人的失败有什么回应。第一节中的"上到"一词与第一章一、二、四和廿二节中的"上去"遥遥相对。以色列人"上去"是要攻占迦南地，神的使者"上去"是要评估以色列人的成绩。本段经文除了与前面的经文有密切的关系外，与第二章的其余部分也有密切的关系。第二章六节在表面上看来是一个新的开始，约书亚的死（二6～10）将我们带回到全书的开头（一1）。但本段经文与第二章其余部分的主题是一致的，两者都讨论到以色列人违背了与神所立的约，没有拆毁迦南人的祭坛，反而去敬拜事奉他们的神：前者着重神的警告（1～3节）和以色列人的回应（4～5节）；后者着重以色列人一再犯罪的明证（6～19节）和神对他们的审判（20～22节）。

本段经文虽然与前后经文都有密切的关系，但仍然有它本身独特的地方。首先，"波金"一名出现在第一节和第五节，好像将本段经文总括起来,自成一个单元。"波金"在第一节出现,在时间上是提早了的,因为那地方被称为"波金"是在第五节以后的事。本段经文将这个名称预先提出来。似乎是要将全段经文都放在"波金"(哀哭的意思)的阴影下。"哀哭"似乎是士师记全书的重要音符之一,因为以色列人的哀哭不单在全书的引论中出现,也在全书的结论中再重复出现(二十 23、26,廿一 2)。如果波金就是伯特利,那么士师记前后的哀哭都是在同一个地方,本段经文的哀哭阴影就成了全书哀哭音符的前奏了。所以,将第二章一至五节独立来看是有必要的。

(II) 经文

本段经文的七十士译本比马所拉经文较长。

二 1 "对以色列人" 这几个字在马所拉经文里是没有的。但七十士译本在"波金"后面却有"到伯特利,到以色列家"等字;这是七十士译本对"波金"的解释,并且认为当时以色列人已经聚集在伯特利了。神的使者到那里去,要向他们说话。和合译本在"波金"后面加上了"对以色列人"等字是合宜的,一方面有七十士译本的支持,另一方面也有本段经文第四节的对照作为印证。

"(对以色列人)说" 这个"说"字的后面原文有一个空位。七十士译本在这个空位上加了"耶和华如此说"一句,这是旧约先知传递神的信息时常有的用语。这就使那位耶和华的使者好像一位先知了。但先知与耶和华的使者在士师记其他地方是很清楚地分开的(比较六 7～10 及 11～24)。这一点我们在背景中再作讨论。

"我曾说" 和合译本作"我又说",可是原文是"我曾说"的意思。换言之,这里指的不是现在,乃是以往神曾经向以色列人发出的应许。

二 3 "我又曾说" 和合译本作"因此,我又说",将第三节看成为第二节的结果。其实,两者是没有关系的,因为第三节是神"从前"向以色列人发出的警告,第二节却是以色列人"现在"的光景。换言之,第三节应该是在第二节以前发生的事,不可能成为第二节的结果。和合译本的"因此"两个字是不必要的。这样,耶和华的使者在这里只是用以往神曾经向以色列人发出的警告来提醒他们而已。换言之,他们所作

的已经令神很为难,审判是随时可能来临的。 神的为难在第二节末了
"为何这样行呢?"这个问题上表达出来了。 神正式对以色列人的审判,
要等到第二章二十节以后才可以清楚看到。

　　"你们肋下的荆棘" 原文只作"你们的边旁"(*lākem l'ṣiddîm*)。
七十士译本将它译作"你们的敌对者",但和合译本的翻译更能够配合
其他同类经文的意思(参书廿三 13;民卅三 55)。

(III) 注解

　　二 1 "耶和华的使者" 对于这里的"使者"究竟是一位天使还是
一位先知,学者们的意见并不一致。 一方面先知也有被称为神的使者
的(该一 13;代下卅六 15～16),另一方面这位使者也好像先知一样,用
约法的口吻向以色列的群众发言(比较六 7～10)。 如果我们接纳了七
十士译本在第一节第一个"说"字后面所加的"耶和华如此说",这位使
者就可以被理解为一位先知。 再加上这位使者需要走一段旅程才能由
吉甲"上去"波金,他就更可能是一位先知了。 但我们上面说,耶和华的
使者与先知在士师记的其他经文是清楚分开的。 为什么这里那么模
糊呢?

　　由于神与以色列人的立约关系在本段经文很重要,我们可以从这
关系的建立来进一步看耶和华使者的问题。 首先,出埃及记第廿三章
二十至卅三节及第卅四章十至廿六节特别提到与本段经文有密切关系
的约法。 在以色列人与神立约的历史中,神的使者也扮演了一定的角
色(参出廿三 20～22),神自己也往往以使者的形象出现。① 拉德(von
Rad)认为这里的使者也像出埃及记第卅三章二至三节提到的使者一
样,是神与以色列人之间的约法执行者。 神将祂的荣耀向以色列人隐
藏,免得祂的忿怒将他们消灭了,却打发了祂的使者去引导他们,好叫
他们得着保全。② 这解释与本段经文的主要意思是配合的。 因为耶和

---

① 参六 11、12、14、16、22～23,十三 3、9、15～23;出三 2、4、7;创十六 7、9、11、13,廿一 17、18,
　 廿二 11、12、卅一 11、13,四十八 15、16。
② *TDNT* Vol.1, p.78 及该页注 18。

华的使者来了，并没有立即施行审判，只表达了神对以色列人的应许、警告与忧虑。神仍然有容忍的恩典。关于耶和华的使者需要由吉甲上到波金一事，可以理解为以色列人敬拜神之地点的转移，即他们原本主要在吉甲敬拜神，现在已经转移去波金了。所以这里说，神的使者也由吉甲去了波金。

“从（吉甲）上到（波金）”　这是一个重要的转移。因为吉甲代表的是约书亚时代，波金代表的是士师时代。

“吉甲”（*haggilgāl*）　这是约书亚征服迦南地的大本营（参书四 19～20，五 10，九 6，十 6～9、15、43，十四 6）。它的字面意思是圆圈或轮，可能与约书亚带领以色列人过约旦河，开始了新一页的历史有关系（比较书四 3、8、19～20，五 9）。虽然敬拜神的主要地方已经转离了吉甲，但我们知道，直到主前第八世纪，吉甲仍然是一个很受欢迎的敬拜神的地方（参摩四 4～5，五 5；何四 15，九 15，十二 11）。

“波金”（*habbōkîm*）　我们相信，波金就是伯特利。这一点除了有七十士译本的支持外，士师记本身也有一些线索可寻。这里说，耶和华的使者由吉甲上了波金，表示约书亚时代已经结束，以色列人进入了士师时代；他们敬拜神的中心也由约旦河谷转移到了中央山地。伯特利处在中央山地的重要位置，有浓厚的敬拜传统（创廿八 10～22，卅五 1～15），直到士师记的末了，耶和华的约柜都在伯特利（参二十 18、26～28，廿一 2）。除此以外，伯特利那里有一棵树，名叫亚伦巴古（*'allôn bākût*，创卅五 8），它的字面意思是“哭泣橡树”，与这里波金的字面意思正好相同（4～5 节）。因此，称伯特利为波金，可能是要强调它的阴暗面——哭泣。这个对伯特利消极的评论，与第一章廿二至廿六节的意义又是相同的。

(Ⅳ) 释义

神的困扰与以色列人的哀哭

本段经文与全书开始时（一 1～2）的背景一样，都是神与以色列全会众的相会。但两者的目的却完全不同：第一章是以色列会众求神引导应当如何去夺取应许地,这里却是神要与以色列人计算夺取应许地的账。从第三节看来,将"那地的居民赶出去"似乎主要是神的责任(比较二 21~三 4;民卅三 50~56);以色列人的责任是"不得与那地的居民立约",还要拆毁那地居民的祭坛(2 节)。不过,以色列人与迦南人同住(一 32、33),又使他们服苦(一 28、30、33、35)。这些事显示,以色列人与迦南人之间必定有某些形式的立约行动。以色列人既然违背了他们与神之间订立的约法,就需要更新与神的关系。这是显而易见的。

　　波令说:"这样,申命记神学思想编辑下的士师记是一本以重新立约为主的书。士师记将以色列的情况说得很严重,他们必须有神的仲裁介入,才能够有重建的希望。"③以色列需要重新与神立约这个意思在本段经文是有的,但那不是经文的中心。本段经文的中心是神自己的挣扎。这一点表达在第二节末了的一个问题上:"你们……为何这样行呢?"这是神对以色列人的质问,也是神自己的困难。祂一方面曾经应许以色列人永不废弃与他们所立的约,领他们进入应许地(1 节),另一方面又曾经说祂必不将迦南人从以色列人面前赶出去(3 节)。现在,神发现自己陷在两难之间。本来以色列人在第四至五节的表现可以让问题解决,因为他们在神面前哀哭和献上祭物,也就表示有悔改的意思了,但第六至十九节的事实告诉我们,他们的悔改只是表面的。这种现象在整个士师时期仍然没有改变(参六 7~10,十 10~16)。难怪"哀哭"成了本段经文的主调,这主调又是全本士师记哀哭调子的前奏。以色列人哀哭的是,他们可能从此不得拥有全部应许地了。④ 但神觉得困扰的是,以色列人悔改的心似乎从来就不真诚,也不彻底。

---

③ 参 R. G. Boling, *Judges* p. 66. 这里的中文译文是笔者译的。

④ 如果士师记是在以色列被巴比伦灭亡以后最后辑成的,那么这种对应许地的忧虑也反映了当时以色列人的心情。

伍　离弃耶和华转去敬拜巴力的世代（二6～三6）

二6 从前约书亚打发以色列百姓去的时候，他们各归自己的地业，占据地土。

7 约书亚在世和约书亚死后，那些见耶和华为以色列人所行大事的长老还在的时候，百姓都事奉耶和华。

8 耶和华的仆人，嫩的儿子约书亚，正一百一十岁就死了。

9 以色列人将他葬在他地业的境内，就是在以法莲山地的亭拿希烈，在迦实山的北边。

10 那世代的人也都归了自己的列祖，后来有别的世代兴起，不知道耶和华，也不知道耶和华为以色列人所行的事。

11 以色列人行耶和华眼中看为恶的事，去事奉诸巴力；

12 离弃了领他们出埃及地的耶和华，他们列祖的神，去叩拜别神，就是四围列国的神，惹耶和华发怒；

13 并离弃耶和华，去事奉巴力和亚斯他录。

14 耶和华的怒气向以色列人发作，就把他们交在抢夺他们的人手中；又将他们付与四围仇敌的手中，甚至他们在仇敌面前再不能站立得住。

15 他们无论往何处去，耶和华都以灾祸攻击他们，正如耶和华所说的话，又如耶和华向他们所起的誓；他们便极其困苦。[　　]

16 耶和华兴起士师，士师就拯救他们脱离抢夺他们人的手。

17 他们却不听从士师，竟随从叩拜别神，行了邪淫；速速地偏离他们列祖所行的道，不如他们列祖顺从耶和华的命令。

18 耶和华为他们兴起士师，就与那士师同在；士师在世的一切日子，耶和华拯救他们脱离仇敌的手；他们因受欺压扰害，就哀声叹气，所以耶和华后悔了。

19 及至士师死后,他们就转去行恶,比他们列祖更甚,去事奉叩拜别神,总不断绝顽梗的恶行。

20 于是耶和华的怒气向以色列人发作,他说:"因这民违背我吩咐他们列祖所守的约,不听从我的话,

21 所以,约书亚死的时候所剩下的各族,我必不再从他们面前赶出,

22 为要藉此试验以色列人,看他们肯照他们列祖谨守遵行我的道不肯。"

23 这样,耶和华留下各族,不将他们速速赶出,也没有交付约书亚的手。

三1 耶和华留下这几族,为要试验那不曾知道与迦南争战之事的以色列人;

2 好叫以色列的后代,又知道又学习未曾晓得的战事。

3 所留下的,就是非利士的五个首领,和一切迦南人、西顿人,并住黎巴嫩山的希未人,从巴力黑们山直到哈马口。

4 留下这几族,为要试验以色列人,知道他们肯听从耶和华藉摩西吩咐他们列祖的诫命不肯。

5 以色列人竟住在迦南人、赫人、亚摩利人、比利洗人、希未人、耶布斯人中间。

6 娶他们的女儿为妻,将自己的女儿嫁给他们的儿子,并事奉他们的神。

(I) 分段

单元

本段经文自成一个单元是很明显的。一方面它以约书亚的世代和他的死作为记载的开始,将它与前面第一章一节至第二章五节清楚地分开了,因为前面的记载也是由约书亚的死开始的(一1)。另一方面它与后面的经文也是分开的,因为第三章七节以后记载的是个别士师的事迹,而本段经文记载的是士师时期的总体情况。

士师记的引论

　　有些学者认为本段经文才是恰当的士师记引言。[①] 如果我们比较本段经文的第二章六至九节与约书亚记第廿四章廿八至卅一节，就会发现两处经文的内容几乎完全一样。那么，士师记作为承接约书亚记的一本书，以本段经文作开始似乎是很自然的。但我们要怎样看待第一章一节至第二章五节在士师记中的地位呢？我们认为，士师记不应该被分割。惟有从完整的角度去看这本书，我们才能够明白它要传达的信息。

　　士师记的引言是第一章一节至第三章六节整段。本段经文与前面的记载(一 1～二 5)在时间上是脱节的，但在思想上是相连的。我们在上面已经说了，第二章一至五节一方面总结了以色列人征服迦南地的成绩(一章)，另一方面又从宗教的角度去评价这个成绩。而本段经文正好继续了这个宗教角度，对约书亚死后以色列人的光景再作一次全面的检讨。因此，本段经文好像前面一样，用约书亚的死作为检讨的开始(一 1，二 8)。本段经文的中心是，以色列人背叛了原有的信仰；他们离弃了自己的神耶和华，去敬拜事奉迦南人的神。这是以色列人渐渐与迦南人妥协同住(一 1～二 5)的必然结果。因此，本段经文与前面的记载表面上好像是互不相干的两个引言，其实是一个引言的两个部分，而这两个部分又有着因与果的密切关系。

(II) 经文

统一性

　　本段经文似乎有重复的内容，例如百姓的罪(二 12 与 13)、神对他们的惩罚(二 14 上与 14 下)、士师的兴起(二 16～17 与 18～19)等。

[①] 参 Gray, *Joshua*, *Judges and Ruth*, pp. 212 - 213. J. A. Soggin 则认为本段经文是申命记式神学给士师记全书的引言(参他的 *Judges*, pp. 37ff)。

经文内容似乎也有不一致的地方，例如以色列百姓的敌人（二 12、14 与 21）、敌人的作用（二 21～22 与三 1～2）、百姓对士师的态度（二 17 及 19）等。有些解经家认为本段经文是由不同的底本（sources）组成的。[②]尽管本段经文的形成可能有一个历史过程，我们仍然要从整体的角度来看它，因为整体经文才是神给我们启示的结果。

　　二 15～16　有些学者根据第三章九节和十五节、第六章六节、第十章十节，认为二章之间应该加"然而他们呼喊"或"以色列百姓向耶和华呼喊"，才能使故事的发展更顺利。[③] 但我们认为保持原文，不增加这一句，可以更突出百姓顽梗的罪。而且，神对百姓的同情（二 18）也不是因为他们向祂呼求才有的。

(III) 注解

迦南文化对以色列信仰的冲击

　　我们在上面已经说了，本段经文的中心是以色列人背叛了他们原有的信仰，离弃了自己的神耶和华，去敬拜事奉迦南人的神。以色列人原是以畜牧为生的（参创四十七 3），而迦南人是以务农为生的。以色列人进入迦南地以后与那里的人同住，第三章六节特别提到他们与迦南人彼此通婚。这是他们事奉别神的一个重要诱因。为了保持以色列人的信仰纯净，不陷入异教的敬拜中，摩西律法禁止他们与外族人通婚（出卅四 12～16；申七 3；比较拉九 12），但他们却与外族人通婚，好像与外族人是一样的人民了。

　　另一方面，以色列人渐渐由畜牧为主的生活转为以农耕为主的生活，自然很容易接受农耕社会的宗教信仰和风俗习惯。农耕生活中农

[②] 摩尔认为二 6～21 来自摩西五经底本学说中的 E 和 D 两个底本，其中二 6、8～10、13、14 上、16～17、20～21 属于前者，二 7、12、14 下、15、18～19 则属于后者（参 Moore, *Judges*, pp. 63 - 64）。苏根则认为本段经文最初只有 11～12 及 14～16 等节，后来在历史中渐渐增加，形成现有的经文。它的目的最终是要向主前 586 年犹大亡国被掳后的以色列人解释，神让他们遭遇亡国痛苦的历史原因（参 Soggin, *Judges*, pp. 42 - 43）。

[③] 参 Soggin, *Judges*, p. 39；Burney, *The Book of Judges*, p. 59.

作物季节性的生与死是重要的时刻,农民往往有宗教仪式举行。考古学家在拉斯珊拉(Ras Shamra)发现了关于巴力敬拜的神话故事,这些故事就是古代迦南人在这些季节性宗教仪式中用来建立农作物生机和抵抗死亡力量的信仰。迦南人相信,巴力是一位满有活力的神,又是一位王,代表了农作物旺盛的生机。耶和华神的君王角色很可能是古以色列人从迦南人的巴力敬拜中采用过来的。出埃及记第二十章廿二节至第廿三章卅十节被一般圣经学者称为古以色列人的"约书",这"约书"也反映了一些农耕社会的色彩。其中以色列的男丁需要每年三次上耶和华的殿中守节,那些节就是农耕社会的三个重要节期;只是这些节期被以色列人重新解释了,使它们与耶和华带领以色列人出埃及的救赎历史联系起来。

迦南人的信仰对以色列人影响最有破坏性的是它在社会关系上的应用。神早已警告以色列人不可以在应许地行迦南人所行的,否则会将他们赶出应许地(利十八 3～5、24～30)。后来以色列人离弃耶和华,去敬拜事奉迦南人的神,结果就助长了社会上富人骄傲横行,穷人备受欺压的不公平现象(参赛五 8～23,九 9～10,十 1～2;弥二 2～3)。这是耶和华神不能容忍的(参出廿二 21～24)。士师记一再提到以色列人所行的"恶事"就是他们敬拜别神,以致社会生活异教化的问题(二 11,三 7、12,四 1,六 1,十 6,十三 1;比较申四 25,九 18,十七 2,廿二 19)。本段经文作为全本士师记引言的一部分,就是要强调这些"恶事"的问题。上述的背景是我们下面继续解释本段经文时需要留意的。

二 6　"*以色列百姓*"　原文只作"民"(hā'a m)。这个词也有军队的意思。

"*占据地土*"　留意本节的平行经文——约书亚记第廿四章廿八节,是没有这词语的。这词语也使这节经文颇有军事的味道。这是本段经文重新检讨约书亚以后的历史时,唯一提到以色列人征服迦南地(一 1～36)的经文。可见本段经文的重心完全不在以色列人的军事行动。

二 7　"*长老*"　不是指以色列中年纪大的人,而是指以色列人一家或一族中的领袖。他们是以色列风俗习惯和宗教传统的监护人。

二 9　"*亭拿希烈*"　在约书亚记中作"亭拿西拉"(书廿四 30)。前者意思是"太阳的分",后者意思是"余下的分"。有些学者认为前者是原先的名字,因为它带有异教的色彩。④ 初期教会的历史学家优西比乌(Eusebius)和教父耶柔米都认为"亭拿希烈"就是创世记第卅八章十二节提到的"亭拿",也是现代的提尼(Tibneh),在伯特利西北约十六公里。

二 11　"诸巴力"　是迦南人相信的植物生长之神,通常在秋天的雷雨中彰显。这神祇又被认为是农作物生机旺盛的赐予者(参何二 5、8、12)。但"巴力"一词不是某一位神祇的专有名称,而是某些东西或某个范畴之拥有者的意思。例如,巴力比利土(Baal-Berith,八 33,九 4)是约法拥有者的意思;巴力迦得(Baal-Gad,书十一 17,十二 7,十三 5)是幸运拥有者的意思;别西卜(Baal-Zebul,太十二 24)是天上居所拥有者的意思。巴力的专有名称按地方不同而有不同的称呼。例如,推罗的巴力名叫美耳刻(Melqart);以色列的巴力就是耶和华(何二 16)。"诸巴力"在旧约圣经中是指众多地方迦南人敬拜的神。旧约圣经又将巴力与亚斯他录并列(二 13;撒上七 4)。

二 13　"亚斯他录"('aštārôt)　是一个在闪族人中广泛地被敬拜的战争与生殖力的女神。这个名字的原文最后两个读音是从另一个希伯来文 bōšet 的母音借来的,而该字的意思是"羞耻"或"羞耻的东西"。可见圣经是多么厌恶敬拜亚斯他录的事了。

二 15　"正如耶和华所说的……所起的誓"　这是神从前与以色列人立约时给他们训勉和警告的话(参申廿七 15～26,廿八 25)。从前神与以色列人所立的约成为祂现在惩罚他们的根据(参二 20～21)。神与以色列人之间的约不是平等的约,而是神单方面施恩与要求的约。以色列人只是按着神的条款自愿接受该约而已。这种约好像古代国际间宗主国给附属国之间所立的约一样,是由宗主单方面施恩及列明条款的。⑤

---

④ 参 Soggin,*Judges*,p. 39.

⑤ 约的最初意义是立约双方彼此同意。对于游牧的闪族人来说,一切不是源于血缘的权利都是由约产生的。以色列人看他们与神之间的关系是一种立约的律法关系。这在古代的世界是很独特的,因为古代的民族多以他们与神的关系为一种血缘的生命关系。

二21～23　这里提到神留下不同的外族人要试验以色列人。根据经文的意思,这些外族人应该是住在以色列人中间的。他们就是第三章五节提到的迦南人、赫人、亚摩利人(比较一34～36)、比利洗人(比较一4)、希未人和耶布斯人(比较一8、21,二3)等。⑥

三3　这里提到的外族人主要是以色列外围的人,就是第二章十四节提到的要成为以色列仇敌的人;他们要在四围抢夺以色列人。但"一切迦南人"是指所有约旦河以西住在以色列人中间的外族人。⑦　换言之,迦南人可以包括第三章五节中的其他各族人(创十16)。这样看来,以色列人无论"内在"或"外在"都是受敌人压迫的。

"非利士人"　是早期压迫以色列人最厉害的一族。他们约在主前十二世纪初从迦斐托(现在地中海东部的克里特岛)来到巴勒斯坦(参摩九7),先后辖制了犹大家(十五11)、约瑟家(撒上四1～11)和以斯德伦平原的迦南人(撒上卅一1～10)。以色列人要到大卫的时候才有能力将非利士人限制在他们的根据地——巴勒斯坦西南沿海平原的五座城邑,即迦萨、亚实突、亚实基伦、迦特和以革伦(三3;书十三3)。

"哈马口"　是旧约圣经中常常提到的巴勒斯坦的北限(参摩六14;王上八65;王下十四25;结四十七20,四十八1;民卅四8),是古代地中海东岸东西与南北交通的要冲。

(IV) 释义

前言

本段经文表面上因为重复的内容给人一种凌乱的感觉,其实这些重复的内容一方面要强调以色列人在跟随神的事上一代不如一代,越来越远离神;另一方面要强调神对祂的百姓有挥之不去的爱情。虽然

---

⑥　这里只提到迦南六族(比较出三8、17,廿三23,卅二2,卅四11;申二十17)。而我们通常都说迦南七族,还有一族是革迦撒人(参书三10,廿四11)。其中亚摩利人指住在约旦河东西两岸的人,但多指住在巴勒斯坦北部的人。

⑦　迦南人也可以单指住在巴勒斯坦西南低地的人(参民十三29;申一7;书五1,十三3～4;撒下廿四7;番二5)。

祂一再向他们发怒,却又一再同情他们的苦难,要拯救他们。神对以色列人的爱似乎是"剪不断"的,但以色列的罪又似乎是"理还乱"的。最后,他们还是跟随了迦南人的神(三6)。这就是整本士师记对以色列人每况愈下,以及神一再忍耐他们的写照。

首先,第二章六至十节可以看为本段经文的引言。它点出了下一代不如上一代的问题是因为"不知道"耶和华为以色列人所行的"大事"(10节),这里的"大"是约书亚记的平行经文里(书廿四28~31)没有的,目的是要强调,以色列人"不知道耶和华"实在是一项大罪。约书亚记的平行经文以百姓事奉耶和华作结束(书廿四31),这里却以约书亚的死作结束(二8~9)。这就强调了约书亚的死是一个事奉耶和华之世代的结束,随后而来的世代是一个不认识耶和华的世代。经文越强调约书亚那个世代如何事奉神,也就越反映后来的世代如何不事奉神。约书亚的名字在第二章廿一和廿三节一再出现,使人一再想起约书亚的世代与后来的世代是如何不同。这个一代不如一代的思想继续在第二章十二、十七、十九、二十、廿二各节中重复出现。我们在下面再来讨论这一点。以色列人一代不如一代的原因,主要是他们在"知道"神的事上出了问题(二10)。"知道"的这个问题在第三章一至二节会重新出现。可见第二章六至十节实在是本段经文的引言。

以色列人的恶

第二章十一节以后的经文是上述引言的发挥。第十一至十三节发挥了以色列人离弃耶和华神,去敬拜事奉别神的罪。第十一节即提到以色列人行了耶和华看为恶的事。我们上面已经说了,士师记中一再提到以色列人所行的"恶事"是指他们敬拜别神,以致社会生活异教化的问题。这"恶事"的积极意思是事奉巴力。"事奉巴力"这个片语重复出现在第十一和十三节的末了,成为这段经文关于"恶事"的前后注解。前者称巴力为诸巴力,表示以色列人犯这恶事的广度;后者在巴力之外加上亚斯他录,表示以色列人犯这恶事的深度。亚斯他录这个生殖力女神与巴力这个植物生长之神同时出现,强调了这个异教祭礼中的淫乱交合。以色列人所行恶事的消极意思是"离弃耶和华"。这片语重复出现在第十二和十三节开始的地方。这片语在第十二节的中文译文是被其他字分隔开了的("离弃了……耶和华"),然而在原文(*wayya'azbû 'et yᵉhwâ*)是没有分开的。这片语的重复出现显然是为了呼应"事奉巴力"这片语的两次出现,从消极角度说明以色列人所作"恶事"的意思。

第十二节的其余部分说明了耶和华与巴力有什么不同,从而反映出以色列人所作的恶事是荒谬的。一方面耶和华是他们列祖的神,表示他们与这位神有源远流长的亲密关系,这关系更在耶和华带领他们出埃及这一件救赎历史的大事上坚立和巩固了。因为这些历史事实,以色列人与耶和华的关系是不可分开的。但巴力或亚斯他录这些迦南人的神都是从自然界的现象或力量被神化而来的。他们与历史上带领以色列人的神耶和华实在有很大的分别。他们不是以色列人的神,而是"别神",是"四围列国的神"。以色列人去"叩拜"(12 节),甚至去"事奉"(11、13 节)他们,都是违反常理和荒谬的。

以色列人作这恶事的深度也表现在第十三节"巴力"(*labba'al*)一词的原文上,因为这词前面多了一个加重语气的"*l*"。[8] 第十七节强调以色列人叩拜别神,行了邪淫。这"邪淫"一方面表示以色列人在敬拜巴力时有淫乱交合的事,另一方面也表示他们叩拜巴力是对耶和华极大的不忠,好像一个妻子与别人行淫,对自己的丈夫不忠一样(参何二2～13)。

神的怒气

第十二节的末了提到以色列人所作的恶事惹得耶和华发怒了。本段经文两次提到耶和华的怒气(二 14～15、20～22)。第十四和十五节告诉我们,神的怒气是大有能力的,也是与以色列人的罪相称的。首先,"就把他们交在抢夺他们的人手中"(14 节)一句的后面,原文还有"他们就抢夺他们"一句。换言之,那些抢夺的人就抢夺以色列人。这

---

[8] 参 G. Boling, *Judges*, p. 74.

一句表明那些抢夺的人完全在神的能力控制之下——神要他们去抢夺
以色列人,他们就去了。抢夺的事令以色列人受到极大的困苦(参六1
～6)。神的怒气又将以色列人交付四围仇敌的手中,甚至他们再不能
站立得住。这表明以色列人在神大能的怒气中完全无力抵抗。无论敌
人或以色列人,他们都在神的权能之下。第十五节的"灾祸"(rā'â)一
词与第十一节的"恶事"(hāra')一词在原文是同一个字。换言之,神对
以色列人的"惩罚"与他们所作的"恶"是相称的。而且第十五节一再提
到那些灾祸是神早已经向以色列人说了,又起誓警告过他们的。即是
说,神惩罚以色列人是完全公义的,祂的怒气不是神秘莫测的,而是有
原因可寻的。

神的怜悯

第十五节末了说以色列人"便极其困苦"。"困苦"是烦恼、忧急、道
路狭窄、不知如何是好的意思(参撒上三十6;撒下十三2;伯十八7,二
十22;箴四12;赛四十九19)。神对以色列人的困苦有什么反应呢?
第十六至十九节告诉我们,神同情并拯救了他们。但神的同情并没有
带来以色列人的悔改,反而使他们越发远离神。这就更加显出以色列
人的罪是何等的大了。

为了表明神向以色列人一再施恩,经文两次记载了士师的兴起(二
16、18)。士师一方面有军事的角色,另一方面也有教导和统管的角色。
前者在第十六和十八节是显而易见的,后者也可以从第十七节看出来,
因为那里提到以色列是应当听从士师所传达的神之命令的,这命令就
是他们的列祖所行的道(二17)和所守的约(二20),就是神要求以色列
的首领要教导和执行的社会公义(参申十六18～20;比较赛十一4～5;
诗八十二2～4;耶五28)。换言之,神一再透过士师要使以色列人脱离
敌人的欺压,使他们有社会的长治久安(三11;比较申十二10;书廿三
1)。可是以色列人却一再远离神,而且每况愈下,一代不如一代。面对
这样的以色列人,神的反应如何呢? 第十八节说出了神的内心反应:
"他们因受欺压扰害,就哀声叹气,所以耶和华后悔了。"神的后悔并不
表示祂以往的决定是错误的,只表示祂面对以色列人的困苦,心里难

过,要对他们采取新作为。^⑨ 我们在这里看见了神对罪人在困苦急难中的同情。纵使以色列人没有向神悔改求救,但神因着他们的哀声叹息,还是怜悯和拯救了他们。

一代不如一代

第十二、十七、十九、二十、廿二节多次将以色列人所行的与他们列祖所行的作比较,这些经节都强调后来的世代不如先前的世代。这里所说的列祖不是全部都指事奉耶和华的先祖。第十九节中的列祖就不可能是第十七和廿二节中的列祖,因为前者是行恶的,后者是遵行耶和华命令的。根据第六至十节我们可以知道,后者是指约书亚那个世代,前者是指约书亚以后的世代。根据第十九节,约书亚以后的行恶世代也有分别,就是后面的一代比前面的一代行恶更甚,因为第十六至十九节所描述的正是士师时期。这样看来,神向以色列人一再施恩的士师时期又是以色列人越来越远离神的时期。这个一代不如一代的思想,在演论部分成为士师记发展的轨迹。

神的长远安排

第二十节告诉我们,以色列人在神的恩典中一再犯罪的光景已经使神不能再容忍了,于是神的怒气再一次燃烧起来。这一次神的反应是针对整个士师时期(二16～19)而作的。神第一次发怒的时候,使以色列人在敌人的手中极其困苦(二14～15)。神第二次发怒本来应该使他们受更大困苦的,但经文却没有这样说。首先,第二十节"这民"(haggôy)的原文常指天下列国,特别指以色列以外的异教国民。这里神用了同样的词语来称呼以色列人,将他们列在外邦人中间,可见神认为以色列人已经异教化了;祂需要与他们保持一定的距离,不能再称他

---

⑨ 神的后悔往往带来新行动。这行动往往是怜悯性的(参诗一〇六45;摩七3、6;耶十八8,四十二10;撒下廿四16;珥二13～14;拿三9～10,四2),但也有惩罚性的(参创六6～7;耶十八10)。

们为自己的百姓了(参申廿六17～19)。那么,神是否从此要放弃以色列人了呢?第廿一节以后的经文告诉我们,神没有放弃他们,却转变了对以色列人的态度,就是不再从迦南应许地赶出约书亚死的时候所剩下的各族(二21)。

神这样作似乎违反了祂原先给以色列人的应许,那应许就是神要将迦南地全部赐给以色列人居住(二1)。根据那应许,神要为以色列人将迦南地的外族人全都赶出去。现在看来,那应许要搁置了。但神并非要违反祂的应许,只是那应许要搁置到将来,不知何时才可以实现。在那应许实现之前,以色列人要在那些剩下的外族人中间生活受试验,看看他们是否肯悔改遵守神的道(二22)。神这样作是很危险的,因为以往的经历(11～19节)告诉我们,以色列人在外族人中间生活会使他们犯罪更多。不过,情况虽然危险,这办法仍然有积极的意义。这就是第二章廿三节至第三章四节再一次讨论这个问题时所要表明的。这几节经文的重点可以从下面的结构看得出来:

A   这样耶和华留下各族,……耶和华留下这几族,为要试验
(二23～三1上)
　　B   那<u>不曾知道</u>与迦南争战之事的以色列人(三1下)
　　　　C   好叫以色列的后代又知道又学习(三2上)
　　B′ <u>未曾晓得</u>的战事(三2下)
A′ 所留下的就是……留下这几族,为要试验以色列人……
(三3～4)

古代希伯来人的写作有点像中国明朝以来的八股文,喜欢追求思想内容的平行,正如这里 A 和 A′、B 和 B′ 是平行的一样。但希伯来人往往将需要强调的思想内容放在一段平行文字的中心。从上面的排列可以看到,这几节经文虽然有不少内容重复的地方,但目的是要强调以色列人的后代可以透过与迦南人争战"又知道又学习认识神"。因此,这几节经文将我们又带回到全段经文开始的时候(二6～10):约书亚那个世代的人事奉耶和华,因为他们"知道"耶和华为他们行的大事,对那些事有亲身的经历。根据第三章一节,那些大事就是指耶和华为他们争战的事,特别是与迦南人的争战。他们从参与对迦南人的争战中,认识了神是一位拯救者和带领者,他们需要跟随和事奉祂。这样,神在

约书亚之后留下了迦南人,没有把他们完全赶出去,一方面是要惩罚犯罪的以色列人,另一方面是要试验他们,让他们在与迦南人争战的艰难和危险环境中学习认识神,从而事奉神,遵行神的命令。这样看来,神仍然爱以色列人,仍然对他们有很大的忍耐。为了让以色列人认识祂,神不惜将祂的百姓放在危险的环境中。其实,这也往往是信靠神的人信心成长的道路。

总结

第三章五至六节总结了本段经文(二6~三6),也总结了士师记的引言部分(一1~三6)。以色列人最后还是失败了。一方面他们仍然住在迦南人的中间(三5;比较一1~36,特别是一16~36);另一方面他们与迦南人通婚,仍然事奉外邦人的神(三6;比较二1~三4,特别是二11~19)。

第二篇
演 论
（三 7～十六 31）

第二篇   演论 （三 7～十六 31）

第三章七节至第十六章卅一节是士师记的主体部分。引论所提出的以色列人每况愈下的问题在这里有了充分的发挥，发挥的方式不是议论的，而是记叙的。这里一共搜集了十二个士师的事迹，其中六位有较详细的记述，另外六位的记述则很简单；前者一般称为大士师，后者一般称为小士师。他们的比较如下：

	大士师	小士师
名字	俄陀聂、以笏、底波拉（包括巴拉）、基甸（包括亚比米勒）、耶弗他、参孙	珊迦、陀拉、睚珥、以比赞、以伦和押顿
事迹	以拯救以色列人的战事为主	以士师个人事迹为主
结构	a. 以色列人行耶和华眼中看为恶的事	a. 兴起
	b. 耶和华把他们交在欺压之人手里	b. 作士师若干年
	c. 以色列人呼求耶和华	c. 死
	d. 耶和华为他们兴起一位拯救者	d. 安葬的地方
	e. 欺压他们的人被制服了	
	f. 国中太平若干年	

我们从上表可以看到，大士师和小士师的内容结构是不同的。虽然如此，有些士师的记述仍然不能限制在上面的结构中。例如，耶弗他的记述很像小士师（特别是十二 7）；珊迦的记述又像大士师，因为它只记载了士师的战迹（三 31）；基甸的记述则既有大士师的拯救战迹，又有小士师的个人事项（八 29～32）。其实，大小士师的记述有一项最大的分别：前者有很强烈的神学观点，强调以色列人离弃耶和华去跟随别

神之错,后者则只有家庭琐事。

士师记本体部分记述的,主要是六个大士师的拯救故事。这六个故事表面上看来各自独立,实际上却是连接在一起的。首先,士师们来自不同的支派,好像第一章一样,开始是犹大支派,结束是但支派。不过,每一位士师都是全以色列的士师,不单是某一个支派的士师。所以,"作以色列的士师"这句话被用到每一位士师身上,只有以笏、珊迦和基甸例外,但"以色列"仍然是这三位士师拯救的对象。全"以色列"的思想是那么重要,甚至后来以色列人因为他们中间缺了一个支派而在神面前痛哭(廿一 2～3)。除了全以色列的思想外,每位士师故事中的年代也告诉我们,这些故事在时间上是连接在一起的,①它们表达了以色列人一代不如一代的光景。这在他们远离神的事上、受敌人的辖制上,乃至内部的稳定上都可以看到。以色列人的光景,更在最后一位士师参孙的身上拟人化地表达出来了。

---

① 参绪论中关于士师记年代的讨论。

壹　俄陀聂
（三 7～11）

7　以色列人行耶和华眼中看为恶的事，忘记耶和华他们的神，去事奉诸巴力和亚舍拉。

8　所以，耶和华的怒气向以色列人发作，就把他们交在美索不达米亚王古珊利萨田的手中；以色列人服事古珊利萨田八年。

9　以色列人呼求耶和华的时候，耶和华就为他们兴起一位拯救者救他们，就是迦勒兄弟，基纳斯的儿子俄陀聂。

10　耶和华的灵降在他身上，他就作了以色列的士师，出去争战。耶和华将美索不达米亚王古珊利萨田交在他手中，他便胜了古珊利萨田。

11　于是国中太平四十年。基纳斯的儿子俄陀聂死了。

(I) 分段

　　本段经文自成一个单元是很清楚的。这里所描述的情况正是引论部分讨论到以色列人在士师时期生活（二 11～19）的实例。第二章讨论到士师时期以色列人的生活，包括了下列六项要点：

a.　以色列人犯罪（二 11～13）。

b.　耶和华的怒气向以色列人发作（二 14 上）。

c.　神将他们交在敌人手里受欺压（二 14 下～15）。

d.　神为他们兴起士师（二 16 上）。

e.　士师拯救了以色列人（二 16 下）。

f.　士师死了（二 19 上）。

　　本段经文包括了以上全部六项。但这里是一个实例，被用来支持和发挥引论中的论点。由于这是一个士师事迹的实例，所以包括了一些具体的内容，例如敌人的名字和出处（三 8 上）、士师的名字和由来（三 9 下）、以色列人遭受欺压的年数（三 8 下）和享受太平的年数（三

11 上)。此外,还有一些情节上的描述,例如以色列人在受欺压中呼求神,神就为他们兴起士师(三 9 上),士师兴起的方式是让神的灵降在某人的身上,而士师拯救的工作基本上包括了仲裁和争战(三 10 上),士师能够战胜敌人是因为神将敌人交在他的手里(三 10 下)。以色列人的呼求、神的灵的降临、敌人被交在士师手里、国中太平若干年这四项,加上上面的六项,使本段经文成为一个完整的士师事迹,也是士师记中第一个士师事迹。第三章十二节以后已经是另一个士师事迹的开始了。

(II) 经文

三 8 "美索不达米亚"($^{a}ramnah^{a}r\bar{a}yim$)　圣经学者们对这个词的意思有不同看法。它的原文意思是"两河的亚兰",通常指美索不达米亚(创廿四 10;申廿三 5;代上十九 6)。由于圣经中"亚兰"('rm)和"以东"('dm)两词的原文只相差一个字母,即是 r 和 d 的不同,而这两个字母在原文是极为相似的,因此"亚兰"和"以东"两词常有混乱(参撒下八 12～13;王上十一 15;王下十六 6;代下二十 2),需要从经文的上下文内容决定是哪一个。

由于美索不达米亚在以色列遥远的东北方,从那里入侵迦南地的敌人最容易影响以色列的北方。从地理上来说,由以色列极南方的一个士师俄陀聂去与那里来的敌人争战是不自然的。此外,由于以东与犹大的东部接壤,由犹大支派的一个士师去与从那里来的敌人争战是比较合理的。而且,哈巴谷书第三章七节将古珊和米甸平行起来,而米甸是在以色列的东南面,那么,这里的古珊利萨田也有可能来自以色列的附近。因此,有些学者认为需要将这里的亚兰改为以东。[①] 如果我们认同这个改变,"两河的"一语就要当作后来才加上去的文字而需要删去。但为了本段经文的文艺因素和一些历史因素,我们还是不改变

---

① 参 John Gray, *Joshua*, *Judges and Ruth*, p. 261;J. A. Soggin, *Judges*, p. 46. 波令更将美索不达米亚一词的原文字母重新分组,结果可以译作"山岭的堡垒",参 Boling, *Judges*, p. 81.

这里的原文。我们会在下面讨论到这两项因素。

(III) 注解

　　三7　"恶事"　这个词的意义可以参考前面第二章六节至第三章六节的注解部分。

　　"亚舍拉"　第二章十一节的亚斯他录是古代近东不同地方供奉的重要女神。这里换了亚舍拉,可能亚斯他录在迦南地的位置被亚舍拉取代了。旧约圣经提到的亚舍拉究竟是什么,学者们仍然有不同的意见。从圣经的记载看来,亚舍拉似乎是可以供人膜拜的木制物,因为它可以被砍掉,也可以被焚烧(六 25～26;王上十五 13;比较王下廿一3)。泰勒(Taylor)认为亚舍拉是经过大大修剪,但仍有生命的树,样式像圣所中的金灯台。[②]无论如何,亚舍拉可能不单是作为膜拜物的名称,也是受膜拜的那个神的名称(王下廿三 4)。拉斯珊拉的文献告诉我们,亚舍拉是迦南主神 El 的配偶,是众神之母,是迦南人生殖力敬拜中的一位重要女神。这里以色列人将亚舍拉与巴力一同供奉,可能他们认为这两个迦南人的神是一对配偶。这两个神对耶和华的敬拜构成很大的威胁,因为亚舍拉是 El 的配偶,而在旧约圣经中 El 和耶和华是等同的,所以可能古以色列人也将亚舍拉看为耶和华的配偶。但律法书中早已经不许以色列人这样作了,这可见于申命记第十六章廿一节,那里的木偶就是亚舍拉,把它放在耶和华的祭坛旁边就有视亚舍拉为耶和华配偶的意思。在以利亚的时代,巴力与亚舍拉的敬拜在王后耶洗别的鼓吹下几乎取缔了耶和华的敬拜(王上十八 19～22)。[③]

　　三8　"古珊利萨田"　这人究竟是谁,圣经学者们有不同的意见,

② 参 Joan E. Taylor, "The Asherah, The Menorah and The Sacred Tree," *JSOT* 66 (1995), pp. 29 - 54.

③ 关于亚舍拉的详细讨论,可参考 John Day, "Asherah in The Hebrew Bible and Northwest Semitic Literature," *JBL* 105(1986), pp. 385 - 408; Tide Binger, *Asherah: Goddesses in Ugarit, Israel and the Old Testament* (JSOTS 232, Sheffield: Sheffield Academic Press, 1997).

或认为他是米甸人的一个族长,或巴比伦的迦西特人(Cassite),或以东的一个王,或犹大山地的一个本地强人。④ 认为他是以东王的说法似乎有较多学者赞成。我们在上面讨论经文的时候已经说了,这个说法需要将原文中"两河的亚兰"(即美索不达米亚)一词改为"以东",将"两河的"这个修饰词删去。其实,这种修改不是必要的。根据创世记第十章八至十二节的记载,古代的两河流域有一个名叫宁录的强人兴起,他是古实的后人。这些古实人很可能就是古巴比伦历史中的迦西特人,这些人本身不是巴比伦人,可能来自以拦或东面更远的地方;他们于主前约 1760 年至 1185 年在两河流域建立了巴比伦第三王朝。以色列的士师时期正好是在这些年代的后期。虽然我们没有直接的历史证据说明巴比伦曾在该时期进侵巴勒斯坦,但来自巴比伦的古实人在这个时期要向西推进是完全可能的。创世记第十四章的战争,就是来自两河流域及以拦的四王与巴勒斯坦死海附近五王的战争,当时大概是主前 1800 年的时期。古珊利萨田在我们的经文中与美索不达米亚是相连的。美索不达米亚是古希腊人对整个两河流域的称呼;我们在上面已经说了,这词的原文是"两河的亚兰",所以更准确的范围是指两河流域的北部。来自美索不达米亚的古珊利萨田对以色列人的欺压很容易令后来的以色列人想起王国末期欺压他们,甚至令他们受亡国耻辱的亚述和巴比伦(王下十七 3～6,廿四 1～廿五 26,比较申廿八48～50)。

三 9　"俄陀聂"　关于俄陀聂的描述,可以参考前面第一章十三节的注解。

三 10　"耶和华的灵降在他身上,他就作了以色列的士师"　这是关于士师兴起的具体描述。耶和华的灵在士师记中仍然是非人格化的力量,可以令人作非常的事(参六 34,十一 29,十三 25,十四 6、19,十五14;比较撒上十 10,十一 6,十六 13;撒下廿三 2;民十一 16～17;出卅一3,卅六 1;王上十八 12、46;王下二 16)。俄陀聂被耶和华的灵充满后作了什么呢?和合译本只记载了一件事,就是出去与敌人争战,而出去

————————

④ 参士师记的主要注释书,如 Burney, Moore, Boling 所著。

争战就是作士师的意思。但"作了以色列的士师"一语的原文字面意思
是"士师以色列人"——士师在这里不是名词,而是动词;意义主要是为
以色列人施行审判(参王上三28),好叫公义彰显出来,叫人得着应有
的公平对待,这可以是得拯救,也可以是受审判(参王上八32;比较赛
一17;耶五28;诗十18,廿六1,七十二4)。这里俄陀聂对敌人的争战
是他施行审判的方式之一。波令认为,这里"士师以色列人"的意思基
本上是策动以色列人出去争战。可能士师在出战之前要百姓聚集在一
起,用抽签的方式看看当时战争的危机是因为耶和华不喜悦以色列人,
还是不喜悦他们的敌人,目的是要以色列人再归向耶和华(参撒上七
5～6)。⑤ 我们相信,俄陀聂作为士师,耶和华的灵降在他身上,这固然
与他出去争战不能分开,但争战只不过是他作士师的方式之一;他的士
师职事主要是重新将以色列人带入与神的正常关系中。所以士师的职
事不单是军事的,更是社会的和宗教的。

(IV) 释义

模范士师

很多圣经学者都留意到士师记第一位士师的记载很特别。它用了
最简单的记载,包括了士师事迹在结构上的六项主要内容(参上面分段
部分的讨论),而每项内容都没有进一步的发挥。整个士师的事迹都用
了第三者转述的方式来表达,事迹中的角色如耶和华、古珊利萨田和俄
陀聂等都没有表达自己的机会。它的内容是纲要性的,令人有空洞的
感觉。严格来说,这里记载的不是事迹的本身,而只是事迹的报告而
已。这报告是那么简单扼要,目的似乎是要勾画出一个士师制度运作
的模范,作为后来其他士师的衡量标准。另一方面,圣经的作者或编者
也可能意识到,人总是会有缺点的,俄陀聂这个角色如果被自由地发挥
下去,总会暴露他的缺点,那就会破坏他的"模范"形象了。因此,他还

---

⑤ 参 Boling, *Judges*, pp. 81 - 83.

是用报告的方式纲要性地介绍俄陀聂为妙。我们在引论中已经说了，整个士师时期的以色列人是一代不如一代，不断走下坡路，第一个士师俄陀聂是最成功的，而最后一个士师参孙是最失败的。俄陀聂作为士师的模范，也可以从下面对他的描述看出来：

1. 理想的以色列男性

　　第九节下半节说，俄陀聂是迦勒兄弟基纳斯的儿子。这样的介绍将我们重新带回到第一章的记载（一 11～15），那里有完全相同的关于俄陀聂的介绍（一 13 上）。换言之，两处经文提到的俄陀聂必定是同一个人。在第一章中，俄陀聂攻取了基列西弗已经表明他是一个成功的人物了，但在那里他还不是主角，那段经文的主角是他的妻子押撒。我们在第一章中已经说了，押撒被形容为一个理想的以色列女性。一个理想的以色列女性自然要配一个理想的以色列男性。那么，一个理想的以色列男性是怎样的呢？就是好像这里所形容的俄陀聂士师——他是一个成功地打败敌人，夺得应许地的人，又是一个被神的灵充满和战胜欺压者的人。

2. 以色列人的代表

　　俄陀聂代表了以色列人，这一点可以从第三章八节和十节看出来。这两节经文可以排列如下：

8 节

| 耶和华……把他们（以色列人） | 交在 | 美索不达米亚王古珊利萨田 | 的手中 |
| | 以色列人 | 服事 | 古珊利萨田 | 八年 |

10 节

| 耶和华将美索不达米亚王古珊利萨田交在 | | 他（俄陀聂） | 手中 |
| | 他（俄陀聂） | 便胜了 | 古珊利萨田 |

　　第十节与第八节的光景是刚好相反的，但第八节的"以色列人"在第十节中由"俄陀聂"代替了。换言之，俄陀聂是以色列人的代表，他的胜利就是以色列人的胜利。

3. 成功的士师

俄陀聂是成功的士师,这可以从他所胜过的敌人看出来。他的敌人是古珊利萨田,这个名字在上面短短的两节经文中出现了四次,这里显然是要强调敌人的独特。古珊利萨田一名的原文表面意思是"双重罪恶的古珊",这可能是故意要与前面"两河的亚兰王"相对称的。然则"两河的亚兰"不可以随便改为"以东",一如我们在上面经文部分讨论过的,因为这样作会破坏经文的文艺结构和意义。从上面经文的排列看来,古珊利萨田一名出现的次数,乃至古珊利萨田这个名字的意义,都可以叫我们知道,古珊利萨田是以色列人的敌人中特别恶的。⑥ 俄陀聂不但胜过了他,而且把他制伏了。以色列人如何被"交在"(8 节)古珊利萨田的手中,古珊利萨田也如何被"交在"(10 节)俄陀聂的手中。换言之,俄陀聂是将以色列人和他们敌人的光景完全翻转过来了。他将以色列人带入了一个太平时代(11 节),这个太平时代维持到俄陀聂死的时候,共有四十年,也就是一代的意思。可见俄陀聂实在是一位理想的士师,他在位的士师时代,也是理想的士师时代。⑦

士师时期的理想模式

士师时期是可以成为以色列人生活的一个长期模式的,在这个模式中耶和华神的角色最重要。俄陀聂的例子虽然说明了他是一位理想的士师,但整个时代的推动者是耶和华自己——祂是士师时期以色列人的真正统治者。神将以色列人"交在"古珊利萨田手中,又将古珊利萨田"交在"俄陀聂手中。以色列人"忘记耶和华"的积极意义是"事奉"(*wayya'abdû*)(7 节)迦南人的神,结果他们却要"服事"(*wayya'abdû*)(8 节)古珊利萨田。这里的"事奉"和"服事"在原文是同一个字。换言

---

⑥ 这是士师记中出现的第二个君王。他与第一章的亚多尼比色一样是以色列的敌人,可见士师记对于地上的君王是没有好感的。

⑦ 有些学者认为俄陀聂的故事隐藏了批评扫罗家的意思。参 Bustenai Oded, "Cushan-Rishathaim (Judges 3:8 - 11: An Implicit Polemic)," in Michael V. Fox et al., eds., *Texts, Temples, and Traditions: A Tribute to Menahem Haran* (Winona Lake, IN: Eisenbrauns, 1996), pp. 89 - 94.

之,怎样的罪就会有怎样的惩罚。耶和华的统管是公义的。一个敬拜
别神的人以为自己是自由的,最终却会发觉他是被恶王辖制了的。耶
和华也是一位怜悯人的神。以色列人在困苦中呼求神的时候,神就为
他们兴起了一位拯救者(9 节)。这里"拯救者"的意思是为别人制造活
动空间的人,就是让受压制的以色列人得着释放的意思。这样看来,只
要以色列人肯归向神,士师不变质,好像俄陀聂的时代一样,神在士师
时期的统管是可以成为以色列人生活的长期模式的。但俄陀聂的死预
示了士师时期理想模式的结束,以色列人将会进入一个新的危机中。

贰　　以笏和珊迦
（三 12～31）

12　以色列人又行耶和华眼中看为恶的事，耶和华就使摩押王伊矶伦强盛，攻击以色列人。

13　伊矶伦招聚亚扪人和亚玛力人去攻打以色列人，占据棕树城。

14　于是以色列人服事摩押王伊矶伦十八年。

15　以色列人呼求耶和华的时候，耶和华就为他们兴起一位拯救者，就是便雅悯人基拉的儿子以笏，他是左手便利的。以色列人托他送礼物给摩押王伊矶伦。

16　以笏打了一把两刃的剑，长一肘，带在右腿上衣服里面。

17　他将礼物献给摩押王伊矶伦；原来伊矶伦极其肥胖。

18　以笏献完礼物，便将抬礼物的人打发走了。

19　自己却从靠近吉甲凿石之地回来，说："王啊，我有一件机密事奏告你。"王说："回避吧。"于是左右侍立的人都退去了。

20　以笏来到王面前；王独自一人坐在凉楼上。以笏说："我奉神的命报告你一件事。"王就从座位上站起来。

21　以笏便伸左手，从右腿上拔出剑来，刺入王的肚腹；

22　连剑把都刺进去了，剑被肥肉夹住，他没有从王的肚腹拔出来，[以至粪便也从体内流出来了]。

23　以笏就出到游廊，将楼门尽都关锁。

24　以笏出来之后，王的仆人到了；看见楼门关锁，就说："他必是在楼上大解。"

25　他们等烦了，见仍不开楼门，就拿钥匙开了；不料，他们的主人已死，倒在地上。

26　他们耽延的时候，以笏就逃跑了，经过凿石之地，逃到西伊拉；

27　到了，就在以法莲山地吹角；以色列人随着他下了山地，他在前头引路，

28　对他们说："你们随我来，因为耶和华已经把你们的仇敌摩押人交在

你们手中。"于是他们跟着他下去,把守约但河的渡口,不容摩押一
人过去。

29 那时击杀了摩押人约有一万,都是强壮的勇士,没有一人逃脱。

30 这样,摩押就被以色列人制伏了,国中太平八十年。

31 以笏之后,有亚拿的儿子珊迦;他用赶牛的棍子打死六百非利士人;
他也救了以色列人。

(I) 分段

本段经文包括了以笏和珊迦两个士师的事迹。以笏的故事(三 12
～30)自成一个单元是显而易见的,它有引论中提到的士师事迹的各项
要素:

a. 以色列人行耶和华眼中看为恶的事(三 12 上)。

b. 耶和华把他们交在欺压他们的人手里(三 12 下～14)。

c. 以色列人呼求耶和华(三 15 上)。

d. 耶和华为他们兴起一位拯救者(三 15 下)。

e. 欺压他们的人被制伏了(三 16～30 上)。

f. 国中太平(三 30 下)。

我们将珊迦的事迹合并在这里,不是因为他的事迹太短,只有一节
经文,而是因为士师记本身要将珊迦的事迹包括在以笏的事迹之内。
第三章卅一节说,"以笏之后……珊迦……也……"这样的行文是要将
以笏与珊迦并列。这里将珊迦放在以笏之后,不一定代表时间的先后
次序,更可能是要将珊迦的事迹包括在以笏的事迹之内,当作一项附录
或补遗。故此,第四章记载下一个士师事迹的时候,第一节说,"以笏死
后……";而不说,"珊迦死后……"。换言之,士师记要求我们将珊迦事
迹当作一项附录放在以笏的事迹之内。

(II) 经文

三 22 "以至粪便也从体内流出来了"(*wayyēṣē' happarš'dōnâ*)

和合译本作"且穿通了后身"。这个词语的原文前半部（*wayyēṣē'*）是"出来"的意思，后半部的意思却不明朗；这个词除了这里以外，没有出现在圣经其他地方，但与它同源的其他近东文字如亚喀得文则有"洞"的意思。七十士译本完全略去了这一个词语。他尔根（Targum）和武加大译本则作"以至粪便也从体内出来了"。和合译本的译文是指以笏的剑由伊矶伦的前身刺入，从后身（可能是肛门）出来。但原文中"出来"是一个阳性动词，而剑则是阴性名词，所以和合译本的译文在文法上是有困难的。况且那剑只长一肘，可以藏在大腿旁（三 16），恐怕不可能有足够的长度从伊矶伦极其肥胖的（三 17）前身刺入，再从他的后身穿出来。有些解经家将这一句了解为，以笏本人由王宫的某处出来，使这一句成为第廿三节上半节的平行句。[①] 我们认为他尔根和武加大译本的译文比较适切：一方面，这个词语的后半部（*happarš'dōnâ*）可能是指由体内通道逃出去的东西；[②]另一方面，从本段经文的结构来看，他尔根和武加大译本的译文也较适切（参释义部分）。所以，我们采用了该译文。

(III) 注解

历史背景

以笏的故事是士师记中第一个比较富有古老传统的事迹。这故事反映了以色列人在迦南地定居初期与摩押人之间的冲突。[③] 摩押人和

---

① 参 Soggin, *Judges*, p. 49.

② 参 Michael L. Barre', "The Meaning of *PRSHDN* in Judges III 22," *VT* 41（1991），pp. 1 - 11, 特别是 pp. 5 - 6.

③ Klaus Koch 认为以笏的故事（三 14～26）可能是旧约圣经中最古老的英雄故事。参他的著作：*The Growth of the Biblical Tradition*（New York：Charles Scribner's Sons, 1969），S. M. Cupitt 翻译，p. 139. 有些学者却认为以笏故事的历史性是可怀疑的。E. A. Knauf 认为这里的经文不能证明摩押曾经占领耶利哥，却可能说明摩押曾经攻击死海以南的一个犹大堡垒 Thamar，也反映了便雅悯支派的以笏族和约旦河东基列地的伊矶伦城之间的冲突（参他的专文"Eglon and Ophrah：Two Toponymic Notes on the Book of Judges," *JSOT* 51[1991], p. 34）。以笏故事后面的历史事实是很难追溯的了，但以色列人定居迦南的初期与邻近其他民族有冲突是可以肯定的。

亚扪人在约旦河东建国的时候大概是主前十三世纪初期,当时也是以色列人开始在迦南地定居的时候,他们之间有冲突是免不了的。这里的故事表示摩押人强盛的时候,曾经将势力伸展到约旦河的西面。这一次冲突的地点就是在约旦河西,因为故事中提到的棕树城和吉甲等都在约旦河的西面。

三 13　"棕树城"　就是耶利哥(申卅四 3),在约旦河的西面,是昔日约书亚带领以色列人过约旦河,进入迦南地以后所攻陷的第一座城。当时约书亚已经用咒诅禁止人重建该城(书六 26)。后来到北国以色列王亚哈在位的时候,有人重建耶利哥城,也就受了咒诅(王上十六 34)。但是大卫王在位的时候,耶利哥城似乎已经被重建起来了(撒下十 5)。耶利哥可能在士师时期就已经被重建,不过是在吉甲附近,靠近约旦河边的地方。伊矶伦的行宫就在这耶利哥。

三 15　"基拉的儿子以笏"　基拉可能不是以笏父亲的名称,而是他所属的一个家族的名称(创四十六 21;比较撒下十六 15,十九 16、18)。"以笏"一名的意思不大清楚,可能是"那里有威严"。他被称为便雅悯人,意思是右手之子。这与他左手方便的情况(三 15)成为一种讽刺。

"左手便利的"(iṭṭēr yad yᵉmînû)　原文的字面意思是"右手有限制",不能使用(比较二十 16;代上十二 2)。以笏的这个外在缺陷也是一个讽刺,因为这是他成功的原因之一。我们在释义的部分会再讨论这一点。

"礼物"　以色列人托以笏送给摩押王的礼物,可能是一些农作物(比较王下二 4),因为这些礼物是需要人抬着送去的(18 节)。这些礼物可能是以色列人每年要给摩押王送去的贡物。我们可以想像以色列人在摩押人辖制下的生活苦况,这与摩押王可以安坐在凉楼上(20 节)的光景成了强烈的对比。

三 16　"长一肘"　即手握拳头时由肘到拳头的长度,大约有十四英寸(三十五厘米)。如果是长肘,则是手掌伸直时由肘到指尖的长度,大约有十七英寸(四十三厘米)。根据第廿二节的描述,这剑可能是没有横把的,所以剑把也可以刺进伊矶伦的肚腹里去。

三 17　"伊矶伦"　是"小肥牛"的意思。这里形容他为"极其肥胖"，正好与他的名字相称。"牛"是迦南人的神巴力的坐骑，那么伊矶伦这个名字就有神的仆人的意思。我们在释义的部分会看到，伊矶伦的肥胖是一种讽刺，因为这是他致命的原因之一。

三 19 "凿石之地"（*happᵉsîlîm*） 比较第三章廿六节。吉甲是昔日以色列人过约旦河之后第一个安营的地方，那里有纪念他们过约旦河所立的石头（书四 19～20）。这里的"凿石之地"就在吉甲。"凿石"指雕刻的石头，可能是偶像。所以波令在他的士师记注释中将它译作"Images"（像）。摩押人为了表示他们对以色列人的辖制，很可能把他们的神像立在吉甲，因为吉甲是以色列人敬拜神的中心之一。它也可能是摩押人势力所到的边界，因此以笏越过这里以后就似乎安全地进入了以色列境内（三 26～27）。

三 24 "必是在楼上大解" 那些臣仆为什么会错误地以为摩押王在凉楼上大解呢？根据我们在上面经文部分对第廿二节的讨论，很可能因为伊矶伦的粪便流出了体外，他的臣仆们闻了那臭味，就有了这误解。

三 26 "西伊拉" 它的位置不能够确定。根据以笏逃走的方向，它可能在以法莲山地。

"吹角" 那是招聚人去参加战争或宗教集会的信号（民十 9，卅一 6；撒上十三 3）。

三 28 "不容摩押一人过去" 就是不容逃跑中的敌人退回约旦河东面去的意思。

三 29 "一万"（*kaʾᵃśeret ʾᵃlāpîm*） 这是一个颇大的数目。由于它的原文是"十千"的意思，而"千"（*ʾlp*）这个字的原文，也可以指家族或单位（六 15；撒上十 19），这里的"千"可能指军队的编制单位。然则，实际被杀的摩押勇士可能没有一万那么多。④

三 31 "珊迦" 这是何利人的名字，意思是何利人的神示米克（Shimike）的礼物。

---

④ 参 R. A. H. Gunner 在 NBD 的专文"Number"（pp. 895－898）及 J. W. Wenham 的专文"The Large Numbers of the Old Testament," *Tyndale Bulletin* 18（1967），pp. 24ff.

"亚拿之子"(Son of Anath⑤) 亚拿是迦南人的一个女神,又是巴力的配偶。因此,有些学者认为珊迦原本是迦南人。⑥ 他可能来自伯亚纳(Beth-Anath),一座位于加利利、供奉迦南女神亚纳(拿)的城(一 33;书十九 38)。但更可能的是,珊迦是一个雇佣兵,因为亚拿是战神。主前十二世纪初期,"亚拿之子"这个别称在近东世界的士兵中很普遍。⑦ 但他用的武器显示他可能是一个农夫,不是常规武士。

"赶牛的棍子" 这棍子长的可以有八英尺(约 2.7 米),一端有铁锥,另一端有铁刃,可以用作有利的武器。

"非利士人" 可能是"海民"。这些人在主前十三世纪末由克里特岛(迦斐托的今名,摩九 7)来到地中海的东岸,渐渐向南迁移,准备入侵埃及,但被埃及法老阻止。后来他们有一支定居在巴勒斯坦的沿海平原,特别是犹大山地以西的地方,称为非利士人。他们以这里为根据地,渐渐向巴勒斯坦内陆推进。到了扫罗和撒母耳的时代,他们已经占有了以斯德伦平原和部分约旦河谷,对以色列人有很大的辖制(参撒上十三 19～21)。本段经文可能特意要强调,以色列人在迦南地的早期如何由以笏打败了东面的摩押人,又由珊迦打败了西面的非利士人。那些被珊迦杀了的六百非利士人可能是他们的一个军队单位,因为六百这个人数常常出现在古时候军队的活动中(十八 11;撒上十三 15,十四 2,廿七 2;撒下十五 18)。根据士师记第五章六节的记载,珊迦的胜利可能只是局部的或一时的,因为那个时候以色列人的活动还是有很大的限制。

---

⑤ 这里的 Anath 一般被翻译作"亚拿特"。

⑥ 参 A. Van Selms, "Judge Shamgar," VT 14(1964), pp. 298 - 304.

⑦ 参 P. C. Craigie, "A Reconsideration of Shamgar Ben Anath (Judg 3:31 and 5:6)," JBL 91(1972), pp. 239 - 240. 舒柏克(Shupak)根据埃及兰塞四世(1166 - 1160 B.C.)的一个文献,认为珊迦是埃及于兰塞三世和四世时雇用的哈皮鲁雇佣兵。当时亚拿女战神是埃及王室的保护神,而兰塞三世曾经多次在巴勒斯坦沿岸与"海民"交战。珊迦很可能是埃及一方的战士。由于"海民"当时扰乱巴勒斯坦北部,以色列的亚设和拿弗他利等北部支派也深受其害,所以珊迦的胜利也保护了以色列人。参 Nili Shupak, "New Light on Shamgar ben 'Anath," Biblica 70(1989), pp. 517 - 525.

(IV) 释义

可笑的摩押王

　　本段经文所描述的故事很有吸引力,充满了悬疑和讽刺,有幽默可笑的一面,也有认真可怖的一面。经文讽刺的中心是摩押王伊矶伦。伊矶伦是欺压以色列人的力量来源,除掉伊矶伦便成为以色列人解除欺压的焦点所在。因此,本段经文的中心也在伊矶伦如何被杀。而且,经文用了细致的笔法描述伊矶伦和他的死,无非是要辱没和取笑这个欺压人的君王。

1. 伊矶伦是问题的中心
　　我们从经文的结构可以看到这一点。"凿石之地"一词在本段经文中出现了两次(19、26 节),这两次都是故事发展的重要转折点:前者是以笏开始他危险任务的地方,后者是他完成任务,脱离危险的地方。所以,第三章十九至廿六节是整个故事的中心部分。这部分的描述很工整,可以从下面的内容结构看出来:[8]

　　A　前言:摩押王欺压以色列人,神兴起以笏作拯救者(三 12～15)

　　　B　以笏代表以色列人送礼给摩押王:利剑的秘密

　　　　(三 16～18)

　　　　C　以笏进入危险任务(三 19 上)

　　　　　D　王的臣仆退出(三 19 下)

　　　　　　E　以笏进入凉楼(三 20)

　　　　　　　F　以笏将剑刺入伊矶伦王肚腹(三 21～22 上)

　　　　　　　F′　伊矶伦王的粪便流出他的体外(三 22 下)

---

⑧ 亚米特(Amit)有不同的分段结构。她将以笏的故事分为七段:三 12～15、16、17～18、19～23、24～25、26～29、30。参 Yairah Amit, "The Story of Ehud (Judges 3:12－30): The Form and The Message," in *Signs and Wonders: Biblical Texts in Literary Forcus* (SBL Semeia Studies, 1989), ed., J. Cheryl Exum, pp. 97－123.

E′　以笏出了凉楼（三 23～24 上）

D′　王的臣仆进来（三 24 下～25）

C′　以笏完成危险任务后逃离（三 26）

B′　以笏带领以色列人大败摩押人：约旦河津的战略
（三 27～29）

A′　结语：以色列人制伏了摩押人，国中太平八十年（三 30）

从上面的排列可以看出，伊矶伦王被刺杀是本段经文的中心。他死时连粪便也流出来了，这情景既可怖又可笑，更显示他的卑贱和污秽。这对于一位君王来说实在是极大的侮辱。经文似乎要告诉我们，一个欺压别人的君王是没有尊贵可言的。

2. 讽刺性的描述

经文对伊矶伦还有其他讽刺性的描述。

a.　他的名字固然是小肥牛的意思，他本身也极其肥胖（三 17）。提到他的"肥胖"之前的同一节经文，又提到以色列人要给他进贡很多礼物。⑨ 所以，他的肥胖也反映了他财富的丰厚，表示了他对以色列人的欺压是何等大。但他的丰富也成了他败落的原因——小肥牛正好合时宰割！肥胖使他行动不便，对以笏的攻击，完全失去应变能力，有的只是他的肥肉夹住了以笏的剑，肥肉被刺开，暴露了他的污秽（22 节）。这也表示他的财富和帝国梦被刺开，暴露了他为王的污秽。

b.　第十二至十四节所形容的伊矶伦是精明强盛的，可以联合亚扪人和亚玛力人去攻打以色列人，并且将他们制伏，夺取了约旦河西岸的土地，将摩押的国势带到高峰期。但其后的故事却充分显出了伊矶伦的愚蠢：他对以笏的"机密"完全没有洞察，反而被该"机密"引诱，先打发臣仆离开他，使以笏有机可乘（19 节下），又从座位上站起来，使以笏更容易刺杀他（20～21 节）。他似乎完全顺从以笏的意思作了。结果，他那舒适的凉楼就成了他葬身的地方

---

⑨ 这里礼物一词的原文 min‘ḥâ 是祭物的意思。以笏将"祭物"送去给"小肥牛"，似乎又暗示伊矶伦这头小肥牛最后也要好像祭牲一样被宰割。

（25 节）。

c. 愚蠢的君王也有愚蠢的臣仆。以笏在全段经文中对伊矶伦的称呼
只有一个，就是"王啊！"（19 节）。当他这样称呼伊矶伦的时候，也
许他心里已经在讽刺这样的"王"了，因为伊矶伦将要死在他的剑
下。更加讽刺和可笑的是，摩押王的污秽所发出的臭味仍然可以
愚弄他的臣仆（24～25 节）。[10] 这些臣仆们的愚蠢延伸到那些摩押
的所谓"强壮的勇士"，他们同样无能，全部都好像羊羔一样，一个
个去到约旦河的渡口受刑，被以色列人击杀了（29 节）。他们辖制
以色列人十八年的能力（14 节）似乎一下子就烟消云散了，这又是
一个讽刺。[11]

以笏的秘密

本段经文除了讽刺摩押王之外，也描述了以笏的机敏和英勇行为。
以笏的成功主要是因为他有克敌的"秘密"，就是他的"剑"。整个故事
的发展也以他的"秘密"为骨干。

a. 首先，他的剑是"秘密"打造的（16 节）。[12]

b. 他把剑"秘密"地放在右腿上衣服里，一个不容易被人留意的地方。

c. 以色列人向摩押王送礼，以笏却给他送"秘密（剑）"。这剑是两刃

---

[10] Lowell K. Handy 也看到了以笏故事是以色列人对摩押人的嘲笑。可惜他认为以笏故事
只是笑话而已，没有什么历史意义。参他的专文："Uneasy Langhter：Ehud and Eglon as
Ethnic Humor," *Scandinavian Journal of the Old Testament* 6(1992)，pp.233‒246.

[11] 韩迪（Handy）说，以笏的故事不是历史，只是一个种族的笑话，目的在取笑摩押人。虽然
我们不同意他完全否定本故事的历史性，却可同意他指出本故事可笑的一面。参Lowell
K. Handy，"Uneasy Laughter：Ehud and Eglon as Ethnic Humor," *JSOT* 6(1992)，
pp.233‒246.该作者又认为以笏故事和参孙故事同样充满了秘密，又有可笑的一面。只
是在参孙故事中，以色列人与外邦人的情况刚刚相反——参孙有完全的体力，智慧却不及
非利士人。大利拉反而好像以笏牵引伊矶伦一样，将参孙牵到宰杀之地。

[12] 有些学者认为以笏的剑象征了阴茎，他对伊矶伦的袭击有"性"的象征含意，藉以辱没由乱
伦而来的摩押人（创十九 29～38）；因为以笏的剑是特制的，而当时打斗用的剑一边是弯
的。参 R. Alter，*The Art of Biblical Narrative*，pp.38‒41；Marc Brettler，"Never the
Twain Shall Meet? The Ehud Story as History and Literature," *HUCA* XLII（1991），
pp.295‒296.

的(16 节),与第十九节以后他所说的"机密事"互相呼应。"两刃"
($\check{s}^e n\hat{e}\ p\bar{e}y\hat{o}t$)的原文是两个口的意思。而以笏所说的"机密事"也
是双关的,其中"事"(dbr)的原文也可以译作"话"或"物"。"话"是
指他在第二十节要向摩押王传递的从神而来的话;"物"当然是指
他在第廿一节要刺入摩押王腹中的剑了。这样,摩押王就在以笏
的"机密事"之下倒在自己的污秽中。以笏在行刺摩押王之前说了
两句话:第一句话使摩押王打发他的臣仆离开(19 节);第二句话
使摩押王自己站了起来(20 节)。[13] 前者使以笏可以单独对付摩押
王;后者则让他更方便将利剑刺入伊矶伦的腹中。这样,以笏就真
的把那剑"送"给了摩押王(22 节下)。

d. 以笏将楼门关锁(23 节)。这是他进一步瞒骗摩押人的行为,好叫
　　他的"机密"不那么快泄漏出去,让他可以有足够时间逃出危险
　　地区。

e. 他最后克制敌人的"秘密"是把守约旦河的渡口。这个战略证明是
　　非常成功的,因为在约旦河西的摩押人群龙无首,必然大乱,争着
　　要过约旦河,回到摩押地去。这时以色列人掌握了他们逃亡的咽
　　喉之路,自然可以大获全胜了(29 节)。

神令人惊奇的带领

　　以笏刺杀摩押王是一项个人的秘密行动。他没有预先告诉任何
人,甚至那随他去送礼的人也不知道(17～18 节上)。以色列众人可能
要到第廿七节以后才知道这事。这就是本故事引人入胜的地方。但一
切都是那么顺利和巧合,我们不能不承认,神的手是在其中带领着的。

a. 首先,以笏被介绍为一个便雅悯人,即右手之子,但他却是右手有
　　限制,只能用左手的人,这个身体上的缺陷给他什么困难吗? 但这
　　个缺陷正好叫别人无需防范,让他可以避过伊矶伦王的守卫,甚至

---

[13] 为什么摩押王在这里那么配合以笏的想求呢? 可能以笏刚从"吉甲凿石之地"(神坛的地方?)回来,伊矶伦以为他有从神而来的秘密。所以当以笏第二句话提到神的时候,伊矶伦立刻认真地站了起来。

可以被王单独接见。

b.　以色列人选了以笏去给伊矶伦王进贡,并无意要他去刺杀伊矶伦的。但这给以笏带来了大好机会,因为这机会可以掩盖他见摩押王的真正动机。

c.　以笏特别打造了一把剑,又藏在特别的地方。他是预期在见摩押王之前会被搜身的。但经文并未提到搜查的事。

d.　经文也没有告诉我们,为什么摩押王出现在凉楼上(20 节)——一个方便以笏行刺摩押王的地方。

e.　以笏并没有计算过时间,但他刚好就在摩押王的仆人来到之前离开了凉楼(24 节)。

f.　那些仆人误以为他们的王在大解,这又刚好让以笏有足够的时间逃出危险区(26 节)。以笏回到以法莲山地后随即号召以色列人去攻击摩押人(27 节)。他的宣告:"耶和华已经把你们的仇敌摩押人交在你们手中"(28 节),充分表明了胜利是神的手成就的。

有些圣经学者认为以笏的取胜行为是不正当的。[14] 以笏确实"骗取"了伊矶伦的信任,让伊矶伦以为他有从神那里来的话语。结果,他拿出来的不是话语,却是要取伊矶伦性命的利剑(20～21 节)。当然,以笏计谋的成功不能证明他的行为是正当的。这里,我们一方面要承认,以笏不是一个好像俄陀聂一样完美的士师——他右手不健全已经说明了他的缺陷了。但他是神所兴起的一位以色列的拯救者,这是经文早在第十五节已经肯定了的。不完全的人仍然可以在神手中成就神的旨意。原来,神行事的方法往往是令我们惊奇的(林前一 26～29;赛五十三 2～3)。当人都以为以色列的拯救者应该是身体强健、孔武有力的时候,神竟然拣选了身体有残缺的以笏;当以色列人仍然愿意作摩押王的奴仆,藉着以笏的"手"(15 节"托他送礼物"一句的原文字面意思是"托他的手送礼物")向摩押王进贡的时候,神就在别人的意料之外用了以笏的"左手"拯救了以色列人(15、21 节)。当士师记中的士师都是以争战向敌人取得胜利的时候,以笏却以机密的手法取得了决定性的

---

[14]　参 Lillian R. Klein,*The Triumph of Irony in the Book of Judges*, p. 40;又参该书 p. 216, n. 7.

胜利；当以色列的拯救者多在争战胜利后作士师的时候，以笏却在拯救
以色列人脱离辖制后消失了。[15] 第卅一节提到的珊迦也和以笏一样，
是一个特殊的人物。从人的角度来看，他是一个农夫，也是不适宜作以
色列的拯救者的，但他却用同样特殊的武器，一根赶牛的棍子，打败了
一支有组织的敌军。神对祂百姓的拯救往往是令人诧异的。

　　其实，以笏的兴起也是神的"机密"。神在第十五节已经应允以色
列人的呼求，给了他们一位拯救者，但以色列人要到第廿七节以后才渐
渐知道以笏是他们的拯救者。以笏虽然有自己的机密计划，但整件事
情是在神的计划之中的：神使摩押王伊矶伦攻击以色列人，并且辖制了
他们（12～14 节）；神兴起以笏作以色列人的拯救者（15 节）。以笏也知
道，神将摩押人交在以色列人的手中（28、30 节；30 节中"被以色列制伏
了"一句的原文字面意思作"被以色列人的手制伏了"）。所以，神是以
色列人真正的士师、真正的裁判者，这也可能是经文最后没有说"以笏
作了以色列人的士师"的原因。

　　神不单裁判以色列人，也裁判世界上其他人。这里特别显明了神
对摩押王伊矶伦的裁判。伊矶伦代表了世上一切专横扩张、压制人民
的政权。神的话语好像以笏的剑一样是两刃的（来四 12；启一 16），可
以将扩张者贪得无厌的肥肚腹刺入剖开。以笏的机密就是他的剑，而
这剑不单是神的话语（20 节），也是神给伊矶伦的审判行动（21 节；比较
结卅四 20；哈一 16；耶五 26～28；诗七十三 4、7、12、18～19）。

后记

　　本段经文对士师时期往后的发展，有令人忧虑的预示。本段经文
特别提到了耶利哥和吉甲，还有吉甲的石头，这就将我们带回到约书亚
记第三至六章。神在约书亚记里为以色列人所成就的，在这里似乎要
因为以色列人的罪被推翻了。以色列人在约书亚记中过约旦河，在吉

---

[15] 七十士译本在第三章三十节之后加有："以笏作以色列的士师，直到他死的时候。"但马所
　　拉原文圣经却没有这句话。我们相信原文圣经更可以突出以笏与其他士师不同的独
　　特性。

甲立石记念神的作为,靠着神的能力攻取了耶利哥城。现在立在吉甲的不再是记念耶和华神的石头,而是异教的偶像;耶利哥城也再度落在敌人的手中。耶利哥是约书亚时代以色列人成功的开始,现在却成为士师时代以色列人失败的开始。

叁 底波拉和巴拉
（四 1～五 31）

　　这两章经文是同一个事迹的两个记载。第四章是记叙文体，记载了以色列人战胜迦南人的事迹；第五章是诗歌体裁，记载了战争胜利之后对神的歌颂。古以色列人在击败敌人之后往往因为欢欣而歌唱，而歌唱又往往是由妇女领导的（比较出十五 1～21；士十一 32～34；撒上十八 5～7）。这里领导歌唱的人很可能就是底波拉自己（参五 7、11）。第五章一节所说的"那时"，就是指以色列人战胜迦南人的时候。我们在第四章末了只看到迦南人被以色列人制伏了，士师故事的结束语"这样，国中太平四十年"，却要等到底波拉等人的颂歌唱完之后，才在第五章末了出现。换句话来说，士师记本身也要我们将第四章和第五章当作同一个士师故事来读。

　　虽然如此，我们查看这两章经文的内容，就可以发现中间有不同的地方。第四章强调压迫以色列人的是夏琐王耶宾，西西拉只是他的将军而已（四 2～3、7、17、23～24）；第五章中耶宾的名字却从未出现，反而西西拉被形容为迦南诸王的首领，他的母亲也被形容为王宫中的太后（五 28～30）。以色列人这方面出去打仗的，在第四章只有一万拿弗他利人和西布伦人（四 6、10、14）；在第五章除了拿弗他利和西布伦之外，还有以法莲、便雅悯、玛吉和以萨迦等支派的人，这些支派都是比较接近战场的，其他离战场较远没有参战的如流便、基列、但和亚设各支派则被提名受谴责（五 14～18）。此外，第四章的战事似乎发生在他泊山附近；第五章则说战场是在米吉多水旁的他纳（五 19）。有些解经家如宾尼、摩尔和格雷认为，耶宾和西西拉原本分别属于两个不同的战事传统；有些解经家则认为，第四章是后来的编者根据第五章的诗歌内容，用记叙文体重新编写的同一个战事。① 我们在下面的背景部分还

---

① 参 Nadav Na'aman, "Literary and Topographical Notes on the Battle of Kishon (Judges IV-V)," *VT* 40(1990), pp. 433-434; B. Halpern, "The Resourceful (转下页)

可以讨论这些问题。

　　无论如何,第四和第五两章经文是应该放在一起来看的。但同一件战事重复讲述了两次,自然表示了这件战事的重要性。全本士师记中以色列所对付的敌人都是他们外围的人,只有这两章经文所讲的敌人是在他们中间居住的迦南人。对付内部的敌人往往比对付外面的敌人更困难,所以这里以色列人的胜利就有了特别的意义。重复讲述也表示士师记本身在这里有不同的重点要强调。因此,我们下面会将这两章经文分开来讨论,讨论时仍然需要参照彼此的内容。②

(一) 战记(四 1～24)

1 以笏死后,以色列人又行耶和华眼中看为恶的事。

2 耶和华就把他们付与在夏琐作王的迦南王耶宾手中;他的将军是西西拉,住在外邦人的夏罗设。

3 耶宾王有铁车九百辆,他大大欺压以色列人二十年,以色列人就呼求耶和华。

4 有一位女先知名叫底波拉,是拉比多的妻,当时作以色列的士师。

5 她[坐]在以法莲山地拉玛和伯特利中间,在底波拉的棕树下;以色列人都上她那里去听判断。

6 她打发人从拿弗他利的基低斯,将亚比挪庵的儿子巴拉召了来,对他说:"耶和华以色列的神吩咐你说:'你率领一万拿弗他利和西布伦人,上他泊山去。

（接上页）Israelite Historian: The Song of Deborah and Isaelite Historiography," *HTR* 76(1983), pp.379–401; id., *The First Historians: The Hebrew Bible and History* (San Franciso, 1988), pp.76–103.

② 第四章和第五章有很多不同的地方。从历史写作的角度去看这两章经文的讨论可参 B. Halpern, *The First Historians: The Hebrew Bible and History* (San Francisco: Harper & Row, 1988), pp.76–103. 该作者认为第四章是根据第五章,用当时历史写作的标准写成的可靠故事。但第四和第五两章经文的关系仍然是圣经学者不断讨论的问题。参 H. D. Neef, "Deboraherzählung und Deboralied. Beobachtungen zum Verhältnis von Jdc. iv und v," *VT* 44(1994), pp.48f.

7　我必使耶宾的将军西西拉率领他的车辆和全军,往基顺河,到你那里去;我必将他交在你手中。'"

8　巴拉说:"你若同我去,我就去;你若不同我去,我就不去。[因为我不知道哪一天耶和华会引导我,让他的天使在我旁边]。"

9　底波拉说:"我必与你同去,只是你在所行的路上,得不着荣耀;因为耶和华要将西西拉交在一个妇人手里。"于是底波拉起来,与巴拉一同往基低斯去了。

10　巴拉就招聚西布伦人和拿弗他利人到基低斯;跟他上去的有一万人,底波拉也同他上去。

11　摩西岳父何巴的后裔基尼人希百,曾离开基尼族,到靠近基低斯撒拿音的橡树旁,支搭帐棚。

12　有人告诉西西拉说:"亚比挪庵的儿子巴拉已经上他泊山了。"

13　西西拉就聚集所有的铁车九百辆,和跟随他的全军,从外邦人的夏罗设出来,到了基顺河。

14　底波拉对巴拉说:"你起来,今日就是耶和华将西西拉交在你手的日子;耶和华岂不在你前头行吗?"于是巴拉下了他泊山,跟随他有一万人。

15　耶和华使西西拉和他一切车辆全军溃乱,在巴拉面前被刀杀败;西西拉下车步行逃跑。

16　巴拉追赶车辆、军队,直到外邦人的夏罗设;西西拉的全军都倒在刀下,没有留下一人。

17　只有西西拉步行逃跑,到了基尼人希百之妻雅亿的帐棚;因为夏琐王耶宾与基尼人希百家和好。

18　雅亿出来迎接西西拉,对他说:"请我主进来,不要惧怕。"西西拉就进了她的帐棚;雅亿用被将他遮盖。

19　西西拉对雅亿说:"我渴了,求你给我一点水喝。"雅亿就打开皮袋,给他奶子喝,仍旧把他遮盖。

20　西西拉又对雅亿说:"请你站在帐棚门口,若有人来问你说:'有人在这里没有?'你就说:'没有。'"

21　[西西拉疲乏沉睡]。希百的妻雅亿取了帐棚的橛子,手里拿着锤子,轻悄悄的到他旁边,将橛子从他鬓边钉进去,钉入地里;西西拉就死了。

22 巴拉追赶西西拉的时候,雅亿出来迎接他,说:"来吧,我将你所寻找的人给你看。"他就进入帐棚;看见西西拉已经死了,倒在地上;橛子还在他鬓中。

23 这样,神使迦南王耶宾被以色列人制伏了。

24 从此以色列人的手越发有力,胜了迦南王耶宾,直到将[迦南王耶宾]灭绝了。

(I) 分段

　　本章经文第一节的下半句——"以色列人又行耶和华眼中看为恶的事",清楚说明了这是一个新士师事迹的开始(比较三7、12,六1,十6,十三1)。第一节的上半句——"以笏死后",也将本章经文与第三章最后一节(关于珊迦的事)分开了,因为它将本章的事迹与以笏的事迹连接起来,而略去了珊迦的事迹。由于第五章六节提到了珊迦的时代,也许士师记要将珊迦的时期包括在底波拉和巴拉的时期之内,但珊迦对第四及五两章经文只有参考的意义(五6),没有角色的意义。底波拉和巴拉的事迹正式结束是在第五章最后一节,但从故事内容来说,本章已经包括他们的全部事迹了,第五章只是用诗歌体裁将故事重复一次而已。因此,我们将本章经文与第五章分开来看。

(II) 经文

　　四5 "住"(yôšebet) 这个字的原文在这里翻译作"坐"较好,因为经文随后说的不是底波拉的家,而是她在一棵棕树下为以色列人作士师审断案件的事。

　　四8 "因为我不知道哪一天耶和华会引导我,让他的天使在我旁边" 这是七十士译本比马所拉经文多了的一句,很可能这是七十士译本为了解释巴拉要求底波拉同去的原因,而另外加上的一句。

　　四21 "西西拉疲乏沉睡" 这一句原文放在"西西拉就死了"一

句之前。和合译本将它放在现在的位置可以使故事的发展更合情理。

　　四 24　"迦南王耶宾"(*yābîn melek kⁿāʼan*)　这是和合译本"他"字的原文。这里士师记并非不善于利用代名词,而是要强调以色列人的压制者(迦南文化的代表)最终被灭绝了。

(III) 注解

当时的政局

　　本章与第五章记载以色列人战胜了迦南人的盟军(五 19),从而控制了以斯德伦平原,或起码动摇了迦南人对以斯德伦平原的控制权。以斯德伦平原分隔了古以色列中部和北部各支派。根据第五章六节,当珊迦(三 31)和雅亿(四～五章)的日子,以色列各支派之间的交通大道失控。根据第五章六、七、十、十九、三十节的记载,这些交通大道上可能有抢夺财物和奸淫掳掠的事件发生,使以色列的经济和政治陷入困境;为了避免危险,人们都绕道而行。当时控制以斯德伦平原的是迦南人和非利士人。有些圣经学者认为珊迦是迦南人,而西西拉是非利士人。那么,第三章卅一节记述的可能是以色列人与迦南人同盟抵抗非利士人,而本章与第五章记述的可能是以色列人抵抗迦南人与非利士人的同盟。③ 如果真的这样,本章的战事便有更大的历史意义了,因为这标示着以斯德伦平原的迦南城邦没有以前那么坚强,住在山地的以色列人现在可以向他们挑战了。

　　本章以色列人的胜利显然是重要的,但以色列人与非利士人的斗争仍然有很长的路要走。第四章廿四节也说,以色列人是"渐渐"才将迦南王耶宾灭绝的。撒母耳记上第四章就记述了非利士人在亚弗大大打败了以色列人,后来以色列的第一个王扫罗被立就是为了要拯救以色列人脱离非利士人的辖制(撒上九 16)。扫罗最后也在对抗非利士人的斗争中战死沙场,他的尸体被挂在非利士人控制的位于以斯德伦

---

③ 参 J. A. Soggin, *Judges*, p. 59; A. D. H. Mayes, *Judges* (Old Testament Guides: Sheffield, Sheffield Academic Press, 1985), p. 87.

平原东面的伯珊城上(撒上卅一章)。无论如何,这里以色列人战胜迦南人一役是重要的,它标示着以色列各支派在政治上比以前更有合一的意识,更觉得他们是同属于耶和华神的。这最少是以法莲、便雅悯、玛吉(玛拿西的一部分)、西布伦、以萨迦和拿弗他利(五 14~15、18)各支派的感觉。其他离战场较远的流便、基列、但和亚设等支派也被认为是应该前来帮助攻打迦南人的(五 15~17)。这里没有提到犹大和西缅支派,很可能早期的"以色列"只包括便雅悯以北的各支派;犹大,包括附属在它里面的西缅,是与其他支派不同的。这一点很可能是王国后来分裂为南北两国的基本原因。

此外,本章战事发生的时期一般被认为是在主前十二世纪,④但在历史和地理上,这里的记述仍然有不容易解决的问题。例如,这里的"耶宾"与约书亚记第十一章的耶宾有什么关系呢?基低斯在本章共出现了三次(6、9、11 各节),是指同一个地方吗?西西拉战败后朝哪个方向逃跑呢?(17 节)我们在下面试按经文的次序来看看这些问题。

四 2 "付" 这个字更清楚的意思是"卖",如同奴仆的买卖一样。以色列人原本是在埃及作奴隶的,神将他们买赎了回来,也有权柄将他们卖出去。所以,这里的"付"是将以色列人交给迦南王耶宾作奴隶的意思。

"耶宾" 很多解经家都对夏琐王耶宾在这里出现觉得奇怪,因为约书亚记说夏琐已经被约书亚攻陷,耶宾也已经被杀了(书十一 1~14)。

根据考古学上的发现,夏琐是古代巴勒斯坦少有的大城。主前十八至十七世纪在美索不达米亚的马里(Mari)文献已经提到这城。主前十四世纪在埃及的亚马拿(Amarna)文献更显示夏琐是当时加利利东部的主要城邦,曾与推罗联盟对抗西顿。后来所罗门王曾经将夏琐

---

④ 参 Mayes, *Judges* (OTG), pp. 86 - 87; Alexander Globe, "The Text and Literary Structure of Judges 5, 4 - 5," *Bib.* 55(1974), p. 177, note (1). 但 Margalit 更将这里的战事背景与主前十五世纪乌加列的文献联系起来。参 Baruch Margalit, "Observations on the Jael-Sisera Story (Judges 4 - 5)," in *Pomegranates and Golden Bells: Studies in Biblical, Jewish, and Near Eastern Ritual, Law, and Literature in Honor of Jacob Milgrom* (Winona Lake, IN: Eisenbrauns, 1995), pp. 629 - 641.

建立为北加利利的主要防卫城(王上九 15)。考古上发掘出来的夏琐城包括了一个停放战车的场地,共占地约八十公顷。这与同样是防卫城,却只有约八公顷的米吉多相比较,就可以看出夏琐的重要性了。

约书亚记称夏琐是在诸国中为首的(书十一 10)。士师记第五章十九至二十节也表示耶宾的将军西西拉(四 2)是迦南诸王盟军的首领。那么,经文称在夏琐作王的耶宾为迦南王也就不足为奇了。虽然迦南地在大卫以前只有各自为政的城邦,从来未被统一,但夏琐的重要性,也可以使夏琐王代表迦南人而被称为迦南人的王。考古学发现,夏琐城确实在主前十三世纪的后期被毁灭了,这很可能就是约书亚记第十一章十至十四节所记载的事。但夏琐在约书亚时期以后仍然有完全不是以色列人的圣所。这就说明,夏琐被约书亚毁灭后并没有以色列人在那里居住,很可能后来又被迦南人重建居住了。这就是夏琐在本章经文重新出现的原因。

至于耶宾在这里再出现的问题,格雷认为是士师记错误地将约书亚记的耶宾搬到这里来了。[5] 但"耶宾"可能只是夏琐王的一个称号而已。[6] 换言之,约书亚时期以后,夏琐城的王可能继续以"耶宾"作为自己的称号。这可能就是"耶宾"在这里再出现的原因。

"将军" 这是一个国家军队统领人的意思,好像以后的约押元帅一样(撒下十一章;比较王下五 1)。

"西西拉" 这个名字可能是"海民"的人名。巴勒斯坦的非利士人也是由这些人来的。

"外邦人的夏罗设" 这个地方不容易肯定在哪里。多数解经家认为是在迦密山东麓,与加利利山区最接近的地方,也就是以斯德伦平原最西端,基顺河谷最狭窄的地方。[7] 这地点对本章战事的描述构成困难,因为根据第十六节,巴拉是朝着夏罗设去追赶敌人的,如果夏罗设在以斯德伦平原的最西端,则西西拉应该向战场的西面逃跑。但

⑤ 参 John Gray, *Joshua*, *Judges and Ruth* (NCB), p. 267.
⑥ 参 A. Malamat, "Hazor, 'The Head of all those Kingdoms'," *JBL* 79 (1960), pp. 12 - 19.
⑦ 参 Moore, *Judges* (ICC), p. 119; Na'aman, "Literary and Topographical Notes on the Battle of Kishon (Judges Ⅳ - Ⅴ)," p. 432, n. 25.

第廿二节却说他到了雅亿的帐棚，该帐棚在基低斯附近（11 节），可能在加利利海的西南面，即战场的东面，或远在加利利山区的北面。巴拉向战场的西面去追赶敌人，怎么会到了战场的东面或北面呢？⑧

亚哈罗尼（Aharoni）认为夏罗设不是一个城，而是加利利的丛林地区。西西拉"住"在夏罗设，是表示他辖制了那个地区的意思。⑨ 但本章第十三和十六节提到夏罗设的时候都似乎指某一个特定地点，因为西西拉的军队似乎在那里集结，从那里出发，又向那里撤退；由于第五章十九节说，当时迦南诸王聚集在米吉多水旁的他纳争战（比较四 13），很可能夏罗设就在米吉多与他纳的附近。拉恩尼（Rainey）即认为夏罗设不可能是丛林地区，因为这样的地方不适宜集结西西拉的大量战车（四 13）。他又认为夏罗设是指米吉多与他纳所在的一个可耕种的地区，⑩但这仍然未能解决西西拉逃跑的方向问题。这问题待我们在下面讨论基低斯的地点时再作决定吧。

四 3　"铁车"　关于铁车，可以参考第一章十九节的注解。耶宾的九百辆铁车显示他有力量控制整个以斯德伦平原。我们知道，铁器时代大概与非利士人同时进入了巴勒斯坦。当时非利士人控制了铸铁工艺，以色列人只有受欺压的份儿（撒上十三 19～22）。这情况直到扫罗以后才被以色列人改变过来。

四 4　"女先知底波拉"　先知在这个时期未有显著的社会地位，但这里显然指底波拉是一位被神的灵感动的人。她两度以神谕的方式吩咐巴拉（6～7、14 节），她在第九节向巴拉的讲话也是有预言性质的，

---

⑧　拿亚缦 Na'aman，认为第四章许多地理上的问题，是因为该章故事是由一位很后期的犹大人根据第五章重新写作的叙事体故事，但由于该作者对加利利的地理知识很贫乏，又不明白第五章诗中的一些细节，以致有那么多在地理上不符事实的地方。参 Na'aman, "Literary and Topographical Notes on the Battle of Kishon (Judges IV‐V)," pp. 426‐434. 我们以后的讨论显示，这些地理上之困难是可以解释的，不是拿亚缦所想的那么严重。

⑨　参 Yohanan Aharoni, *The Land of The Bible* (Philadelphia: The Westminster Press, 1962, 1967), p. 203. 宾尼也早已经认为夏罗设一名来自"树林"，但他认为夏罗设是一个城，在加利利的丛林山区。波令则认为夏罗设在迦密山南面的沙仑平原。参他的士师记注释，*Judges* (AB), p. 94.

⑩　参 A. F. Rainey, "The Military Camp Ground at Taanach by the Waters of Megiddö," *Eretz Israel* 15 (Jerusalem, 1981), pp. 61‐65; "Toponymic Problems," *Tel Aviv* 10 (1983), pp. 46‐48.

甚至她给百姓的判断(5节)也有神谕的意思,因为她的判断是当她坐在那棵棕树下发出的(参经文部分)。⑪ 这就是这里说她"作以色列的士师"的意思。所以底波拉的先知职事与士师职事是不能分开的。另一方面,她在对抗迦南人的战事上又起了决定性的作用(参8～9、14节,五7)。但她没有被直接称为士师,只被称为先知。这里强调她的先知角色,也许要表示以色列人这次对抗迦南人的战争是一场特别的圣战。

"拉比多" 这个名字的意思是"火把"或"闪电"(比较士七16～20,十五4～5;出二十18)。鲍美琦认为这里"拉比多的妻"('ēšet lappîdôt)一语的原文应该译作"一个火炬女人",因为"拉比多"在圣经其他地方没有同样的人名,而且底波拉也实在可以称为以色列人黑暗中的"火炬"(五6～7)。⑫ 但一般的解经家都认为"拉比多"是底波拉的丈夫。

"作……士师"(šōpᵉṭâ) 这是动词,不是名词。其实,士师记中没有任何一位士师是直接被称为士师的。这里告诉我们,底波拉卷进对抗迦南人的战事之前已经"作士师"了。而她的士师职事主要是判断以色列人(5节)。可见"作士师"不一定是指在战场上为以色列人攻击敌人。

四5 "底波拉的棕树" 这是一棵圣树,与神谕有关(比较创十二6,卅五8;士九37)。所以,底波拉为以色列人作的判断是从神而来的。

四6 "拿弗他利的基低斯" 基低斯这个名字是圣所的意思。圣经中有几个地方都被称为基低斯。拿弗他利的基低斯通常指拿弗他利支派北部的一座城,位于呼勒湖(Lake Hulah)西北,距离夏琐城西北偏北约十一公里(书十九37,二十7,廿一32)。可是拿弗他利南部,在加利利海的西南端也可能有一个基低斯(比较四9;书十九32～33,十二22,二十7)。这个名字在本章中共出现了三次(6、9、11节),只有这里说它是拿弗他利的基低斯,其他两次都没有说明是在哪里。那么,本

⑪ 比较士六11,九7～15;赛廿八5～6;撒下十四2～20;王下廿二14。
⑫ 参 Mieke Bal, *Death & Dissymmetry* (Chicago and London, The University of Chicago Press, 1988), pp.208-209. 她这样翻译是为了不将底波拉放在男性的规范之下,让她作为以色列母亲(五7)的角色更加鲜明。费威尔和古恩从文艺的角度看,也将"拉比多的妻"译作"火的女人"或"受灵感的女人"。参 Fewell & Gunn, "Controlling Perspectives," *JAAR* 58, p.391.

章的三个基低斯是指同一个地方吗？

　　我们知道，以萨迦支派境内也有一个基低斯，这城与另一个名叫大比拉（也可译作底波拉）的城同列（代上六 72），这个基低斯就在以萨迦南部，在他纳的附近。⑬ 这个基低斯似乎最符合第十一节提到的基低斯，因为它说明了巴拉和底波拉与以萨迦支派的密切关系（五 15），也说明了为什么西西拉向夏罗设逃跑，结果逃到了雅亿的帐棚（参 2 节注解）。这样，我们就需要将以色列人集结的基低斯（9 节）和希百家所住的基低斯（11 节）理解为两个不同的地方：前者指加利利海西南端的基低斯，后者指他纳附近的基低斯。

　　我们相信，第六和第九节提到的基低斯是同一个地方，在加利利海的西南端，因为这里是拿弗他利的范围，也接近以色列人集结的他泊山（6 和 11 节），而且以色列人集结的地方不可能在离战场很远的北加利利，也不可能在西西拉军队集结的地方。

　　"巴拉"　巴拉这个名字也有"闪电"的意思。由于拉比多和巴拉的名字有相同的意思，有些圣经学者认为他们是同一个人。⑭ 但本章经文没有这样认为，而且巴拉居住在拿弗他利（6 节），距离拉比多和底波拉所在的以法莲山地颇远。士师记也没有直接称巴拉为士师。从本章第八至九及十四节看来，巴拉比一般拯救以色列人的士师少了一些灵感和荣耀，但以色列人的传统仍然将巴拉列在士师之中（来十一 32；撒上十二 11 中的"比但"可能就是巴拉）。

　　"率领"（*māšak ti*）　这个字的原文有号召和引动的意思。换言之，巴拉需要主动"率领"以色列人去与西西拉作战（比较同一个动词在 7 节的出现）。

　　"他泊山"　这山在以斯德伦平原的北端，距离基顺河的发源地约十六公里；山顶平坦宽阔，适宜集结群众，自古以来就已经有祭坛在那里供人献祭（何五 1）。这一次以色列的军队就是集结在这山上。

　　四 7　"率领"（*māšak ti*）　参第六节同一个字的注解。这个动词

---

⑬　参 Moore，*Judges*，p. 117. 但摩尔提醒我们，代上六 72 的"基低斯"在书廿一 28 作"基善"（比较书十九 20）。

⑭　参 Burney，*The Book of Judges*，p. 85.

在第六节的主词是巴拉,在这里却是神自己。这样,今次战事从开始就是神作主动。神一方面召巴拉去争战(6 节),[15]另一方面又诱劝西西拉和他的军队去应战。

"**基顺河**"　这河汇集了以斯德伦平原西部的一切水源,向西再沿着迦密山麓西北流入地中海,但除了沿迦密山麓的一段外,这河在一年中有大部分时期是干涸的,只有在冬雨季节才有水,这些雨水往往使米吉多以东一带形成沼地。根据本章七和十三节及第五章廿一节,这河在这次战争中发挥了最重要的作用。那么,这次的战场应该在他泊山麓,不在远离基顺河的他纳。他纳只是西西拉军队集结的地方。这样,上面拉恩尼对夏罗设的解释也许较符合这次战事的需要。换言之,西西拉的军队在夏罗设集结,然后朝着他泊山向基顺河推进,他们打了败仗后向夏罗设撤退(16 节)。

"**交在你手中**"　从第六和七节的"率领"这个动词可以知道,这一次战争的胜负已经在这里预言了,就是神要将西西拉交在巴拉的手中。

四 8　"**我就不去**"　神的旨意已经很清楚了,但巴拉仍然坚持底波拉要与他同去。这可能表明这次的战争是一场圣战,巴拉需要作先知的底波拉给他保证;这也表明巴拉的能力不足,需要神的帮助(比较六 15～16)。[16]

四 9　"**妇人**"　表面看来,这妇人可能指底波拉,但故事的结尾显示,雅亿才是这里所指的妇人。

四 11　"**基尼人希百**"　这里说他是摩西岳父何巴的后裔,他与以色列人的血缘关系可能令他在这一次战事中有立场上的问题(比较 17 节)。基尼族人通常住在巴勒斯坦的南地(一 16),现在希百家却出现在巴勒斯坦的北部,可能与他们的作业有关,因为他们是以铜铁业为生的,而战争时期正需要这些人。

"**基低斯**"　参第六节关于基低斯的注解。这里提到基低斯附近有

---

[15]　四 6 中"耶和华以色列的神吩咐你说……"一句,原文应作"耶和华以色列的神岂没有吩咐你说……",这就表示神已经吩咐巴拉出去争战了,但巴拉可能迟疑不去,所以现在底波拉以神的名义召他,一定要他出战。

[16]　七十士译本在四 8 的后面加有"因我不知道什么时候耶和华的使者会令我亨通"。参经文部分。

撒拿音的橡树。约书亚记也提到拿弗他利境内有撒拿音的橡树（书十
九 32～33），但这一点不能完全确定这里的基低斯是指加利利海西南
端的那一个，因为撒拿音的橡树好像基低斯一样，是一个很普遍的名
称。这里的撒拿音的橡树也可能在他纳附近的基低斯。⑰

四 12～14　第十二至廿二节对战争的描述，其实是第六至九节圣
战计划的实现。其中第十二至十三节告诉我们，西西拉真的被诱劝出了
夏罗设，向基顺河进军了，可见巴拉何时与西西拉交战，是由神决定的。

"起来"　底波拉显然留意到，时候已经到了（比较五 12，七 9，八
20～21；出卅二 1；王上廿一 7），巴拉应该上去争战了。底波拉那么肯
定，原因除了神在她内心给她肯定外，很可能她看到了雨云的集结，雨
水扑向敌人之时正是巴拉要开始攻击敌人之际。我们知道，旧约圣经
常将暴风雨看作神为祂的百姓争战的记号（比较五 4～5、20～21；书十
11；撒上七 10；诗十八 9～15）。当时可能不是下雨的季节，否则西西拉
不会轻易将战车向基顺河推进的，因为天雨泥泞的基顺河附近对战车大
为不利。暴雨在这个时候来了，更印证神已经在以色列人前头去争战了。

"耶和华岂不在你前头行吗？"　这表明神是以色列全军的首领（比
较撒下五 24）。其实，旧约圣经中也常常形容神为大能的勇士。⑱

四 15　"西西拉……全军溃乱"　这是神的作为。西西拉的战车
在泥泞中不但无用，反而成了他们的负累。他的全军因而惶恐溃乱（比
较书十 10；撒上七 10；撒下五 24；出十四 24～28），以色列人所作的只
是追杀败军而已。耶和华神是真正的得胜战士。以色列人这次以薄弱
的军力战胜了如此强大的迦南盟军，简直是一项神迹，经文的形容也充
满了圣战的特征。⑲

---

⑰ 这是比较合理的猜测。但我们仍不能肯定究竟希百家所住的"基低斯"确实地点在哪里。
　参 Soggin，*Judges*，p. 66. 如果这里撒拿音的橡树是在加利利海西南端的"基低斯"附近，
　那么，西西拉就不是向着自己的大本营逃跑，而是向着以色列人的大本营逃跑了，这是不
　合常理的。不过，仍然有学者认为西西拉是背向夏罗设逃跑的。参 Yairah Amit，"Judges
　4：Its Contents and Form，" *JSOT* 39（1987），p. 96.
⑱ 参出十五 3；撒上十七 45；诗廿四 8，四十四 9；哈三 13；亚十四 3。
⑲ 圣战的开始通常是一个神谕。神谕以呼召被选上的人开始，这里是女先知底波拉对巴拉
　的呼召；神谕又以胜利的宣告作结束，这里是神要将西西拉交在巴拉手中。神谕还会包括
　其他一些内容，如被召集的群体（拿弗他利人和西布伦人）和集结的地点（他泊山）。

"西西拉下车步行逃跑" 这显然是因为战车成了他的负累,而且步行也许可以减少别人的注意。

四 16 "巴拉追赶……直到外邦人的夏罗设" 我们相信,巴拉要追赶的主要是西西拉(22 节),而且他是朝着夏罗设的方向去追赶的(参 2、6 节的注解)。[20]

四 17 "西西拉步行……和好" 耶宾与希百家之间的"和好"(šālôm)除了没有磨擦之外,也有合作和联盟的意思。希百家与耶宾和好,可能是为了经济上的原因(参 11 节注解);西西拉因为这和约才去雅亿的帐幕中避难,[21]他可能认为雅亿作为希百的妻子[22]是应该保护他的,结果雅亿却把他杀了。

雅亿为什么要杀死西西拉呢? 这是经文没有讨论的问题。格雷认为,雅亿在两难之间,即要按和约接纳西西拉,又要摆脱收留一个男人在自己帐棚内的羞耻嫌疑,结果就将西西拉杀了。[23] 波令则认为雅亿是一个忠实的耶和华信仰者,所以她站在以色列人一边把西西拉杀了。[24] 其实,雅亿的考虑可能两方面都有。她的丈夫与以色列人有血亲关系(四 11),[25]她固然有耶和华信仰的传统,但她丈夫又是铁匠,需要靠迦南人的铁车为生而与耶宾有和约(四 17)。如今她的丈夫在失败的一方。她作为一个女子,若不接待正在逃跑的西西拉,可能会被他攻击;但若是接待他,待追赶西西拉的巴拉来到的时候,她又无法解释为何收藏了西西拉。所以在两难之间,她就把西西拉杀了。她这样作,一方面可以解决她的问题,另一方面又可以成就以色列人的胜利。她

[20] 宾尼认为夏罗设在以斯德伦平原西端,迦密山和加利利山地毗邻相对的狭窄谷地上。他对西西拉军队败阵地理上因素有较详细描述。参 Burney, *The Book of Judges*, pp. 91 - 92.

[21] 除此之外,马撒(Mazar)认为还可能是因为雅亿的帐棚在圣所的范围,而西西拉期望在那里得到保护。参 Benjamin Mazar, "The Sanctuary of Arad and the Family of Hobab the Kenite," *Journal of Near Eastern Studies* 24(1965), pp. 297 - 303.

[22] 鲍美琦在这里同样不将希百看作雅亿丈夫的名字,却将它理解为基尼族其中一支的名称,让她不在男性力量的规范之下,成为形象鲜明,行动独立,主动参与战事,而且选择站在以色列人一边的英雄。参 Mieke Bal, *Death & Dissymmetry*, pp. 211 - 212.

[23] Gray, *Joshua, Judges and Ruth*, p. 272.

[24] Boling, *Judges*, pp. 97,100.

[25] 有些学者甚至认为基尼人和以色列人之间也有和约。参 F. C. Fensham, "Did a Treaty between the Israelites and the Kenites Exist?" *BASOR* 175(1964), pp. 51 - 54.

的智慧和勇气在第五章的颂歌中得到了大大的表扬(五 24)。

四 18 "雅亿……不要惧怕" 雅亿欢迎西西拉,是一般游牧民族好客的表现。她安慰西西拉不要惧怕(比较书十一 6;申一 29,七 18,二十 1);这里的安慰与后来西西拉的遭遇(21 节)相比,成了强烈的讽刺。

"被"(śᵉmîḵâ) 这个字不容易解释,可能指有长毡毛的厚毯子或帐幕帘子。

四 19 "'我渴了……'……奶子喝" 西西拉求水,雅亿给了他奶子,第五章廿五节更说是"奶油"。这饮品可能是稀的酵母乳,显然是上好的款待(比较五 25),目的是要西西拉信任她。这饮品可能还有催眠的作用,好让雅亿更容易刺杀西西拉。

四 21 "橛子……西西拉就死了" 雅亿用支搭帐棚的锤子和橛子将西西拉杀了。锤子和橛子一般是木的,但由于基尼人多为铜匠,雅亿所用的也可能是铜的。今天阿拉伯沙漠的游牧民族中,妇女仍然负责支搭帐棚的工作,这也可能是古代的情况。然则,雅亿应该是惯于使用锤子和橛子的。她右手拿锤子,左手拿橛子,击打西西拉的形象,好像古代近东雷雨神的形象。

(IV) 释义

分段

本章行文在第三与四节之间,第十与十一节之间,第十一与十二节之间和第廿二与廿三节之间都有清楚的分界。第十六与十七节之间虽然没有明显的行文分界,但背景已经由激烈战斗的战场转为款待客人的帐棚了。这样,我们可以将本章经文分段如下:

A 以色列人受迦南王耶宾欺压(四 1~3)

   B 底波拉任命巴拉攻击西西拉(四 4~10)

      [战场的背景(四 11)]

     C 圣战:以色列人大败迦南人(四 12~16)

   B′ 雅亿击杀了西西拉(四 17~22)

A′ 以色列人最后将迦南王灭绝了(四 23~24)

耶宾的欺压

耶宾在本章的战事中属于边缘人物,因为他在战事发展过程中没有地位,在故事中应该有的位置都由西西拉代替了。但从整章经文的结构来看,耶宾仍然是重要的:他被称为迦南王,代表了压制以色列人的王权制度;他是全章经文开头和结束(1～3、23～24 节)的主要人物,表示整章经文要挣扎的问题就是政治压迫的问题。西西拉只是耶宾用来压迫以色列人的机器而已;西西拉死了,耶宾的压迫机器也就瓦解了。这也是为什么本章用了颇长的经文(17～22 节)详细描述了雅亿杀死西西拉的过程。因此,全章经文的重点在于权力的转移——以色列人由被欺压者(3 节)变成制伏及灭绝敌人者(23～24 节)。

谁是士师

经文对战事发展的描述,充分表达了谁是士师的问题。首先,底波拉诚然有很重要的地位,她起意呼召巴拉去争战(6 节),又决定开战的时刻(14 节)。她可以被称为第一流的军事家,看来她应该是士师了,但经文却没有这样说。虽然她带领了以色列人上战场,却在战争开始以后失踪了。虽然她"士师"(动词)以色列人(4 节),却没有好像其他士师一样"被兴起"(比较二 16、18,三 9、15)。或许她作为一个女先知,已经有圣灵在她心里了,但经文却没有记载她曾经被圣灵充满,反之,她的名字可能表示,她是有限制的。㉖"底波拉"的意思是"蜜蜂",蜜蜂可以使人逃跑,却怕火。底波拉也可以审判以色列人(5 节),又召巴拉到她面前(6 节),但她在两个男人中间:一个是她的同工巴拉,一个是她的丈夫拉比多(4 节);这两个男人的名字都有"火"的意思。换言之,底波拉要像蜜蜂一样受到火的限制,这个限制可能包括她作为士师的适切性。

㉖ 克来因将"底波拉"与克里特人所拜的大地女神"米利沙"(Melissa)联系起来,认为底波拉这个名字的意思——蜜蜂——是以色列人不喜欢的。参 Klein, *The Triumph of Irony in the Book of Judges*,pp. 216 - 217.

巴拉有从神而来的任命,可以亲手除掉西西拉,从而拯救以色列人脱离迦南人的辖制(6～7节)。他似乎是士师了。但他怀疑神的呼召,必须有底波拉同行才肯去攻打西西拉。底波拉因此说,神要将西西拉交在一个妇人手里(8～9节)。㉗ 如果第六至九节不能肯定巴拉是不是除灭西西拉的人,第十七至廿二节就肯定无疑了。那里告诉我们,巴拉不单是一个听命的人(14节),更是一个旁观者(22节;比较三25)。西西拉的死本来是他的荣耀,现在却成了他的损失。

麦锐(Murray)更在第二十节中看到了男性领袖在本战事中的讽刺性。㉘ 该节经文中,西西拉对雅亿说:"请你站在帐棚门口,若有人来问你说:'有人在这里没有?'你就说:'没有。'"这里两次出现的"人"('îš)字在原文都有"男人"的意思,第一个"人"指巴拉,第二个"人"指西西拉。他们原本是两阵交锋的军队领袖,现在成了两个普通的男人,而且要由雅亿的口说"没有"。㉙ 这就好像女人宣布男人为"无有"的意思,而且这是男人(西西拉)要求的。西西拉的这项要求无意成了他自己"无有"的结局。因为雅亿没有照他的意思说谎,却把他杀了,然后对别人说西西拉"无有"了。这个"无有"不单是指西西拉说的,也是指巴拉说的。那真正"有"的是雅亿。

那么,雅亿是士师吗?她击杀西西拉的描述(21～22节),与底波拉审断以色列人的描述(4～6节)遥遥相对,使雅亿有以色列人之拯救者的本色。她击杀了西西拉,除灭了迦南王耶宾压迫以色列人的机器。她有这样的荣耀,是底波拉早已经预言的(9节)。

如果我们将雅亿击杀西西拉的经过(17～22节)与前面以笏击杀伊矶伦的经过(三15～25)作一比较,就会发觉两者有重要相同的地

㉗ 苏根认为巴拉在这里表现出是一个深思熟虑的人。他会为自己和他人负责,详细衡量正面和反面的理由,在有一定保障的情况下才肯冒险。参 Soggin, *Judges*, p. 73. 费威尔和古恩更认为,这里巴拉是要考验底波拉的权柄来源,因为经文从未说神要底波拉去呼召巴拉。而且当时以色列的拯救者是珊迦(三31,五6)。参 Fewell & Cunn, "Controlling Perspectives," *JAAR* 58, p. 398. 然则,不但底波拉剥夺了巴拉的荣耀,巴拉也在质疑底波拉的地位。

㉘ D. F. Murray, "Narrative Structure and Technique in the Deborah-Barak Story, Judges iv 4 - 22," *Studies in the Historical Books of the Old Testament* (VTS 30, Leiden: Brill, 1979), p. 183.

㉙ 原文为 'āyin,"无人"或"无有"的意思。

方。例如,两者都是整个拯救故事的高峰;雅亿和以笏都是单独与敌人的首领在一起时采取了行动;两人都用假装的计谋取得了成功;而且两人的致胜一击都是用利器刺进(tq',21节;比较三21)敌人的要害。我们在第廿节的注解说,雅亿击打西西拉的形象好像古代近东雷雨神的形象。然则,西西拉逃过了暴雨的灾难,却逃不过暴雨中"雷击"的灾难。雅亿好像比巴拉更可以说是拯救以色列人的士师了,但她作为一个外邦女子,与以色列人传统的士师观念是不容易协调的。

　　另一方面,雅亿又好像妈妈一样,叫西西拉到她那里受保护,又给西西拉奶子喝,让他躺下,盖上被,安心睡觉歇息(18～19节)。雅亿给奶子的前后,经文都说她将西西拉遮盖了,这也象征她要蒙骗西西拉的意思。最后,她一反妈妈的形象,将西西拉这个仍然在睡梦中的"儿子"杀害了。雅亿这样对待西西拉,不但违背了希百家与耶宾的和约(17节),也违背了游牧民族善待客人的一般传统。雅亿用橛子将西西拉钉在地上的谋杀方法也常令人发指。那么,她可能是士师吗? 但士师记中又有哪一个士师是完全的呢? 我们从上面的讨论看到,谁是士师实在令人扑朔迷离。

　　本章开头和结束的经文都显示了,神是以色列人的真正士师。一方面,神仲裁犯罪的以色列人,将他们交在迦南王耶宾的手里(2节);另一方面,神拯救以色列人,使他们制伏了迦南王耶宾(22～24节)。上面的分段排列也告诉我们,圣战(12～16节)是本章经文的中心,而神是战事的主导者,祂在巴拉前头先去攻击西西拉,使他全军溃散(15节)。所以,真正打败以色列敌人的是神自己。

　　如果将本章的人物角色联系起来,我们也可以看到,神是以色列的真正士师。[30] 本章的主要角色(神也被当作一个角色包括在内)有三组:神和雅亿、底波拉和巴拉、耶宾和西西拉。这里每组的第一位都是带领者,第二位是跟从者。但第一位是在后面的推动者,第二位是在前面的执行者。第一组和第二组的攻击对象都是第三组,但第二组必须听从第一组才能够令事情成功。这就是为什么底波拉呼召巴拉说:"耶

---

[30]　参 Brenner,"A Triangle and A Rhombus in Narrative Structure: A Proposed Integrative Reading of Judges IV and V," *VT* 40(1990), pp. 130-132.

和华以色列的神［岂没有］吩咐你说……"（6 节），又吩咐巴拉说："……
耶和华岂不在你前头行吗?"（14 节）结果，我们看到，第一组的领导和
第二组的服从就促成了第三组的全军覆没。神用暴雨将西西拉的军队
打败（15 节；比较五 20～21）。雅亿则用橛子和锤子好像暴雨中的雷电
一样击杀了西西拉。西西拉向雅亿求"水"（19 节），为自己招来致命的
灾难，加速了他的灭亡。这样看来，神才是以色列人的真正士师。底波
拉、巴拉和雅亿都是神命令的执行者而已，但雅亿更可以被称为执行神
之士师职事的人。雅亿是一位外邦的女性，这就更表明神对以色列人
的拯救往往是出人意表地来自以色列之外的人。

男女两性与神的计划

　　谁是士师的问题又与男性和女性的问题连在一起。无可否认，第
四章强调了，女性在成就神的计划上是在男人之上的。全章开端是底
波拉和巴拉相对，结果是底波拉支配了巴拉，并且宣告巴拉将失去他应
得的荣耀，该荣耀要由一个妇人所得（9 节）。这当然是男人的羞辱了。
全章末了是雅亿和巴拉相对，结果雅亿夺取了巴拉的荣耀。底波拉第
一次召见巴拉的时候，吩咐他说："去"（lēk，6 节），和合译本没有将这
个字的原文翻译出来；同一个字也出现在第四章廿二节，那里 lēk 被翻
译作"来吧"。那是雅亿对巴拉的吩咐。换言之，底波拉与雅亿同样吩
咐了巴拉。这是本章经文在用词上表达的两性关系。
　　除此之外，本章战事的高潮是雅亿和西西拉相对，结果雅亿杀了西
西拉。西西拉作为一个勇士，却死在一个妇人手下，这又是男人的羞辱
（比较九 53～54）。很多学者都留意到，雅亿击杀西西拉的整个过程充
满了两性关系的象征，雅亿待西西拉既似母亲，又似情人；[31] 鲍美琦也

---

[31] 费威尔和古恩有详细的解释。首先，在雅亿给西西拉的邀请中（四 18 上），"进来"原文作
"转到我这里来"。这是象征性交的邀请，因为那是雅亿私人的帐棚（四 17），而女人的帐
棚象征女人的身体。另一方面，"不要惧怕"和"用被将他遮盖"（四 18 下），又好像母亲在
安慰和保护她的儿子。西西拉要求雅亿给他水喝（四 19 上），其中"水"有男女性欢娱的意
思（比较箴五 15～16，九 17；歌四 15）。雅亿给他奶子喝，再把他盖上（四 19 下），又有母亲
乳养和保护孩子的意思。西西拉沉沉地睡了（四 21 上），也表示他好像儿子一样（转下页）

认为，用橛子钉进西西拉的鬓边是男性强奸女性的象征，而强奸是将一个女人彻底毁灭的方法（比较十九 25～26）。[32] 因此，西西拉既自我宣告"无有"了（20 节），他的死也像一个彻底毁灭的女人一样。我们从第五章廿七节可以知道，西西拉的仆倒实在是这里的重点，强调以色列的敌人彻底地倒下去了。这样看来，雅亿对西西拉的强暴一方面表达了以色列人对欺压他们之人的反强暴；另一方面也表达了男女两性的紧张关系。这样的题旨似乎与本章的战事无关，但第五章三十节可以告诉我们，战争对弱者的强暴也就是勇士对少女的强暴，两者是不能分开的。古代的战争如此，近代的战争也不能全免。这样看来，本章以色列人胜过迦南人之欺压的题旨，在男女关系的描述上也有一些回响了。

（二）战歌（五 1～31）

1 那时，底波拉和亚比挪庵的儿子巴拉作歌，说：

2 "因为［以色列的首领为神发奋摒弃了捆绑］，百姓也甘心牺牲自己，你们应当颂赞耶和华。

3 君王啊，要听；王子啊，要侧耳而听；我要向耶和华歌唱；我要歌颂耶和华以色列的神。

4 耶和华啊，你从西珥出来，由以东地行走，那时地震天漏，云也落雨。

5 山见耶和华的面就震动；西乃山见耶和华以色列神的面也是如此。

6 在亚拿之子珊迦的时候，又在雅亿的日子，［篷车商队止息了，行路的人也要绕道而行］，

7 以色列中的［官长停职］，直到我底波拉兴起，等我兴起作以色列的母。

8 以色列人选择新神，争战的事就临到城门；那时以色列四万人中，岂

（接上页）信靠雅亿这个"母亲"。"帐棚门口"（四 20 上）象征子宫开口，西西拉在帐棚内好像孩子在母腹中。他要雅亿对别人说"无有"，正好表示他从战场上的勇士变为一个无有的孩子了。雅亿悄悄地进到西西拉旁边（四 21 上），好像偷情的人一样，但她一反"母亲"的形象，变成了一个性攻击者。她手中的橛子象征阴茎，钉进西西拉的"口"（raqqâ；和合译本的"鬓边"，可以了解为"口"）中。这是"角色调换"的强奸，即雅亿代表了男性，西西拉代表了女性。参 Fewell & Gunn，"Controlling Perspectives," *JAAR* 58，pp. 392-394.

[32] 参 Mieke Bal，*Death & Dissymmetry*，p. 215.

能见藤牌枪矛呢?

9　我心倾向以色列的首领,他们在民中甘心牺牲自己;你们应当颂赞耶和华。

10　骑白驴的,[坐绣花毯子的],行路的,你们都当传扬。

11　[在那些歌唱者的声音中],人必述说耶和华公义的作为,就是他治理以色列公义的作为;那时,耶和华的民下到城门。

12　底波拉啊,兴起! 兴起! 你当兴起,兴起,唱歌! 亚比挪庵的儿子巴拉啊,你当奋兴,[领出你的俘虏来]!

13　[那时余剩的人下到贵胄那里;耶和华的百姓为我来到勇士中间]。

14　[从以法莲有首领下到平原]。[便雅悯在你后面与你的百姓一同下来]。有掌权的从玛吉下来;有持杖检点民数的从西布伦下来。

15　[以萨迦的首领与底波拉同来]。[以萨迦是巴拉的支持]。众人都跟随巴拉冲下平原。[在流便不同的宗族内][有雄心壮志的人]。

16　你为何坐在羊圈内,听群中吹笛的声音呢? [在流便不同的宗族内][有意见未定的人]。

17　基列人安居在约旦河外;但人为何等在船上? 亚设人在海口静坐,在港口安居。

18　西布伦人是拼命敢死的;拿弗他利人在田野的高处,也是如此。

19　君王都来争战;那时迦南诸王在米吉多水旁的他纳争战,却未得掳掠银钱。

20　星宿从天上争战,从其轨道攻击西西拉。

21　基顺古河把敌人冲没,[我的灵啊,应当努力前行]。

22　那时壮马[驰驱,踢跳,奔腾]。

23　耶和华的使者说:'应当咒诅米罗斯;大大咒诅其中的居民;因为他们不来帮助耶和华,不来帮助耶和华攻击勇士。'

24　愿基尼人希百的妻雅亿,比众妇人多得福气,比住帐棚的妇人更蒙福祉。

25　西西拉求水,雅亿给他奶子;用宝贵的盘子给他奶油。

26　雅亿左手拿着帐棚的橛子,右手拿着匠人的锤子,击打西西拉,打伤他的头,把他的鬓角打破穿通。

27 西西拉在[她两脚之间]曲身仆倒,在[她两脚之间]曲身倒卧;在那里曲身,就在那里死亡。

28 西西拉的母亲从窗户里往外观看,从窗棂中呼叫说:'他的战车为何耽延不来呢? 他的车轮为何行得慢呢?'

29 聪明的宫女安慰她;她也自言自语的说:

30 '他们莫非得财而分,每人得了一两个女子? 西西拉得了彩衣为掳物,得绣花的彩衣为掠物。这彩衣两面绣花,乃是披在被掳之人颈项上的。'

31 耶和华啊,愿你的仇敌都这样灭亡;愿爱你的人如日头出现,光辉烈烈。"这样,国中太平四十年。

(I) 分段

本章第一节的"那时"指第四章廿三节的时候。换言之,本章全首诗歌是紧接着以色列人大获全胜之后唱出的。本章最后的第卅一节是第四、第五两章经文整个故事的结束,使本章与第四章有不可分割的一体性(比较三11、30)。本章除了第一节和最后一节的下半节外,都是诗歌的本身,内容重复了第四章的故事,可以与第四章分开来看。

(II) 经文

本章经文通常被称为"底波拉之歌",是旧约圣经中最古老的诗歌之一。[33] 由于这首歌的原文有很多意义不能确定的字,因此有很多解释上的困难。全首诗歌三十节中,有二十二节的经文是有难字的,其中第二、十、十一、十三、十四、廿一及廿二各节的意义更是很难理解的。

五2 "以色列的首领为神发奋摒弃了捆绑" 和合译本作"以色

---

[33] 参 Alan J. Houser, "Two Songs of Victory: A Comparison of Exodus 15 and Judges 5," in *Directions in Biblical Hebrew Poetry* (JSOTS 40; Sheffield: Sheffield Academic Press, 1987), ed., Elaine R. Follis, pp. 265-284;但比较 B.J. Diebner, "Wann sang Deborah ihr Lied? Uberlegungen zu der altesten Texte des TNK (Ri 4 und 5)," *ACEBT* 14(1995), pp.106-130.该作者认为底波拉之歌与新旧两约之间 Hasmonian 时期的历史事件有关。

列中有军长率领"(*biprō'a pᵉrā'ôt*)。原文表面意思是"人的发缕放松"。很多解经家都跟随七十士译本,将它理解为"有军长率领",因为"放松"(*biprō'a*)一词的原文在阿拉伯语有"贵胄"或"显赫人物"的意思。由于第二和九节有彼此平衡与呼应的意思,和合译本作"有军长率领"也是很符合本诗歌总体意思的,但这样就忽略了第二节本身上半节和下半节的平衡。第二节下半节中百姓"甘心牺牲"的激情,是上半节中"人的发缕放松"的回响,因为任由发缕长长是古以色列分别为圣归与神的规例(比较民六 5;结四十四 20;徒十八 18)。另一方面,让发缕放松也有摒弃捆绑的意思,这与当时百姓受迦南人压迫的光景(6 节)也很相称。也许第二节上半节所要表达的是"以色列的首领为神发奋摒弃了捆绑"。㉞

五 6 "篷车商队止息了,行路的人也要绕道而行" 和合译本为"大道无人行走,都是绕道而行"。"大道无人行走"(*ḥodᵉlû 'ᵒrāḥôt*)的原文意思是"大道止息了"。很多解经家都主张更改马所拉经文在"大道"(*'ᵒraḥôt*)这个词的拼音符号,将它翻译为"篷车商队"(*'orᵉḥôt*)。㉟这样的更改还是可取的,因为它更能够突出当时以色列百姓的经济困境。那么,整个第六节下半节可以翻译为:"篷车商队止息了,行路的人也要绕道而行。"

五 7 "官长停职" "官长"(*pᵉrāzôn*)这个词在第十一节再出现。它的原文意思不确定,"官长"的翻译是一般解经家所接受的,但有些人根据一些古版本将这个字翻译为"乡村民众"。㊱ 这些翻译都可以与上下文连接,表示以色列人在敌人的压迫之下放弃了没有保障的农村,或者以

㉞ 参 J. Gerald Janzen, "The Root *pr'* in Judges V 2 and Deuteronomy XXXII 42," *VT* 4 (1989), pp. 393 - 406.

㉟ 士师记主要的注释书,如 Burney, Soggin, Moore 等人的著作都作这样的修改。林达斯新近出版的士师记注释也是如此。参 Barnabas S. S. F. Lindars, *Judges 1 - 5 A New Translation and Commentary* (Edinburgh: T & T Clark, 1995), p. 209.

㊱ 参 Burney, *The Book of Judges*, p. 115; Lindars, *Judges 1 - 5*, pp. 237 - 238. 克里奇(Craigie)将第七节上半节翻译为"(The) warriors held back, In Israel they held back". 参 P. C. Craigie, "Some Further Notes on The Song of Deborah," *VT* 22(1972), p. 349;波令也将这里译作"官长"的原文理解为"战士"。参 Boling, *Judges*, p. 102.

色列官长在敌人压迫下无能为力。那么,第十一节中"就是他治理以色列公义的作为",可以翻译为"就是他在以色列官长(或农村民众)中的公义作为"。神的公义作为通常是指神在以色列中施行拯救的行为。

五 10　"绣花毯子"(*middîn*)　这个词的原文意思不肯定。波令将它的字根与"裁判"(*dîn*)一词相连(比较篇二十 8),认为这里指的是社会上坐着作裁判的人。[37] 无论如何,这里指的是社会上另一个阶层的人,不同于那些骑驴或行路的。

五 11　"在那些歌唱者的声音中"(*miqqôl mᵉḥaṣᵉṣîm bên maš 'abbîn*)　和合译本作"在远离弓箭响声打水之处"。这一句的原文意思非常模糊。除了这里的翻译之外,其他翻译还有:"在那些分掳物的声音中","在那些摆列队伍的声音中","在那些分别(羊群)之人的嘈吵声中","在那些分水饮羊的声音中","在那些歌唱者的声音中","在那些欢呼饮酒的声音中"等等。[38] 这些不同的翻译表明了原文意思的艰难。其中"在那些歌唱者的声音中"这个翻译可能最自然,因为第九节呼吁百姓要颂赞耶和华,而打水之处正是古以色列人容易聚集的场所,最宜传扬神的作为。

五 12　"领出你的俘虏来"(*ûšᵃḇēh šᵉbyᵉkā*)　和合译本作"掳掠你的敌人"。原文的字面意思是"掳掠你的俘虏"。换言之,那些敌人已经成为俘虏了。这里的翻译更能够与本节上半句平行,因为上半句呼吁底波拉歌唱,歌唱耶和华在百姓中间施行拯救的行为(11 节)。这里也应该是对胜利游行的描述。

五 13　"那时余剩的人下到贵胄那里;耶和华的百姓为我来到勇士中间"　本节的原文意思不容易理解。一般解经家都将原文上半句最后一个字"百姓"(*'ām*)移去下半句作头一个字,这样,全节的意思就比较容易理解。它的翻译就成了"那时余剩的人下到贵胄那里;耶和华的百姓为我来到勇士中间"。

五 14　"从以法莲有首领下到平原"　和合译本作"有根本在亚玛力人的地,从以法莲下来的"。这上半节的前半部又是难于明白的经

㉟ 参 Boling, *Judges*, p. 110.

㊳ 参 Burney, *The Book of Judges*, pp. 125 - 129; Lindars, *Judges* 1 - 5, pp. 245 - 247.

文,它的原文字面意思是"从以法莲,他们的根本在亚玛力"。这里没有一个动词。由于亚玛力人是古以色列人的世仇(出十七 8~16),以法莲的首领根本没有可能来自亚玛力。除非这里是在谴责以法莲站在以色列敌人的一边,这个可能性很少。因此,很多解经家都将"他们的根本在亚玛力"($\check{s}or^e\check{s}\bar{a}m\ ba^{\prime a}m\bar{a}l\bar{e}q$)这一句的原文意思,修改成为"有首领下到平原"($\check{s}\bar{a}l\hat{i}\check{s}\hat{i}m\ b\bar{a}^{\prime}\bar{e}meq$);其中"下到"($yr\underline{d}$)这个动词是从上面第十三节沿用过来的,"平原"这个词也与下面一节的"平原"($^{\prime}mq$)思想一致。根据士师记第十二章十五节,以法莲支派确实有一个地方称为"亚玛力人的山地"。那么,这里的意思也可能是"从以法莲有首领在亚玛力人的山地下来"。

"便雅悯在你后面与你的百姓一同下来"($^{\prime}ah^{a}reyk\bar{a}\ bin^{e}y\bar{a}m\hat{i}n$ $ba^{\prime a}m\bar{a}meyk\bar{a}$) 和合译本作"便雅悯在民中跟随你"。原文字面意思是"在你后面,便雅悯,与你的百姓"。这一句也不容易了解。多数解经家认为,"在你后面,便雅悯"($^{\prime}ah^{a}reyk\bar{a}\ bin^{e}y\bar{a}min$)是战争的口号(比较何五 8)。[39] 换言之,便雅悯支派的战士们彼此呼喊着这口号,一同去回应战争的呼吁。这是可以理解的,因为便雅悯是一个好战的支派(参创四十九 27)。但这个所谓"口号"只出现在何西阿书和这里,而这两处的意义都不能肯定。如果这只是一个口号,那么,后面"在你的民中"(或"与你的民")的"你"应该指向前面的以法莲。而且,当时的情况可能是,以法莲人在自己的民中彼此呼喊着这一口号。如果这不是口号,只是一个反映事实的呼喊而已,那么,以法莲人是在便雅悯人的后面呼喊:"便雅悯人哪,我们在你后面",表示支持他们的意思。整个句子也可能是诗人对事实的描述,指便雅悯人在以法莲的后面与百姓一同下来。那么,我们就要继续沿用上一节的"下来"这个动词了,全句可以翻译为"便雅悯在你后面与你的百姓一同下来"。这是我们采纳的,因为上下文的意思更配合,特别是"下来"这个意思是上下文都强调的。

五 15 "以萨迦的首领"($w^{e}\check{s}\bar{a}ray\ b^{e}yi\acute{s}\acute{s}o\acute{s}k\bar{a}r$) 原文字面翻译是"我的首领们在以萨迦"。这句的"我"应该与第七节的"我"一样是指底

---

[39] 参 Soggin, *Judges*, p. 89; Burney, *The Book of Judges*, pp. 133 – 134; Lindars, *Judges 1 – 5*, pp. 253 – 254.

波拉,但这样就会使底波拉同时以第一人称和第三人称在一个句子中
出现,这样的情况是不大可能的。因此,解经家更多直接理解为"以萨
迦的首领"。

"与底波拉同来" 和合译本中"来"这个动词,仍然是沿用了第十
三节的动词。

"以萨迦是巴拉的支持"(*wᵉyiśśoškār kēn bārāq*) 和合译本作
"以萨迦怎样,巴拉也怎样"。很多解经家都认为这里的以萨迦应该是
拿弗他利,因为拿弗他利在第四章是与西布伦并列的两个出战支派之
一,不可能在这里的支派名单中失落了。这是合理的推测,但这里的经
文本身没有什么地方有问题需要更改,我们还是维持原文为是。本句
和合译本的翻译需要将原文"以萨迦"一词前面的连接词"*w*"改为前置
词"*k*"。如果我们将"也怎样"(*kēn*)的原文看成为名词,意思是"支持"
或"基础",则本句的原文无需修改,可以翻译为"以萨迦是巴拉的支
持"。⑩ 这个意思可能比和合译本的译文更好,因为它的平行句"以萨
迦的首领与底波拉同来",同样表示以萨迦支持底波拉的意思。

"在流便不同的宗族内"(*biplaggôt rᵉûbēn*) 和合译本将"不同的
宗族内"(*biplaggôt*)的原文译为"溪水旁"。这个原文也出现在约伯记
第二十章十七节。和合译本的翻译也以约伯记那里的意思为主要根
据。但该字在这里更可能是"分组"的意思,即流便支派内部分开的不
同宗族。

"有雄心壮志的人"(*gᵉdōlîm ḥiqᵉqê lēb*) 和合译本作"有心中定
大志的",原文有"心志已定"的意思。换言之,流便支派各宗族里面有
雄心壮志的人。

五16 "在流便不同的宗族内" 参第十五节同一句的讨论。

"有意见未定的人"(*gᵉdôlîm ḥiqᵉrê lēb*) 和合译本作"有心中设
大谋的",与上一节"有心中定大志的"似乎没有什么分别。其实,两者
表达的是刚好相反的意思,因为这里的原文有"意见未定,仍在寻找"的
意思,全句可以翻译为"在流便不同的宗族内有意见未定的人"。换言

⑩ 苏根依据阿拉伯文的同义词作这样的解释。参 Soggin, *Judges*, p. 89.

之,流便支派各宗族之间对于这次战事有不同的意见,一些肯定,另一些不肯定;他们都没有参与战事,只闲坐在家里清谈。

五 21　"我的灵啊,应当努力前行"(*tidrᵉkî napᵉšî 'ōz*)　这一句与前后经文都不大连贯,原文的字面意思是"你踹下——我的灵——勇力"。苏根将"我的灵"(*napᵉšî*)的原文理解为"颈项"。[41] 这样,全句便可以翻译为"你踹下了勇士的颈项",表示以色列人将打败他们强大的敌人。那么,这里的"你"可能指耶和华,因为第二十和廿一节上半节提到攻击敌人的力量不是从人来的,而是从天地来的。"你"也可能指底波拉,因为她是这次战事的主要人物,而且她在第十二节已经以第二人称出现了。我们这里仍然接纳和合译本的翻译,因为诗歌不单描述事情的发生,也描述诗人的感情。本句前后形容的是战事的高潮,诗人的感情也最容易并发。

五 27　"他两脚之间"(*bên raḡleyhā*)　和合译本作"他脚前"。这个片语在本节出现了两次,原文的直接翻译应该是"她的两脚之间",这是我们在这里接纳的。这个片语可能有特别的意义,我们在释义的部分再作讨论。

(III) 注解

历史背景

底波拉之歌是圣经中非常古老的一首诗歌。一般学者认为这是以色列王国建立之前,约主前十二世纪末的作品。[42] 诗歌的内容显示,这

---

[41] 参 Soggin, *Judges*,p. 83. 波令则了解为"喉咙",参 Boling, *Judges*,p. 103. 前者较为合理,因为古时候战争得胜的一方常将脚踏在敌人的颈项上。

[42] 格罗比(Globe)从底波拉之歌的语言、形式、历史和文艺背景等论据,推定此歌是主前1200 年左右的作品。参 Alexander Globe, "The Literary Structure and Unity of The Song of Deborah," *JBL* (1974), pp. 495 - 511. 但林达斯认为这歌的写作时期是在王国的初期,参 Lindars, *Judges* 1 - 5, p. 215. 又参 Heinz-Dieter Neef, "Der Stil des Deboraliedes (Ri 5)," *ZAH* 8(1995), pp. 275 - 293. 该作者也认为战争本身发生于主前1150 - 1125 年间,但诗歌大概是主前 1025 年的作品。

是一首争战胜利后的感恩之歌。旧约圣经中,战争凯旋后妇女们往往
歌唱跳舞欢迎(出十五 20～21;士十一 34;撒上十八 6～8)。底波拉是
女先知,又是这次战事的策动者,以色列人的胜利可能令她大受感动,
因而作了这首歌。古时候的诗歌多先以口传形式存在,后来才以文字
形式出现。这首诗歌也可能在市口和水井等地方被人传诵,甚至成为
客旅途中彼此传诵的诗歌(参 10、12 节)。诗歌在被传诵的过程中也有
被更新的可能,这也可能是底波拉之歌的情况。㊸

　　我们在讨论第四章的时候已经略提到了这次战事可能的历史背
景,本章则反映了当时以色列的内部组织仍然松散,各支派还未定
型。㊹ 诗歌完全没有提到南方的犹大、西缅和利未支派,玛拿西和迦得
两个支派的名字也没有出现,反而后来成为约旦河东玛拿西半支派的
玛吉和基列却提到了。约旦河东的玛拿西半支派可能最少有一部分人
原来是住在约旦河西,后来才渐渐迁移到河东去的。最令人费解的是
但支派,他们既不住在原本分得的便雅悯和以法莲以西的山麓,也不住
在后来迁移去了的上加利利,却似乎住在沿海的地方(17 节下)。

　　考古学家在他纳(19 节)及其附近发掘的结果显示,底波拉之歌所
形容的战事很可能发生在主前十二世纪。以色列人住在山地,本来是
没有必要与迦南人打仗的。他们这一次虽然打败了迦南人,却还是不

㊸ 韦瑟(Weiser)从祀典(cult)的角度看底波拉之歌,认为这是古以色列人在更新他们与神之
间的"约法"时所用的,因此各支派被点名那一段(14～18 节)很重要。格雷在他的士师记
注释中也同意韦瑟的意见。参 A. Weiser, "Das Deboralied: Eine gattungs—und
traditionsgeschichtliche Studie," ZAW 71(1959), pp. 67 - 97; J. Gray, Joshua, Judges
and Ruth (New Century Bible; London: Nelson, 1967). 克里奇则认为底波拉之歌原本
是一首庆祝战争胜利的歌,后来成为韦瑟所说的约法更新节期(covenant renewal
festival)中所用的诗歌,参 P. C. Craigie, "The Song of Deborah and the Epic of Tukulti
Ninurtä," JBL 88(1969), p. 254, n. 11. 亚尔他(Alter)从文艺的角度去看这歌,认为这是
一个大家熟悉的故事,用了生动而引喻性很强的笔触表达出来,目的是要娱乐听众,参
Alter, The Art of Biblical Poetry (New York: 1987).

㊹ 格雷认为五 14～18 所描述的是一个理想的联盟,包括了巴勒斯坦北部和约旦河东部共十
个支派。他们以示剑为中心,那是雅各从巴旦亚兰回来以后定居的地方,而且"以色列"这
个名字也是在那个地方开始的(创卅四 18～20)。参 John Gray, "Israel in The Song of
Deborah," in Ascribe to the Lord: FS P. C. Craigie (JSOTS 67, Sheffield: Sheffield
Academic Press, 1988), pp. 421 - 455.

能控制以斯德伦平原,这要到大卫时期才能够成功。住在平原的迦南人本来也没有必要与以色列人打仗,因为平原比山地更富庶,而且他们的铁车在山地是无用武之地的。引起这一次战事最主要的原因,可能是以色列人的经济利益受到威胁。第六节显示了当时的商业交通道路没有平安,住在以斯德伦平原四周山地的以色列人除了以农耕为生以外,也可能与外邦人如米甸人和基尼人等有商业上的合作(参经文部分6节的讨论),这些商业活动都需要经过以斯德伦平原。那么,迦南人对这些商道的控制和扰害,一定大大影响了住山地之以色列人的经济利益,结果战争就不能避免了。住在离以斯德伦平原较远的流便、基列、但和亚设等支派,因为分别与其他外邦人有不同的经济合作,所以他们对以斯德伦平原的战争便没有那么大的兴趣了。⑤

五2　"有军长率领"　原文的字面翻译是"人的发缕放松"(参经文部分)。格雷认为,长发可能象征回复旷野时期的精神,因为住沙漠的贝度英人(Bedouin)也很看重长发。⑥ 这与随后第三至五节的背景也很相近。

五3~5　这三节经文所形容的神,是一位行动于西奈和以东这些旷野地方的神。神与祂的百姓一同作战(比较申卅三2;哈三3;诗六十八7~8)。这里地震天漏的现象,特别是西奈山的震动,令人想起昔日神临格在西奈山的景象(出十九16~19)。如果我们接纳波令对第四节下半节的翻译和解释,⑦则这里的经文更与出埃及记的记载一样有雷轰的景象。

---

⑤ 士罗恩(Schloen)认为底波拉之歌显示了以色列人与外邦人合作的篷车商队活动,包括米甸人、亚玛力人、基尼人等。他将五10中"你们坐绣花毯子的"译作"你们治理米甸的",又将五14的"亚玛力"理解为亚玛力人,不是以法莲山地的一个地区。基尼人的存在可见于雅亿在诗歌中的角色。此外,19节的"银钱",30节的"绣花彩衣",都显示篷车商队的商业活动。参 J. David Schloen, "Caravans, Kenites, and Casus belli: Enmity and Alliance in the Song of Deborah," *CBQ* 55(1993), pp. 18 - 38; L. E. Stager, "Archaeology, Ecology, and Social History: Background Themes to the Song of Deborah," *Congress Volume: Jerusalem*, 1986 (VTS 401, ed. J. A. Emerton; Leiden: Brill, 1988).

⑥ 参 Gray, *Joshua, Judges and Ruth*, p.276.

⑦ 他把4节下翻译为:"With thunder the skies rained; With thunder the clouds rained water!"("在雷声中天降下雨;在雷声中云掉下雨来!")参 Boling, *Judges*, pp.101,108.

五 6～8　这里形容的是以色列人在这场战争之前的光景；我们在第四章的历史背景中已约略讨论了这一方面。本章的形容比较详细，例如，以色列的经济活动因为交通大道被阻而大受影响；政治上他们也因为敌人的压迫而退缩；军事上他们更缺乏适当的军备。

五 6　"珊迦……雅亿的日子"　可能指以色列人光景衰微的整个时期。然则，珊迦虽然一次打死了六百非利士人(三 31)，却也开始了以色列人大受敌人压迫的时期。这光景直到雅亿的时候才结束，因为雅亿击杀了西西拉，令以色列人的捆绑解除了。

五 7　"以色列的母"　底波拉被称为以色列的母，因为这次的战事是由她作主动和策划的。结果以色列人大获全胜，进入了一个新时代。

五 8　这里告诉我们，以色列人衰微的根源是宗教性的。因为他们敬拜别神，战事就临到他们。这与士师记的主导思想是一致的(二 11～15；比较申卅二 17)。以色列人被逼要争战了，却非常缺乏军备，这可能与当时非利士人的专利控制有关(比较撒上十三 22)。这里提到以色列人出来争战的有四万，比第四章提到的多了三万(四 6、10、14)，然而第四章的一万人是从拿弗他利和西布伦来的，这里的四万必定还包括来自以法莲、玛拿西、便雅悯和以萨迦等支派的人。

五 9～11 上　这里的主调是呼吁百姓要颂赞神的拯救作为，同时呼吁百姓参战，受到呼吁的包括社会上各阶层的人。白驴是罕有的，骑白驴的可能指统治阶层(比较十 4，十二 14)；坐绣花毯子的可能指富有的人；行路的则指一般百姓。神的公义作为，指神为祂的百姓伸冤，将他们从敌人手中拯救出来的作为。

五 11 下　这里形容了以色列人回应战争的呼吁，来到城门，预备出战。

"城门"　城门是古时候裁决法律诉讼、寻求公义的地方(得四 1～12；摩五 12、15)。城中的长老/尊贵人往往扮演仲裁者的角色。因此，这里也可能将以色列人与迦南人的战争看为法庭仲裁程序，让战争结果来显示谁是谁非(比较十一 12～27)。⑱ 现在，以色列人集结军队在

---

⑱ 参 Robert M. Good, "The Just War in Ancient Israel," *JBL* 104(1985), pp. 385 - 400.

城门口，就是要伸张公义的意思。

五 12 底波拉在这里以第二人称出现，在解释上有困难，因为这是底波拉本人的歌（参 1 节与 7 节）。但这也是妇女们唱的凯歌，所以，这里可以理解为妇女们向底波拉的呼吁。

"领出你的俘虏来" 参经文部分。这里可能特意要讽刺西西拉母亲的梦想（29～30 节）。

五 13 参经文部分。如果上半节马所拉经文的排列不按经文部分讨论的改变，则拿亚缦（Nadav Na'aman）的解释也很有意思。他将 sārîd（余剩的人）理解为西布伦南部边界上的一座城，这城名叫"撒立"（书十九 10、12）。该城与米吉多之间有泥泞的基顺河谷，以色列人可能就是从撒立攻击迦南人的。拿亚缦又将 leʾaddîrîm ʾām（百姓的贵胄）与下半节的 gibbôrîm（勇士）理解为迦南人的战士。[49] 那么，全节经文可以翻译为："那时，他下到撒立攻击百姓中的贵胄；耶和华为我下来攻击勇士。"[50]只是这样的理解仍然有文法上和用词上的困难，我们还是以经文部分的讨论和下面的解释为是。

"余剩的人"（sārîd） 指以色列人在第六节和第七节上半节的光景下受迫害仍然存留的人；与下半节"耶和华的百姓"互相平行。

"贵胄" 可能指以色列中的军长，因为在下半节中与这个词平行的是"勇士"。

五 14～18 这是支派名录，可以与创世记第四十九章和申命记第卅三章的记载一起来看，反映了古以色列各支派的遭遇和他们在

---

[49] 参 Nadav Na'aman, "Literary and Topographical Notes on The Battle of Kishon (Judges IV-V)," VT 40(1990), p. 425. 该作者认为第五章中出现了五次的"那时"（五 8、11、13、19、22）是这次战事在以色列人方面看去的五个阶段：(1)迦南人欺压到了以色列人的城门；(2)以色列人集结于城门应战；(3)以色列人进军到撒立；(4)以色列人与迦南人正式交战；(5)迦南人战败逃遁。由于(1)，(2)，(4)，(5)都是战事的连续阶段，所以(3)也必须是一个阶段（参上文 424 页）。

[50] 摩尔（Moor）认为五 13～14 节上应该译为："犹大的首领下到贵胄那里，利未和英雄们与耶和华一同下来；在以法莲中有显要的首领，在你后头的谷中有便雅悯与你同族的人。"他这样翻译是要让以色列十二个支派都出现在底波拉的歌中。参 Johannes C. De Moor, "The Twelve Tribes in The Song of Deborah," VT XLIII, 4(1993), pp. 483 - 493.

地理上和政治上的一些关系。这一点我们在第四章注解部分已经略
有讨论。这次参与战事的都是以斯德伦平原附近的各支派，其他距
离战场较远的支派都没有参与。可是除了犹大和西缅支派外，其他
支派都被认为是应该参战的，可见当时以色列北部各支派是有一定联
系的。

五 15　这里显示，底波拉与巴拉似乎与以萨迦支派有很密切的关
系。我们不知道这两位领袖是否原来就属于以萨迦支派，但我们知道，
以萨迦的分地就在这次战争的地方，他们受迦南人的欺压特别大。因
此，他们在这次战争中特别出力（五 15）是可以理解的。

五 16　流便支派在这里被指责对战事漠不关心，他们只"坐在羊
圈内，听群中吹笛的声音"。这是牧羊人悠闲生活的形象，与诗歌中战
争的紧张气氛相违背。也许这是诗人指责流便支派的方法之一。

五 17　这里对但支派的描述最令人注目。我们知道，参孙故事中
的但支派（十三至十六章）可能仍然在巴勒斯坦南部的山麓地带挣
扎求存。大部分的但人可能已经北迁，去了巴勒斯坦北部的拉亿（十八
章）。无论南部或北部，但人都很难与海上作业有关系，可是这里却说
他们"等在船上"。可能的解释是，他们仍然在南部，曾经试图在沙仑平
原非利士人的沿海作业。[51]

五 18　这次战争中，西布伦和拿弗他利是最出力和最受称赞的，
如果我们接受第十五节中第二次出现的"以萨迦"应该改为"拿弗他
利"，那么，西布伦和拿弗他利在本章十四至十八节中都出现了两次。
这也显示了他们在这次战事中的重要性（比较四 6、10）。

"田野的高处"　可能指以斯德伦平原较高的地方，有战略的重要
性。拿弗他利人在这里的英勇表现是他们赢得这次战争的原因之一。

五 19～22　这里一方面形容迦南人的争战和他们的失败，另一方
面从超自然的角度去形容神如何击败迦南人。星宿与基顺河在诗人的

[51] 也丁（Yadin）认为但支派很可能是海民的一支，与非利士人有密切的关系，曾作业于地中海
沿岸约帕与多珥之间，后被逼北迁（士十八章）。参他的专文：Yiggael Yadin, "And Dan,
Why did He Remain in Ships," *Australian Journal of Biblical Archaeology* 1(1968),
pp. 9 - 23.

想像中都成了神的使者,⑫以暴雨和大水的形式去攻击迦南人。暴雨中的雷电与巴拉(闪电的意思)彼此呼应,使以色列人大获全胜。这样,这次以色列人的胜利只能完全归功于耶和华神了。

五19　"君王"　指西西拉和他的同盟,附近迦南城邦的诸王。这里特别强调他们与耶和华神对抗的"人为力量"(比较诗二1~2)。

"他纳"　在米吉多的东南,与第四章战事中的他泊山南北相距约有二十四公里。我们将第四、五两章的战事一起来看,相信迦南军队在他纳集结,然后向基顺河推进。

"掳掠"　是以武力非法抢夺的意思,说明了迦南人这次军事行动的不当,这也与本章三十节的形容成了讽刺性的对比。

"却未得掳掠银钱"　表明迦南人这一次的行动是完全失败的。

五20　"星宿"　在迦南神话故事中,星宿是雨水的源头,在雨神巴力的掌管之下。但这里星宿却反过来攻击西西拉这位迦南盟军的领袖,就表明真正掌管星宿的不是迦南人的神巴力,而是以色列人的神耶和华。

"从其轨道攻击西西拉"　这似乎要说明,星宿好像军队一样各就其位,在最适当的时候向西西拉出击。换言之,暴雨在最适当的时候就来了。

五21　"基顺古河把敌人冲没"　这次战事的决定性因素就是突然而来的暴雨,使基顺河暴涨,以斯德伦平原泥泞不堪,使装备有战车的迦南军队完全瘫痪。

五22　"壮马"　指迦南人的战马,因为以色列人当时还不能像迦南人一样有战车马兵。

"驰驱,踢跳,奔腾"　这是迦南人大败逃跑的景象。

五23　"耶和华的使者"　可以理解为一位先知,或许就是底波拉或巴拉。

"米罗斯"(*mērôz*)　在全本圣经中,这个名称只在这里出现,我

---

⑫　鲍美琦却说,这里显示的神学是泛神论的。参 Mieke Bal, *Murder and Difference：Genre,Gender and Scholarship in Sisera's Death*（Bloomington：Indiana University Press,1988）,p. 46.

们不能确定它在哪里。这个名称的字根是"灾难"或"祸患"的意思,为此,有些解经家认为米罗斯可能是战场附近以色列的一个城,或与以色列有互助合约的迦南人的城。⑬ 在急难关头,那里的人却不来帮助耶和华,就是不来帮助神的百姓以色列人,因此大大受到咒诅。诗人一方面用米罗斯的不参战,从反面继续了前面战争的紧张气氛,另一方面用米罗斯的被咒诅,从反面带出了后面雅亿蒙福的故事(24～27 节)。

五 24～27　这里的内容与第四章十七至廿一节的内容是相近的,只是这里用了诗歌的形式来集中描述西西拉之死,把第四章提到的其他细节略去了。

五 24　"愿……更蒙福祉"　雅亿的蒙福因为上一节米罗斯的被咒诅而显得更为重要。诗歌又将她放在一切妇女之上,可见她因为杀了西西拉而在以色列人心中的地位是何等高。

五 25　"奶子……奶油"　参第四章十九节注解。雅亿给西西拉献上的奶子和她献上的方式,目的都是要诱惑西西拉进入圈套。

五 26　很多解经家都认为,当西西拉站着埋头在那个大盘子里喝奶子的时候,雅亿就从后面把他击杀了。但雅亿是用锤子将橛子从西西拉的鬓角钉进去的,如果当时西西拉还是清醒地站着,雅亿是不容易这样下手的。我们相信第四章廿一节的描述与这里的描述是一致的。换言之,当时西西拉是睡着的。

"匠人的锤子"　表示这些工具是雅亿生活上常用的。

五 27　"西西拉……死亡"　参第四章廿一节注解。这里一再重复述说西西拉在雅亿的"两脚之间""曲身仆倒/倒卧"。前者表示雅亿母亲的形象(比较申廿八 57),后者表示西西拉性强暴的形象。⑭

五 28～30　这是全诗的总结,有浓厚的讽刺味道。战事结束,妇女的出现通常是欢迎凯旋的军队,但西西拉的凯旋只是他母亲一厢情

⑬ 参 A. Alt, *Kleine Schriften zur Geschichte des Volkes Israel I* (Munich: 1953), pp. 274 - 277. 又参 Heinz-Dieter Neef, "Meroz: Jdc 5, 23a," *ZAW* 107(1995), pp. 118 - 122. 该作者认为米罗斯当在他泊山和米吉多水旁两地之间,以斯德伦平原的南部。
⑭ 本节中的"曲身"(*kāra'*)、"仆倒"(*nāpal*)、"倒卧"(*šākāb*)三个词都有"性"的含意。比较伯卅一 10,那里的"同室"与这里的"曲身"为同一个原文;帖七 8,那里的"伏"与这里的"仆倒"也是同一个原文。这里"倒卧"一词的原文就更常用在男女性交上了。不过 (转下页)

愿的幻想而已。她的盼望越强，虚空也越大。

五 28 **"西西拉的母亲"** 格雷认为迦南人和古以色列人一样，国家的第一夫人不是王后，而是王太后（比较王上十五 13；王下十 13）。然则，西西拉的母亲在这里是迦南人重要的代表。

五 30 **"女子"**（*raham*） 原文是"子宫"的意思。战争中被掳的女子通常会作得胜一方之人的妾侍或仆婢，这是迦南军士对待妇女战俘的一般态度。这在以色列人的律法中是严厉限制的（参申廿一 10～14）。

五 31 这是诗人的祷告。⑤

"爱你的人" 可以看为与神有立约关系的人，因为"爱神"可以是一个命令，特别向人发出的，这命令包括了"忠心"与"敬畏"。⑤ 然则，本诗歌的末了将人分为神的仇敌与爱神的人，前者在神的约法之外，是被咒诅的；后者在神的约法之内，是蒙福的。这样分别的目的在于强调以色列人与神有立约的关系；劝勉人要更新与神的立约关系。

"光辉烈烈" 这是古神话中战士的形象（比较诗十九 6；启一16）。这显然是这次战事中以色列人在神的帮助下胜过了迦南人的形象。

（接上页）这三个词的原文也同时可以指死亡的意思，比较"曲身"在王下九 24；赛六十五12；诗二十 8 各处的意思，"仆倒"在撒上四 10；撒下一 19、27；诗二十 8 各处的意思，"倒卧"在申卅一 16；赛四十三 17；结卅一 17，卅二 27 各处的意思。参 Susan Niditch，"Eroticism and Death in the Tale of Jael," in *Gender and Difference in Ancient Israel*（Minneapolis：Fortress Press，1989），ed.，Day，Peggy L. 该作者的专文是特别就士五27 而写的。她认为女性代表了爱欲与死亡的力量，这在很多战争故事中都很明显。

⑤ 我们将这节诗理解为祷告，因为诗中用了"你"称呼耶和华神。然而，和合译本中的第二个"你"字在原文是"他"，多数解经家都认为"爱你的人"是原来的希伯来文，但这字的末了一个字母 k（表示"你"的意思）与随后一个原文的第一个字母 k，在抄写的时候被错误地混合而消失了，结果就出现了马所拉经文的"爱他的人"一字。但我们必须强调，这只是可能发生的情况而已。另一方面，波令认为"耶和华啊，愿你的仇敌"一句，原本应该是"愿耶和华的仇敌"。然则，31 节就不是祷告，而是诗人自己的愿望而已，因为它用了第三人称而不是第二人称来称呼神。我们还是保留中文和合译本的译文为是，因为将马所拉经文"爱他的人"改为"爱你的人"的理由比较充分，而且这样也可以将诗人的愿望更清楚地与前面的描述分开，从而将诗歌的结束带回到神那里去。

⑤ 参 W. L. Moran，"The Ancient Near Eastern Background of the Love of God in Deuteronomy," *CBQ* 25（1963），pp. 77-87.

(IV) 释义

引言

第四章是以色列人英勇的战事记录，本章是他们对神的颂赞。这颂赞是特别从底波拉和巴拉共同的角度去看的（1 节）。这里再没有谁是士师的问题，只有对神的颂赞，因为神使迦南王耶宾被以色列人制伏了（四23）。除了第一节和最后一节以外，全章经文都是诗歌的文体。很多圣经学者从希伯来诗歌的音节格律去了解本诗歌的结构，[57]但本诗歌的激情似乎不能被音节格律规范。本诗歌充满了正反对照的结构，使唱诗者的激情更加荡漾轩昂。我们先将诗歌的内容分段排列如下：

a.　以色列人应当颂赞耶和华（五 2～8）

　　　　君王要听，王子要侧耳

　　　　神的临格威严无比　　对照　　以色列软弱无力

b.　以色列人应当事奉耶和华（五 9～18）

　　　　百姓要传扬，底波拉和巴拉要奋兴

　　　　勇敢参战的支派　　对照　　不愿参战的支派

c.　迦南军队的失败（五 19～24）

　　　　迦南诸王前来争战　　对照　　星宿和古河的争战

　　　　［米罗斯当受咒诅　　对照　　雅亿必得福气］

d.　迦南首领的失败（五 25～31）

　　　　雅亿在帐棚里击杀西西拉　　对照　　西西拉母亲在王宫等待

　　　　［耶和华的敌人必亡　　对照　　爱耶和华的人必如日中天］

　　　第五章二至八节自成一段是明显的，因为"你们应当颂赞耶和华"出现在第二节和第九节，使这两节经文有平行的结构，第九节成为新段

---

[57] 参 Jan P. Fokkelman, "The Song of Deborah and Barak: Its Prosodic Levels and Structure," in *Pomegranates and Golden Bells* (Winona Lake, IN: Eisenbrauns, 1995), pp. 595‑628. 他将全首诗歌八百六十四个音节三百五十二个字分为一百零八联五十句二十七段：(1)2～5 节，(2)6～8 节，(3)9～13 节，(4)14～18 节，(5)19～23 节，(6)24～27 节，(7)28～31 节。

落的开始。其实,第二节中甘心牺牲的百姓和第九节中甘心牺牲的官长也是互相呼应的。除此以外,第三节中对君王和王子的呼吁与第十和十二节中对以色列百姓与首领的呼吁也是平行的。所以,第一、二段的分界线在第八、九两节之间是清楚的。第二段的特点是呼吁全民参战。第九节中的"民"('ām)与第十三节中的"百姓"('ām)在原文是同一个字,这字在第十一节也出现了。第十四节的"民"和十八节中"西布伦人"的"人"原文也是同一个字,使"民"('m)成为总括全段的字。第三和第四段转向了迦南人,前者是迦南人失败的总览,后者是迦南人失败的特写,焦点集中在雅亿和西西拉的母亲,故此应该分别自成一段。

我们从上面的分段排列可以看到,全首诗歌有很多正反对照的结构,而以色列人和迦南人的对照又总括了全诗的结构。这就是诗歌的末了将神的仇敌和爱神的人对立起来的缘故,这些对照都可以激起唱诗者颂赞神的感情。

神的百姓当赞美

耶和华神是全首诗歌的中心。耶和华一名出现在全诗的次数最多,因为这次的战争是神的战争(23 节下),是神为以色列人所行的公义作为(11 节)。因此,以色列人两度被呼吁要颂赞耶和华(2、9 节)。他们从颂赞中要体会到,必须甘愿跟随神的带领才能够胜过敌人。神的百姓是要服事神的。

第一段对耶和华神的正面颂赞在第二至五节中显得最强烈。诗人在第三节里一再说:"我要向耶和华歌唱;我要歌颂耶和华以色列的神。"这个重复的形式在第五节中再次出现:"山见耶和华的面就震动;西乃山见耶和华以色列神的面也是如此。"这个形式上的重复也将第三节的颂赞带到第五节,成为一种回响,就是诗人对神的颂赞(3 节)在自然界(山,5 节)的回响。这些重复的形式也可以见于第三节的"君王啊,要听;王子啊,要侧耳而听",和第四节的"你从西珥出来,由以东地行走",似乎颂赞的回响是此起彼伏的。

诗人颂赞,因为耶和华为以色列人起来争战了。这位耶和华就是曾经在西乃山与他们立约的神,当时立约的景象——地震天漏,雷轰闪电，成了今天以色列人得救的先声，因为暴雨雷轰正好是这次以色列人战胜迦南人的原因（参 20～21 节）。另一方面，耶和华在天上的"兴起"（2～5 节），在地上也有底波拉的"兴起"作为对称（6～8 节），说明了本诗歌一个重要的意思：神在天上的权能透过历史上的事件彰显了，这历史上的事件在第一段中特别指底波拉的兴起（五 7）。底波拉作为以色列的母亲形象，与一般的母亲形象很不相同，因为她是被神兴起来作军事领袖的。显然，争战的事不单是男性的，也可以是女性的，女性甚至可以成为男性的领袖。围绕着底波拉的兴起是以色列人的软弱光景（6～7 节上及 8 节），这光景从反面颂赞了神，因为以色列人的软弱更显出这次的胜利完全是属于神的。这样，第一段从正反两方面描述了耶和华神可颂赞的权能。

神的百姓当事奉

第二段强调颂赞神的百姓要行神的旨意。百姓无分贵贱都要传扬神的作为，参与神的战事，这是"耶和华之民"的责任与本分。因此，"耶和华的民下到城门"（11 节）一句，与第八节的"以色列人选择新神，争战的事就临到城门"是相对的，表明以色列人不事奉神就会软弱受欺，事奉神则可以战胜仇敌。全首诗中"耶和华的民"一词只出现在第十一节和十三节（参经文部分）。这里形容的是"耶和华之民"回应争战呼吁的积极行动，这个呼吁特别由诗歌对底波拉和巴拉的呼吁表达出来（12 节）。

第十四至十五节上列出了参战的支派。"下"（yrd）这个字在十一节下至十四节中共出现了四次，强烈表达了参战支派的决心和行动。第十五节下至十七节列出了不愿参战的支派，这些支派"坐"、"静坐"、"安居"和"等"的姿态，与参战支派的积极行动形成了强烈的对比。这又是正反相对的结构，突出前者当受称赞，后者当受谴责。当时，参战的支派由以法莲到便雅悯，再到玛吉（玛拿西），最后到以萨迦，在地理上是由外面逐渐指向战场的所在。其他支派则在遥远的约旦河外，在海口，这在空间上也表明他们是远离战事的。第十八节再回过头来描述西布伦人和拿弗他利人的英勇行为。这样在经文排列上，愿意参战的支派刚好将不愿意参战的支派包围起来，鼓励以色列其他支派要好像西布伦和拿弗他利一样努力为神争战。

　　全民参战是本段诗歌的呼吁。第四章说，西西拉的军队被打败是神的计划和作为（四6～7、14），不在乎以色列人数的多寡。巴拉只需要带一万拿弗他利和西布伦人去参战就可以了（四6下、14下）。可是第五章八节却说有四万人参战，而且所有以色列人都是应该参战的（五14～18）。甘心牺牲的百姓和军长受到称赞（五2、9），底波拉和巴拉被呼吁要兴起（五12），雅亿被大大的祝福（五24）。这一切都显示参战的重要性，可见第五章要强调的与第四章不同。人的参战是需要的，然而得胜的还是神的力量（五20～21），我们在下面会看得很清楚。因此，荣耀要归给神，谁是士师的问题可以抛诸脑后了。

祝福与咒诅的路

　　第三、四段（19～31节）与第一、二段是正反相对的：正面的以色列人对比反面的迦南人。当以色列的军队集结的时候（第二段），迦南人的军队也集结（第三段）。"那时"（'āz）一词在以色列人的军事行动中出现了两次（11、13节），在迦南人的军事行动中也出现了两次（19、22节），但前两次所引出的以色列军队行动是平行的，后两次所引出的迦南人军队行动却是相反的；因为在第一个"那时"，迦南军队前进（19节），而在第二个"那时"他们却败退了（22节）。诗人在迦南军队败退的时候突然兴奋地说："我的灵啊，应当努力前行！"（21节下）。这与第十二节又是平行的，那里诗人突然兴奋地说："底波拉啊，兴起！兴起！你当兴起，兴起，唱歌！亚比挪庵的儿子巴拉啊，你当奋兴，领出你的俘虏来！"但奇怪的是，虽然以色列人与迦南人的战斗一触即发，我们在第三段却看不见以色列人与迦南人战斗，反而看见了天上的星宿和地上的基顺河攻击迦南人（20～21节）。迦南人在天与地的围攻之间，结局自是灭亡无疑。神的战争需要人的参与，但战争是属于神的，胜利完全在神的手中，甚至在第四段，以色列人也没有出现。这无非要再一次强调，神的百姓需要参与神的争战，但战争是完全属神的。

　　第廿三至廿四节，诗人离开"迦南军队的失败"这个分题，再一次透过祝福与咒诅这个正反相对的结构，来强调参与神的战争之重要性。

这两节经文可以说是全诗的呼吁,一方面帮助我们回望已过的事实,将参战与否的以色列支派分为受祝福和咒诅的两大类——米罗斯代表了不愿参战的支派,而雅亿则代表了甘愿参战的支派;另一方面它又让我们眺望将要发生的事实,将雅亿和西西拉的母亲分为蒙祝福和受咒诅的两个女性。这两节经文最后又与第卅一节中神的仇敌和爱神的人彼此呼应,使第三、四两段的信息异常清晰和肯定。

蒙福与咒诅的典范

第四段是迦南人败落的一个特写,焦点集中在西西拉(25～30节)。雅亿杀死西西拉一幕,与西西拉母亲盼望自己的儿子回来一幕成了强烈的对比:前者是蒙福的典范,后者是咒诅的典范。西西拉的母亲期望得到的掳物(30 节)早已经在第十九节说明是虚空的了,她不知道本来要带给西西拉胜利的"战车",已经因为基顺河的大水成了他失败的原因,可见她的无知。第廿八节两次提到窗棂;从外面看去,她所在的王宫已经好像监牢一样把她囚禁起来了。她所想像的彩衣,事实上已经成了丧服,因为她的儿子已经死了,但她仍在做那美丽的白日梦,可见她是多么可怜。

西西拉母亲的可怜又可以从她与底波拉的比较中看出来。这两个女性在本诗歌的首末两段遥遥相对。底波拉在第一段中被称为"以色列的母"(7 节),她是以色列的养育者;当以色列失败跌倒、软弱无能的时候,她起来给以色列人新的政治异象(6～8 节),成为以色列的行政、军事和宗教领袖;她是以色列人黑暗中的光,她的判断又是智慧和正确的。西西拉的母亲则刚刚相反:她虽然住在王宫,贵为太后,有显要的政治地位,却完全没有政治异象,心里所想的只是儿子会带来很多战利品;她甚至站在男性的角度去看女性,以为战俘中的女性只可作胜利一方发泄性欲的工具(30 节),失去了她自己作为女性的尊严,更遑论作为保护迦南人,特别是迦南女子的"母亲"了;她自言自语的判断也表明她是一个没有智慧的母亲,在以色列人看来,她简直好像米罗斯一样受了咒诅(23 节);她期望西西拉凯旋归来,却成了迦南人败落的讽刺。

当然,使西西拉的母亲成为讽刺的是雅亿。雅亿有很多方面都是与西西拉的母亲相反的，例如，雅亿是住在帐棚内的一个普通女子，西西拉的母亲却以太后之尊住在王宫里；雅亿虽然是以色列的外人，却成了以色列人的帮助者，不像西西拉的母亲成为以色列人的压迫者。雅亿杀西西拉的勇气好像一个战士，但她又好像底波拉一样，有以色列母亲的形象。她击杀了西西拉，保护了以色列的少女免受强暴，与西西拉母亲所期望的刚刚相反（30 节）。第廿七节说，西西拉在雅亿的两腿之间曲身仆倒了，这就使雅亿好像一位正在分娩的母亲一样（参 27 节注解），但她这次作为西西拉的"母亲"，是将西西拉"吃掉"了（申廿八 57）。她将奶子给西西拉（25 节）也有母亲的象征意义，但那不是乳养西西拉的奶，而是使他中计受害的奶。西西拉"曲身仆倒"所显示的性强暴形象，恰恰又是他死亡时身体痛苦地挣扎扭曲的形象。当然，这里要强调的不是西西拉性侵犯的行为——他在战场上激战失败之后也无力对雅亿性侵犯了，这里是要用性侵犯的失败来形容西西拉的彻底毁灭。⑱

西西拉败亡的形象强烈地讽刺了他的母亲和那些宫女们的期望（30 节）。因为第廿七节的形容，象征西西拉在强暴他人的时候反被他人强暴致死。雅亿对以色列人来说是一位好母亲，因为她救以色列脱离了迦南人的欺压；对于迦南人来说，她却是一位不好的母亲，因为她杀了西西拉。以色列人的拯救来自神，但拯救的执行工作最后在雅亿手中完成。神的作为往往是令人惊奇的，因为祂令勇士被一个女子打败。底波拉和雅亿分别在第一和第四段成为被神兴起去击打迦南人的女英雄，因而受到大大的称赞。⑲

---

⑱ 参 27 节注解及附注。鲍美琦更将西西拉"曲身仆倒"的描述（27 节）看为"倒置的强奸"（reversed rape），即雅亿扮演了男性，将西西拉好像女性一样辱杀了（参 *Death & Dissymmetry*，p. 228）。一个勇士好像女子一样死去已经是一种羞耻，更何况死在"性强暴"的行为之下呢。

⑲ 有些学者更将底波拉/雅亿比作耶和华的配偶，好像迦南神话中巴力（Baal）和战神亚拿特（Anat）为配偶一样。不过，这里的诗歌不是神话，只是用了迦南神话的一些题旨来描述以色列人战胜迦南人的历史而已。参 P. C. Craigie, "Deborah and Anat: A Study of Poetic Imagery (Judges 5)," *ZAW* 90（1978），pp. 374 - 381；Stephen G. Dempster, "Mythology and History in the Song of Deborah," *Westminster Theological Journal* XLI (1978), pp. 33 - 53；J. Glen Taylor, "The Song of Deborah and Two Canaanite Goddesses," *JSOT* 23(1982), pp. 99 - 108.

女性在神计划中的地位

有些学者对雅亿的行为有保留，[60]但诗歌从来没有说雅亿所作的有什么不好，对她的称赞肯定了她所作的。男性中心的社会往往将女性限制在母亲、妻子/情人或女儿的角色中，当她们出"格"的时候，便说是"红颜祸水"。费威尔和古恩说："西西拉和父权中心的读者都忽略了妇女更大的社会/政治兴趣。他们不要看到，妇女在压迫下也会以暴力侵犯男性的权力专利"。[61] 战争对女性的欺压，在西西拉母亲想像的世界中(30 节)可以看得很清楚。讽刺的是，男性欺压女性的世界是迦南的女性认同的，又是住在王宫中的西西拉母亲和那些宫女期望的。正当她们在夏罗设的王宫这样期望的时候，以色列的军队来了(四 16)，她们自己却成了被战争蹂躏的妇女。这又是一种讽刺。另一方面，本章对底波拉和雅亿这些妇女的称赞是清楚的，我们无需故意贬低她们。虽然圣经往后的传统都将巴拉列在拯救以色列的英雄中(撒上十二 11〔其中比但被多数解经家认为是巴拉〕；来十一 32)，这里的经文却将底波拉和雅亿高举在巴拉之上。从历史角度来看，士师时期是以色列的政治结构还没有完整系统的时候，领袖的出现无需什么社会地位作基础。所谓"英雄莫问出处"，耶弗他虽然被社会遗弃，也可以成为基列人的领袖；底波拉和雅亿虽为女性，也自然可藉杰出的才干作领袖。我们不要忘记，雅亿与珊迦在底波拉的歌中是并列的(6 节)。换言之，她的行动是军事的，她也可以被列在击杀以色列人的勇士中。[62]

---

[60] 有些人认为雅亿的手段是不义、诡诈和残忍的。但参 Victor H. Matthews and Don C. Benjamin, "Jael: Host or Judge?" *The Bible Today* 30(1992)，pp. 291 - 296，他们研究士四 17～22 的结果认为，雅亿的行为是英雄的，不是好客的；而西西拉是侵犯者，不是客人。所以，雅亿是女英雄，不是谋杀者。

[61] 参 Fewell & Gunn, "Controlling Perspectives," *JAAR* 58，p. 406. 他们说，西西拉企图得到"子宫"(30 节中"一两个女子"原文作"一两个子宫")，却被"子宫"杀了。这是用诗歌形式表达的"公义"(p. 408)。

[62] 参 Gale A. Yee, "By the Hand of a Woman: The Metaphor of the Woman Warrior in Judges 4," *Semeia* 61(1993)，pp. 99 - 132. 她从人类学开始讨论到士师记第四章底波拉和雅亿作为女战士的意思。

　　第四和第五两章的故事在全本士师记中是很独特的,因为强调了女性在成就神的事上有崇高的地位,这是古时候以男性为中心的社会不容易想像的。这里的战争显然是一场圣战,是耶和华神的战争,祂在战场上行在以色列人的前头(四14),百姓被召参战只是担当帮助的角色(五23)。虽然百姓的帮助是重要的(五31),但以色列百姓中只有耶和华神才是真正的领袖。神在地上的代表不一定是男性,也可以是女性,可是无论男女都不可以取代神的地位,这又似乎要批判以后君王的专断独行(五3)。以色列的敌人是迦南诸王(五19),西西拉的母亲住在王宫中(五28),底波拉的力量基础却在无城墙的乡村(参五7注解),雅亿的力量也在游牧民族的帐棚里(四17~22,五26)。这样的对比又似乎要讽刺君王的不是。

肆　基甸和亚比米勒 （六 1～九 57）

这段经文记载的主要是基甸和亚比米勒的事迹。第八章卅三节对以色列人的形容，好像以往士师兴起之前对以色列人的形容一样（比较三 7、12，四 1，六 1）。这显然是为亚比米勒的出现而准备的。但亚比米勒是一个士师吗？他没有拯救以色列人脱离任何敌人；他对以色列人的管治权（九 22）是自己封立的，不是神的灵带领的；最后，他将自己和以色列人都带入了悲惨的结局。其实，亚比米勒的事迹可以被看为基甸事迹的延伸：一方面，缠绕着亚比米勒的君王制度问题在基甸的事迹中就已经开始了（八 22～32）；另一方面，基甸和亚比米勒有父子的关系。第八章卅一节提到基甸给他的一个妾侍所生的儿子起名叫亚比米勒，这就给亚比米勒的事迹在基甸事迹中留下了伏线，使这两个人的事迹不容易分开。基甸和亚比米勒的事迹由第六章一直伸展到第九章五十七节，篇幅很长。我们下面先来看基甸的事迹（六 1～八 32）。

（一）基甸(六 1～八 32)

统一性

基甸故事的统一性是常被圣经学者怀疑的。学者们常感困惑的是，为什么故事中有那么多双重的事例？例如，故事的主角有两个名字——基甸和耶路巴力；基甸筑了两座祭坛（六 24、26）；基甸对米甸人的战事分约旦河西和河东两场；两场战事都有一对米甸人的首领——西伊伯和俄立、西巴和撒慕拿；基甸两次用羊毛试验神的呼召（六 36～40）。以往的圣经学者多从故事的底本来看，认为这里最少有两个不同的故事：一为与全以色列有关的河西战事；一为只关系亚比以谢族的河东战事。①

　　我们相信,圣经中的基甸故事可能有一个形成过程,但这个故事仍然是统一的。故事内容的特点——如双重的事例,是有其意义的。我们在绪论中已经说了,基甸故事在士师记中有很重要的地位;士师记中的士师品质由完全无缺的俄陀聂不断败落到声名狼藉的参孙,而基甸就是站在这个败落过程的转捩点上。由基甸开始,士师事迹的记载比以前长了,但故事的内容很多都是关乎士师个人的事,特别是关乎士师悲剧的一面。我们以后会看到,基甸事迹的中心点不在他如何拯救以色列人脱离了敌人的欺压,而在他自己与神的关系如何。这个故事使人觉得士师本身就是问题的所在。我们从下面基甸故事的分段结构可以看到这一点。②

　　A　引言(六 1～10)
　　　　a　外在的背景:米甸人的欺压(六 1～6)
　　　　　　b　内在的背景:以色列人背离神(六 7～10)
　　B　基甸被召(六 11～32)
　　　　a　被召去拯救以色列人(六 11～18)
　　　　　　b　"耶和华沙龙"的由来(六 19～24)
　　　　a′　被召去拆毁巴力祭坛(六 25～27)
　　　　　　b′　"耶路巴力"的由来(六 28～32)
　　C　基甸对神应许的挣扎(六 33～七 18)
　　　　a　基甸虽然有怀疑,神的灵仍降在他身上(六 33～35)
　　　　　　b　基甸求印记以肯定神的应许(六 36～40)
　　　　　　　　c　以色列人惧怕的离去,余剩的下到水旁再受裁减(七 1～8)
　　　　　　　　c′　基甸仍有惧怕,神叫他下到敌营打听敌军情况(七 9～11)

---

① 参 J. Alberto Soggin,*Judges*,pp. 104－105.摩尔也认为六 25 以后的经文不可能是六 11～24 的延续。他又认为有了六 21 的神迹以后,基甸还需要六 36～40 的试验是奇怪的。参 G. F. Moore,*Judges*,p.175.

② 下面的基甸故事结构分段乃参照 J. Paul Tanner 的专文"The Gideon Narrative as the Focal Point of Judges,"*Bibliotheca Sacra*,April-June 1992,pp.146－161.

b′　神将"梦"给了基甸作印记以肯定神的应许必应
　　　验(七 12～14)

a′　基甸完全信靠神,号召神所选的三百人去攻击敌人
　　　(七 15～18)

B′　基甸大败米甸人(七 19～八 21)

a　三百人夜袭米甸军营(七 19～23)

b　米甸人的两个首领被诛(七 24～25)

c　基甸婉言平息以法莲人的怒气(八 1～3)

a′　三百人继续追赶击败米甸人(八 4～9)

b′　米甸人的两个王被捉(八 10～12)

c′　基甸怒惩疏割人、毗努伊勒人及米甸二王
　　　(八 13～21)

A′　结语(八 22～32)

a　基甸陷以色列人于拜偶像的罪中(八 22～28)

b　基甸为自己的家室埋下了死亡的种子(八 29～32)

基甸故事与士师记

我们从上面的分段结构可以看到,基甸故事有统一的中心,而且每一个段落都互相联系,使该中心突现出来,那中心就是基甸对神应许的挣扎。基甸在信靠神和惧怕敌人的事上有很大的挣扎。他作为以色列人的士师,在灵性品质上已经大不如前面的士师了;他虽然救了以色列人脱离米甸人的欺压,结果却将自己的家室和以色列人带入罪恶的力量之中。

基甸是整个士师时期以色列人的缩影。首先,根据士师记的神学思想,以色列人离弃神就会招来外族人的欺压。基甸故事中,以色列人背离神的程度到了新的低点,他们受敌人欺压的程度也是前所未有的。以色列人对神的疑惑和不信都反映在基甸这位士师的身上了。基甸故事的悲剧结束,也给士师时期的结束预先投下了一个阴影。事实上,"国中太平若干年"(三 11、30,五 31,八 28)的用语在基甸事迹之后就再没有在士师记出现了,反而以色列人更加陷入到巴力的敬拜(八 33,

九 4、46，十 6～16，十三 1)、王位的争夺(九 1～6)③和支派之间的内讧(九 26～55，十二 1～6，二十 1～48)。最后，基甸故事的结构也与整本士师记的结构有相仿的地方。例如，士师记和基甸故事都有双重的引言和结语；士师记和基甸故事的内容都是上下彼此对照，而将最主要的部分在故事的中心突现出来(比较绪论中士师记的大纲和上面基甸故事的大纲)。基甸事迹在士师记中占有中心位置是显而易见的。我们来看基甸故事的时候，也要从这个角度去看。

基甸故事与旧约

　　基甸故事与旧约圣经的中心内容有颇多联系。例如，基甸和摩西的蒙召(出三章)有颇多相通的地方；基甸和雅各都与毗努伊勒及疏割(创卅二 22～32，卅三 17)有关；基甸拆毁巴力祭坛(七 25～27)正是律法对以色列人的要求(申七 5，十二 3)；基甸和亚伦都曾搜集百姓的金器制成偶像，陷民于拜偶像的罪中(八 24～27；出卅二 2～4；比较出廿五 1～8；王下十二 4～16)；基甸与以利亚同样见证了火从神而来烧尽了祭物(六 21；王上十八 38)；米甸人被击败的日子在先知的传统中成为了长期的记忆(赛九 4，十 26；哈三 7；比较诗八十三 9)。基甸故事与旧约圣经其他部分有如此多的联系，我们看这个故事的时候也应当从更广阔的角度去看。④

A. 蒙召(六 1～32)

1　以色列人又行耶和华眼中看为恶的事；耶和华就把他们交在米甸人手里七年。

---

③ 参 A. P. McMillion，*Judges 6 - 8 And The Study of Premonarchical Israel* (Dissertation: Vanderbilt University, 1985)。关于基甸事迹中以色列人要立王的问题，等到第八章再作讨论。

④ 基甸故事可能反映了它在古以色列人历史记忆中的重要性。考古学家芬力斯坦就曾认为约旦河西的玛拿西是古以色列人定居在迦南地最早的地带。参 I. Finkelstein, *The Archaeology of the Israelite Settlement* (Jerusalem, 1988)。

2 米甸人压制以色列人；以色列人因为米甸人，就在山中挖穴、挖洞，建造营寨。

3 以色列人每逢撒种之后，米甸人、亚玛力人和东方人都上来，攻打他们；

4 对着他们安营，毁坏土产，直到迦萨，没有给以色列留下食物，牛、羊、驴也没有留下。

5 因为那些人带着牲畜帐棚来，像蝗虫那样多；人和骆驼无数，都进入国内，毁坏全地。

6 以色列人因米甸人的缘故，极其穷乏，就呼求耶和华。

7 以色列人因米甸人的缘故，呼求耶和华，

8 耶和华就差遣先知到以色列人那里，对他们说："耶和华以色列的神如此说：'我曾领你们从埃及上来，出了为奴之家；

9 救你们脱离埃及人的手，并脱离一切欺压你们之人的手，把他们从你们面前赶出，将他们的地赐给你们。'

10 又对你们说：'我是耶和华你们的神。你们住在亚摩利人的地，不可敬畏他们的神。你们竟不听从我的话。'"

11 耶和华的使者到了俄弗拉，坐在亚比以谢族人约阿施的橡树下。约阿施的儿子基甸正在酒醡那里打麦子，为要防备米甸人。

12 耶和华的使者向基甸显现，对他说："大能的勇士啊，耶和华与你同在。"

13 基甸说："主啊，耶和华若与我们同在，我们何至遭遇这一切事呢？我们的列祖不是向我们说，'耶和华领我们从埃及上来'吗？他那样奇妙的作为在哪里呢？现在他却丢弃我们，将我们交在米甸人手里。"

14 耶和华观看基甸，说："你靠着你这能力去从米甸人手里拯救以色列人，不是我差遣你去的吗？"

15 基甸说："主啊，我有何能拯救以色列人呢？我家在玛拿西支派中是至贫穷的，我在我父家是至微小的。"

16 耶和华对他说："我与你同在，你就必击打米甸人，如击打一人一样。"

17 基甸说："我若在你眼前蒙恩，求你给我一个证据，使我知道与我说话的就是主。

18 求你不要离开这里，等我归回，将礼物带来供在你面前。"主说："我必等你回来。"

19 基甸去预备了一只山羊羔，用一伊法细面做了无酵饼，将肉放在筐内，把汤盛在壶中，带在橡树下，献在使者面前。

20 神的使者吩咐基甸说："将肉和无酵饼放在这磐石上，把汤倒出来。"他就这样行了。

21 耶和华的使者伸出手内的杖，杖头挨了肉和无酵饼，就有火从磐石中出来，烧尽了肉和无酵饼。耶和华的使者也就不见了。

22 基甸见他是耶和华的使者，就说："哀哉，主耶和华啊，我不好了，因为我觌面看见耶和华的使者。"

23 耶和华对他说："你放心，不要惧怕，你必不至死。"

24 于是基甸在那里为耶和华筑了一座坛，起名叫耶和华沙龙。这坛在亚比以谢族的俄弗拉，直到如今。

25 当那夜，耶和华吩咐基甸说："你取你父亲的牛来，[和]那七岁的第二只牛，并拆毁你父亲为巴力所筑的坛，砍下坛旁的木偶。

26 在这磐石上，整整齐齐的为耶和华你的神筑一座坛，将第二只牛献为燔祭，用你所砍下的木偶作柴。"

27 基甸就从他仆人中挑了十个人，照着耶和华吩咐他的行了。他因怕父家和本城的人，不敢在白昼行这事，就在夜间行了。

28 城里的人清早起来，见巴力的坛拆毁，坛旁的木偶砍下，第二只牛献在新筑的坛上，

29 就彼此说："这事是谁作的呢？"他们访查之后，就说："这是约阿施的儿子基甸作的。"

30 城里的人对约阿施说："将你儿子交出来，好治死他，因为他拆毁了巴力的坛，砍下坛旁的木偶。"

31 约阿施回答站着攻击他的众人说："你们是为巴力争论吗？你们要救他吗？谁为他争论，趁早将谁治死。巴力若果是神，有人拆毁他的坛，让他为自己争论吧。"

³² 所以,当日人称基甸为耶路巴力,意思说:他拆毁巴力的坛,让巴力
与他争论。

(I) 分段

本段经文第一节的上半句:"以色列人又行耶和华眼中看为恶的
事",清楚说明了这是一个新士师事迹的开始(比较三 7、12,四 1)。我
们将本段经文的结束放在第卅二节,主要是从内容上考虑,因为神呼召
基甸的记载在这一节正式结束,现在基甸可以正式去面对敌人了。第
卅三节说:"那时,米甸人、亚玛力人和东方人,都聚集过河,在耶斯列平
原安营。"这是重申第一至六节的光景。换言之,第卅三节应该是一个
新段落的开始了。

(II) 经文

六 3　"他们"　原文只作"他"。无论复数或单数,这个代名词都
指向以色列。前者指以色列众多的百姓;后者指以色列作为一个完整
的群体。显然,这里要强调的是,这次的迫害是关乎全以色列的事。

六 25　"和"($\hat{u}$)　原文是一个连接词,即这里有两头牛。和合译
本作"就是",即这里只有一头牛。那么,究竟这里是一头牛还是两头牛
呢? 原文全句的字面翻译是:"取一年轻的牛——那头属于你父亲的
牛——和一年轻的牛——那头七岁的第二只牛。"显然,这里是指两头
牛。但第廿六和廿八节都很清楚地说明,神要基甸献为燔祭的只有一
头牛,就是"第二只牛"。所以,多数解经家都认为这里的经文有损毁。
有些解经家用第廿七节来更正第廿五节,认为"你父亲的牛"应该是"你
父亲的十个仆人"。那么,这里就自然只有一头牛了。⑤ 有些解经家又
将"第二只牛"解释为"肥牛",因为在经文的传递过程中"第二"($\check{s}ny$)
可能与"肥"($\check{s}mn$)字混淆了。有些解经家将"第二"理解为"最好的",

───────────────

⑤ 参 John Gray, *Joshua*, *Judges and Ruth*, p. 300; C. F. Burney, *The Book of Judges*,
p. 195.

"七岁"（šḇ' šnym）读作"肥"（šḇ'），⑥那么，全句可以翻译作"你带你父亲的十个仆人和那上好的肥牛"；这样在内容上似乎比较通顺了，但马所拉经文需要修改的也很大，原来的经文在传递过程中纵使有损毁，可能也不会有如此大的损毁。另一方面，苏根提醒我们，这里的经文是关于耶和华是神或巴力是神的问题，与以利亚先知和巴力先知在迦密山上决斗的情况差不多，而且那里也提到了两头牛（王上十八 23～24）。因此，我们不能完全排除原来的宗教仪式中有两头牛的可能性。⑦ 这也可能是经文一再提到那"第二只牛"（六 25、26、28）的原因。

"七岁" 可以指那头牛的成熟，也可以表示米甸人欺压以色列人的七年（六 1）。"七"是代表完全的数字，表示以色列人经过米甸人七年的欺压后，已经完全败坏了（比较埃及的七年饥荒，创四十一 25～36），需要完全挽回过来。然则，那第二只牛被献为燔祭（六 26），可能表示以色列人受了惩罚之后要完全归向神的意思。

(III) 注解

六 1 "恶事" 参第二章十一节的注解。

"米甸人" 这些人的原居地在西奈半岛或亚喀巴湾的东北面（王上十一 18）。一般解经家都希奇为什么米甸人会大群地出现在远在北方的耶斯列平原。根据摩西五经的记载，米甸人也是亚伯拉罕的后裔（创廿五 1～6），摩西的岳父也是米甸人（出十八 1）。但古以色列人并不明确界分米甸人和以实玛利人，所以米甸人在约瑟故事中又被称为以实玛利人（创卅七 25～28、36），在士师记的基甸故事中也是如此（八 24）。根据创世记第廿五章六节，亚伯拉罕曾经将他庶出的儿子包括米甸都打发往东方去了。后来，我们又发现米甸人与摩押人在约旦河东的南部联合攻击以色列人（民廿二 3～7）；以色列人也对他们进行反击（民廿五，卅一章）。可见米甸人从亚喀巴湾的东北面向北扩散了，他们与以色列人的关系也变得更恶劣。但本章圣经中关于米甸人与以色列

---

⑥ 参 Gray, *Joshua, Judges and Ruth*, p. 300；Soggin, *Judges*, p. 124.
⑦ 参 Soggin, *Judges*, p. 124.

人冲突的历史性质却不容易确定。从第八章十八和十九节的记载看来,基甸与米甸人之间的冲突似乎是家族的区域性冲突;战事的开始和末了都只有基甸所带领的三百人,这也可以说明冲突的规模不是很大(继续参3节注解)。

六2　这里以色列人好像回到了原始的生活。巴勒斯坦的山地多石灰岩,到处都有天然或人工的山洞,最适宜避难(撒上十三6,廿二1,廿三14,廿四1～3)。本世纪发现的死海古卷也是藏在这一类山洞中。

六3　"撒种之后"　可能指公历十月和十一月以后,因为这是巴勒斯坦小麦和大麦播种的时期。以色列人在耶斯列平原自由撒种耕作,是巴拉和底波拉击败迦南人以后才可能有的事。

"米甸人、亚玛力人和东方人"　其中"亚玛力人"居于巴勒斯坦南部沙漠,与米甸人毗邻。"东方人"泛指约旦河以东阿拉伯各支派(参王上四30;赛十一14;耶四十九28;结廿五4、10),但这里似乎特别用作米甸人和亚玛力人的总称(参八10)。这些人当时可能受着来自小亚细亚东部和叙利亚北部的新移民潮影响,正在寻找自己的长居地。马拉密特(Malamat)认为迦南人的防御系统被巴拉和底波拉击破后(四章),外来的势力也可以乘虚而入了,因为以色列人的物质水平和政治组织都还未能取代迦南人的地位,以致于可以抗拒外敌的入侵。[8]　哥特华德更认为,米甸人可能在这个时候试图沿着"王道"(King's High Way)建立由大马士革经亚扪、摩押和以东,直通亚喀巴湾的商业王国,控制耶斯列平原可以打通从多珥(Dor)到伯善(Beth-Shean)的东西交通,从而可以支配埃及与巴比伦之间的商业往来。[9]　哥氏可能夸大了米甸人对耶斯列平原的意图,但这里以色列人对米甸人的战事肯定是重要的,所以在他们的传统中留下了深刻的印象(赛九4,十26;诗八十三9～11)。

六4　这里描述了以色列人受欺压的严重性。

"牛、羊、驴"　这是古时候的主要经济动物(参撒上十五3,廿二

---

[8]　参 A. Malamat, "The War of Gideon and Midian: A Military Approach," *PEQ* (1953), p. 61.

[9]　参 N. K. Gottwald, *The Tribes of Yahweh*, pp. 431 - 432, 463.

19；书六 21；出二十 17，廿二 3、8~9）。不留下这些动物，等于破坏以色列人的经济基础，使他们陷入非常严峻的光景。

"迦萨" 位于犹大西南边陲。以色列人曾攻取此城，但未能控制（一 18~19），后来仍然落入非利士人的手中。"直到迦萨"表示米甸人在以色列中的破坏是全面的：东北自约旦河西的耶斯列平原（33 节），经过以法莲山地，就是以色列的腹地，西南至非利士的沿海平原。

六 5 这里形容以色列人好像掉进了律法书上的咒诅里一样（申廿八 43、50~51）。

"帐棚" 米甸人是逐水草为生的游牧民族，"帐棚"也可以指家室。然则，他们进入以色列境内也有长期停留的意思了。

"蝗虫" 令人想起以色列人出埃及时的蝗灾。这里一方面形容敌人众多，另一方面也说明敌人之毁坏力是彻底和不留余地的。

"骆驼" 骆驼在这里的大量出现曾引起学者们不同的讨论。奥伯莱特（Albright）和他的跟随者认为骆驼的大量驯养是当时才开始的事。波令更认为当时骆驼成为米甸人新进的武力装备，使他们的掠夺更快速有效。但有些历史学者却认为骆驼的驯养在比当时早几个世纪以前已经出现，而且这里的经文并没有将它们看得那么重要。⑩

六 6 "穷乏"（*wayyiddal*） 原文是一个动词，是"变得非常低"的意思。耶斯列平原是以色列中最肥沃的地方，现在却变成最荒凉的地方，这就叫人看到以色列已经濒临瓦解的边缘了。这个字的形容词在以赛亚书中翻译作"穷乏人"（赛十 2），在阿摩司书中又翻译作"穷人"或"贫民"（摩二 7，五 11），含有"无社会公义"的意思。将这个意思放在这里，就表示米甸人对以色列人的欺压已经超过了神的允许，到了"不义"的地步了。

六 7~10 这里主要是对以色列人的指责，令我们回想起第二章一至五节的情况。先知责备以色列人违背了与神的"立约关系"。

"先知"（'*îš nābî'*） 原文字面意思是"一个人，先知"，与底波拉作为一个女先知（'*iššâ nᵉbî'â*，四 4）互相呼应，但那里的女先知是以色列

---

⑩ 参 W. F. Albright, *From the Stone Age to Christianity*（New York：Doubleday Anchor Books，1957），pp. 164 - 165；R. G. Boling, *Judges*，p. 122；Soggin, *Judges*，p. 108.

人的仲裁者,这里的先知却是以色列人的控诉者。这里"先知"的控诉
角色在旧约圣经中还是第一次出现;这位先知强调以色列人与神的立
约关系乃基于神将他们从埃及地领出来的历史事实,这事实成为以色
列必须属于神的原因,也成为以色列人信仰的核心(比较书廿四 2～
13;士二 1;撒上二 27,十 18,十二 8;摩三 1;何十三 4)。

　　六 8　"为奴之家"　指埃及地,因为以色列人曾经在那里作埃及
人的奴隶。

　　六 9　"他们"　文法上应该指埃及人和以色列人的欺压者,但内
容上应该指迦南人。

　　六 10　"亚摩利"　原来指美索不达米亚以西的地方,"亚摩利人"
就是"西方人"的意思,与前面第三节的"东方人"遥遥相对。从表面上
看,以色列人的问题是"东方"的,实际上却是"西方"的。耶和华神使
"东方人"欺压以色列人,因为他们随从了"西方人"的神。

　　六 11～17　这是基甸被召的记载,很多圣经学者都认为这里的记
载与摩西的蒙召很相似(出三章)。⑪

　　六 11　"耶和华的使者"　就是神本身(14 节;比较二 1,五 23,十
三 3～23;创十六 7～14,廿二 11～18,卅一 11～13;出三 1～6;创卅二
24～30;何十二 4～5)。神的使者常以人的形象与人相交(参创十八～
十九章)。

　　"俄弗拉"　是基甸蒙召的地方。它在基甸故事中出现了多次,但
地理位置不完全清楚,可能在耶斯列平原东南偏南,距离示剑不远的地
方(参九 1～5),也可能在撒玛利亚南约十公里的地方。⑫ 它属于玛拿

---

⑪　摩西和基甸的蒙召有下列相同的地方:(1)两人蒙召,都是受欺压的以色列人向神呼求之
　　后,神给他们的回应(六 13;出三 9～10);(2)两人在蒙神呼召之后都推却受命(六 15;出三
　　11);(3)两人皆蒙神应许"同在"(六 16;出三 12);(4)两人皆寻求神的印证(六 17;出三
　　12)。

⑫　拿亚缦认为这个地点就是以往学者们一直认为是"比拉顿"(士十二 15)的所在地。他却
　　认为那里应该是"俄弗拉"的所在地;以往学者们将"俄弗拉"放在耶斯列平原东南或沙仑
　　平原北部,都距离亚比以谢族太远,"俄弗拉"应该在亚比以谢族境内,而亚比以谢族的居
　　住地方在示剑的南面。参 Nadav Na'aman, "Pirathon and Ophrah," *Biblische Notizen* 50
　　(1989), pp. 14－16.

西支派,因为亚比以谢是玛拿西的一族(九 15;书十七 2)。⑬ 这里有一棵橡树和一个巴力的祭坛(25 节)。

"约阿施的橡树"　橡树的树荫很大,常成为迦南人敬拜神和求神谕的地方,所以这种树也被看作神圣的树。这棵在俄弗拉的橡树被称为"约阿施的橡树",可能约阿施是这棵圣树的守护者。"约阿施"这个名字的意思是"神给与",即给与神谕的意思。所以,他可能又是巴力祭坛的主持人(25 节)。

"打麦子"　通常是在空旷的地方用牛拉着特制的拖板压麦子,使麦粒脱落。

"酒醡"　通常为一个磐石凿成的穴,内置葡萄,可以用脚踹踏。有一通道将穴与较低的一个水槽相连,可以接载从磐石穴中流下来的葡萄汁。但这里基甸却要在酒醡中打麦子,当然不能用牛,只能靠人手,用木棍打少量的麦子了(参得二 17)。如果米甸人来抢掠,他可以很快便收拾起来逃跑了。

六 12　"大能的勇士"(*gibbôr heḥāyil*)　这个词语也用在耶弗他身上(十一 1)。它的原文也可以翻译为"大财主"(得二 1)。因此,有些圣经学者认为这些人是古时候以色列人的贵族,拥有很多田产。波令在他的士师记注释中更直接将这个词翻译为"aristocrat"(贵族)。如果真的如此,则以色列人进入迦南地之后,不但在宗教上渐渐敬拜迦南人的偶像,社会上也渐渐阶级分明,弃掉了人人平等的精神。该精神认为土地是属于神的,应当平均分配给需要的人。人不可聚敛土地(民卅六章;比较王上廿一 1~3;结四十六 18)。从基甸父亲的重要性(六 25)和他的家丁数目之多(六 27),与米甸王对他兄弟的描述(八 18),可见基甸的家族也是一个显要的家族。不过,"大能的勇士"在这里可能不是指基甸的显要家族,而是指他的勇气。因为他在米甸人的欺压下仍然有勇气在外面打麦子。

"耶和华与你同在"　有"神的救恩要临到你"的意思。

六 13　基甸对神使者的回应,带有讽刺的意味,可能他不知道或

---

⑬ 便雅悯支派也有一个"俄弗拉"(书十八 23;撒上十三 17),与这里的俄弗拉不同。

不明白前面先知责备以色列人的话(六 7～10)。

六 14　本来称为耶和华使者的,现在明显说是耶和华本身了。这个转变也要强调神本身就是以色列人在痛苦中的拯救。

"这"　这个字在本节中没有明显的先行词,应该与神所"观看"的有关。

"观看基甸"(wayyipen 'ēlāyw)　原文是"转向他"的意思。所以,神可能特别要留意基甸的"大能"(12 节)。然则,神是要基甸凭着他这"勇气"去拯救以色列人脱离米甸人的手。米甸人曾经引诱以色列行邪淫(民廿五 1～6、16～18),是以色列人的特殊仇敌。在对付米甸人的事上,摩西和基甸实在有同样的地位(比较民卅一章)。

六 15　"主啊"('ªdōnāy)　这个词依照马所拉经文的注音应该是"我的圣主"。换言之,基甸在这个时候已经认出与他说话的不是一位普通人了。那么,为什么他还要向神求印证(六 17),而且到第廿二节才知道与他说话的是神的使者呢? 这可能说明基甸是一个有很多疑惑的人。

"至贫穷……至微小的"　他的语气再没有前面的讽刺意味了,而且他还异常谦卑呢,可见他真的有改变。当然,我们从第十二节的注解可以知道,他的家族并不贫穷或微小,他自己也已经有儿子可以拿刀了(八 20)。

六 16　"我与你同在"　在出埃及记,神也是这样应许摩西(出三 12)。神的差派加上神的同在,表示基甸必有力量去成就神给他的使命(比较太廿八 19～20)。这时候,基甸应该更加肯定与他说话的是神的使者。但他仍然惧怕,要求有印证。

六 17　"就是主"(šā'attâ)　原文字面意思是不肯定的"你"。基甸好像又显得不明白这位与他说话的人是谁了。基甸在了解神的事上显得很迟钝,以色列人在应该悔改的事上也显得很迟钝(7～10 节),前者与后者是彼此平行的。

六 18　"礼物"　不是祭物,而是食物(比较三 15;创卅二 13、18、20～21,卅三 10,四十三 11～15),因为基甸的意思是要用它来款待客人的(比较十三 15～19)。

"供"　可以理解为供给食物(比较创廿七 25)。

六 19　"一只山羊羔……一伊法细面"　基甸所预备的食物似乎远远超出了一个人所需要的分量,特别是一伊法细面。这分量的容量究竟有多少,我们不能完全肯定,但最少十公升,甚至可能二十公升(比较结四十五 11)。这里所反映的也可能与俄弗拉祭坛在日后祭祀活动中所需要的分量有关(比较撒上一 24)。

"汤"　相信是煮过那只山羊羔的汤。

六 20～21　"磐石"　可以代表神本身(比较十三 19～20;申卅二 37～38)。古时候也有所谓磐石祭坛,上有一杯形的穴,可以盛载所奠的酒。这里将汤倒出来,也可能有同样的意思。

"有火从磐石中出来,烧尽了……"　表示神悦纳了所献的祭(比较王上十八 38;代下七 1;利九 24)。显然,神的使者将基甸款待他的食物变成献给神的祭物了,同时使者也突然消失,这一切都成为基甸所求的证据(17 节)。

六 22　"哀哉……"　基甸呼喊起来,因为那时他才"确定"与他说话的是神的使者。而古时候以色列人都相信神是非常圣洁的,人不可以面对面见神,否则生命会有危险(比较十三 22;创卅二 30;出二十 20,卅三 20;赛六 5)。

六 23　这里显出了神对基甸的恩慈。这也是基甸与摩西相同的地方(出卅三 19)。有些人可能会奇怪,神已经离开消失了(21 节),为什么好像仍然在那里与基甸交谈呢?其实,神与人交谈不是一定需要以形象的方式进行的。

六 24　"耶和华沙龙"　基甸为耶和华筑了一座坛,为要回应神在第廿三节中对他的应许(比较创卅三 20,卅五 7;出十七 15)。"沙龙"(šālôm)的原文是"平安"的意思;这平安固然是基甸在神面前的平安,也可以了解为以色列人在神面前的平安。换言之,以色列人与神之间有了新的和平。这坛的建筑代表了一个新秩序的开始(六25～26)。

六 25　"那夜"　在内容上来看,应该指基甸为耶和华筑坛(24 节)之后的那一个晚上。

"第二只牛"　参经文部分的讨论。这是特别为献祭用的。

"你父亲"　本节经文一再提到基甸的父亲。他为巴力筑坛,豢养献祭用的牛,第十一节又说他有一棵神圣的橡树。这一切都显示,基甸的父亲可能是一位祭司,最少也是俄弗拉那个地方的宗教事务主持人。基甸要重建以色列人与神的关系,首先要清除自己家里的偶像。

"木偶"(*hā'ăšērâ*) 是迦南人的生殖力敬拜中圣树的代表,它的原文音译是"亚舍拉"。⑭ "木偶"是迦南宗教的特色之一,常见于迦南人的敬拜中(申十二 3;王上十四 23;王下十七 10;赛十七 8)。以色列人也曾将它混合在耶和华的敬拜中(申十六 21;王下廿一 7,廿三 6)。

六 26 "一座坛" 这里的祭坛与第廿四节的祭坛是不同的。这里耶和华的祭坛取代了巴力的祭坛,显然要强调耶和华才是真神。巴力的坛被拆毁,亚舍拉被当作柴烧掉,更说明这些迦南人的神都不是神,应被亵渎。

"这磐石上"(*rō'š hammā'ôz hazzeh*) 原文的字面意思是"这保障的头顶上"(比较诗卅一 2;赛十七 10)。我们不知道"这保障"指的是什么,可能是俄弗拉一个敬拜迦南神祇的地方。因为它经过增防,所以被称为"保障"。现在,基甸要拆毁那里的巴力祭坛,重新按着特定的样式建造一座耶和华的祭坛,将那里分别为圣归给神。

六 27～30 这里描述了基甸的行动和俄弗拉人的反应。那些人不在乎耶和华的祭坛在哪里,只在乎巴力的祭坛被拆毁了。这可能表明"异教"比较容易接纳别的神祇。

六 31 基甸父亲的争辩可以与先知以利亚的争辩(王上十八21～24)一起来看——两者都强调巴力是不是神的问题。俄弗拉的人要治死基甸,约阿施却反过来说,要治死那些为巴力争辩的人。他如此大言,固然是要救儿子的性命,更大的原因可能是,他们期待的"巴力对基甸的直接惩罚"完全没有实现,表明巴力根本没有作用。那么,"为巴力争辩"就是"为假神争辩"了,这样的人应该"趁当日早上"治死。

"当日" 是指俄弗拉人要求治死基甸的那一天,也是第卅二节所说的"当日"。

---

⑭ 关于亚舍拉,可以参考三 7 的注解。亚舍拉又是迦南一个女神的名称(王上十八 19;王下廿三 4,7),这女神专司幸福,特别是妇女们的生育问题。这也可能是利亚其中一个儿子被称为亚设('šr)的原因(创三十 13)。

"争论" 是整件事情的中心,而核心人物是基甸。

"耶路巴力" 意思是"让巴力与他争论"。这个名字对巴力来说是贬义的,只要基甸仍然带着这个名字,就等于告诉别人说,巴力是假神。但和合译本"人称基甸为"这一句话的原文是被动语气,即"他被称为"。换言之,"耶路巴力"这个名字可能是基甸的父亲给他起的,不是俄弗拉的人给他起的,因为一个人的名字通常是由父亲起的。然则,约阿施未必完全说服了俄弗拉的人,圣经只是藉着这个故事来解释为什么"基甸"名叫"耶路巴力",并且说明了俄弗拉的"巴力敬拜"如何被"耶和华敬拜"取代了。[15] 这就是以色列"平安"的开始。

(IV) 释义

宗教与政治的因果关系

本段经文的第一节已经将宗教与政治的因果关系显明了:"以色列人又行耶和华眼中看为恶的事;耶和华就把他们交在米甸人手里七年。"随后记载的是当时的背景(1～10 节)和基甸的被召(11～32 节),这两段经文的内容都是以色列人对耶和华的离弃及米甸人对他们的辖制(参前面基甸故事的大纲),前者是宗教问题,后者是政治问题。两段经文的平行排列都是要说明第一节宗教和政治的因果关系。此外,故事的发展与描述也表明了米甸人的欺压与以色列人的背离神是不能分开的。

a.　第六和七节之间是引言部分的分界线,但这两节经文的内容是一

---

[15] 以色列早期的历史中,"巴力"可能是耶和华的称呼,意思是"主人"或"所有者"。例如,扫罗的一个儿子"伊施巴力"(代上八 33)意思是"巴力的人";大卫的一个儿子"比利雅大"(代下十四 7)意思是"巴力知道";大卫的一个臣宰"巴勒哈南"(代上廿七 28)意思是"巴力是恩慈的";大卫的一个勇士"比亚利雅"(代上十二 5)意思是"耶和华是巴力"。这一切都表明,耶和华与巴力在以色列人早期的历史中是没有冲突的,两个名字是同一位神。后来,"巴力"被看成为假神的名字,一些原来与巴力有关的名字也同时被改变了。例如,扫罗的儿子"伊施巴力"变成了"伊施波设"(可耻的人,撒下二 8;比较何九 10;耶三 24,十一 13);大卫的儿子"比利雅大"变成了"以利雅大"(神知道,撒下五 16)。何二 16、17 更明显说,有一天以色列人必不再称耶和华为巴力了。

样的,用词也是重复的;前者是外在背景的总结,后者是内在背景的开始。换言之,外在背景的总结就是内在背景的开始,两者是不能分开的。

b. 第三节的"东方人"是米甸人和亚玛力人的总称,与第十节的亚摩利人,即"西方人",又是遥遥相对的。这要告诉我们,以色列人的问题表面上看来是受"东方人"欺压的政治问题,实际上是受"西方人"影响的宗教问题。

c. 基甸被召的经文分段在第廿四与廿五节之间。但第廿五节的"当那夜"⑯在时间上已经将第廿四和廿五节连结在一起了。第廿四节的"俄弗拉",一方面与第十一节的"俄弗拉"成为基甸被召去拯救以色列人脱离米甸人的总括词(inclusio),另一方面联系了第廿一节和廿六节的"磐石",点出基甸被召的任务要由"俄弗拉"的"磐石"开始。换言之,基甸拯救以色列人脱离"辖制"的任务(11～24节),应当由拆毁巴力的祭坛开始(25～32节),因为那是根本的问题所在。

完全败坏的危机

以色列人的处境在基甸的时期进入了一个新的危机,就是他们受敌人的欺压已经到了极限,与神的关系也到了崩溃的边缘,这在第六章一至十节的背景中可以看到。

a. 首先,第一节中米甸人的"手"代表了欺压的力量(比较六9、13、14),而"七年"是"完全"的意思。换言之,米甸人对以色列人的欺压是完全的。第五节用"蝗虫"形容敌人无数,表示以色列人的地方被米甸人一口吞尽了。第四节更直接说,米甸人毁坏了以色列人的土产,直到迦萨与非利士接壤的地方,即没有一处以色列人的地方是没有被毁坏的。食物"没有留下",牛、羊、驴也"没有留下"。

⑯ 25节原文为首的字是"*wayᶜhî*"。这字常出现在故事叙述的经文中,表示以下的事件、行动或情况是前面事件、行动或情况在时间上或逻辑上的自然发展。"*wayᶜhî*"也是六7的第一个字。

这样重复的描述更强调以色列人已经一无所有了。同样重复的描述也出现在第二节：以色列人在山中"挖穴"、"挖洞"、"建造营寨"。第六节的"极其穷乏"一语也表示以色列所受的欺压到了最严重的阶段，这节经文与随后的第七节是交叉平行的组织，强调米甸人的"辖制"是何等厉害：

> 6 节　A　以色列人在米甸人面前被压得很低
> 　　　　B　以色列的儿子们哀求耶和华
> 7 节　　B′ 以色列的儿子们哀求耶和华
> 　　　A′　因为米甸人的缘故

以色列人在米甸人面前是完全被动的，这在第六节"A"的被动语态表现了。以色列人在米甸人的围困之下（BB′在描述的次序上在 AA′之内），可见他们的危机是何等严重了。他们唯一可以主动去作的是"哀求耶和华"（BB′）。那么，耶和华会应允以色列人的哀求吗？

b.　第七至十节告诉我们，神回应了以色列人的哀求，但祂打发先知到以色列人那里去，不是拯救他们，而是责备他们。最后神说："你们竟不听从我的话。"神以这样的话结束，显示以色列人的罪已经令祂困扰了。这个时候，以色列人似乎不能期望得拯救，只能期望受惩罚了（比较二 1～5）。第八至十节一再强调昔日以色列人蒙神拯救脱离埃及人的"手"和欺压他们之人的"手"，神又把以色列的敌人赶了出去，将敌人的地赐给以色列人。这样的描述无非要强调，以色列人离弃施恩给他们的神是大罪了。现在，他们的光景好像重新回到了埃及，过着受压制的奴隶生活。他们的救恩历史倒流到开始的时候；他们的危机是大的。

神的怜悯——新出埃及的呼召

我们从第八至十节知道，以色列人只可以期望惩罚，不可以期望拯救了，但随后的第十一节立刻告诉我们，神的使者到了基甸那里。这一次不是为惩罚，却是为拯救。神似乎又发动慈悲，宽容了以色列人一切的不是，要再一次拯救他们了。"拯救"也成了整个基甸故事的一个重要主题(参六 14～15、36～37,七 2、7,八 22)。

　　米甸人的辖制使以色列人好像回到在埃及为奴的生活一样。然则,基甸被召也可以与摩西的被召相比,这也可能是第十一至十八节的本意。⑰ 然而,以色列人在迦南地的光景似乎比在埃及地更不好,因为他们被先知责备之后仍然没有悔改的表现,基甸被召的经过更反映了以色列人对神的埋怨。神的使者到了基甸那里,对他说:"大能的勇士啊,耶和华与你同在"(12 节)。这固然是一句问安的话,但也是神同在的应许,"大能的勇士"一语更有差遣基甸去拯救以色列人的意思(比较14 节)。但基甸的回答却带有讽刺的意思:一方面,天使所说的"你"是指基甸一个人,基甸的回答却强调"我们"(这词在 13 节中出现了七次),指以色列全会众,基甸似乎代表了以色列全会众的心声;另一方面,神昔日拯救以色列人的作为(8～9 节)恰好就是基甸要质疑神的原因(13 节)。换言之,以色列人今日受米甸人欺压的问题不在以色列人,而在神不再关怀他们或不再与他们同在。最后,基甸更说:"现在他却丢弃我们,将我们交在米甸人手里。"即是说,神不是要拯救以色列人,而是要毁灭他们。似乎以色列人对神的信心完全建立在神是否拯救他们这一件事上。

　　正当基甸将神越推越远的时候,神却在他身旁"观看"他,并且差他去"拯救"以色列人(14 节)。⑱ 神在这里以第一人称出现是非常有意义的:一方面,神要正视基甸对祂讽刺性的质疑,祂要直接面对基甸;另一方面,神要基甸正视他自己的角色。神在第十二节中隐藏的意思,在第十四节表明出来了,那就是基甸不可以单单批评神不"拯救",基甸自己也要负起"拯救"以色列人的责任。神的差遣是明显的,但基甸却好像昔日的摩西一样,找借口推诿自己的责任(15 节)。我们在前面知道,他推诿的理由都不是真实的。无论如何,以色列人的得救不在乎基甸的能力,而在乎神的同在(16 节)。然后,基甸求神给他一个印证,让他知道与他说话的是谁,却没有说他是否会接受差遣(17 节)。基甸蒙神给了印证后,心里却惧怕起来(22 节),这"惧怕"在以后的发展中成为一个主题。最后,神应许基甸平安,使他不至于死。基甸给神筑了一座坛,名为"耶和华沙龙",表示以色列人的平安现在从基甸个人的经历开始了,也象征以色列人的"拯救"不是从脱离米甸人的辖制开始,而是从以色列人是否敬拜神开始。这也是神对基甸进一步呼召(25~32 节)的原因,这一点似乎与摩西的经历是相反的,因为摩西是先拯救以色列人,然后他们要在西奈山敬拜神(出三 12)。

耶和华神是不妥协的

神对基甸进一步的呼召是要他拆毁巴力的祭坛,同时为耶和华筑一座新坛。神还加上了执行任务的细节,例如那旧坛是基甸的父亲为巴力建造的,新坛要建在旧坛的原来位置上,而且要按照一定的规矩建造;烧在新坛上的柴是被砍下来的原来旧坛旁边的木偶(亚舍拉);献在新坛上的祭牲是他父亲的那七岁的第二只牛(25~26 节)。那么详细的吩咐无非是要说明,这是一件非常重要的事。这些细节在第廿八至卅二节不断重复,但重复的内容范围越来越收窄了。首先,第廿八节重复的有"巴力祭坛被拆毁","坛旁的木偶被砍下","第二只牛被献在新坛上";第三十节减少为"巴力的祭坛被拆毁"和"坛旁的木偶被砍下"两项;第卅一和卅二节两次重复中都只有"拆毁巴力的祭坛"一项了。可见这里的问题中心在于巴力的祭坛是否应该被拆毁。可能当时的以色列在敬拜耶和华之外,又敬拜巴力,他们认为这是没有冲突的。但真正的耶和华信仰却不能容忍巴力的敬拜,因此,巴力是不是神就成了争辩的核心。这个争辩是严重的,因为基甸的生与死(30 节)乃至俄弗拉人的生与死(31 节),都系在这一个问题上。这个问题也表现在基甸这个名字上,因为"基甸"的意思是"砍伐者"(比较耶四十八 25;诗七十五 10;亚十一 10、14)。基甸又被称为"耶路巴力",意思是"与巴力争辩"(六 31~32;比较八 1)。这是基甸故事的中心精神,也是全本士师记呼召以色列人要作的——与巴力抗争。在这个问题上,故事中不同人物有不同的立场:

1. 基甸

基甸又名"耶路巴力",表示要与巴力抗争的意思。但这个名字是别人给他的,基甸自己在与巴力抗争的过程中表现得很惧怕,他在整段经文中(25～32节)没有说过一句话。他只在夜间暗暗地作了神要他作的事,因为他怕自己的家人,又怕俄弗拉城里的人(27节)。他在夜间作的事在白天公然被发现了以后,便躲在父亲的后面,不敢出来。因此,基甸在这里的表现已经给他的事迹投下了阴影。

2. 约阿施

这位基甸的父亲在这个问题上的表现比基甸更有力。我们在前面注解部分已经知道,约阿施可能是祭司。他拥有俄弗拉的橡树(11节),又为巴力筑坛(25节)。当他知道基甸拆毁了巴力的祭坛时,他应该惩罚基甸才对,但当俄弗拉的人要他交出基甸来处死的时候(30节),巴力是不是神的问题在他心里一定成为一个非常尖锐的问题。结果,他的处理方法是聪明的。他既不提基甸所作的事,也不提俄弗拉人的要求,只将问题带到更高的层面去解决——让巴力去为自己争辩(31节)。这样,俄弗拉人就要小心,如果巴力不是神,该死的就不是基甸,而是他们了。当然,对圣经的作者来说,约阿施的挑战不单是对俄弗拉人发出的,也是对所有以色列人发出的。

3. 俄弗拉人

很清楚,他们站在巴力一边。当他们看见巴力的祭坛被拆毁,便东奔西跑查个究竟,又为他大力争辩(28～30节)。

其实,故事的描述清楚告诉我们,只有耶和华是真正的神,巴力是虚无的。"巴力"这个名字虽然在本段经文中出现了七次之多,但他完全是被动的,连一句话也没有说过,只有俄弗拉人为他扰扰攘攘,巴力自己好像没有存在一样。反之,耶和华这一边的代表基甸,虽然被称为"耶路巴力"(与巴力争辩的人),在全段经文中却没有说过一句话,倒是耶和华自己向他作了详细的吩咐(25～26节)。换言之,真正为自己争辩的是耶和华,不是巴力。所以,只有耶和华才是神,巴力不是神。耶和华是不妥协的神。这个"巴力是不是神"的问题,在以色列的历史中是一个长期争辩的问题。直到今天,神的百姓仍然需要与"巴力"所代表的一切偶像抗争。基甸在"夜间"拆毁巴力的祭坛,也可以代表这个抗争使命的艰难("夜间"也是六 36～40 及七 9～23 的背景)。只是夜间的抗争行动始终要在白天的争辩中解决,就好比基甸拆毁巴力祭坛的行动要在白天解决一样。

B.　挣扎(六 33～七 18)

六33　那时,米甸人、亚玛力人和东方人,都聚集过河,在耶斯列平原安营。

34　耶和华的灵降在基甸身上,他就吹角;亚比以谢族都聚集跟随他。

35　他打发人走遍玛拿西地,玛拿西人也聚集跟随他;又打发人去见亚设人、西布伦人、拿弗他利人,他们也都出来与他们会合。

36　基甸对神说:"你若果照着所说的话,藉我手拯救以色列人,

37　我就把一团羊毛放在禾场上;若单是羊毛上有露水,别的地方都是干的,我就知道你必照着所说的话,藉我手拯救以色列人。"

38　次日早晨,基甸起来,见果然是这样;将羊毛挤一挤,从羊毛中拧出满盆的露水来。

39　基甸又对神说:"求你不要向我发怒,我再说这一次;让我将羊毛再试一次,但愿羊毛是干的,别的地方都有露水。"

40　这夜,神也如此行;独羊毛上是干的,别的地方都有露水。

七1　耶路巴力,就是基甸,他和一切跟随的人,早晨起来,在哈律泉旁安营;米甸营[在他的下边,摩利冈北边的平原]。

2　耶和华对基甸说:"跟随你的人过多,我不能将米甸人交在他们手中,免得以色列人向我夸大,说:'是我们自己的手救了我们。'

3　现在你要向这些人宣告说:'凡惧怕胆怯的,可以离开[懦夫山]回去。'"于是有二万二千人回去,只剩下一万。

4　耶和华对基甸说:"人还是过多,你要带他们下到水旁,我好在那里为你试试他们。我指点谁说:'这人可以同你去',他就可以同你去;我指点谁说:'这人不可同你去',他就不可同你去。"

5　基甸就带他们下到水旁;耶和华对基甸说:"凡用舌头舔水,像狗舔

的，要使他单站在一处；凡跪下［用手捧着］喝水的，也要使他单站在一处。"

6 于是舔水的有三百人；其余的都跪下喝水。

7 耶和华对基甸说："我要用这舔水的三百人拯救你们，将米甸人交在你手中，其余的人都可以各归各处去。"

8 ［基甸就从百姓手中取来他们的瓶和角，然后打发以色列人各归各的帐棚］，只留下这三百人。米甸营在他下边的平原里。

9 当那夜，耶和华吩咐基甸说："起来，下到米甸营里去，因我已将他们交在你手中。

10 倘若你怕下去，就带你的仆人普拉下到那营里去；

11 你必听见他们所说的，然后你就有胆量下去攻营。"于是基甸带着仆人普拉下到营旁。

12 米甸人、亚玛力人和一切东方人，都布散在平原，如同蝗虫那样多；他们的骆驼无数，多如海边的沙。

13 基甸到了，就听见一人将梦告诉同伴说："我作了一梦，梦见一个大麦饼滚入米甸营中，到了帐幕，将帐幕撞倒，帐幕就翻转倾覆了。"

14 那同伴说："这不是别的，乃是以色列人约阿施的儿子基甸的刀；神已将米甸和全军都交在他的手中。"

15 基甸听见这梦和梦的讲解，就敬拜神；回到以色列营中，说："起来吧，耶和华已将米甸的军队交在你们手中了。"

16 于是基甸将三百人分作三队，把角和空瓶交在各人手里，瓶内都藏着火把。

17 吩咐他们说："你们要看我行事；我到了营的旁边怎样行，你们也要怎样行。

18 我和一切跟随我的人吹角的时候，你们也要在营的四围吹角，喊叫说：'耶和华和基甸的刀！'"

(I) 分段

第六章卅三节作为一个新段落的开始是显而易见的。它重复了第六章三节的内容作为争战快要开始的前奏，与前面关于巴力敬拜的争

持没有直接的关系。但我们将本段的结束放在第七章十八节,恐怕很
多读者未必同意。事实上,一般的士师记注释都将第七章十六至廿二
节放在一起来看,因为那是基甸预备和实际攻击米甸人的经文。我们
将第七章十八节作为本段经文的结束,主要是从故事发展的意义来考
虑的。我们在前面已经看过了,基甸故事的主调不是他如何打败了米
甸人,而是他如何在神的应许上挣扎。第七章十六至十八节中,基甸部
署了三百人,准备去攻击敌人。这就表示他对神的应许到了完全信靠
的地步,这段经文也就自然成为基甸故事的高潮了。基甸在第七章十
八节以后的胜利是必然的,因为那是神一再对他的应许和保证。那么,
第七章十八节作为本段经文的结束也是合宜的。

(II) 经文

　　本段经文除了第七章一至八节以外,都没有什么问题。第七章一
至八节的内容相信是整个基甸故事中最为人熟悉的了,但有一些细节
却很不容易理解。

　　七 1　"在他的下边,摩利冈北边的平原"　和合译本作"在他们北边
的平原,靠近摩利冈"。其中"靠近摩利冈"($mggb't$)的原文有一个前置词
"mn",这个词是"离开"或"分别开来"的意思,不是"靠近"的意思。根据
第八节的意思,我们可以将第一节的末了部分修改及翻译为"在他的下
边,摩利冈北边的平原"($mṣṣpôn\ lgb't\ hmmôrh\ b'mq\ hyhlô\ mttḥt$)。

　　七 3　"懦夫山"　和合译本作"基列山"。这在地理上来看是有困
难的,因为圣经其他地方提到的基列山都在约旦河的东面,而现在基甸
的军队却在约旦河西面的耶斯列平原(参六 33)。这里最可能的做法
是将"基列"($hggl'd$)改为"基利波"($hgglb'$),因为基利波山就在耶斯列
平原的南面。但宾尼的提议也很有意思,他从巴比伦文的联系,认为这
里的"基列山"可以改为"懦夫山"($hr\ hgglûd$),这与当时因惧怕而要离
去的以色列人也很配合。[19] 这是我们所接纳的。

---

[19]　参 Burney, *The Book of Judges*, p. 209.

七 5～6　"用手捧着"　和合译本将这一个片语放在第六节"于是"一词的后面。这样，第五和六节的描述显然有些混乱。因为，第五节说，那些舔水的是像狗用舌舔的，但第六节中那些舔水的却是用手捧着水舔的。所以，一般解经家都认为"用手捧着"一语更适宜用来形容那些跪下喝水的人，它可能是从第五节下半节被错误地移到这里来的。[20] 这意见也有七十士译本的支持。[21] 这也是我们所采用的。

七 8　"基甸就从百姓手中取来他们的瓶和角，然后打发以色列人各归各的帐棚"　和合译本作"这三百人就带着食物和角。其余的以色列人，基甸都打发他们各归各的帐棚"。"这三百人就带着食物……"（wayyiqeḥû 'et ṣēdâ hā'ām）一句的原文没有"这三百人"的字眼，这是从后面第二个字"h'm"（"百姓"）推论出来的。但在希伯来文的句子中，主词通常是紧随在动词后面的，这里"带着"（或"取来"）是第三人称复数的动词，后面却没有主词随着。由于第八节随后一个动词（即"打发"）的主词是基甸，这里的主词也可能是基甸。然则，复数的"带着"（wyyqḥû）可以改为单数。这样，基甸的意思是要所有百姓都将带来的食物和角留下。有些解经家又认为三百人不需要一万人（3 节）的食物来供应，而且这与第八章五节说基甸和跟随他的人缺乏食物的情况是互相矛盾的。所以，他们认为，这里的"食物"（ṣdh）应该修改为"瓶"（kdy）。[22] 那么，全节可以翻译为："基甸就从百姓手中取来他们的瓶和角，然后打发以色列人各归各的帐棚，……"这也可以解释为什么基甸后来有那么多瓶和角可以用（16、19 节）。

(III) 注解

六 33　"耶斯列平原"　位于加利利海西南，基利波山以北。它的字面意思是"神撒种"，所以是一个肥沃的地方。

---

[20] 参 Soggin，*Judges*，p. 137；Boling，*Judges*，p. 145. 宾尼则认为"用手捧着"一语是后来加上去的。参 Burney，*The Book of Judges*，p. 210.

[21] 七十士译本的亚历山大抄本在 5 节的末了多了"*metastēseis auton kat' hauton*"一语。

[22] 参 Soggin，*Judges*，p. 138；Burney，*The Book of Judges*，p. 212.

六 34 "降在"(*lbšh*) 原文是"穿上"的意思(比较代上十二 18;代下廿四 20)。换言之,耶和华的灵穿在基甸身上,使基甸成为神的工具,完全受神支配,甚至成为神的化身,有神的智慧能力,可以去争战了。可见神在基甸身上的投入是大的。

"聚集"(*wayyizzāʿēq*) 这个词出现在第卅四和卅五节,基本意思是"呼喊求助",通常用在武装对抗敌人的呼喊上。

六 35 这里聚集的人包括了玛拿西人、亚设人、西布伦人和拿弗他利人,都是在交战场所附近的支派。从第七章廿三节看来,这些支派中很多前来应召但没有被选上的,后来都参与追赶正在逃跑的米甸人了。以法莲人没有被召,可能是由于基甸有点怕他们的缘故,因为以法莲是当时一个强势的支派(参八 1)。但我们不知道为什么在战场所在地的以萨迦没有被提及。

六 36~40 这段经文出现在这里,有点儿令我们意外,因为基甸已经有神的灵在他里面,又有百姓支持,却仍然求神给他证据。他在第六章十七至廿一节中已经向神求证据,而且已经得着了。为什么他在这个时候还要求证据呢? 这只是战争开始之前习惯式的求问吗? 这些疑问留待释义部分再来讨论。

六 37 "一团羊毛" 不会很大,因为第卅八节告诉我们,整团羊毛被露水渗透后只挤出了一盘子水。

六 38 "盘子"(*spl*) 与第五章廿五节提到的"盘子"是同一个字。那里指的不可能是一个大盘,只能是一般人用来喝水的碗那样大小的器皿。所以,这里的"盘"也可能只是一个碗。

"露水" 巴勒斯坦的雨量不多,夏天更是干旱的季节。"露水"对农作物便显得非常重要。它代表了丰富、安全、昌盛、救恩、胜利,它是从天上来的福分(创廿七 28;申卅三 13)。露水的神迹一方面可以表明,以色列人的神是自然力量的掌管者,不是巴力;另一方面,基甸对今次战事成功与失败的疑虑也可以因而消除了。基甸要两次试验神,可能他认为第一次的神迹不是那么困难,因为禾场的地板上纵使有露水,也很快就会被地皮吸收或被风吹干了;但相反的情况,即禾场上有露水,羊毛却是干的,那就一定是神特殊的作为了。

　　七1　"哈律泉"　只出现在这里。根据第六章卅三节,米甸军营在耶斯列平原。那么,基甸和跟随他的以色列人也应该在耶斯列平原。这样,哈律泉可能就在基利波山麓。由于第四节说基甸和跟随他的人要"下到水旁",他们当时可能在基利波山坡上。"哈律"是惧怕、颤抖和惊恐的意思。这里显然有配合当时情景的意思(参3节)。

　　"摩利"(*hmmôrh*)　字面意思是"给神谕者"。所以波令把"摩利冈"直接翻译作"Teacher's Hill"("教师山")。㉓　根据我们在经文部分的讨论,当时米甸军营就在这个山的北面。撒母耳记上第廿八章七节提到的"隐多珥"就在这山的北面,当时扫罗与非利士人交战,双方的扎营位置(撒上廿八1～7)和这里基甸与米甸人双方的扎营位置很相似。扫罗向隐多珥的一个交鬼的妇人求神谕,结果判定了他的失败和死亡(撒上廿八8～19);这里,"摩利冈"("神谕山")北面,即隐多珥,也是米甸人失败和灭亡的地方(参诗八十三10)。

　　七2　"跟随你的人过多"　神要基甸削减出战的人数。那是一场圣战,胜利是属于神的,一切荣耀都要归给神。为了强调这一点,神要大大削减跟随基甸的人数,好叫百姓更容易看到,这次战胜米甸人,是神的作为。这里也反映了以色列人有骄傲的倾向。

　　七3　"基列山"　参经文部分的讨论。波令直接将"基列山"改为"惧怕山",㉔当时因惧怕而离去的人(参申二十8)竟然超过了全部人数的三分之二。

　　"惧怕"　这是基甸故事的一个主题。以色列人固然惧怕,米甸人也惧怕(七21～22),基甸本人也有疑惧(七10～11)。这与前面神要提防以色列人骄傲成了有趣的对比。

　　七4　"试试"　重点不是要找出谁好谁坏,而是将那一万人分类的意思。这也关系到第五至六节中为什么那三百人被选上的问题。

　　七5～6　解经家一般都认为,那三百人被选上是因为他们喝水时仍然"儆醒",没有完全跪下去喝,以防敌人的袭击,而另外九千七百人

㉓　参 Boling, *Judges*, p.142.

㉔　参 Boling, *Judges*, p.145.宾尼也将"基列山"改为"Mount Galud"(*The Book of Judges*, p.207),也有同样的意思。

却完全跪下去喝水，没有"儆醒"。从第一次削减人数的经历看来，不能
出战的是那些"惧怕"的人。如果第二次的试验仍然以"惧怕"作为标
准，那么，这里所谓"儆醒"喝水的三百人可能只表明他们是"惧怕"的一
群，而那些完全跪下去喝水的九千七百人却可能是"没有惧怕"的人。
这样看来，第一次拣选的标准不可以自然被当作第二次拣选的标准。
其实，那些人惧怕或不惧怕可能都不是问题，神的目的只是要"削减"出
战的人数。所以，那三百人被选上，不是因为他们喝水的态度不同，而
是因为他们人数少的缘故。㉕ 这就可以叫以色列人知道，这一次能够
战胜米甸人，不是因为他们人数多，而是因为神帮助了他们。

七 8　"食物"　我们在经文部分的讨论中将这个词改为"瓶"。然
则，基甸在这个时候已经计划如何攻击敌人了（参七 16、20）。

七 9～14　这里，神透过一个梦向基甸肯定祂的应许。梦是旧约
时代神用来启示旨意的媒介之一（创卅七 5～11，四十 1～四十二 32；
民十二 6；撒上廿八 6；但二 31～45）。㉖ 基甸本来可以当晚就去攻击米
甸人，但因为他仍然惧怕，故此需要神再一次肯定。

七 10　"仆人"　可以理解为年轻人或给基甸持枪的人。由于以
后的经文再没有提到这个仆人，他在这里的作用可能只是要壮基甸的
胆量。这个仆人的名字叫普拉，是丰富的意思。这就提醒基甸，与他同
在的有"很多"，不要惧怕如海沙那样多的敌人（12 节，比较六 3～5、33；
八 10）。

七 11　"营旁"（q⁰sēh hah⁰mušîm ʾ⁰šer bammah⁰neh）　原文指特
别驻守在米甸营外围的军队，这些军队被认为是营中作战力最强的。㉗
他们分布在营的外围，好保护全营。

㉕ 格雷认为第二次的试验只是用公开的方法去选出基甸已经内定了的人（参 Gray, *Joshua,
Judges and Ruth*, p. 304）。他的解释是从传统的角度去看的。因为从传统的角度来看，
基甸事迹原本可能只是玛拿西支派亚比以谢族在应许地斗争的记忆，后来被扩大成为全
以色列在应许地斗争的历史了。由于王国建立以前的以色列历史在圣经以外的记载很贫
乏，上述的解释也有很大的猜测成分。
㉖ 除了以色列外，梦在古代近东世界常被看为神启示旨意的媒介。参 A. P. Oppenheim,
The Interpretation of Dreams in the Ancient Near East（Philadelphia, 1956）.
㉗ 参 A. E. Cundall & L. Morris, *Judges and Ruth*, p. 111；Gray, *Joshua, Judges and
Ruth*, p. 305；Burney, *The Book of Judges*, p. 213.

七 13 "饼"（ṣlwl） 原文没有在圣经其他地方出现。它可能是一种特别的大麦饼（比较结四 12）。波令将这个字与相关的一个阿拉伯字联系起来，翻译为"发霉的大麦饼"。⑱ 那么，这可能是一个干而且硬的饼。大麦在古以色列是比较低等的食物（参王下七 1），这里的大麦饼代表了受压迫而贫困的以色列农民。这饼滚入米甸营中，表示以色列人要反抗米甸人的辖制了。

"滚" 不只是朝一个方向"滚"，也可以是向四面八方"滚"（比较创三 24）。

"帐幕"（hā'ōhel） 这个词在原文是有指定冠词的，作"这帐幕"，代表了所有帐幕。大麦饼代表农耕的以色列人，帐幕则代表畜牧的米甸人。帐幕的倾覆自然就是米甸人的失败了。

七 14 "基甸的刀" 显然是指那大麦饼说的。这里也许将大麦饼代表的以色列人简化为以色列人对米甸人的"战争呼喊"（参 20 节）。米甸士兵竟然知道，基甸是以色列军队的首领，可见他们对以色列人的情况还是有一定了解的。⑲

七15 "敬拜" 是跪下或谦卑自己的意思。这是基甸本人的转捩点。在这以前，他心里的疑惧总不能消除；在这以后，他便再无后顾之忧，勇往直前了。这也显示了一个真正在神面前谦卑敬拜之人的改变。

七 16～18 这是基甸为自己军队作的部署。他给了那三百人三样特别的争战工具：角、空瓶和火把。基甸将三百人分为三队，这也是古时候常有的战术（参九 43；撒下十八 2），但这样的部署不是为了实际的交战，而是要恐吓米甸人。

"角" 可能是牛或公绵羊弯弯的角。角是古时候用来传递战争信号的，角声也代表了新时代的来临（利廿五 9）。

"瓶" 可能指用陶土制造的水矸（比较创廿四 14～20；王上十八34），但这里用来收藏火把，免得被风吹灭或被别人看见。空瓶可能代表了米甸人。这里的"空"（ryqym）也有"无用"的意思（参九 4 和十一

3,那里的"匪类"与这里的"空"是同一个原文)。将瓶打破也可能代表神要打破米甸(比较耶十八 7,十九 11);瓶内藏着的"火"可能代表了救恩(比较赛六十二 1～2)。瓶被打破,火被显现出来,似乎要表明,米甸被击破,以色列人的救恩就可以显现了。

(IV) 释义

基甸在怀疑与惧怕中挣扎

本段经文是基甸故事的中心部分。这部分不讨论基甸如何战胜米甸人,却讨论他如何在怀疑与惧怕中挣扎。换言之,这是关乎基甸作为士师的本质问题,所以是士师记中颇为重要的一段经文。第六章十二节,神的使者称基甸为"大能的勇士",但本段经文却充分表现出他是一个充满疑惧的人。我们从经文的结构和内容可以看到这一点:

1. 六 33～35,七 15～18

这是本段经文的首末两部分,是彼此平行的(参前面基甸故事的大纲),同时描述了基甸的英勇表现。前者描述基甸如何在米甸人大军的压力下③号召以色列人起来抗敌;后者描述基甸如何部署预先挑选出来的三百人,预备袭击米甸人。然而,基甸在这两段经文中的灵性状况是不同的:前者的基甸是被神的灵好像衣服一样包裹起来(六 34),他号召以色列人(六 34～35),但这是神的作为,不代表他的灵性状况是强壮的(比较民廿四 2～3);后者的基甸被神一步步训练后,成了一个真正有信心的领袖。

我们在注解部分已经说了,第七章十五节是基甸的转捩点,基甸吩咐那三百人要跟随他一起向敌人吹角和呼喊(17～18 节),这就好比昔日约书亚攻取耶利哥城的情况一样(书六 16、20)。而耶利哥城被攻取,

---

③ 六 33 的形容将我们带回到六 1～6 的光景,让我们知道,基甸号召抗敌不是对某一次米甸人入侵的反应,而是对米甸人的全面抵抗。米甸人这次渡过约旦河,再度侵扰以色列人,可能是基甸拆毁巴力祭坛所引来的结果。

是当时的以色列人完全信靠神的结果,也是神的荣耀完全彰显的时候。基甸在这里的表现显然有同样的意思,可见他的灵性状况已经与第六章卅三至卅五节很不同了。基甸在这首末两段经文之间的改变是大的。

2. 六 36～40,七 12～14

这是另一对彼此平行的经文。如果将这一对经文抽离,则第六章卅三至第七章十八节在情节上可能更加合乎常理,因为基甸既然号召以色列人去争战(六 33～35),他就无需向神求打仗的凭据了。但这一对经文放在这里,一方面可以使故事更曲折悬疑,另一方面可以强调基甸的怀疑和恐惧。

这一对经文的记载都以“夜”为背景:前者,基甸在“夜间”试验神,因为他对神的应许有怀疑;后者,神在“夜间”叫基甸去米甸营刺探军情,因为他惧怕米甸人。基甸在“夜间”行事,表明了他的惧怕(六 27)。在人与神的关系中,怀疑神比惧怕敌人更有破坏性,这也可以从这一对经文的记述看出来:前者,基甸完全主动(留意经文第一人称的描述)向神求印证,但神好像引退了,完全没有主动出现,只有叙述者在第六章四十节提到了神;后者,神却主动吩咐基甸去听取印证,基甸则顺服神的吩咐而已。换言之,基甸在前者的光景比在后者更不妙。基甸在第六章前面已经清楚知道神要他去拯救以色列,而且已经有很多百姓回应他的号召,前来跟随他去打仗了,但他仍然要试试神是否真的要他去拯救以色列人,可见他对神的怀疑是大的。他不但试了一次,而且还试了第二次,然而神仍然忍耐着照他所求的给他成就了。基甸为自己所求的印证没有给他带来什么帮助,最后,还是神给他一个印证,就是让他亲自从米甸人口中听到一个梦和梦的讲解(七 12～14)。那个解梦的米甸人说:“神已将米甸和全军都交在他的手中”(七 14)。然后基甸就完全相信神,再没有惧怕了(七 15)。坦纳(Tanner)说得对:“这里的讽刺是出色的:直接从神听到应许不能叫基甸信服,但从米甸的士兵听到同样的应许却叫他信服了。”③

---

③ 参 Tanner, “The Gideon Narrative as the Focal Point of Judges,” *Bibliotheca Sacra*, p. 159.

3. 七 1~8、9~11

这里的主题是"惧怕"(参前面七 3 的注解部分)。跟随基甸的三万二千人中,有二万二千人因为"惧怕"而退出了这场战争,这与以色列人扎营的地方"哈律泉"的意思也是互相配合的。根据第七章十和十一节,基甸本身也惧怕,为什么他可以不列在被裁减的人中呢?这岂不是很大的讽刺吗?经文告诉我们,神就是要暴露基甸的恐惧,从而催使他完全信靠神,胜过恐惧。基甸吹角号召以色列人,就有三万二千人跟随他。根据第八章十节,米甸人的联军总共约有十三万五千人。基甸在敌我如此悬殊的情况下,心里很害怕。这可能是他要一再求神给他印证的原因(六 36~40)。谁知,神还要将他的三万二千人裁减为三百人呢!这岂不是令基甸更惧怕吗?神这样作,一方面固然是要暴露基甸的"恐惧",另一方面也要教导基甸,叫他不要倚靠强大的军事力量,却要完全倚靠神的能力。结果,基甸也就只有选择完全信靠神了(七15)。

神在对付米甸人的战争以前,已经在基甸内心的挣扎上预先打了胜仗。神裁减基甸的军队,是为了免得以色列人将他们得着拯救的功劳归给他们自己(七 2)。其实,这也是基甸本人要提防的,因为这场战争是神的,不是基甸的。神的这一个目的似乎并没有达到,因为后来基甸在对抗米甸人的"战争呼喊"中将自己与神并列(七 18),^㉜似乎他是矫枉过正了。我们在第八章中将会看到基甸在这方面进一步的错误,也会看到以法莲人为了这场战争向基甸逞强(八 1~4)。

C. 胜利与失败(七 19~八 32)

七 19 基甸和跟随他的一百人,在[中更]之初,才换更的时候,来到营旁,就吹角,打破手中的瓶。

20 三队的人就都吹角,打破瓶子,左手拿着火把,右手拿着角,喊叫

㉜ 留意这里的原文只有"耶和华和基甸"。

　　说:"耶和华和基甸的刀!"

21 他们在营的四围各站各的地方:[全营的人都惊跳起来,呐喊,逃跑]。

22 三百人就吹角,耶和华使全营的人用刀互相击杀,逃到西利拉的伯哈示他,直到靠近他巴的亚伯米何拉。

23 以色列人就从拿弗他利、亚设和玛拿西全地聚集来,追赶米甸人。

24 基甸打发人走遍以法莲山地,说:"你们下来攻击米甸人,争先[把守约旦河的渡口]。"于是以法莲的众人聚集,[把守约旦河的渡口]。

25 捉住了米甸人的两个首领:一名俄立,一名西伊伯;将俄立杀在俄立磐石上,将西伊伯杀在西伊伯酒醡那里;又追赶米甸人,将俄立和西伊伯的首级带过约旦河,到基甸那里。

八1 以法莲人对基甸说:"你去与米甸人争战,没有招我们同去,为什么这样待我们呢?"他们就与基甸大大地争吵。

2 基甸对他们说:"我所行的岂能比你们所行的呢? 以法莲拾取剩下的葡萄,不强过亚比以谢所摘的葡萄吗?

3 神已将米甸人的两个首领俄立和西伊伯,交在你们手中;我所行的岂能比你们所行的呢?"基甸说了这话,以法莲人的怒气就消了。

4 基甸和跟随他的三百人,到约旦河过渡;[虽然疲乏,还是追赶]。

5 基甸对疏割人说:"求你们拿饼来给跟随我的人吃,因为他们疲乏了,我们追赶米甸人的两个王西巴和撒慕拿。"

6 疏割人的首领回答说:"西巴和撒慕拿已经在你手里,你使我们将饼给你的军兵吗?"

7 基甸说:"[因为你们这样说了,所以]耶和华将西巴和撒慕拿交在我手之后,我就用野地的荆条和枳棘打伤你们。"

8 基甸从那里上到毗努伊勒,对那里的人也是这样说;毗努伊勒人也与疏割人回答他的话一样。

9 他向毗努伊勒人说:"我平平安安回来的时候,我必拆毁这楼。"

10 那时,西巴和撒慕拿,并跟随他们的军队,都在加各,约有一万五千人,就是东方人全军所剩下的,已经被杀约有十二万拿刀的。

11 基甸就由挪巴和约比哈东边,从住帐棚人的路上去,杀败了米甸人的军兵,[因为那些军兵以为到了安全的地方,不用防备了]。

12 西巴和撒慕拿逃跑；基甸追赶他们，捉住米甸的二王西巴和撒慕拿，惊散全军。

13 约阿施的儿子基甸由希列斯坡从阵上回来，

14 捉住疏割的一个少年人，问他疏割的首领长老是谁；他就将首领长老七十七个人的名字写出来。

15 基甸到了疏割，对那里的人说："你们从前讥诮我说：'西巴和撒慕拿已经在你手里，你使我们将饼给跟随你的疲乏人吗？'现在西巴和撒慕拿在这里。"

16 于是捉住那城内的长老，[将他们与野地的荆条和枳棘一同用辗禾稼的器具辗过，用他们来教训疏割人]。

17 又拆了毗努伊勒的楼，杀了那城里的人。

18 基甸问西巴和撒慕拿说："你们在他泊山所杀的人是什么样式？"回答说："他们好像你；各人都有王子的样式。"

19 基甸说："他们是我同母的弟兄；我指着永生的耶和华起誓，你们从前若存留他们的性命，我如今就不杀你们了。"

20 于是对他的长子益帖说："你起来杀他们。"但益帖因为是童子，害怕，不敢拔刀。

21 西巴和撒慕拿说："你自己起来杀我们吧；因为人如何，力量也是如何。"基甸就起来，杀了西巴和撒慕拿，夺获他们骆驼项上戴的月牙圈。

22 以色列人对基甸说："你既救我们脱离米甸人的手，愿你和你的儿孙管理我们。"

23 基甸说："我不管理你们，我的儿子也不管理你们，惟有耶和华管理你们。"

24 基甸又对他们说："我有一件事求你们；请你们各人将所夺的耳环给我。"原来仇敌是以实玛利人，都是戴耳环的。

25 他们说："我们情愿给你。"就铺开一件外衣，各人将所夺的耳环丢在其上。

26 基甸所要出来的金耳环，重一千七百舍客勒金子，此外还有米甸王所戴的月环、耳坠和所穿的紫色衣服，并骆驼项上的金链子。

27　基甸以此制造了一个以弗得,设立在本城俄弗拉;后来以色列人拜那以弗得行了邪淫,这就作了基甸和他全家的网罗。

28　这样,米甸人被以色列人制伏了,不敢再抬头;基甸还在的日子,国中太平四十年。

29　约阿施的儿子耶路巴力回去,住在自己家里。

30　基甸有七十个亲生的儿子,因为他有许多的妻。

31　他的妾住在示剑,也给他生了一个儿子,基甸与他起名叫亚比米勒。

32　约阿施的儿子基甸年纪老迈而死,葬在亚比以谢族的俄弗拉,在他父亲约阿施的坟墓里。

(I) 分段

本段经文主要描述基甸攻击米甸人的情况和结果。第七章十九节是合宜的开始,因为那是战争的正式开始。但本段经文应该在哪里结束却不容易决定。根据前面的记载,"国中太平若干年"是士师事迹的结束语(三 11、30,五 31)。那么,第八章廿八节似乎应该是基甸事迹的结束了,可是第八章卅三节说:"基甸死后,以色列人又去随从诸巴力行邪淫……"这样的用语是另一个士师兴起的前奏(三 12,四 1,六 1)。那么,第八章廿九至卅二节可以看为介于基甸事迹结束与亚比米勒事迹开始之间的过渡经文。由于基甸以后的士师事迹都以士师本身的死作为结束(九 54～57,十 2、5,十二 7、10、12、15,十六 30～31),我们将本段经文的结束放在第八章卅二节是比较合宜的。这样,基甸便显出是一个过渡性的士师了。他的故事一方面有在他以前各士师事迹的结束语(八 28),另一方面也有在他以后各士师事迹的结束语(八 32)。

(II) 经文

七 19　"中更"(hāʾašᶜmōreṯ hattîkônâ)　和合译本作"三更",原文的意思应该是"中更"。旧约时代的以色列人将"夜"分为三更,到了新约时代,他们按照罗马人的规矩,才将"夜"分为四更。所以这里的

"中更"应该是"二更",不是"三更"。

七21　"全营的人都惊跳起来,呐喊,逃跑"　和合译本作"全营的人都乱窜。三百人呐喊,使他们逃跑"。"三百人"这个词语在原文是没有的。有些解经家认为"乱窜"、"呐喊"、"逃跑"三个动词的主词都是"全营的人",即米甸人的军队。[33]　和合译本的译文需要将"逃跑"的原文 wayyānyysû 改为 wayyānîsû(使逃跑),因而推论"呐喊"的主词是以色列人,即以色列人呐喊,使米甸人逃跑。但我们还是不改动原来的马所拉经文为是。然则,"乱窜"与"逃跑"似乎重复了同样的意思。这里,"乱窜"(wayyārāṣ)的原文可以理解为"跳起来"。[34] 那么,全句的意思可以翻译为"全营的人都惊跳起来,呐喊,逃跑"。

七24　"把守约旦河的渡口"　和合译本作"把守约旦河的渡口,直到伯巴拉",这译文简化了原文的困难。原文字面意思是"把守水道直到伯巴拉和(把守)约旦河"。这里的"水道"可能是指由以法莲山地东南流入约旦河的法里亚河(River Fari'a),可是这河与约旦河汇合的附近,我们还没有找到一个叫"伯巴拉"的地方。原文的字面意思似乎要以法莲人把守法里亚河与约旦河渡口一带所有的地方。不过,根据米甸人逃跑的大概方向,他们可以在距离法里亚河还远的地方就向东渡过约旦河去了。宾尼将原文"水道直到伯巴拉和约旦河"修改为"约旦河的渡口"('eṯ ma'b°rôṯ hayyar°dēn;比较三28,十二5~6),[35]他的意见是可以接受的。那么,和合译本的"直到伯巴拉"一语可以删去。

八4　"虽然疲乏,还是追赶"　七十士译本读作"疲乏而且饥饿"。从第五节看来,七十士译本可能是对的,因为疲乏的人只需要休息,饥饿的人却需要食物。但我们还是维持马所拉经文为是,因为这在情节上有更丰富的意思。

八7　"因为你们这样说了,所以……(lāḵēn)"　和合译本略去了这一句,但马所拉经文是有的,意思是"因为你们这样说了,所以……"。我们还是加上这一句为是,因为可以使基甸对疏割人的惩罚有原因可

[33]　参 Burney, *The Book of Judges*, pp. 217–218.

[34]　参 Boling, *Judges*, p. 147; Soggin, *Judges*, p. 144.

[35]　Burney, *The Book of Judges*, p. 225.

以依据。

八 11　"因为那些军兵以为到了安全的地方,不用防备了"　和合译本作"因为他们坦然无惧"。这里的"他们"似乎指基甸和跟随他的人,其实应该是指米甸人,因为和合译本译作"他们"的原文不是代名词,而是"军兵"(*hammaḥᵃneh*),就是前一句说的"米甸人的军兵"。"坦然无惧"的原文(*bṭḥ*)在第十八章七节翻译作"安居无虑",通常指居民觉得自己所住的地方很安全,不需要军事设防的意思。这里特别指米甸军兵以为已经到了安全的地方,无需提防以色列人的袭击了,所以全句更清楚的翻译可以是:"因为那些军兵以为到了安全的地方,不用防备了。"

八 16　"将他们与野地的荆条和枳棘一同用辗禾稼的器具辗过,用他们来教训疏割人"　和合译本在"责打"下面有小字注明"原文作指教"。其实,全节经文的意思不很清楚。基甸为什么捉住疏割的长老,却责打疏割人呢? 全节原文的字面意思是"他捉住属城的长老—用野地的荆条和枳棘—他教训—用他们—那些疏割人"。宾尼在七十士译本的支持下认为,马所拉经文中"用野地的荆条……"一句之前失去了一个动词。根据第七节,那动词应该是"辗"(*wayduš̌em*)。㊱ 我们相信宾尼的意见是对的。那么,第十六节可以翻译为:"于是捉住那城内的长老,将他们与野地的荆条和枳棘一同用辗禾稼的器具辗过,用他们来教训疏割人。"

(III) 注解

王国的问题

本段经文在历史上最耐人寻味的是关于"王国"构想的出现。有些圣经学者认为,这里的王国问题,特别是第八章廿二至廿三节的讨论,是大卫时期的反映,不是士师时期的实际情况,目的是要大卫和他同时

㊱ 像"辗"禾稼一样"辗"他们的意思。比较摩一 3。参 Burney, *The Book of Judges*, p. 233.

期的人知道，只有耶和华是以色列人真正的王，地上的君王需要藉着以
弗得求问耶和华如何治理以色列。㊲ 但另一方面，本段经文有迹象显
示，基甸似乎接纳了君王的身份。㊳ 这个问题让我们留待在第八章廿
二至廿三节的注解再讨论。

　　七 19　"中更之初"　参经文部分。这是基甸突袭米甸军营的时
间。当时是二更之初，以每更四小时计算，大概是晚上十时至十一时之
间，正当米甸人换更的时候，也就是他们最没有防备的时候。

　　"营旁"　米甸军队防卫最强的地方（参七 11 注解）。

　　七 20　"耶和华和基甸的刀"　这是基甸的争战口号。这里的
"刀"代表了争战（比较利廿六 7、36、37；民十四 3，二十 18；书十 11；伯
五 20；结卅八 4、21）。

　　七 21　我们在经文部分的讨论将本节下半节全部理解为米甸军
队的情况。当时，基甸和跟随他的人先吹角，再打破瓶子，使瓶内的火
光显现出来。角声、打破瓶子的声和火光来得那么突然和巨大，必定使
米甸人非常惶恐，不知所措。随后三百人的争战口号，更使他们以为以
色列人已经来到军营中了，于是惊跳、乱窜、逃跑。

　　七 22　这里一再强调三百人的角声，显然是要将这里的战事与耶
利哥城的陷落情况（书六 20）互相比较，说明这是一场圣战，而耶和华
是真正的胜利者。

　　"耶和华使全营的人用刀互相击杀"　这一句也正好说明了，这次
的胜利完全是神自己的功劳，不是以色列人的功劳。神使米甸人不能
分辨谁是敌人，以致互相击杀（比较代下二十 22～23）。

　　"西利拉的伯哈示他……他巴的亚伯米何拉"　这些地名全都无法
确定真实的位置在哪里，但一般解经家相信是在耶斯列平原的东南方
向，在约旦河谷地上。"西利拉"可能是撒拉伯（书三 16；王上七 46）；
"伯哈示他"㊴可能在伯善附近的约旦河谷中；㊵"他巴"的位置更模糊，

───────────

㊲ 参 A. D. H. Mayes, *Judges*, pp. 88 - 90.
㊳ 参 G. Henton Davies, "*Judges viii*. 22 - 23," in *VT*, XIII. 2, 1963, pp. 151 - 157.
㊴ 该名是"皂荚木之乡"的意思。这种树木常见于约旦河谷。
㊵ 格雷认为是在伯善西北约七公里的地方，但多位学者皆不同意。参 Soggin, *Judges*,
　　p. 144.

可能在约旦河东,基列境内;"亚伯米何拉"可能在伯善以南,约旦河东(比较王上四12)。

七23～八3 这段经文似乎是基甸追击米甸人的一个插曲。如果我们将它从现在的经文中抽出来,故事的情节可能更流畅。无论如何,耶斯列平原附近各支派的以色列人虽然曾经被打发回去各人的地方,现在看见基甸大败米甸人,他们也会热心前来追赶敌人。另一方面,这段经文最后要带出来的问题是以法莲支派与基甸的争吵。这就表明基甸除了要处理外在的米甸人之外,还要处理以色列人内部的问题,正如他在第六章廿五至卅二节要处理以色列人内部的问题一样。基甸这次的表现显然比上一次(六25～32)成功得多了。

七24 "伯巴拉"(和合译本) 参经文部分。如果有这个地方,可能在法里亚河与约旦河汇合的附近。如果米甸人沿约旦河谷向南逃走,他们就会被困在约旦河与法里亚河之间,最容易被从山上冲下来的以法莲人袭击。

七25 "俄立磐石……西伊伯酒醡" 两个地方都不能确定在哪里。"俄立"一名是"乌鸦"的意思,"西伊伯"是"狼"的意思。[41] 这里可能遗留了以法莲支派关于对米甸人作战的传统。

八1 以法莲人指摘基甸在争战开始的时候没有招他们同去(参七24)。以法莲在以色列众支派中自大,因为他们所在的以法莲山地是早期以色列历史中最少受外族侵扰的地方,使他们有充分的时间巩固自己的地位。士师时期以色列人的重要宗教中心伯特利和示罗都在以法莲境内。他们的争吵除了名分之外,可能还有利益的关系,因为以色列人这次大败米甸人,必定有很多掳物。他们的争吵可能还包括对基甸的恐吓(比较十二1)。

八2 "以法莲拾取剩下的葡萄,不强过亚比以谢所摘的葡萄吗" 可能是一句成语,意思是亚比以谢族在收获季节所收取的葡萄,还没有以法莲在收获过后园中剩下的葡萄多呢。这就表明,以法莲支派比基甸自己所属的亚比以谢族强大多了。基甸只提亚比以谢族,令一般

---

[41] 关于"俄立"和"西伊伯"这两个名字,还可以参考 Moshe Garsiel,"Homiletic Name-derivations as Literary Device in the Gideon Narrative: Judges vi‑viii," *VT* 43,p. 308.

学者认为基甸所带领的三百人全部都是从亚比以谢族来的,但这里基甸可能只强调亚比以谢是自己所属的宗族而已,因为以法莲针对的是基甸本人,不是跟随他的三百人。㊷

八3 这是解释第二节的成语,意思是以法莲所捉拿到的米甸首领"俄立"和"西伊伯",比基甸所杀的米甸人重要多了。基甸温和而有技巧的回答就这样消解了以法莲支派的盛怒(参箴十五1;传十4)。

八4 本节以后,基甸与米甸人的争战有了新的发展。从情节上来说,本节是第七章廿二节的延续,时间应该在以法莲人过约旦河(七25)之前,因为本节说,基甸和三百人来到约旦河正要过渡,而第七章廿五节却表示基甸已经在约旦河东了。另一方面,从第八章十八至十九节看来,基甸追赶米甸人,除了乘胜追击外,也要为他的家族报仇。

八5 "疏割" "茅舍"的意思。一般认为疏割在约旦河谷,距离雅博河北不远的地方。㊸但创世记第卅二至卅三章的故事却显示,疏割是在雅博河的南面。

"西巴和撒慕拿" 似乎不是两个米甸王原有的名字。这样称呼他们,只是讽刺他们的结局而已。因为西巴(*zebaḥ*)是"牺牲"的意思,而撒慕拿(*ṣalmunnā'*)是"拒绝保护"的意思(比较一5,三8)。这两个名字都反映了他们被基甸所杀的结局。

八6 疏割首领的回答显然拒绝了基甸的要求。疏割和毗努伊勒所在的地区属于迦得支派的分地,我们不能确定当时这两个城是否已经成为以色列城;纵使不是,也可能与以色列人有密切的关系,但他们却拒绝帮助基甸。一方面,可能他们仍然惧怕米甸人的迫害;另一方面,可能他们认为基甸追不上米甸人,因为他们有骆驼,跑得快。所以疏割的首领讽刺基甸说:"西巴和撒慕拿已经在你手里……吗?"第三方面,他们可能认为基甸追击米甸人,只是为自己的家族报仇而已,与他们无关。无论他们的原因是哪一个,这里显示,约旦河东的以色列人可

㊷ 有些学者认为八3以后,基甸对米甸人的争战就结束了,接下去的应该是八28。八4～27是另一个不同的故事(参Moore,*Judges*,p.217)。

㊸ 参Boling,*Judges*,p.155.波令一方面认为这个一般的说法是可疑的,另一方面又从考古学的鉴定,认为基甸对米甸人的追击大概发生在主前十二世纪的初期。

能不热衷与河西的以色列人合作。

八 7　"荆条和枳棘"　长满了刺的灌木。基甸恐吓疏割的首领，要用这些荆棘"打伤"他们。

"打伤"(dᵰ)　原文是"辗过"的意思(参经文部分八 16)，好像"辗"庄稼一样。古以色列人打庄稼的一般工具是两块连在一起的木板，下面安装有很多尖的石块。打庄稼时，将木板有石块的一面压在庄稼上，打庄稼的人站在木板上，用牲口拖曳木板在庄稼上来回辗转，使穗子脱落。所以，这里的"打伤"其实是将疏割的首领"与"⁴⁴荆条和枳棘放在一起，用打庄稼的工具辗他们的意思。这样的惩罚可以使疏割的首领不但受伤，而且死亡，是残酷的惩罚。神曾经为此审判亚兰(摩一 3)。

八 8　"毗努伊勒"　意思是"神的面"(创卅二 30)。⁴⁵ 这个地方位于疏割东面不远的地方，但可能在雅博河岸边的高地上，不在河谷，所以这里说"上到毗努伊勒"。根据创世记第卅二章的记载，雅各从巴旦亚兰返回迦南地的时候，途中经过了毗努伊勒，可见这是陆路与河道相交的重要地点，有军事上的价值。因此，后来的耶罗波安王曾经在这里建筑防御工事(王上十二 25)。

八 9　"楼"　这座毗努伊勒的楼显然有军事意义。打仗的时候，百姓可以逃到楼上躲避敌人(比较九 46～52)。基甸要拆毗努伊勒的楼，就是要拆除他们的安全保障。

八 10　"加各"　确实地点不详，大概在死海东一百六十公里，接近米甸人的巢穴了。所以第十一节说，他们自觉很安全，可以坦然无惧了。

八 11　"挪巴和约比哈"　这两个地点不能确定(比较民卅二 35、42)，大概在基列山东面，拉巴亚们的西北面。

"住帐棚人的路"　实际上是指篷车商队的路，很可能就是约旦河东的交通大道——王道。这条商路由北而南，贯通了大马士革、基列拉

---

⑭ 和合译本翻译作"用"的原文是ʼet。这个字通常有一个名词跟随在后。但这样的名词可以看作"伴随"的意思，却从来未被看作"工具"的意思(参 Burney, *Judges*, p. 229; *BDB*, pp. 85f)。

⑮ 雅各曾在这里见了神的面(创卅二 30)，因此给这地方起了这个名。有趣的是，基甸也曾见了神的面(六 22)。

末、拉巴亚们、希实本、波斯拉和阿拉伯沙漠的北部。基甸经这条路可以更迅速地去攻击米甸人。米甸人自以为安全,没有防备,加上长途逃跑,士气低落,使基甸的突袭又成功了。

八 12　"惊散"　表明米甸人在他们的两个王被捉拿后,已经溃不成军了。⑥

八 13　"希列斯坡"　我们不知道这个地方在哪里,但可能是引去疏割的一条山峡下坡路。这条路不是基甸原来走的路。这也可以解释,为什么基甸在回程中先到了疏割,然后才到毗努伊勒(14~15 节)。如果回程和原来的路一样,基甸应该先到毗努伊勒,然后才到疏割。

八 14　"一个少年人"　这个人可以将疏割首领长老的名字写出来,可能令一些人诧异。但早在主前十二世纪的时候,用字母书写的文字已经在地中海东岸流行了。这少年人可能是受过教育的,所以能够书写。古时候的以色列人有长期口述传统的训练,这少年人能够记住疏割七十七个首领长老的名字也是可能的。

"首领长老七十七个人"　这些领袖可能是疏割城里七十七个家庭的家长。第六节只提到"首领",第十六节只提到"长老",这里则两者都提到了。他们作为疏割的领袖,可能没有多大的分别。但"首领"(sar)却有军事上的意义(比较创廿一 22,廿六 26;书五 14~15;撒上十二 9)。

八 16　"责打"　参经文部分本节及第七节的注解。

八 17　"人"('an⁺šê)　原文指"男人"。换言之,基甸拆了毗努伊勒的楼(参 9 节注解),又杀了城中的男人,留下的妇人孩童就没有什么可以保护他们的了。

八 18　"他泊山"　在以斯德伦平原的北部,但它在这里出现却令我们有点诧异,因为前面的经文从来没有告诉我们,米甸人与以色列人在他泊山有过争战。基甸在这里追究的可能不是第七章的战事,而是

---

⑥ 宾尼认为这次基甸再度突袭成功,必定严厉对付米甸人。所以,这里"惊散"(heḥ⁺rid)一词应该改为"杀了"(heḥ⁺rim)。参 Burney, Judges, p. 231;他的意见是不大可能的。因为以三百人去杀尽一万五千人(10 节),似乎不很实际,而且基甸的成功是突袭,不是硬仗。他的目标似乎是米甸的两个王,不是全军(18~19 节)。

米甸二王西巴和撒慕拿以往侵略以斯德伦平原的事。㊼

八 19 "同母的弟兄" 古代社会盛行一夫多妻。同母的兄弟表示特别有亲情的意思,好比约瑟和便雅悯同是雅各的爱妻拉结所生,所以特别有亲情(创四十三 29～30)。

"起誓" 可能表示,基甸这次追击西巴和撒慕拿,实在是为了报他家族的血仇。他这样作似乎是依照律法行事(出廿一 23;利廿四 17;申十九 21),其实是夺取了原本应该属于神的权利(申卅二 35;罗十二 19)。他以起誓的方式行这事,也有触犯十诫的嫌疑(出二十 7;申五 11)。

八 20 "益帖"(yeter) 与摩西的岳父叶忒罗(出四 18)的原文是同一个字。基甸有一个已经可以拿刀的长子,这是前面完全没有交代的。基甸吩咐"长子"去杀西巴和撒慕拿,一方面表示这是他的家族仇恨,另一方面表示他要侮辱这二王,但益帖却惧怕作这事。我们在益帖身上似乎看到了基甸以往犹疑惧怕的影子,反之,西巴和撒慕拿更显出有视死如归的勇气(21 节)。

八 21 "月牙圈" 是弯月形的金属装饰(比较赛三 18)。古代近东游牧民族多奉行月体敬拜,月牙圈是带有宗教色彩的饰物。直到今天,弯月仍然是他们信仰的象征。

"夺获" 基甸这举动似乎表示越来越看重物质价值,与摩西处理同样从米甸掳来的掠物不同(比较民卅一 14～54)。

八 22～23 这里提到了立王的事。王与士师的最基本分别是:前者为世袭的,后者则由神拣选。关于以色列人要立基甸为王而被基甸拒绝的问题,有些解经家认为这是王国时期之神学思想的反映。特别是所罗门王死后到北国以色列亡国的二百年间,王权给一些以色列人

㊼ 解经家一般都认为八 4 以后,基甸追击米甸二王的战事是因为基甸要在西巴和撒慕拿身上报他家族的仇。另一方面,宾尼和摩尔认为八 18 的"什么样式"('êpôh)应翻译为"哪里"(where,参Burney, *Judges*, p. 234;Moore, *Judges*, p. 228)。但这样,西巴和撒慕拿的回答就好像答非所问了,而且基甸的问题已经将地点(他泊山)说出来了,又何需再问在哪里呢?

留下了不良的印象（何十三 10～11）。[48] 以色列人的王权制度的建立比邻近各国都来得迟，这是历史事实，其中一个原因就是他们以耶和华为王（出十五 18；民廿三 21；申卅三 5；诗十 16，廿四 7～10，廿九 10，一四六 10）。后来，他们在外敌的侵扰下有立王的要求，也是现实的考虑（撒上八 7，十二 12），因为君王的主要作用就是带领百姓出去争战。

这里，基甸既然救了以色列人脱离压制了他们七年的米甸人，百姓要立他为王，使以色列有更确定的保障，也是很自然的。戴维斯（Davies）认为，基甸拒绝百姓的建议只是表面上的礼貌而已（比较创廿三 1～16；撒下廿四 18～24）。[49] 经文的一些记载也表示基甸可能真的接受了百姓的建议，例如：基甸和他的兄弟有王的容貌（八 18）；他立起了以弗得作为王对神谕的特殊权利（八 27；比较撒上十四 3，廿三 6、9，三十 7；王上十二 24～33）；[50]他有很多妻子（八 30）；他给其中一个妾侍所生的儿子起名叫亚比米勒（"我父亲是王"的意思，八 31）；他的儿子们都可能接续他作王（九 2）；亚比米勒恐怕基甸其他的儿子们与他争夺王位，乃先下手为强把他们都杀了（九 4～6）。

我们相信，立王与不立王是当时一个现实的问题。基甸可能真的接受了百姓的要求，但强调耶和华神才是以色列人真正的王，他自己只是神旨意的执行者而已。[51] 讽刺的是，他谦让不要这王位，他的儿子亚比米勒却为了争夺这王位，把兄弟都杀了。这不能不说是基甸在抉择王权这个问题上的悲剧。

---

[48] 参 Burney，*The Book of Judges*，p. 235；Moore，*Judges*，p. 230；Soggin，*Judges*，p. 160；F. Crusemann，*Der Widerstand gegen das Königtum. Die anti-königlichen Texte des Alten Testamentes und der Kampf um den fruhen israelitishcen Staat* （WMANT 49；Neukirchen-Vluyn：Neukirchener Verlag，1978）。

[49] 参 G. Henton Davies，"Judges VIII 23 - 23，" *VT* 13（1963），pp. 151 - 157.

[50] 但参 Webb，*The Book of Judges*，p. 253，note 92. 该作者不同意戴维斯的见解。他认为基甸真的拒绝了百姓立他为王的建议。他认为君王获得神谕的方法是透过先知；透过以弗得获得神谕的方法主要是摩西和约书亚时期的方法。

[51] 这可能是基甸要制造以弗得的缘故——他有统治以色列的权柄，但那权柄不是从百姓来的，而是从神来的。他是以色列的士师和祭司，虽然没有"王"的称呼，却已经有"王"的实在了。他和撒母耳很相像，但比撒母耳更有"王"的样式，因为他有很多妻子（八 30）。贺培恩（Halpern）认为基甸有世袭其权位的倾向。参 Baruch Halpern，"The Rise of Abimelek Ben-Jerubbaal，" *HAR* 2（1978），pp. 85ff.

八22 “以色列人” 可能只是玛拿西和亚设、西布伦、拿弗他利各支派。骄傲的以法莲支派(参八1～3)可能不会那么容易建议基甸作他们的王,因为基甸属于玛拿西支派。

八24 “以实玛利人” 这可能令我们有点混乱了。因为基甸的故事一直说以色列人的仇敌是米甸人,为什么这里突然说是以实玛利人呢?根据创世记第廿五章一至六节,米甸与以实玛利是同父异母的兄弟;根据创世记第卅七章廿五至廿八节及第卅九章一节,以实玛利人和米甸人似乎是同一种人的两个称呼,经文也似乎表示以实玛利人是经商的人。然则,他们可能是不同种族之人的结合,米甸人只是其中一种而已。

“金耳环” 这是旧约圣经中妇女贵重的装饰(创廿四47,卅五4;出卅二2～3;箴廿五12;赛三21;结十六12)。这里戴金耳环的显然指米甸的士兵们。以色列出战的各人都夺取了不少耳环,可见这场战争不再是圣战了。

八25 “外衣” 指阔大的一种,可以很容易将四个角绑起来,作布袋使用。

八26 “一千七百舍客勒” 合约二十公斤。基甸只向百姓要金耳环,他们却将更多其他饰物交给他。

八27 “以弗得” 不容易了解。根据出埃及记第廿八章六至三十节,以弗得是不需要用二十公斤的金子去制造的。因此,很多解经家都认为这里的以弗得可能是一个偶像,(52)因为它除了全是用金子造的以外,也可以被竖立(*yaṣṣēḡ*)起来。祭司城“挪伯”的以弗得也似乎是被竖立起来的,因为大卫得到的刀是在“以弗得”的后面(撒上廿一9)。米迦家中的以弗得也是与其他偶像并列的(十七14、18)。况且,这里说,“后来以色列人拜那以弗得行了邪淫”。这样的形容表示,基

---

(52) 参Moore, *Judges*, pp. 232－233. 其实,以弗得的性质在圣经中的记载也不一致。出埃及记第廿八章所形容的以弗得是大祭司的一件围裙,但制造的材料是金线、蓝色紫色朱红色线和一些珍贵的宝石。它的作用是求问神,为一些事情作决断。撒母耳和大卫身上穿的以弗得(撒上二18;撒下六14)似乎只是一件神圣的袍子,与求问神作决断无关。但其他经文提到的以弗得又似乎是携带在身边,不是穿在身上的,而且是专为求问神作决断用的。

甸制造的以弗得使以色列人陷入了拜偶像的罪中，好像拜迦南人的偶像一样。(53) 我们相信基甸是无意拜偶像的，他设立以弗得的目的是要获得神谕，好叫他可以治理以色列人。但他所造的异乎寻常的以弗得却将以色列人引到了拜偶像的路上去，好像亚伦和耶罗波安所造的牛犊一样（出卅二 4；王上十二 28）。这样看来，基甸的悲剧主要还不是政治上的“王位问题”，而是宗教上的“偶像问题”。这两个问题又是不能分开的，因为君王手中的“以弗得”可以让他对“神谕”有一定程度的支配。第八章廿七节最后说：“这就作了基甸和他全家的网罗。”因为与“以弗得”相关的“王权”就是后来基甸的儿子们彼此厮杀争夺的目的。“以弗得”不但成了基甸全家的网罗，也成了以色列全国的网罗，因为他们都行了拜以弗得的邪淫（比较二 3～4、17），以人为的价值当作神。

八 29　这里似乎是说，基甸从公开的生活隐退了。我们从上面的讨论可以看到，基甸接受百姓给他的王位，而他有许多妻子这个事实（八 30）也是他有王位的一项特征。所以，我们仍然可以将第八章廿九至卅二节的时期了解为基甸作以色列士师（或王）的时期，只是圣经作者从第廿九节开始转而留意基甸的私人生活而已。这里强调了基甸的家庭，目的是要带出亚比米勒，为以后故事的发展铺路；亚比米勒的故事又是为第八章廿七节“这就作了基甸和他全家的网罗”一句作解释的。

八 30　“七十”　可能是一个政治性的数目（比较一 7，十二 24；王下十 1～7；出廿四 1），代表多人的意思。基甸这些儿子都有可能作王，

---

(53) 宾尼却认为基甸的以弗得不是偶像，因为那一定会引来圣经作者直接的谴责，但这里的经文却完全没有直接谴责基甸制造以弗得的事。宾尼又认为那一千七百舍客勒的金子不是全部都用作制造以弗得。这些金子除了造以弗得以外，还供应俄弗拉圣所其他设施所需要的费用，如圣所的建立和其中祭司的设立等（Burney, *The Book of Judges*, p. 241）。宾尼的意见似乎有些道理。可是经文却很清楚地说了，基甸将那些金子（*'ôṭô*）造了一个以弗得（比较出卅二 4），然后将它立在俄弗拉。按照原文的意思，金子的用途没有延伸到俄弗拉的圣所或其他地方。此外，圣经虽然没有直接谴责基甸制造以弗得的事（以弗得是古时候认可的获得神谕的媒介），但这里的经文已经直接点出，基甸造的以弗得为以色列人和基甸全家带来了祸害（八 27）。

而任何一个儿子作了王，都会视其余的人为威胁。(54)

“亲生”(*yōṣ*$^{e'}$*ê y*^{e}*rēḵô*) 原文意思是“来自他的大腿”，“大腿”是再生力量所在的地方。圣经这样强调那七十个儿子与基甸的关系，显然是要与亚比米勒的出生作对比，因为亚比米勒虽然称为基甸的儿子，却是“由妾侍生”的(比较九 18)。

八 31 “他的妾住在示剑” 基甸与他妾侍的关系可能是一种特殊的婚姻关系。这种婚姻与早期阿拉伯人的一种婚姻相似，就是妻子可以仍然住在她父亲的家里，她的丈夫按时候去她那里相会。这样的妻子不是丈夫的“产业”，只是他的“女友”(比较十五 1，参孙与他的非利士妻子的关系也可能是同样的情况)。这样的婚姻关系所生的儿女仍属于母亲的一方，这可能就是为什么亚比米勒可以对示剑人说：“你们又要记念我是你们的骨肉”(九 2)。这样看来，基甸的七十个儿子与亚比米勒就有很大的分别了。因为他们是基甸亲生的，属于父亲一系的真正以色列人，亚比米勒却是属于母亲一系的示剑人，可能仍然是迦南人。

“亚比米勒” “我父亲是王”的意思。旧约圣经中没有其他以色列人叫这个名字。“米勒”或“摩洛”是外邦人的神(王上十一 7；王下廿三 10；耶卅二 35)，都是希伯来文 *mlḵ* 的音译。我们相信基甸作为一个复兴“耶和华敬拜”的士师(六 25～32)，不会用外邦神的名字称呼自己的儿子。他可能根据以色列人的传统，以耶和华为王(八 23)。所以，这里的“父亲”可能指耶和华神的意思。但讽刺的是，同一个名字也可以指“基甸是王”，因为基甸是亚比米勒的父亲。

---

(54) 参 Boling, *Judges*, p. 162. 特别是他所提到的专文，A. Malamat, “Organs of Statecraft in the Israelite Monarchy,” *BA* 28 (1965), pp. 34 - 50. 又可以参考 F. C. Fensham, “The Numeral Seventy in the Old Testament and the Family of Jerubbaal, Ahab, Panammuwa and Athirat,” *PEQ* 109 (1977), pp. 113 - 115. 那里作者特别提到主前八世纪下半叶 Sam'al 这个地方的王 Panammuwa 二世的石碑，上面提到他的父亲(当地的王)和七十个亲人(kinsmen)同样被他的一个兄弟杀害，只有他自己逃脱。他向当时的亚述王提革拉毗列色三世(Tiglathpileser III)求助，结果夺回了他的国家，自己作了 Sam'al 的王。

(IV) 释义

成功与失败

根据前面提到的基甸故事的结构，本段经文与第六章一至卅二节是互相呼应的。首先，基甸故事有双重的引言（六 1～6、7～10），也有双重的结语（八 22～28、29～32）；基甸有两次被神呼召的经历（六 11～18、19～24），也有两次对付米甸人的争战（七 19～八 3，八 4～21）。除了这些结构上的呼应外，其中所讨论的主题内容也有密切的关系。神呼召基甸，目的是要他去拯救以色列人脱离米甸人的欺压，并且从巴力敬拜回转过来敬拜耶和华。这两项使命是不能分开的，因为以色列人敬拜巴力是他们被米甸人欺压的原因（六 1）。基甸在这两项使命上似乎是成功的，其实是失败的。我们从下面两方面来看这个问题：

1. 关于欺压的问题

基甸两次对米甸人的争战有显著的成功，这是无可置疑的，这在以色列人的传统中也是被长久记念的（诗八十三 9；赛九 4，十 26）。可是外来的欺压消除了，内在的欺压却开始了。

基甸在约旦河西的胜利完全是在神的旨意中，但他渡过了约旦河之后的战争（八 4～21）却不那么合神的心意了。"耶和华"这个名字在第八章四至廿一节中只在基甸自己的口中说出，没有在故事叙述者的口中说出。基甸和跟随他的人在河西的争战是一场圣战，然而过了约旦河之后，他的表现却不再是圣战的表现了。我们在上面已经说了，基甸过约旦河去追击米甸二王的动机是要报他的家族私仇。基甸不但对米甸二王有强烈的复仇意识（八 19），对疏割和毗努伊勒的以色列人也有强烈的复仇意识（八 15～17）。他对疏割人的惩罚是照先前所说的（八 7），但对毗努伊勒人却超过先前所说的（比较八 9、17）。他把毗努伊勒城里的男人都杀了，使那里的人完全暴露在敌人的攻击之下。疏割和毗努伊勒的人不支持基甸，因为对基甸的能力有疑惑（八 6、8）。讽刺的是，基甸对神有疑惑（六 33～七 18），神容忍了他，但基甸本人却不能容忍别人对他有疑惑。"基甸"有"砍劈者"的意思,他砍劈的不单是米甸人,也是自己的百姓。更讽刺的是,就在同一段经文(八 4～21),基甸被形容为有王子的样貌(八 18),难道君王的表现就是这样的吗? 这是不是圣经的作者在间接批评地上的君王呢?

基甸为以色列人除灭了外面的王,却为他们立起了内部的王。百姓要立基甸为王,基甸似乎是拒绝了(八 22～23)。其实他没有拒绝,他的私生活都表明他有王的身份,他还给自己的儿子起名叫亚比米勒——"我父亲是王"的意思,这对于拒绝作王的基甸不是很讽刺吗? 我们从第九章可以知道,就是这个亚比米勒使基甸全家倾覆了。不但如此,示剑的以色列人也经历了自己的"王"对他们的压迫,最终全城覆没,正如约坦所说的(九 15、20、45～47)。这似乎又是经文对地上君王的讽刺。这样看来,基甸没有真正拯救以色列人脱离欺压和迫害,因为他除灭了米甸王,却为以色列立了新的王。

2. 关于偶像的问题

首先,"俄弗拉"两次出现在本段经文的末了(八 27、32),这名字也曾两次出现在基甸故事的开始部分(六 11、24)。基甸的使命是要拆除俄弗拉的巴力敬拜,建立耶和华的敬拜。这项使命似乎是成功了(六 25～32),但第八章廿七节说:"基甸……制造了一个以弗得,设立在本城俄弗拉;后来以色列人拜那以弗得行了邪淫……"基甸亲手拆除的偶像敬拜,又亲手引进来了,这不是很讽刺吗? 基甸的父亲原是俄弗拉"巴力敬拜"的建立者(六 11、22),基甸本人也成了俄弗拉"以弗得敬拜"的建立者(八 27)。第八章卅三节更告诉我们,以色列人最后还是转回去敬拜巴力了。这是不是表明,巴力真的与基甸争论(六 32),最后胜了基甸呢? 这样看来,基甸也没有真正带领以色列脱离偶像敬拜。

慎防失败的原因

我们可以说,基甸作为以色列人的领袖是失败的。[55] 他所筑的祭

---

[55] 我们在前面讨论基甸被召的经文时已经说过了,基甸蒙召与摩西蒙召有相似的(转下页)

坛耶和华沙龙（六 24），只有空洞的象征意义。克来因更认为基甸是所有士师中贻害自己的百姓最大的一个。⑤ 基甸的失败是他还在对付米甸人的争战中开始的。他对米甸人的战争本来是一场圣战（七 19～八 3），因为那是在基甸完全信靠神的情况下进行的（七 14、19～22），但后来基甸却确信自己的能力，为了报家族的私仇而追杀米甸二王（八 4～21）。可见"私"的因素可以使神圣的事工污秽了。

基甸的失败也因为他激发了以色列支派之间的磨擦。他在最初的时候没有招以法莲人去打这场战争，因而引起了以法莲人的争吵，几乎演变成以色列人内部的冲突（八 1～3）。他严厉对待约旦河东的疏割人和毗努伊勒人，与他对待以法莲人的态度成了强烈的对比，肯定加深了约旦河东西两面以色列人的不和与误会（比较十二 1～6；参书廿二 10～29）。⑤

基甸对自己的过分自信也因为百姓对今次战事的错误认识而加深了。百姓对基甸说："你既救我们脱离米甸人的手，愿你和你的儿孙管理我们"（八 22）。这里，百姓完全忽略了神在这次战事中的角色。其实，以色列人在米甸人的手下受欺压是出于神的意思（六 1），因此，只有神才能够救他们脱离米甸人的手（六 14）。基甸一再怀疑自己的手是否能够真的救以色列人（六 15、36、37）。神也一再强调，这次的拯救是祂的作为，免得以色列人误以为是他们自己的功劳（七 2、7、9、14、15）。因此，整个基甸故事都清楚表明谁是以色列人真正的拯救者，只是人喜欢将荣耀归给自己，不归给神。所以，以色列人始终不能脱离拜偶像的问题，因为偶像代表了他们对自己欲望的信靠。这也是他们令

（接上页）地方。卫布还提出了基甸作为以色列人的领袖，有与摩西相似的地方，例如：基甸和跟随他的人都在旷野（八 16），他们都疲累了（八 4～5；比较申廿五 18），基甸所制造的以弗得使以色列人陷在罪中（八 27；比较王下十八 14）。但基甸为了复仇表现得很暴戾（八 15～17），摩西却在被论断的时候表现得很谦卑（民十二 1～2）。参 Webb, *The Book of the Judges*, p. 153. 当然基甸和摩西还有一点相同：他们都与 *yeter*（益帖/叶忒罗）有关，但益帖是基甸未成熟的长子，叶忒罗却是摩西满有智慧的岳父。

⑤ 参 Klein, *The Triumph of Irony in the Book of Judges*, p.68.

⑤ 以法莲人的争吵在士师记耶弗他的时候再度出现，那时候事情就真的演变成流血冲突，而且冲突双方正好是约旦河东西两面的以色列人。我们讨论耶弗他事迹的时候再来讨论这个约旦河东西两面的问题。

神一再伤心难过的原因。

（二）亚比米勒(八 33～九 57)

八33　基甸死后，以色列人又去随从诸巴力，行邪淫，以巴力比利土为他们的神。

34　以色列人不记念耶和华他们的神，就是拯救他们脱离四围仇敌之手的；

35　也不照着耶路巴力，就是基甸，向他们所施的恩惠，厚待他的家。

九1　耶路巴力的儿子亚比米勒，到了示剑见他的众母舅，对他们和他外祖全家的人说：

2　"请你们问示剑的众人说：'是耶路巴力的众子七十人都管理你们好呢？还是一人管理你们好呢？'你们又要记念我是你们的骨肉。"

3　他的众母舅便将这一切话为他说给示剑人听；示剑人的心就归向亚比米勒，他们说："他原是我们的弟兄。"

4　就从巴力比利土的庙中，取了七十舍客勒银子给亚比米勒，亚比米勒用以雇了些匪徒跟随他。

5　他往俄弗拉到他父亲的家，将他弟兄，耶路巴力的众子七十人，都杀在一块磐石上；只剩下耶路巴力的小儿子约坦，因为他躲藏了。

6　示剑人和米罗人都一同聚集，往示剑橡树旁的柱子那里，立亚比米勒为王。

7　有人将这事告诉约坦，他就去站在基利心山顶上，向众人大声喊叫，说："示剑人哪，你们要听我的话，神也就听你们的话。

8　有一时，树木要膏一树为王管理他们，就去对橄榄树说：'请你作我们的王。'

9　橄榄树回答说：'我岂肯止住供奉神和尊重人的油，飘摇在众树之上呢？'

10　树木对无花果树说：'请你来作我们的王。'

11　无花果树回答说：'我岂肯止住所结甜美的果子，飘摇在众树之上呢？'

12 树木对葡萄树说：'请你来作我们的王。'

13 葡萄树回答说：'我岂肯止住使神和人喜乐的新酒，飘摇在众树之上呢？'

14 众树对荆棘说：'请你来作我们的王。'

15 荆棘回答说：'你们若诚诚实实的膏我为王，就要投在我的荫下；不然，愿火从荆棘里出来，烧灭黎巴嫩的香柏树。'

16 现在你们立亚比米勒为王，若按诚实正直善待耶路巴力和他的全家，这就是酬他的劳；

17 从前我父冒死为你们争战，救了你们脱离米甸人的手；

18 你们如今起来攻击我的父家，将他众子七十人杀在一块磐石上，又立他婢女所生的儿子亚比米勒为示剑人的王，他原是你们的弟兄；

19 你们如今若按诚实正直待耶路巴力和他的家，就可因亚比米勒得欢乐，他也可因你们得欢乐。

20 不然，愿火从亚比米勒发出，烧灭示剑人和米罗众人；又愿火从示剑人和米罗人中出来，烧灭亚比米勒。"

21 约坦因怕他弟兄亚比米勒，就逃跑，来到比珥，住在那里。

22 亚比米勒管理以色列人三年。

23 神使恶魔降在亚比米勒和示剑人中间，示剑人就以诡诈待亚比米勒。

24 这是要叫耶路巴力七十个儿子所受的残害，归与他们的［兄弟］亚比米勒；又叫那流他们血的罪，归与帮助他杀弟兄的示剑人。

25 示剑人在山顶上设埋伏，［对抗亚比米勒］。凡从他们那里经过的人，他们就抢夺；有人将这事告诉亚比米勒。

26 以别的儿子迦勒和他的弟兄来到示剑，示剑人都信靠他。

27 示剑人出城到田间去，摘下葡萄，踹酒，［举行感恩节宴会］，进他们神的庙中吃喝，咒诅亚比米勒。

28 以别的儿子迦勒说："亚比米勒是谁？示剑是谁？使我们服事他呢？［耶路巴力的儿子和他的帮手西布勒，岂不应当服事示剑的父亲哈抹的后裔吗？］我们为何服事亚比米勒呢？

29 惟愿这民归我的手下，我就除掉亚比米勒。"迦勒又对亚比米勒说："增添你的军兵出来吧。"

30　邑宰西布勒听见以别的儿子迦勒的话,就发怒,

31　[悄悄地]打发人去见亚比米勒,说:"以别的儿子迦勒和他的弟兄到了示剑,煽惑城中的民攻击你。

32　现在,你和跟随你的人今夜起来,在田间埋伏。

33　到早晨太阳一出,你就起来闯城;迦勒和跟随他的人出来攻击你的时候,你便向他们见机而作。"

34　于是亚比米勒和跟随他的众人夜间起来,分作四队,埋伏等候示剑人。

35　以别的儿子迦勒出去,站在城门口;亚比米勒和跟随他的人,从埋伏之处起来。

36　迦勒看见那些人,就对西布勒说:"看哪,有人从山顶上下来了。"西布勒说:"你看见山的影子,以为是人。"

37　迦勒又说:"看哪,有人从[地的中心]下来,又有一队从米恶尼尼橡树的路上而来。"

38　西布勒对他说:"你曾说:'亚比米勒是谁,叫我们服事他?'你所夸的口在哪里呢? 这不是你所藐视的民吗? 你现在出去与他们交战吧。"

39　于是迦勒率领示剑人出去,与亚比米勒交战。

40　亚比米勒追赶迦勒,迦勒在他面前逃跑,有许多受伤仆倒的,直到城门。

41　亚比米勒住在亚鲁玛;西布勒赶出迦勒和他弟兄,不准他们住在示剑。

42　次日,民出到田间,有人告诉亚比米勒。

43　他就把他的人分作三队,埋伏在田间;看见示剑人从城里出来,就起来击杀他们。

44　亚比米勒和跟随他的一队向前闯去,站在城门口;那两队直闯到田间,击杀了众人。

45　亚比米勒整天攻打城,将城夺取,杀了其中的居民;将城拆毁,撒上了盐。

46　示剑楼的人听见了,就躲入[比利土神]庙的卫所。

47 有人告诉亚比米勒,说:"示剑楼的人都聚在一处。"

48 亚比米勒和跟随他的人就都上撒们山;亚比米勒手拿斧子,砍下一根树枝,扛在肩上,对跟随他的人说:"你们看我所行的,也当赶紧照样行。"

49 众人就各砍一枝,跟随亚比米勒,把树枝堆在卫所的四围,放火烧了卫所,以致示剑楼的人都死了,男女约有一千。

50 亚比米勒到提备斯,向提备斯安营,就攻取了那城。

51 城中有一座坚固的楼;城里的众人无论男女,都逃进楼去,关上门,上了楼顶。

52 亚比米勒到了楼前攻打;挨近楼门,要用火焚烧。

53 有一个妇人把一块上磨石抛在亚比米勒的头上,打破了他的脑骨。

54 他就急忙喊叫拿他兵器的少年人,对他说:"拔出你的刀来,杀了我吧。免得人议论我说:'他为一个妇人所杀。'"于是少年人把他刺透,他就死了。

55 以色列人见亚比米勒死了,便各回自己的地方去了。

56 这样,神报应亚比米勒向他父亲所行的恶,就是杀了弟兄七十个人的恶。

57 示剑人的一切恶,神也都报应在他们头上;耶路巴力的儿子约坦的咒诅,归到他们身上了。

(I) 分段

第八章卅三节说:"基甸死后,以色列人又去随从诸巴力,行邪淫……"这样的用语是新的士师故事开始的用语(比较三 12,四 1,六 1)。虽然亚比米勒在士师记中从未被称为士师,但第八章卅三节以后的中心人物显然不再是基甸,而是亚比米勒了。因此,我们认为亚比米勒的故事由第八章卅三节开始是合宜的。这故事随着亚比米勒的死(九 35)也告结束。本段经文最后两节(九 56~57)是叙述者对整个亚比米勒故事的评语,一方面说明约坦的预言(九 16~20)应验了,另一方面说明亚比米勒故事的结局是以色列人不记念神和基甸(八 34~35)的应有结果。

(II) 经文

本段经文的原文没有什么大困难,只是在和合译本中有一些译文可能需要有更准确的表达。

九24　"兄弟"($'^ahî$)　和合译本作"哥哥"。原文也可以指"弟弟"。我们知道,基甸的长子是益帖(八20),而基甸的七十个儿子(八30,九2)中只有约坦逃过了亚比米勒的屠杀(九5)。那么,亚比米勒所杀的人中有他的哥哥,也有他的弟弟。所以,这里的"哥哥"改为"兄弟"较合宜。

九25　"对抗亚比米勒"($lô$)　和合译本作"等候亚比米勒"。原文是"对抗他"的意思。从故事的发展看来,示剑人埋伏的目的不是要捉拿亚比米勒,只是要抢夺路经那里的商人,使亚比米勒蒙受经济上的损失。[38] 所以,把"等候亚比米勒"改为"对抗亚比米勒"较合宜。

九27　"举行感恩节宴会"($hillûlîm$)　和合译本作"设摆筵宴",原文字根是"赞美"的意思。这个字也出现在利未记第十九章廿四节:"但第四年所结的果子,全要成为圣,用以赞美耶和华。"这里示剑人守的可能是一个向神感恩的节期,不是一个普通的宴会。所以,把"设摆筵宴"改为"举行感恩节宴会"较合宜,这就可以解释为什么示剑人要进到他们的神庙去吃喝。

九28　"耶路巴力的儿子和他的帮手西布勒,岂不应当服事示剑的父亲哈抹的后裔吗?"　和合译本作:"他不是耶路巴力的儿子吗? 他的帮手不是西布勒吗? 你们可以服事示剑的父亲哈抹的后裔。"本节并不容易理解,特别是和合译本的"你们"一词,更不知道应该是指什么人。如果"你们"指的是前面"耶路巴力的儿子"和"西布勒",那么,应该改为"他们"比较合宜;如果"你们"指的是那些正在听迦勒发言的示剑人,那么,应该改为"我们"比较合宜。迦勒与示剑人是彼此认同的(九

---

[38] 参 Boling, *Judges*, p.176. 苏根从文法上看,有较详尽解释,参 Soggin, *Judges*, p.179.

26），所以他在本节中两次用"我们"比较合宜。因为迦勒与示剑人是彼
此认同的（九 26），所以在本节中两次用"我们"代表了他和那些信靠他
的示剑人。从经文的内容看来，迦勒显然是要将亚比米勒和示剑人对
立起来。迦勒发言的开始两句："亚比米勒是谁？示剑是谁？"已经有对
立的意思了。现在的问题是，谁应该服事谁？所以，这里的"你们"应该
指亚比米勒和西布勒较合宜。那么，"你们要服事"（'ib⁰dû）的原文需
要改为"他们服事"（ya'ab⁰dû）。⑤⑨ 由于本节和合译本中"他不是……
么？"（hªlō'，岂不……？）的原文中既没有"他"，也没有"是"，全句的动
词是随后的"服事"。那么，全句最好翻译为："耶路巴力的儿子和他的
帮手西布勒，岂不应当服事示剑的父亲哈抹的后裔么？"这就使示剑人
服事亚比米勒的现况成为不合理的了。所以，迦勒随后说："我们为何
服事亚比米勒呢？"

　　九 31　"悄悄地"（b⁰tor⁰mâ）　原文将这个词放在"亚比米勒"之
后。宾尼认为这里的原文应该是"亚鲁玛"（bā'rûmâ，九 41），后来被错
误地写成了现在的形式。⑥⓪ 那么，全句可以翻译为："（西布勒）打发人
去亚鲁玛见亚比米勒。"不过，"悄悄地"颇符合故事发展的需要。从第
卅六至卅七节看来，西布勒是有意瞒着迦勒的。所以，我们还是维持马
所拉经文为妙。

　　九 37　"地的中心"（ṭabbûr hā'āreṣ）　和合译本作"高处"；原文的
字面意思是"地的高处"。这个词语在旧约其余经文中只出现在以西结
书第卅八章十二节，而那里的意思是"世界的中间"。很多解经家认为，
这里也应该指世界的中心，一个特定的地点，不是随便的"高处"。所
以，本节的"高处"改为"地的中心"比较容易传达原文的意思。我们在
注解部分再来讨论这一点。

　　九 46　"比利土神"　和合译本作"巴力比利土"。翻译作"巴力"
的原文是"神"（'ēl），不是"巴力"（ba'al）。所以，这里翻译为"比利土
神"比较合宜。

---

⑤⑨　这里是跟随宾尼的意见。参 Burney，*The Book of Judges*，p. 279.
⑥⓪　参 Burney，*The Book of Judges*，p. 281.

(III) 注解

历史背景

亚比米勒的事迹是旧约传统中关于王权最早的故事。这故事是否反对王权制度,学者们有不同意见,有些认为约坦的寓言不反对王权制度,只反对不称职的王;[61]有些认为约坦的寓言强烈反对王权制度。[62]傅立齐(Fritz)从本章故事的形成过程认为,君王问题是这里的中心。[63]我们相信,示剑人的结局显示,亚比米勒的故事是以色列人一次很沉痛的经历(九 55)。但这故事的问题不在王权上,而在王与百姓的关系上。

"立约关系"在这故事中占有重要的位置。我们知道,示剑位于以巴路山和基利心山之间的峡道上,这个特殊的地理环境使它控制了中央山地南北和东西的交通要道,社会上必定与外人有很多接触,彼此立约便成为很平常的事了。这种立约的传统从他们所敬拜的"巴力比利土"(九 4,意思是"立约之王")这个神的名字可以看出来。雷维夫(Reviv)更认为,示剑人常用立约的方式让一些有能力的外族人来统治他们。[64] 我们从亚马拿文献得知,示剑城在考古学上的晚铜时期曾

---

[61] 参 Eugene Maly,"The Jotham Fable—Anti-monarchical?"*CBQ* 22(1960),pp. 299 - 305;Barnabas Lindars,"Jotham's Fable—A New Form-Critical Analysis,"*JTS* 24 (1973),pp. 355 - 366.

[62] 苏根认为亚比米勒的故事,特别是约坦的寓言,是强烈反对王权制度的。参 Soggin,*Judges*,pp. 176 - 177.我们认为,苏根有此意见是因他没看到"约法"关系是亚比米勒故事的重心所在。关于王权制度的问题,还可参考 Daniel I. Block,"The Period of the Judges:Religious Disintegration under Tribal Rule,"in *Israel's Apostasy and Restoration*,ed. Avraham Gileadi(Grand Rapids:Baker,1988),p. 50;D. Jobling,*The Sense of Biblical Narrative:Structural Analyses in the Hebrew Bible II*,pp. 58 - 87.

[63] 他认为迦勒的故事(九 26～41)是本章故事最早的部分。迦勒的结局告诉人们,反叛合法的王是没有效果的;该故事在主前第九世纪北国以色列多次流血革命的时候有所增加,强调由暴力建立的王权也会由暴力结束;该故事在主前第七世纪末南国晚年的时候又有所增加,强调选立不合适的人作王必会导致全民败落。参 Volkmar Fritz,"Abimelech und Sichem in Jdc. IX,"*VT* 32(1982),pp. 129 - 144.

[64] 参 H. Raviv,"The Government of Shechem in the El-Amarna Period and the Days of Abimelech,"*Israel Exploration Journal* 16(1966),pp. 252 - 257.

经很兴盛。后来，以色列人征服迦南地的故事中完全没有提到示剑曾经被征服，但约书亚已经在示剑为以色列人在神面前行立约的仪式了（书廿四章）。可能的情况是，示剑人以立约的形式加入了以色列人的信仰阵营。他们接纳了以色列人对耶和华的信仰，以色列人也渐渐接纳了他们对神的称呼——巴力比利土（八 33）或比利土神（九 46）。这一点我们在第八章卅三节和第九章四十六节再作讨论。所以，示剑城未经毁灭，而且成为约书亚用来给以色列人与神立约的地方。示剑在约书亚以后继续成为以色列人定期与神重申立约的地方，直到亚比米勒的时期。

约书亚、基甸和亚比米勒都可能曾经努力促使示剑人完全投入耶和华的信仰，结果示剑城还是毁灭了（九 45）。[65] 苏根认为，导致示剑城毁灭的是立法与行政之间的冲突：亚比米勒作为行政上的首长，希望尽量将权力集中在自己手中；示剑人作为立法的群体，却不肯在基本的问题上让步。[66] 如果苏根的意见是对的，这仍然是亚比米勒与示剑人之间的立约关系有了问题。

八 33　本节经文表明了以色列人与迦南人群居的不良后果。昔日基甸娶了示剑的女子为妾（八 31），可能是有政治的目的，因为他想促使以色列人和迦南人混合在一起，但他的儿子亚比米勒为了夺取政权，却向示剑人强调他的示剑血统（九 2）。

"巴力比利土"（ba'al bᵉrît）　"立约之主"的意思。这名字可能表示神监察着有立约关系的迦南城邦，或神与祂的百姓之间有立约的关系。古代近东世界中，神作为立约关系的监察者比较常见，作为立约关系的其中一方则很少。反而旧约圣经却很看重耶和华神和以色列人之间的立约关系。示剑城的人与以色列人混合以后，也可能接纳了以色列人与神立约的信仰。因此，这里"巴力比利土"很可能是指神与他们有立约的关系。这个词的原文也出现在创世记第十四章十三节中，指

---

[65]　波令认为，士师记的编辑者特意将示剑被毁的故事放在全书的中心，为要结合前面伯特利的事（二 1～5）和后面但的事（十八章），一同向读者表示，伯特利、示剑和但虽然是以色列人敬拜耶和华的古老地方，却被神撤弃，由耶路撒冷取代了。参 Boling, *Judges*, p. 185.

[66]　参 Soggin, *Judges*, p. 163.

与亚伯拉罕有立约关系的幔利、以实各和亚乃。

八 34～35　这两节经文表示,以色列人敬拜巴力是对耶和华神忘恩负义的行为。因此,忘恩负义的罪可以等同拜偶像的罪,而拜偶像是对神不忠的行为。以色列人将这种行为从对待神扩展到对待基甸的家人。这就是第九章的故事。

九 1　这里表示,亚比米勒现在要利用他与示剑人的血缘关系,求取政治上的利益了。

"示剑"(šᵉkem)　原文是"肩膀"的意思,可能表示它在东西谷地的分水岭上。它位于巴勒斯坦的中心,在耶路撒冷北约四十八公里,城外郊野水源充足,作物丰富。创世记、出埃及记和约书亚记都记载了以色列人的列祖与示剑城的关系(创十二 6～7,卅三 18～20,卅四章,四十八 22;出十三 19;书廿四 32)。⑰

九 2　"众人"(ba'ᵃlê)　原文是"主",可能指示剑城的贵胄或市政人员,因为他们代表了示剑人与别人谈判(3、26 节)。但同样的字也可以指一般的百姓(书廿四 11;士二十 5;撒上廿三 11～12;撒下廿一 12)。

"好"(ṭôb)　一个立约关系的词语。

"我是你们的骨肉"('aṣmᵉkem ûbᵉśarkem 'ānî)　也是约法关系的用语,表示亚比米勒要与示剑人有立约的关系,而约法关系与亲族关系往往是联系在一起的(比较创二 23 上)。

九 3　这里告诉我们,示剑人之所以愿意接纳亚比米勒的统治,也是因为亚比米勒是他们的兄弟。

九 4　"巴力比利土"　参第八章卅三节的注解。古时候的庙宇往往也是公共银库,收集了敬拜者感恩、起誓、受罚等的款项,战争胜利后带来的收入也会放在那里。负责人可以从银库支付公共开支或紧急需要(比较王上七 51,十五 18;王下十二 4,十八 15,廿二 4～7)。

"七十舍客勒"　亚比米勒用这银子,杀了耶路巴力的七十个儿子。

---

⑰ 创四十八 22 说,雅各给约瑟的那块地是他用武力从亚摩利人手中夺取过来的。然而,书廿四 32 却说,雅各用一百块银子向示剑的父亲哈抹的子孙购买了那块地。对于实在的情况如何,我们不得而知。

似乎这就是那七十人的价值了。

"匪类"　是物质上一无所有,而且无法无天,不受约束的人。

九5　"俄弗拉"　如果基甸真的作了王,他的行政中心仍然在自己的家乡俄弗拉,那么,他的影响也可能不会很大,但仍然包括了示剑在内。⑱

"将他弟兄……都杀在一块磐石上"　这个特点后来重述了(18节)。这里似乎有一些精灵敬拜的遗传。"石"可能是中空的,让血流入其中,因为血就是那些被害者的生命,不可以随便流在地上,免得亚比米勒招惹麻烦(比较撒上十四31~35)。但更积极的意思可能是,亚比米勒以自己兄弟的血为祭,开始了一个新的时代。

"小儿子"　这里强调"小",有值得被人怜爱的意思。

"约坦"(yôtām)　这个名字的读音令人联想到孤儿(yātôm),使人觉得约坦的遭遇值得同情。这个小儿子也是耶路巴力家族的希望,因为旧约圣经常常强调,神是孤儿寡妇的神。

九6　这是一个重要的立王仪式。

"示剑人"　可能是示剑城众人的代表。他们有权立王、废王及监察王,正如有权运用神庙中的金钱一样(4节)。亚比米勒无权直接继承父亲作示剑的管治者,他需要得到"示剑人"的同意才能够这样作(比较王上十二1)。

"米罗"(bêṯ millô')　原文是"米罗屋"或"米罗宫"的意思。但"米罗"这个名词不容易明白,它的字根是"填塞"的意思。因此,"米罗"可能是示剑城范围内被堆筑起来的,好像古希腊亚特农神殿一样的"卫所"。考古学家在铜器时代的示剑也发现了一个大型神殿,可能就是这里所说的"米罗"。⑲ 然则,这里的"米罗人"可能包括了那里的卫士、祭司及其他人员。

"橡树旁的柱子"　两者都是迦南神庙中常有的(比较书廿四26;

⑱ 当时示剑城显然是在俄弗拉的管辖之下。示剑作为古巴勒斯坦的中心,自然不会完全顺服从"俄弗拉"来的管治。贺培恩认为这是示剑与亚比米勒合作反叛基甸家的原因之一。参 B. Halpern, "The Rise of Abimelek Ben-Jerubbaal," p.91.

⑲ "米罗"一名也出现在耶路撒冷(撒下五9;王上九5~24,十一27;王下十二20)。但这里的米罗与耶和华的殿是分开的,可能单单指填筑起来的地方。

创十二 6,卅五 1～4)。前者代表"神谕",后者代表"神"本身。亚比米勒被立为王显然是一项重要的宗教仪式。

九 7～15　这是一个寓言。这种文体可以让读者的观点在不受欢迎的情况下,仍然使听者有兴趣去听和思想。这里提到的橄榄树、无花果树和葡萄树都是巴勒斯坦主要的农作果树。因为这是寓言,可能我们不必强求字面的意思。

九 7　"基利心山顶上"　不必指实际的山顶,因为那是高约三百米的地方。约坦的声音再大,也不能在山顶让山下的示剑人听到的。这里只是表明,约坦与示剑人保持了一定的距离。这样,一方面他居高临下,可以吩咐示剑人去反省,另一方面他在危急的时候可以有足够的空间逃跑。"基利心山"也是一座律法山(书八 33),约坦站在上面俨然好像神的代言人,所以他说,示剑人若听他的话,神就会听他们的话。讽刺的是,约坦作为一个人生经历短浅的"小儿子",却可以教训示剑的领袖们。

九 8　"要"(hālôk̲ hālᵉk̲û)　原文是"去"的意思,但在前面加上了该动词的绝对不定词(infinitive absolute),这就表示他们立王的意思是非常坚定的。这一点与故事的实际情况不同,因为故事中亚比米勒作王是他自己要求的,不是示剑人要求的。显然,约坦的寓言是针对着示剑人讲的,所以他将重心放在示剑人身上了。

"膏"　古代近东世界立王的方法,表示将受膏者从众人中间分别出来的意思。

九 9　"油"　指橄榄树所出的油,通常用来膏立祭司和点燃圣所的灯,也可用在客人身上,表示对客人的尊重(诗廿三 5)。

"飘摇在众树之上"　在众树之间行使管治权力的意思。橄榄树显然认为,尊重神和尊重人比在众人之上行使管治权更重要。

九 10～11　"无花果树"　这种树每年结果二至三次,是巴勒斯坦人常吃的甜美果子。

九 13　"酒"　古时候的人常用酒作奠祭。他们认为神和人都喜欢以酒为乐(参本章 27 节)。

九 14　"荆棘"　一种多刺的灌木,既无可作荫庇的枝叶,又无可作食用的果子。邀请荆棘作王只显出了众树的愚蠢。

九15　这是荆棘讽刺的要求，因为荆棘本身无荫，却要人在它的荫下受庇护。这样，众树被火焚烧的灾祸岂不是已经肯定了吗？火从荆棘出来，是巴勒斯坦夏天常有的现象，因为干旱的夏季很容易使荆棘达到了燃烧的温度。这火迅速蔓延，高大的香柏树也会有危险（赛九18）。这一切无非是要形容示剑人的光景。亚比米勒既无神的灵恩感召，也无王应有的责任感，只有个人的野心（参王上廿一8～24）。他既不能给一般百姓提供荫庇，也不能保护社会上受压迫的人（参诗七十二4）。反之，他会给示剑带来焚身之祸。现在，示剑人无论与亚比米勒合作与否，都会受亏损。所以，他们膏立亚比米勒为王实在是自招咒诅。

"诚诚实实"（be'^{e}me$\underline{t}$）　约法关系的用语。

"黎巴嫩的香柏树"　生于黎巴嫩山上的高大树木。它突然在这里出现，可能是要用香柏树的高贵对比荆棘的卑贱。但荆棘里发出来的火可以烧灭香柏树，代表亚比米勒会带给示剑非常严重的灾祸。

九16　"诚实正直"（be'^{e}met　ûb^etāmîm）　约法关系的用语。这是约坦在第十六至二十节的解释中要特别强调的思想。我们在释义的部分再来讨论这一点。

九17　"冒死"　原文字面意思是"将自己的性命放在一旁"，就是耶路巴力看拯救示剑人比自己的性命更重要的意思。

九18　"婢女"　表示亚比米勒的母亲只是基甸的奴婢。但根据第八章卅一节，她是基甸的妾，而且住在示剑她父亲的城里。所以，她可能是一个自由的妇人。约坦这样说，可能是故意贬低亚比米勒。

九20　示剑人与亚比米勒是平等立约的，所以他们可能遭遇的灾祸也是平等的。

"米罗人"　指示剑城卫所神庙中的人（参6节注解）。

九21　"比珥"　可能是在耶路撒冷北约十三公里的比录（书九17；撒下四3）。亚比米勒的王国可能范围不大，不超出约旦河西玛拿西半支派的地方。而本章提到的各城都在示剑城的附近。约坦逃到南方的比珥去，可能已经离开了亚比米勒的势力范围。

九22　"管理以色列人三年"　表示亚比米勒不单管理示剑及其附近城邑，也把他的势力伸展到以色列的其他地方。但这里亚比米勒实行的是"管理"(yāśar)，不像第九章六节所说的"作王"(mālak)。这里，圣经作者可能一方面看到全以色列都牵连在亚比米勒的罪中，另一方面又不承认他是以色列的"王"，所以只说他是"管理"。无论如何，神容忍了"亚比米勒管理以色列人三年"。这是圣经作者对亚比米勒故事的一个段落性结束语。

九 23　这是亚比米勒失败的开始。他的失败是由神推动的，因为神使恶魔降在亚比米勒和示剑人之间，开始了亚比米勒的下坡路。神的作为也正好回应了约坦前面对示剑和亚比米勒的预言。

"神使恶魔降在亚比米勒和示剑人中间"　这里的"恶魔"原文作"恶灵"。一般解经家都将这里的情况等同旧约另外两处的情况(撒上十六 14，十八 10；王上廿二 21～22)，但这里只说"神使恶魔降在"，没有说恶魔是从神来的，或恶魔是拟人化了的灵。所以，林德斯壮(Lindström)进一步认为这里的"恶灵"只是一种心灵状态(比较民五14、30，那里"疑恨的心"，原文是"疑恨的灵")。然则，这里的意思是，神使亚比米勒和示剑人彼此有心病，以致互相对抗。[70]

九 24　"归与"　"报应"的意思。从政治角度来看，示剑人可能对亚比米勒越来越失去信心，他们本来可能期望亚比米勒为示剑城恢复昔日亚马拿时期的强盛，[71]但亚比米勒竟然不将他的"居所"(行政中心?)设在示剑，而设在亚鲁玛(41 节)。我们不知道亚比米勒为什么这样作。

九 25　这里说，示剑人在山顶上设埋伏，抢掠从那里经过的人(参前面经文部分的讨论)。基利心山顶高，从那里远望来客，方便抢劫。示剑人这样作，自然会大大打击亚比米勒的经济，因为示剑城位于中央山地的交通要冲，必定有不少商旅从那里经过。那个将信息告诉亚比米勒的"人"好像扮演了"鬼魔"(23 节)的角色，在亚比米勒和示剑人中间开启争执。

九 26　这里出现了迦勒和他的弟兄，正好给示剑人机会去对抗亚

[70] 参 Fredrik Lindström, *God and the Origin of Evil：A Contextual Analysis of Alleged Monistic Evidence in the Old Testament* (Lund, Sweeden：CWK Gleerup, 1983), Translated by Frederick H. Cryer, pp.77-78.
[71] 从亚马拿泥版(Tel-el-Amarna Tablets)得知，示剑在主前十四世纪是巴勒斯坦山地最大的一个城邦。

比米勒,所以他们很快便信靠了迦勒。

　　"**以别**"(*'ebed*)　"奴仆"的意思,可能特意要反映迦勒出身低微,或圣经作者对迦勒的贬低。

　　"**迦勒**"(*ga'al*)　原文字面意思是"可憎恨"或"可厌恶"。这可能反映了迦勒的真实面目,也可能是圣经作者特意贬低他而给的称呼。从迦勒后来的言论看来(28 节),他可能是示剑裔的人,因为他常常与示剑人认同为"我们"。

　　"**弟兄**"　可能不是血缘的,而是军事的,因为这里的"弟兄"一词可以指迦南人的武士贵胄。[72] 然则,他们可能是迦勒带领的一批雇佣军人。因此,迦勒敢于向亚比米勒挑战(29 节)。

　　"**来到**"(*'ābad*)　有"强行"的意思(参王下十四 9)。可见迦勒和他的弟兄可能有相当的影响力。

　　"**信靠**"(*bāṭaḥ*)　约法关系的用词,表示示剑人与迦勒有进一步彼此立约的可能。

　　九 27　这里的情景是夏末秋初葡萄收成大节期(比较利十九 24;士廿一 19~21)。示剑人在庙中吃喝,容易挑起人们的传统信仰和种族情绪。他们在节期中多是纵情享乐,容易将社会争端表面化。现在亚比米勒既不在示剑,反对他统治的人更容易情绪高涨。这就是他们在筵宴中咒诅亚比米勒的原因。

　　九 28　参经文部分的讨论。我们将"他不是耶路巴力的儿子吗?他的帮手不是西布勒吗?你们可以服事示剑的父亲哈抹的后裔"这一句,修改为"耶路巴力的儿子和他的帮手西布勒,岂不应当服事示剑的父亲哈抹的后裔吗?"

　　"**耶路巴力的儿子**"　强调亚比米勒的以色列血统,将他与示剑人分开。

　　"**帮手**"(*pāqîd*)　不是一般的帮助者,而是一个官职的名称,主要负责军队的招募和管理。我们不知道西布勒是什么人。但这里强调的

――――――――――

[72] 这是雷维夫的意见,也为苏根和波令所接受。参 Reviv, "The Government of Shechem in the El-Amarna Period and the Days of Abimelech," *Israel Exploration Journal* 16 (1966), p. 254; Soggin, *Judges*, p. 185; Boling, *Judges*, p. 177.

不是他的种族,而是他的职分。

　　"哈抹的后裔"('an^esê ḥ^amôr)　原文是"哈抹的人"。"哈抹"是示剑的父亲(创卅三 19,卅四 6)。它的字面意思是"驴",而"哈抹之子"或"哈抹的人"是"立约之子"的意思,因为古代亚摩利人常用宰驴的方式来订立约法关系。示剑人有同样的习惯,这可以从他们所拜的神"巴力比利土"或"比利土神"(4、46 节)看得出来。^{⑦③}　这样看来,"哈抹的后裔"是示剑城中一群有特殊地位的人,他们与前面第二节讨论过的"示剑众人"和本段经文第廿六节提到的"示剑人",都是示剑城的领袖阶层(比较书廿四 32)。迦勒离间亚比米勒与这些人的关系,却认为自己与这些人有密切的关系,显然是用自己的血缘关系来支持他的政治要求。

　　"比利土"　"约法"的意思。

　　九 29　"惟愿这民归我的手下"　这是迦勒的政治要求。

　　"增添你的军兵出来吧"　这是迦勒向亚比米勒的挑战。他可能酒后意气风发,口出狂言了,因为结果证明,他不是亚比米勒的对手(39～40 节)。

　　九 33　"闯城"　突袭示剑城的意思。

　　九 35　"城门口"　指示剑城的东门,因为亚比米勒攻城的时候是早晨(33 节),而西布勒说,迦勒看见的那些人是山的影子(36 节)。那么,他们必须站在城东的门楼上才能看见山的影子。^{⑦④}

　　九 36　"山的影子"　西布勒的意思是,迦勒看见的只是他自己想象出来的东西而已。西布勒是要拖延时间,使迦勒没有充足的时间预备迎战亚比米勒。

　　九 37　"地的中心"　参经文部分的讨论。一般解经家都将这里

---

⑦③ 参 W. F. Albright, *Archaeology and the Religion of Israel* (John Hopkins Press, 1953), p. 113; M. Noth, "Old Testament Covenant-making in the light of a Text from Mari," *The Laws in the Pentateuch and Other Studies* (Edinburgh and Philadelphia 1966), pp. 108 – 117.

⑦④ 波令也认为必须是东门,但他的理由是当时示剑城仅有的另一个门,即西北门,在铜器时代晚期及铁器时代初期已经无用了(Boling, *Judges*, p. 179)。可是后来考古学家发现,西北门曾在该时期重新开放。参 E. Campbell, "Jud. 9 and Biblical Archaeology," *The Word of the Lord Shall Go Forth*, FS D. N. Freedman (Winona Lake, 1983), pp. 265ff.

的原文翻译为"地的肚脐"（Navel of the Land）。⑦ 古时候的人相信地
有一个中心，该中心与天相联，是地上最丰富、最有生命力的地方。这
种思想普遍存在于不同的民族中，他们通常会认为自己的城或神庙所
坐落的地方就是地的中心。中国人称自己的国家为"中国"，又认为中
国"地大物博"，也可能与"地的肚脐"这种思想有关。今天，耶路撒冷的
圣墓殿也有一个"地的肚脐"。这里"地的中心"是指示剑城附近基利心
山的某一个地方。

"米恶尼尼"（$m^{e\cdot}ôn^{e}nîm$）　这是原文的音译，意思是"占卜者"。
而"橡树"往往与敬拜神的事有关（创十二6，卅五4；申十一30；书廿四
26；士七1，九6）。所以，这里可能指一个敬拜神的地方。

九38　西布勒迫使迦勒出去与亚比米勒交战。他抓住迦勒在第
廿八至廿九节所说的话向迦勒施加压力。他认为迦勒如果不出战，将
会名誉丧尽。

九39～40　迦勒出去迎战却一败涂地，被亚比米勒一直追赶到城
门口。亚比米勒没有立时攻城，却回去住在亚鲁玛（41节）。

九41　"亚鲁玛"　示剑东南山区约八公里的一个地方。我们不
知道为什么亚比米勒不在这个时候趁势攻城，他可能认为穷寇莫追，他
的帮手西布勒大可以将迦勒处理了；他也可能认为示剑城有坚强的防
御工事，还是再等机会行事为妙。

"赶出迦勒和他弟兄"　这里表明西布勒是一个能干的人，他将战
败后无地自容的迦勒赶出示剑城。示剑人同意这样作，可能认为迦勒

⑦ 宾尼、波令、苏根都作同样的翻译。参 Burney, *The Book of Judges*, p. 283；Boling, *Judges*, p. 178；Soggin, *Judges*, p. 189. 关于"地的肚脐"这思想，可参 S. Talmon, "The 'Navel of the Earth' and the Comparative Method," *Scripture in History and Theology. Essays in honor of J. C. Rylaarsdam* (Pittsburgh 1977), pp. 243-268. 又可参考 G. R. H. Wright, "The Mythology of Pre-Israelite Shechem," *VT* 20 (1970), pp. 75-82. 该作者认为从创世记、申命记、约书亚记、士师记和约翰福音，可以证明古时候的人相信示剑为地的中心。例如，地的中心通常有一高处，而约瑟的坟墓可能就有这个意思（书廿四32）；地的中心有生命树，而示剑的橡树就是这个意思（士九6）；地的中心有生命水，而示剑的雅各井就有这个意思（约四章）；地的中心还有一个王与生命树相连，在伊甸园是始祖亚当，而示剑立亚比米勒为王就是认为示剑这个群体的生命都在王的生命中体验了。以后，大卫王的继承人也曾在这里被认可（王上十二1）。当然，主耶稣在约翰福音已经否定了示剑雅各井的水为生命水，因为只有祂这位真正的生命之主才能赐给人"生命水"。

可以作他们的"代罪羔羊",以此平息亚比米勒的怒气。

九 42　这里的发展似乎与上文不大相连。为什么示剑人在这个时候出去田间呢? 可能的解释是,他们认为亚比米勒已经回亚鲁玛了,迦勒也被赶出去了,事情应该解决了。况且,这是葡萄收成的时候,若不及时收取,示剑城会有饥荒的危险。

"民"　有军人的意思。

九 43　"他的人"　这里的"人"字原文是"民"。这些"人"显然是亚比米勒的士兵。这样看来,示剑人还是有所防备的。从本节的发展看来,第四十二节中那些向亚比米勒通报消息的人必定在示剑人未出城之前已经通报了,因为这样亚比米勒才会有足够的时间去田间设下埋伏。

九 45　"撒上了盐"　这里告诉我们,亚比米勒将示剑城尽行毁灭了。"撒盐"的作法却不容易了解。由于盐也被用来撒在祭物上,一同献给神(结四十三 24),那么,亚比米勒对待示剑城可能好像约书亚对待耶利哥城一样,将它彻底毁灭献给神了。但是,亚比米勒是一个冷血、无情无义的人(九 5),不太可能有这样的宗教情操。更可能的解释是,"撒盐"表示城要永远被废弃(比较申廿九 23;诗一○七 34;耶十七 6),不能对亚比米勒有任何的报复作为。考古学家也证实了,主前十二世纪末,示剑城曾经遭遇极大的破坏。那破坏可能就是这次的事。

九 46　这是一节很不容易理解的经文,因为我们不知道示剑城和示剑楼有什么关系。我们试分下面三点来看:

1. 一般的解释

由于示剑城已经被彻底毁灭了(45 节),圣经学者多认为这里指的示剑楼是城外的一个村庄,该村庄因为有一座楼而被人称为示剑楼;那里的比利土神庙也不是示剑的巴力比利土庙(九 4),卫所可能是一个地下室或洞穴(比较撒上十三 6);亚比米勒用火攻这地方,其实是用烟将那里的人闷死在地下室或洞穴中。⑯

---

⑯　这些意见可以在宾尼、苏根、摩尔等人的士师记注释中找到。哥特华德更认为"巴力比利土"庙是示剑迦南人的神庙,而"比利土神"庙是示剑以色列人的神庙。参 Gottwald, *The Tribes of Yahweh*, pp. 563 - 567.

2. 问题

考古学上从未发现示剑的神庙中有什么地下室或洞穴。而且,亚比米勒的故事已经告诉我们,以色列人那时候拜的也是巴力比利土(八33)。"巴力比利土"和"比利土神"这两个称呼可能没有什么大分别,因为迦南人在某个地方所拜的"神"也被称为那地方的"巴力"。"巴力比利土"可能是比利土神的一个描述词语。⑦ 无论如何,同属示剑,为什么需要两个神庙呢?

3. 可能的解释

坎伯尔(Campbell)认为巴力比利土庙就是比利土神庙,而米罗宫(6、20 节)和示剑楼(46 节)是指同一个地方。他认为本节的"听见"不是从报信的人听见,而是亲耳听见。⑱ 依照这解释,示剑城可能分为上城和下城:第四十五节提到的是下城;上城是卫所神庙所在的地方,那地方有"填筑"起来的高台,所以那里的房子被称为"米罗"宫,而示剑楼就是卫所本身。⑲ 由于该楼是示剑城最显著的建筑物,所以又称为示剑楼,而且用来代表整个上城。示剑上城和下城的财政可能是合一的,而且在下城的管理中。所以,示剑城的人可以从巴力比利土庙中取银钱(九 4)。但上下城的行政可能不同,所以本章经文分别提到它们的代表人物,即"示剑人"和"示剑楼的人"或"米罗人"。上下城的毁灭也被分开来记述(45 节和 46~49 节)。另一个可能性是,第四十六至四十九节不是第四十五节的延续,而是示剑城毁灭时一个关于示剑楼的特写。那么,示剑楼可以被理解为示剑城的一部分(比较 51 节)。亚比米勒彻底毁灭整个示剑城(45 节)之前,示剑楼已经陷落了。

---

⑦ 参 Theodore J. Lewis, "The Identity and Function of El/Baal Berith," *JBL* 115 (1996), pp. 401 – 423.

⑱ 参 Campbell, "Jud. 9 and Biblical Archaeology," *The Word of the Lord Shall Go Forth*, pp. 263 – 278.

⑲ 参 G. Ernest Wright, *Shechem: The Biography of a Biblical City* (London: Gerald Duckworth & Co. Ltd., 1964), p. 124.

九 48　"撒们山"　可能是基利心山南面多林的山头(比较诗六十八 14)。

九 50　"提备斯"　不能确定在哪里,可能是示剑东北十九公里的"得撒",那里后来成为北国以色列初期的首都。

九 51　"坚固的楼"　可能是提备斯的"卫所神庙",像示剑楼一样的地方。和合译本说,逃进该楼去的人是城里所有的男女,马所拉经文更说明是"城中所有男女和所有领袖"。他们可以上到楼顶去,可见楼顶是平的,可以让人从那里攻击敌人,保护神庙范围。

九 53　"上磨石"　手推磨的上半部,约有五至八厘米厚,二十厘米直径。这种磨通常是由两个妇人用手推动的。

九 54　"他为一个妇人所杀"　亚比米勒希望逃避的羞辱结果,还是随着他流传在以色列人中(撒下十一 21)。

九 55～57　"报应……恶……恶……报应"　这是第八章卅三至卅五节的回应。以色列人的罪、示剑人的罪和亚比米勒的罪都得了报应。约坦的预言(九 20)也就应验了。亚比米勒死了,以色列人似乎觉得一切都完了。如果亚比米勒不死,他也没有"人"和"城"可以统治,因为示剑和附近的城邑都被他毁灭了。

(IV) 释义

基甸与亚比米勒的关系

我们在讨论基甸故事的时候已经说了,基甸是士师职事败坏的开始。亚比米勒作为基甸的儿子,是士师职事败坏的结果。他的故事有士师记录的形式:以色列人犯罪(八 33～35);一个与拯救者相反的角色兴起(九 1～5);他统治了以色列若干年(九 22);他死了(九 53～54)。但亚比米勒的故事与一般的士师故事在性质上是相反的:他对以色列的管治权不是从神来的,却是自己用暴力夺取的;他屠杀了以色列可能有的领袖(他的兄弟们),自己成了以色列人的压迫者,使以色列陷入毁灭性的危险中(九 15、20、42～52)。这与以往以色列人受外族人欺压的情况是刚刚相反的。⑧ 以色列陷入如此严峻的光景是由基甸娶示剑女子为妾这件事开始(八31)。因此,亚比米勒的故事实在是基甸故事的延伸和结局。这两个故事有很多共同的用词和思想,例如:

a.   俄弗拉(六11、24,八27、32,九5)、橡树(六11,九6)、楼(八9、17,九46、49、51~52)、火(六21,七16、20,九15、20、49、52)等贯串了两个故事;

b.   以色列全地的毁坏(六5)与示剑城彻底的毁坏(九45)也互相呼应,但前者是米甸人的作为,后者却是以色列人本身的作为;

c.   基甸用荆条和枳棘惩罚了疏割人(八7、16),与亚比米勒作为荆棘,有火从他那里出来烧灭示剑及其邻近地方的情况(九15、20、45~52)又成了有趣的呼应。基甸的行为是过分的;亚比米勒的行为更是过分的,因为当时西布勒已经赶逐了迦勒,一切都似乎平静下来了,但亚比米勒却进一步将整个示剑城都毁灭了。亚比米勒在他父亲的缺点上可谓"青出于蓝而胜于蓝"。

　　这样看来,我们读亚比米勒故事的时候,不能把基甸的故事完全忘掉。从基甸开始,以色列渐渐进入了士师不成为士师,以色列人不成为以色列人的光景。亚比米勒的故事虽然有士师的形式,却充满了士师的反面作为。以色列人与示剑的迦南人混杂,也失去了自己的身份,他们虽然被称为亚比米勒治下的百姓(九22),但立亚比米勒为王的事是示剑人在巴力比利土神庙中进行的(九6),而且立他为王的原因之一,正因为亚比米勒有示剑人的血统(九3、18)。第九章全章经文提到基甸的时候都用了"耶路巴力"这个名字,似乎是说,巴力在抗争中已经完全胜利了。事实上,全章经文中"耶和华"这个名字一次也没有出现,每次应当出现的时候,都被"神"这个字代替了(九7、23、56)。所有以色列人都似乎忘记了他们的神是"耶和华"。当示剑城和亚比米勒都被毁

⑧ 亚比米勒的故事在历史上仍然构成很多有待解决的问题。例如,他的故事主要是关于示剑一个城的问题,他却似乎有更大的统治权(九25、41、50),似乎更是全以色列人的统治者(九22、55);亚比米勒被立为王,却似乎在以色列中未引起任何反对(约坦寓言的作用主要不是反对君王制度的),这与以后的情况(撒上八~十二章)是不协调的;亚比米勒的父亲耶路巴力与基甸的关系在圣经研究上仍有很多不同的意见。那么,亚比米勒的身份也未能够澄清。

灭了的时候,以色列人还不知道悔改,只是各人回自己的地方去了(九
55),因为他们与迦南人没有什么分别了。这就是基甸与示剑女子结合
(八 31)所带来的恶果。

约坦寓言的中心性和讽刺性

亚比米勒的故事是基甸故事的延续,但仍然有自己的表达方式和
中心思想。首先,约坦的寓言是整个故事的组织中心。我们从下面的
经文排列可以看到这一点:

引言:以色列人犯罪(八 33～35)

亚比米勒和示剑人的恶事:过程(九 1～6)

(约坦出现[九 7])

约坦宣讲(九 16～19)

寓言(九 8～15)

约坦宣讲(九 20)

(约坦隐没[九 21])

亚比米勒和示剑人的结局:过程(九 22～25)

结论:犯罪者的报应(九 56～57)

约坦的寓言虽然有第八至十五节那么长,但真正被用上的只有第
十五节,这一点我们从他的宣讲中可以看到:第十五节的上半节与第十
六至十九节是互相呼应的,而第十五节的下半节与第二十节又是互相
呼应的。

约坦在寓言和宣讲中,一方面总括了亚比米勒和示剑人的恶事,另
一方面又预告了他们的结局。他两次用了"若"字(九 16、19),似乎示
剑人还有余地可以选择,按着诚实正直对待耶路巴力和他的家。其实
这是讽刺性的,因为示剑人已经不按诚实正直对待耶路巴力和他的家
了(九 18)。换言之,示剑人的罪是不可以逆转的了。他们的命运只有
一条路,就是接受应得的惩罚。所以,第九章二十节实在是约坦对示剑
人宣告的咒诅——"愿火从亚比米勒发出,烧灭示剑人和米罗众人;又
愿火从示剑人和米罗人中出来,烧灭亚比米勒。"约坦知道示剑人和亚
比米勒都要受到惩罚,但他还说,他们可以从对方得欢乐(九 19),那岂

不是讽刺的说法吗？这讽刺在他的寓言中已经清楚可见了。荆棘对众树说："你们若诚诚实实的膏我为王，就要投在我的荫下……"（九 15上）荆棘根本无荫可以庇护任何树。它这样对众树应许，岂不是很讽刺吗？现在余下的是，第十五节的下半节如何应验。约坦在宣讲中将第十五节下半节单向的毁灭变为双向的毁灭，即亚比米勒要毁灭示剑人，示剑人也要毁灭亚比米勒。这件事的成就是按着"报应"的原则，而罪人要受到报应也成为本章经文的中心思想。

报应神学

报应的思想在故事的引言（八 33～35）和结论中（九 56～57）已经表明了。约坦在宣讲中也表明了这一点。他说，如果示剑人"善待"耶路巴力和他的家，就会有"欢乐"；如果他们"恶待"耶路巴力和他的家，就会"被火烧灭"（九 19～20）。他在第九章二十节发出的咒诅，更成为故事继续发展的蓝图。

1．报应的期限

第九章廿三节提到，亚比米勒管理以色列人的年数是三年。换言之，他得到报应的日子已经被计算了。

2．报应的执行者

第廿三节的开始说："神使恶魔降在亚比米勒和示剑人中间"。[31]这就表明报应的执行者是神自己。神是以色列人的审判者和真正的"士师"。

3．报应的法则

神施行报应的作为是准确的。人种的是什么，收的也是什么。示剑人以诡诈待亚比米勒（九 23），因为耶路巴力七十个儿子所受的残害

---

[31] 古以色列人相信，人所作的恶事始终会回转过来临到作恶的人。这是神所命定的（撒下十六 7～8）。

和所流的血要归到亚比米勒和示剑人身上(九 24)，这是强烈的"报应语言"。换言之，亚比米勒和示剑人的结局也会和耶路巴力七十个儿子的遭遇一样，叙述者在故事的末了再用自己的口肯定了报应的事实："这样，神报应亚比米勒向他父亲所行的恶，就是杀了弟兄七十个人的恶。示剑人的一切恶，神也都报应在他们头上；耶路巴力的儿子约坦的咒诅，归到他们身上了"(九 56～57)。这样，第五十六至五十七节不单呼应了第八章卅三至卅五节叙述者自己的话，也呼应了第九章廿三至廿四节约坦的宣告。此外，报应的法则也在故事的发展过程中表达了。亚比米勒和示剑人所种的恶行，后来都在他们自己身上收取了结果。㉜例如：

a.　亚比米勒和他的母舅等利用他的"血缘关系"去游说示剑人造反(九 1～3)；迦勒和他的弟兄也利用他的"血缘关系"游说示剑人造反(九 26)。

b.　亚比米勒和示剑人"阴谋反对"耶路巴力的家(九 4)；迦勒和示剑人也"阴谋反对"亚比米勒(九 27～41)。

c.　亚比米勒将耶路巴力七十个儿子杀死在"一块磐石"上(九 5)；他自己也被"一块磨石"打死(九 50～54)。㉝

d.　亚比米勒作了王，成为示剑人的"头"(九 6)；但他藉一块石头(九

㉜ 以下关于报应的讨论，可参 T. A. Boogaart, "Stone for Stone：Retribution in the Story of Abimelech and Shechem," *JSOT* 32（1985），pp. 45－56；J. Gerald Janzen, "A Certain Woman in the Rhetoric of Judges 9," *JSOT* 38（1987），pp. 32－37.

㉝ 这"上磨石"代表了太平时期的生活工具，与战争时期用的武器相对，现在却用来结束一场战事，这不是很有意思吗？这磨石是圆的，而且中心有一个洞，鲍美琦将它比作勇士的战车。这样，这个无名的妇人更成了大"英雌"。事实上，这个妇人在故事中也有非常重要的地位，因为她的作为，亚比米勒的恶得了报应，以色列的灾难得以结束。鲍美琦说："当所有人都不能够阻止(亚比米勒)这个独裁者来势汹汹的时候，这个妇人独力阻止了他；当所有示剑人都死了的时候，这个妇人却胜利了。因为她不像其他人一样寻求城池的保护，她自己成了一座城池。"鲍美琦认为这个妇人好像一个报仇的母亲，因为亚比米勒是示剑的儿子(八 31，九 2)，却毁灭了示剑城(九 45～49)；这个妇人代表了示剑城，在提备斯站起来，将她的"儿子"亚比米勒杀了(参 Mieke Bal, *Death & Dissymmetry*，pp. 220－221)。关于城被攻打时，城中的人在紧张时刻献子为祭的事，可以参考 P. Derchain, "Les plus anciens te'moignages de sacrifices d'enfants chez les Semites occidentaux," *VT* 20（1970），pp. 351－355，及鲍美琦的应用和解释(*Death & Dissymmetry*，pp. 218－219)。

5) 取得这地位，也因一块石头失去"头"的地位（九 53）。这块石头将他的头颅和头的地位都一并取去了。

以上的报应思想一方面表明了神的公义，另一方面又使亚比米勒的故事与其他士师的故事完全脱离——其他士师的故事还有神对以色列人的怜悯，使他们有得救的希望；亚比米勒的故事却只有公义，没有怜悯了。

忠信诚实：约法关系的精神

这个悲惨结局的根本原因是以色列人在立约关系上不忠。神与以色列人是有立约关系的，这个关系表明神是以色列人的神，而以色列人是神的百姓。然而，基甸首先陷以色列人于拜偶像的罪中（八 27）；其后，以色列人以巴力比利土为他们的神（八 33）。讽刺的是，"巴力比利土"是"约法之主"的意思，但以色列人敬拜"巴力比利土"的行为本身已经表明他们不忠于耶和华神了。示剑城的人敬拜巴力比利土，应该表明他们是很看重约法关系的，可是他们与亚比米勒立约和与迦勒立约之后都不忠于约法（九 23 下、25、27、41）。这样的讽刺首先表达在"弟兄关系"的讽刺上。亚比米勒用自己的血缘关系要求示剑人支持他（九 2），而示剑人也因为他是"弟兄"而支持他（九 3），但他们阴谋要杀害的正是亚比米勒的"弟兄"（九 5）。如果他们可以谋害亚比米勒的"弟兄"，他们自己所倚仗的"弟兄关系"又哪里会可靠呢？耶路巴力七十个儿子的遭遇不是同样会临到他们吗？迦勒同样诉诸血缘关系，要求示剑人支持他取代亚比米勒作示剑人的王（九 28～29）。结果，示剑人还是将他赶了出去（九 41）。

以色列人要看重的不是血缘关系，血缘关系可能会败坏人们的道德觉醒，亚比米勒的现象就是基甸与示剑的迦南人发生了血缘关系后开始的。以色列人要看重的应该是约法关系，约法所要求的忠信诚实比血缘关系更有道德力量。这也是约坦的寓言和其后的宣讲所要强调的。约坦的寓言虽然以立王的事为话题，惟重点却在王与百姓的关系是否建立在"诚诚实实"这个原则上（九 15）。约坦的宣讲（九 16～20）两次强调示剑人应当按"诚实正直"待耶路巴力和他的家（九 16、19），

耶路巴力既然冒着生命危险拯救示剑人脱离敌人的手,他们就当感恩
图报,善待他和他的家,但现在示剑人却为了"弟兄"的血缘关系而帮助
亚比米勒杀了耶路巴力七十个儿子,那完全是违反约法关系的。第九
章廿三节更将"恶魔"与示剑人的"诡诈"直接联系起来,可见人在约法
关系上不忠是何等严重了。

这也就是士师记要指出的问题——以色列人不忠于与神的约法关
系,结果就是灭亡。这条灭亡的路是由基甸这位士师开始的。人类社
会没有与神立约的关系是危险的,而立约的关系告诉我们,世界上没有
一个王是完全的,君王必须受神的约法制约,否则,就像亚比米勒故事
一样的事会继续发生。

认识神

以色列人全都陷入到黑暗之中,谁会认识神的旨意和作为呢? 本章
经文有很多申辩性的问题(rhetorical questions,九 9、11、13、28、38)。
这些问题似乎都指向这个"认识神"的问题。申辩性的问题通常表明了
被问者的愚昧和提问者的智慧。但全章经文中只有约坦的话是被叙述
者肯定的(九 20、22～24、56～57)。换言之,整个故事中,约坦最明白
神的旨意和作为。最不明白神旨意和作为的是亚比米勒,因为他到了
被神惩罚的最后一刻,仍然以为自己可以攻取提备斯,好像攻取示剑楼
一样。

伍　耶弗他与陀拉、睚珥、以比赞、以伦、押顿（十 1～十二 15）

十1 亚比米勒以后，有以萨迦人朵多的孙子，普瓦的儿子陀拉兴起，拯救以色列人；他住在以法莲山地的沙密。

2 陀拉作以色列的士师二十三年，就死了，葬在沙密。

3 在他以后，有基列人睚珥兴起，作以色列的士师二十二年。

4 他有三十个儿子，骑着三十匹驴驹；他们有三十座城邑，叫作哈倭特睚珥，直到如今都是在基列地。

5 睚珥死了，就葬在加们。

6 以色列人又行耶和华眼中看为恶的事，去事奉诸巴力和亚斯他录，并亚兰的神、西顿的神、摩押的神、亚扪人的神、非利士人的神；离弃耶和华，不事奉他。

7 耶和华的怒气向以色列人发作，就把他们交在非利士人和亚扪人的手中。

8 [第十八年]，他们扰害欺压约旦河那边，住亚摩利人之基列地的以色列[　]。

9 亚扪人又渡过约旦河去攻打犹大和便雅悯，并以法莲族。以色列人就甚觉窘迫。

10 以色列人哀求耶和华说："我们得罪了你，因为离弃了我们神，去事奉诸巴力。"

11 耶和华对以色列人说："[我]岂没有[救过你们]脱离埃及人、亚摩利人、亚扪人和非利士人吗？

12 西顿人、亚玛力人、[马云人]也都欺压你们；你们哀求我，我也拯救你们脱离他们的手。

13 你们竟离弃我，事奉别神，所以我不再救你们了。

14 你们去哀求所选择的神，你们遭遇急难的时候，让他救你们吧。"

15 以色列人对耶和华说:"我们犯罪了,任凭你随意待我们吧;只求你今日拯救我们。"

16 以色列人就除掉他们中间的外邦神,事奉耶和华;耶和华因以色列人受的苦难,就心中担忧。

17 当时亚扪人聚集,安营在基列;以色列人也聚集,安营在米斯巴。

18 [民众]彼此商议,说:"谁能先去攻打亚扪人,谁必作基列一切居民的领袖。"

十一 1 基列人耶弗他是个大能的勇士;是妓女的儿子;耶弗他是基列所生的。

2 基列的妻也生了几个儿子。他妻所生的儿子长大了,就赶逐耶弗他,说:"你不可在我们父家承受产业,因为你是妓女的儿子。"

3 耶弗他就逃避他的弟兄,去住在陀伯地;有些匪徒到他那里聚集,与他一同出入。

4 过了些日子,亚扪人攻打以色列。

5 亚扪人攻打以色列的时候,基列的长老到陀伯地去,要叫耶弗他回来。

6 对耶弗他说:"请你来作我们的元帅,我们好与亚扪人争战。"

7 耶弗他回答基列的长老说:"从前你们不是恨我,赶逐我出离父家吗? 现在你们遭遇急难,为何到我这里来呢?"

8 基列的长老回答耶弗他说:"[为这个缘故],现在我们[回到]你这里来,是要你同我们去,与亚扪人争战。你可以作基列一切居民的领袖。"

9 耶弗他对基列的长老说:"你们叫我回去,与亚扪人争战,耶和华把他交给我,我可以作你们的领袖吗?"

10 基列的长老回答耶弗他说:"有耶和华在你我中间作见证,我们必定照你的话行。"

11 于是耶弗他同基列的长老回去,百姓就立耶弗他作领袖,作元帅;耶弗他在米斯巴将自己的一切话陈明在耶和华面前。

12 耶弗他打发使者去见亚扪人的王,说:"你与我有什么相干,竟来到我国中攻打我呢?"

¹³ 亚扪人的王回答耶弗他的使者说："因为以色列人从埃及上来的时候,占据我的地,从亚嫩河到雅博河,直到约旦河;现在你要好好的将这地归还吧!"

¹⁴ 耶弗他又打发使者去见亚扪人的王,

¹⁵ 对他说:"耶弗他如此说:以色列人并没有占据摩押地和亚扪人的地。

¹⁶ 以色列人从埃及上来,乃是经过旷野到红海,来到加低斯;

¹⁷ 就打发使者去见以东王,说:'求你容我从你的地经过。'以东王却不应允;又照样打发使者去见摩押王,他也不允准;以色列人就住在加低斯。

¹⁸ 他们又经过旷野,绕着以东和摩押地,从摩押地的东边过来,在亚嫩河边安营;并没有入摩押的境内,因为亚嫩河是摩押的边界。

¹⁹ 以色列人打发使者去见亚摩利王西宏,就是希实本的王,对他说:'求你容我们从你的地经过,往我们自己的地方去。'

²⁰ 西宏却不信服以色列人,不容他们经过他的境界;乃招聚他的众民在雅杂安营,与以色列人争战。

²¹ 耶和华以色列的神,将西宏和他的众民都交在以色列人手中,以色列人就击杀他们,得了亚摩利人的全地,

²² 从亚嫩河到雅博河,从旷野直到约旦河。

²³ 耶和华以色列的神,在他百姓以色列面前赶出亚摩利人,你竟要得他们的地吗?

²⁴ 你的神基抹所赐你的地,你不是得为业吗? 耶和华我们的神在我们面前所赶出的人,我们就得他的地。

²⁵ 难道你比摩押王西拨的儿子巴勒还强吗? 他曾与以色列人争竞,或是与他们争战吗?

²⁶ 以色列人住希实本和属希实本的乡村,亚罗珥和属亚罗珥的乡村,并沿亚嫩河的一切城邑,已经有三百年了;在这三百年之内,你们为什么没有取回这些地方呢?

²⁷ 原来我没有得罪你,你却攻打我,恶待我;愿审判人的耶和华,今日在以色列人和亚扪人中间判断是非。"

28 但亚扪人的王不肯听耶弗他打发人说的话。

29 耶和华的灵降在耶弗他身上。他就经过基列和玛拿西,来到基列的米斯巴,又从米斯巴来到亚扪人那里。

30 耶弗他就向耶和华许愿,说:"你若将亚扪人交在我手中,

31 我从亚扪人那里平平安安回来的时候,无论什么人先从我家门出来迎接我,就必归你,我也必将他献上为燔祭。"

32 于是耶弗他往亚扪人那里去,与他们争战,耶和华将他们交在他手中。

33 他就大大杀败他们,从亚罗珥到米匿,直到亚备勒基拉明,攻取了二十座城;这样,亚扪人就被以色列人制伏了。

34 耶弗他回米斯巴,到了自己的家,不料,他女儿拿着鼓跳舞出来迎接他;是他独生的,此外无儿无女。

35 耶弗他看见她,就撕裂衣服,说:"哀哉!我的女儿啊,你使我甚是愁苦,叫我作难了;因为我已经向耶和华开口许愿,不能挽回。"

36 他女儿回答说:"父啊,你既向耶和华开口,就当照你口中所说的向我行,因耶和华已经在仇敌亚扪人身上为你报仇。"

37 又对父亲说:"有一件事求你允准:容我去两个月,与同伴在山上,好哀哭我终为处女。"

38 耶弗他说:"你去吧!"就容她去两个月;她便和同伴去了,在山上为她终为处女哀哭。

39 两月已满,她回到父亲那里。父亲就照所许的愿向她行了。女儿终身没有亲近男子。

40 此后,以色列中有个规矩:每年以色列的女子去为基列人耶弗他的女儿哀哭四天。

十二1 以法莲人聚集,到了北方,对耶弗他说:"你去与亚扪人争战,为什么没有招我们同去呢?我们必用火烧你和你的房屋。"

2 耶弗他对他们说:"我和我的民与亚扪人大大争战;我招你们来,你们竟没有来救我脱离他们的手。

3 我见你们不来救我,我就拼命前去攻击亚扪人。耶和华将他们交在我手中;你们今日为什么上我这里来攻打我呢?"

4　于是耶弗他招聚基列人,与以法莲人争战;基列人击杀以法莲人,是因他们说:"你们基列人在以法莲、玛拿西中间,不过是以法莲逃亡的人。"

5　基列人把守约旦河的渡口,不容以法莲人过去。以法莲逃走的人若说:"容我过去。"基列人就问他说:"你是以法莲人不是?"他若说:"不是。"

6　就对他说:"你说'示播列'。"以法莲人因为咬不真字音,便说"西播列";基列人就将他拿住,杀在约旦河的渡口;那时以法莲人被杀的有四万二千人。

7　耶弗他作以色列的士师六年;基列人耶弗他死了,葬在基列的[一座]城里。

8　耶弗他以后,有伯利恒人以比赞作以色列的士师。

9　他有三十个儿子,三十个女儿;女儿都嫁出去了,他给众子从外乡娶了三十个媳妇。他作以色列的士师七年。

10　以比赞死了,葬在伯利恒。

11　以比赞之后,有西布伦人以伦,作以色列的士师十年。

12　西布伦人以伦死了,葬在西布伦地的亚雅仑。

13　以伦之后,有比拉顿人希列的儿子押顿作以色列的士师。

14　他有四十个儿子,三十个孙子,骑着七十匹驴驹;押顿作以色列的士师八年。

15　比拉顿人希列的儿子押顿死了,葬在以法莲地的比拉顿,在亚玛力人的山地。

(I) 分段

　　这段经文记载的主要是耶弗他的故事,这故事的前面和后面都有所谓"小士师"①的记载:陀拉、睚珥和以比赞、以伦、押顿。从记叙的特

---

① 圣经学者一般将俄陀聂、以笏、底波拉/巴拉、基甸、耶弗他、参孙等有拯救事迹的士师称为大士师,其他称为小士师,而且一般认为小士师是以行政职事为主的。这样的说法主要是将士十1～5,十二8～15作为纪年(annal)来看待的,但这说法已经渐渐受到怀(转下页)

点来看,这些士师和耶弗他的记载都包括了一些相同的细节,例如他们所属的地区或支派、他们实际作士师的年数、他们的死、他们被埋葬的地点。从这些特点看来,耶弗他也要被列在小士师的行列中。士师记这样安排是有特别意义的,所以我们将这些士师的事迹都摆在一起来看。另一方面,耶弗他的事迹又有"大士师"记载形式的一切要点,包括:以色列人犯罪(十 6),耶和华的怒气向他们发作(十 7 上),神将他们交在敌人手里受欺压(十 7 下~9),他们呼求神(十 10),神为他们兴起士师(十一 29),士师拯救了他们(十一 32~33),士师死了(十二 7)。这样看来,耶弗他的事迹既有"小士师"的形式,也有"大士师"的形式,在士师记中实在有特别意义,我们需要把它与前后的"小士师"一起来看。这样,耶弗他的故事就自然地分成五段:

a.　　引言(十 6~16)。

b.　　耶弗他被立为基列的领袖(十 17~十一 11)。

c.　　耶弗他与亚扪人的争战(十一 12~33)。

d.　　耶弗他和他女儿的悲剧(十一 34~40)。

e.　　耶弗他与以法莲人的争战(十二 1~7)。

　　这五段经文有共同的背景,就是亚扪人的入侵;有相同的主要表达形式,就是对话。除了引言之外,它们还有相同的主角,就是耶弗他。这五段经文彼此有密切的关系,不容易分开,我们还是把它们放在一起来讨论好了。

（接上页）疑,这是因为"小士师"珊迦(三 31)和陀拉(十 1)都曾经"拯救"以色列人,而"大士师"耶弗他却又被列在"小士师"中。参 R. de Vaux, *The Early History of Israel* (Philadelphia：Westminster, 1978), pp. 752 - 755；A. J. Hauser, "The 'Minor Judges'—A Re-evaluation," *JBL* 94 (1975), pp. 190 - 200；A. D. H. Mayes, *Israel in the Period of the Judges* (SBT 29；London：SCM, 1974), pp. 55 - 67；J. A. Soggin, "Das Amt der 'kleinen Richter' in Israel," *VT* 30 (1980), pp. 245 - 248；H. N. Rösel, "Jephtah und das Problem der Richter," *Bib* 61 (1980), pp. 251 - 255. 如果单单从士师记来看,所有士师,无论"大"或"小",都是为了拯救以色列人脱离敌人的欺压而有的,因为士二 16 清楚地指出:"耶和华兴起士师,士师就拯救他们脱离抢夺他们人的手"(比较二 18)。士师存在的目的,似乎一方面要表明神对以色列人的怜悯(二 18),另一方面是要指控以色列人背道的罪(二 17)。当然,我们相信士师还是有行政职事的(参四 4~5;撒上七 15~17)。

(II) 经文

　　十 8　"第十八年"（baššānâ hahî' š'mōneh 'eśrēh šānâ）　和合译本作"从那年起……共有十八年"。这两个词的原文是合并在一起的，似乎"十八年"（š'mōneh 'eś'rēh šānâ）是为"那一年"（bōššānâ hahî'）作解释的。波令将这两个词合并理解为"第十八年"，因为创世记第十四章四和五节中的"十三年"和"十四年"，也是指"第十三年"和"第十四年"。② 这样的理解是符合这里需要的，因为这里的"那一年"显然是指特别的一年。这一年所以特别，因为是十八年来最艰难的一年。第八至九节所形容的不是十八年来的光景，而是第十八那一年的光景，因为这里所说的只是亚扪人对基列地的欺压和对犹大与便雅悯的攻击，并未提到非利士人。而且，基列地被称为亚摩利人的基列地，显然是为后面耶弗他的事迹作准备的（十一 19～23）。

　　十 11　"我……救过你们"　这个动词在原文是没有的，但必须加在这里，才能符合本段经文上下文的意思。

　　十 12　"马云"　七十士译本作"米甸"，可能指基甸故事中的米甸，因为士师记中没有记载马云人欺压以色列人的事，却有米甸人欺压以色列人的事。但这里可能还有其他古代传统没有记载在士师记中的内容。我们仍然维持马所拉经文比较合宜，却可以将"马云人"看为基甸故事中"米甸人"的代表。

　　十 18　"民众"　和合译本作"基列的民和众首领"。这个片语的原文字面次序是"民—众首领—基列"。其中"民"和"众首领"之间没有"和"字。这是不规则的希伯来文次序。所以"众首领—基列"可能原本是注解性的词语（参 BHS），可以删掉。这也可以解释，为什么基列人聚集在米斯巴，仍然需要寻找"领袖"。

　　十一 8　"为这个缘故"（lāḵēn）　原文圣经有这个词语，但和合译本没有翻译出来。

---

② 参 Boling，*Judges*，pp. 191‑192.

"回到"(*šab^enû*)　和合译本作"到"。原文不单有"到"的意思,更有"心里懊悔,回转过来"的意思,③所以翻译作"回到"比较合宜。

十二 7　"一座城"　原文是"众城"的意思。由于耶弗他不可能葬在所有基列的城里,所以改为"一座城"还是合理的。但圣经是否还有其他的意思呢?

(III)　注解

引言

士师记那么多位士师中,耶弗他是一个最富传奇性和悲剧性的士师。他的故事所牵涉的背景很多,有社会法制的问题(耶弗他与同父异母兄弟的诉讼),有国际关系的问题(以色列与亚扪的边界纠纷),有宗教的问题(耶弗他作为耶和华的士师竟然献人为祭),还有以色列支派关系的问题(基列人与以法莲人的纠纷)。这些都是不容易解决的问题,我们尝试在下面不同的地方作一些交代。就整个以色列的社会来说,自从基甸以后,财富似乎越来越集中在少数人的手里,这从对睚珥、以比赞、押顿等士师(十 3～5,十二 8～10、13～15)的形容中可以看到一些线索。政治也似乎倾向于集权,这可以从亚比米勒的现象中看到(九 2),也可以从耶弗他与基列长老们的谈判中(十 17～十一 11)看到。

关于小士师

第十章一至五节记载的士师一般被称为小士师。其实,从这里一直到第十二章末了,所有士师事迹都同样记载了他们统治的实际年数、家庭中特别的现象和死后安葬的地方,但究竟他们在以色列的历史中扮演着怎样的角色却不得而知。圣经学者们过去多认为他们是以色列

---

③ 这里的原文 *šwb 'l* 是旧约圣经中表达"悔改"的标准用词。参王上八 35、48;代下六 38,三十六;尼一 9;赛四十四 22;耶三 1、10;何五 4,七 10,十四 3;珥二 13;亚一 3;玛三 7。

王国建立以前的真正士师，负有以色列内部行政的责任；神给以色列人的直接律法（sacral apodictic law）和处境律法（conditional case law），是由他们宣讲或传递，甚至执行的。其他士师应付的是以色列受外敌欺压的问题，这些士师应付的是以色列内部公义的问题。

圣经学者们将那么重要的角色加在这些士师的身上，却似乎没有什么可靠的根据。我们相信，这些士师的记录反映了比较真实的历史情况，例如他们统治的年数和家庭状况。他们的事迹被收在士师记中，一方面反映了以色列在王国建立以前还有一些这样的领袖。他们可能是地区性的，不是全以色列的。他们对以色列的社会和历史发展必然有一定的影响，但究竟影响如何，就只能让学者们去猜测了。另一方面，这里只包括了五位这样的士师，可能是要与其他拯救性的士师合并起来，共有十二位，可以配合以色列十二支派的数目。

十 1　"陀拉"和"普瓦"两名字在其他经文都被列为以萨迦的儿子或以萨迦支派的家族（创四十六 13；民廿六 23；代上七 1）。圣经中有些父子关系反映的可能不是血统的关系，而是政治的关系。④ 这里显示的"陀拉"可能是一位行政人材。

"拯救以色列人"　可能表示他要将以色列从亚比米勒留下的烂摊子收拾过来。

十 2　"沙密"　可能指后来成为北国以色列首都的"撒玛利亚"。

十 3～5　"睚珥"　显然是一个很大的家族或有不同分支的家族联盟。

"哈倭特睚珥"　它的字面意思是"睚珥的帐幕村庄"（民卅二 41；申三 14；王上四 13；比较代上二 21～23），位于加利利海东南约十九公里的地方。

"驴驹"　古时候尊贵人的坐骑（士五 10；亚九 9；王上一 33）。睚珥的三十个儿子都有这样的坐骑，表示他们的尊贵，也象征了一个和平的时代。

---

④ 参 G. E. Mendenhall, "The Relation of the Individual to Political Society in Ancient Israel," *Biblical Studies in Memory of H. C. Alleman* (New York: J. J. Augustin, 1960), eds. J. M. Myers, O. Reinberr, H. N. Bream, pp. 89-108.

“加们”　可能位于加利利海东南,东距约旦河约十六公里的地方。

十 6　“以色列人又行耶和华眼中看为恶的事”　这是第三章七节、十二节,第四章一节和第六章一节不断出现的话,表示以色列人重复地犯罪,使神在第十一至十三节对他们的指摘有实质的依据。

“诸巴力和亚斯他录”　参第二章十一至十三节的注解。

“亚兰的神”　主要有“亚他”(Athar),即金星,太阳系里的第二颗行星。“亚兰”是阿拉伯沙漠北部的游牧民族,大概在这个时候进入叙利亚。

“西顿的神”　主要有巴力、亚舍拉、亚拿、亚斯他录等,都是生殖力的神祇。西顿与推罗是古代腓尼基的重要海港、迦南文化的中心,位于今天的黎巴嫩。

“摩押的神”　即基抹。

“亚扪人的神”　即米勒公(王下廿三 13)。

“非利士人的神”　即大衮(撒上五 1～7)和巴力西卜(王下一 2)。

这里特别用“亚扪人”和“非利士人”代替这两族人的国名,因为他们要成为以后欺压以色列人的人(7 节)。我们从考古学上知道,这两族人与以色列人一样是巴勒斯坦新兴的民族;亚扪迟些,大概在主前十一世纪立国,并开始欺压以色列人。

十 8　“第十八年”　参经文部分的讨论。这是亚扪人欺压基列的以色列人最厉害的一年。这里称基列为“亚摩利人的基列地”,表示叙述者同意后来耶弗他说的,基列是以色列人从亚摩利人手中夺过来的,不是从摩押人或亚扪人手中夺过来的(十一 19～22)。情况可能是,亚扪人与非利士人合作,企图串通约旦河东的“王道”与河西的“沿海大道”,谋取商业上的利益。因为基列在亚扪的西面,亚扪人欺压基列地的以色列人,企图打通由“王道”至约旦河的通路。

十 9　这里显示了亚扪人的成功。他们不但辖制了约旦河东的基列,甚至渡过约旦河,去攻打犹大、便雅悯和以法莲了。

十 10～16　这段经文通常与第二章一至五节及第六章七至十节同被看为神与以色列关系的“神学性对话”。这些经文都一致责备以色列人犯罪,离弃神,但这里比以往更加严重,因为神直接对以色列人说,他们重复地犯罪,祂不再救他们了(11～14 节)。这样看来,以往的士

师事迹都好像引言一样，成了耶弗他故事的注脚。以色列人犯罪已经
到了一个新的低点。神可能要放弃他们了。

　　十 10　"哀求"　这显然是因为第十八年亚扪人对他们的欺压特
别厉害的缘故。

　　十 11～12　这里提到很多过去神拯救以色列人的事，应该指耶弗
他以前众士师的事迹记录，但有些是士师记中没有记载的。

　　"脱离埃及人、亚摩利人"　总括了早期以色列人出埃及到他们在
约旦河东击败亚摩利王西宏的事（民廿一 21～31）。当然这也是为后
来耶弗他的说辞（十一 14～22）预先作准备的。

　　"亚扪人和非利士人"　综合了近期以色列人在约旦河东西两岸受
到的欺压（三～六章），但这里应该指过去的拯救。那么，亚扪可能代
替了第三章摩押王伊矶伦的欺压，因为根据创世记的记载，亚扪和摩押
两族人都是罗得的后裔。非利士的欺压是指珊迦的事迹（三 31）。

　　"西顿人"　可能代替了巴拉和底波拉所击败的迦南人（四～五
章），因为西顿是迦南文化的中心。

　　"亚玛力人"　曾经参与摩押人和米甸人对以色列人的欺压（三
13，六 3、33）。

　　"马云人"　这族人还未在前面士师记中出现过。他们是游牧民
族，与米甸同样来自以东东面的沙漠地区（比较代下二十 1，廿六 7）。
这可能是七十士译本将这里的"马云"改作"米甸"（六～八章）的原因。

　　这里有不同的名称，也可能是圣经作者写作时用了他同时代的名
称去称呼古时候的人。我们都知道，同一个地方的人在不同的历史时
代是可能有不同称呼的。例如，古时候的摩押、亚扪和以东已经消失在
现代的约旦国里了。无论如何，这里提到七族的人，代表了以色列"四
围的仇敌"（二 14 下）。所以，这里是回应着士师记全书的引言的。

　　十 15　"任凭你随意待我们吧"　字面意思是"任凭你随着你眼中
看为好的待我们吧"。因为以色列人相信，落在神的手中总会好过落在
敌人的手中（撒下廿四 14）。看来他们是非常无助地来到神面前哀
求的。

　　十 16　"耶和华因以色列人受的苦难，就心中担忧"　神的态度在
这里显得很模糊。有些解经家认为，神因为以色列人的悔改行动而垂

听他们的祈求了。⑤ 其实,这里的"苦难"不是指以色列人的悔改行动,乃是指他们受亚扪人欺压的严峻情况;而"担忧"也不是指神垂听他们的祈求,乃是指神不能够再忍受。⑥ 神知道以色列人的悔改是"利用"式的,也知道灾难过去之后,他们会再一次离弃祂,所以决定不再"被利用"了(13节)。但另一方面,神看见以色列人的痛苦情况,心里又不能忍受。这是神的矛盾和挣扎。

十17 "基列" 指约旦河东以色列人居住的地方,与河西的迦南地相对。亚扪人的军队安营在基列地,可见他们已经侵入以色列人的地方了。

"米斯巴" "守望台"的意思,地点不详,可能在雅博河南面,毗努伊勒东南面的地方。但基列是一个经常受外族人攻击的地方,好像"米斯巴"这样的地名是很平常的。

"聚集" 这个词在这里出现了两次。原文是两个不同的字,第一次出现的"聚集"($ṣ'q$)是有首领在呼召的(六34～35,七23～24,十二1,十八22～23);第二次出现的"聚集"($'sp$)可能是没有首领在呼召的(二10,六33,十六23)。

十18 "民众" 参经文部分的讨论。这里显示,基列人缺乏了领袖。这也是第十一章十一节的情况。

"领袖"($r'š$) 显然高于一般的"首领"($śry$)。参第十一章六和八节的注释。

十一1 "大能的勇士" 可以指受过特别训练的战士(比较六11～12)。

"基列人耶弗他" 这里的"基列"可能是基列这个地区的拟人化说法:基列是玛拿西之孙的名字,后来泛指约旦河东以色列人居住的地方。如果拟人化的说法是对的,则我们不知道耶弗他生父的真正名字

---

⑤ 参Moore,*Judges*,p.281.

⑥ Robert R. Polzin,*Moses and the Deuteronomist. A Literary Study of the Deuteronomic History*,*Part One:Deuteronomy*,*Joshua*,*Judges*(New York:Seabury Press,1980),pp.177-178;又参B.G. Webb,*The Book of Judges*,pp.45-48.他对"苦难"和"担忧"的原文$'ml$和$qṣr$有较详细的分析。

是什么；说耶弗他是基列生的，只表明他是基列人，这说法也有一点理由，因为耶弗他不单被赶出父家，而且被赶出基列地，去了陀伯的地方（3 节）。一个"基列人"被赶出"基列地"不是很讽刺吗？而那些将耶弗他赶出基列的人是他的"兄弟"，他们的代表就是基列的长老（7 节）。

"耶弗他是基列所生的" 如果基列是耶弗他生父的真正名字，则这里有一些法理和逻辑上的问题。例如，为什么耶弗他同父异母的兄弟要赶他出基列，而不是单单赶他出父家呢？为什么后来耶弗他指摘基列的长老把他赶出去，而不是指摘他同父异母的兄弟呢？（7 节）为什么基列的长老在赶逐耶弗他的事上认错（参十一 8 经文部分的讨论），却没有提到归还耶弗他应得之父家的产业呢？

这里可能的情况是，耶弗他的"弟兄"们因为他的母亲是妓女而不准他承受产业。看来，他们是循"法律"诉讼程序而胜诉的，因为耶弗他是大能的勇士，不容易用"强制"的方法把他赶出去。基列的长老应是该次诉讼的裁判者。所以，后来耶弗他说，那些长老们是赶逐他的人（7 节），长老们这样作是不符合摩西律法要求的，因为古时候的以色列社会中，业权会受"父亲"影响，而不应该受"母亲"影响（创廿一 10～12，廿五 6；申廿一 15～17）。

有学者认为，耶弗他虽然是"基列"生的，却经过了收养的法律程序才成为"基列"的儿子，因为他的母亲是妓女，不能肯定"基列"真的是"耶弗他"的生父。又有学者认为，基列地方的风俗只将产业给原配所出的儿子，基列的妻子原本无子，有了耶弗他之后才生有儿子，因此"产业承继权"的问题便产生了。[7] 这些意见都有些道理，但都缺乏事实的根据。"基列"是地区名被拟人化的说法还是比较可取的，我们在释义部分再来看这一点。

十一 3 "陀伯" 叙利亚的一个边城，在基列拉末东北偏东约二十四公里。陀伯人后来曾被亚扪人邀请一同去打大卫（撒下十 6～8）。[8]

---

[7] 前者参 David Marcus, "The Legal Dispute Between Jephthah and the Elders," *HAR* 12 (1990), pp. 105 – 114. 该作者认为，长老们对耶弗他的裁决有违古代近东世界一般的惯例。参同一专文，pp. 112 – 113；后者参 I. Mendelsohn, "The Disinheritance of Jephthah in the Light of the Lipit-Ishtar Code," *IEJ* 4 (1954), pp. 119.

[8] 该城的历史可以参考 Mazar 的专文，BA 25 (1962), pp. 98 – 120.

"匪徒"（^enāšîm rêqîm）" 指一些一无所有的人，未必指道德不良的人；他们只是生活上缺少了成功的因素，或物质上有缺乏（比较撒上廿二 2，廿七 8）。耶弗他本身就是一个被剥夺了产业权、出身低微的人。

十一 4 "亚扪人攻打以色列" 本节在故事的发展上是承接第十章十七节的，所以这里指的就是第十章十七节的事。⑨

十一 6 "元帅" 不等于第十章十八节的"领袖"。前者是军队中的统领（比较十 24），是暂时的，不是长期的领袖；后者则是长期的，包括战争和非战争时期的领袖。

十一 7 "恨我，赶逐我" "恨"（śn'）和"赶逐"（grš）都是法律用词。⑩ 从前与耶弗他诉讼的可能不是长老们，但长老们显然负有法律上仲裁的责任。所以，耶弗他的指摘也针对着他们发出。

十一 8 "为这个缘故" 参经文部分的讨论。长老们被耶弗他指摘后，为了急于要他答允回去为基列人打仗，便立刻同意耶弗他的说法，表示他们为过去那件事懊悔了，并且进一步给耶弗他比元帅更高的"领袖"职位，条件是他要先与亚扪人争战。其实，这已经是第十章十八节民众的建议。

"领袖" 这是行政长官之类的职位。耶弗他后来被称为士师（十二 7），可见他作为士师有军事和行政两方面的权力和责任。这可能是王国建立以前，支派职位中最高的了。

十一 9 "耶和华把他交给我" 耶弗他一方面重申长老们的建议，另一方面加上了自己的条件——神使他胜利，他才接纳作基列的领袖。换言之，这个职位不是长老们给的，乃是神给的。

十一 10 "见证"（šōmē'a） 字面意思是聆听（比较九 7）。

"我们必定照你的话行" 这是长老们用起誓的口吻向耶弗他作的

---

⑨ 宾尼认为这里与十 17 不符，乃将这里的战争分为两次：一次对摩押人，经文有十 17，十一 12～28、30～31、33 的部分及 34～40；另一次对亚扪人，经文有十一 1～11（1 下、2、5 上除外）、29、32 下、33 及十二 1～6。参 Burney, *The Book of Judges*, pp. 302-303.

⑩ 参 Marcus, "The Legal Dispute Between Jephthah and the Elders," *HAR* 12（1990），pp. 108-110.

保证。"必定"（'im-lō'）是一个强烈肯定的用词，有起誓肯定的意思。

十一 11　"立耶弗他作领袖，作元帅"　百姓这样作，甚至在耶弗他与亚扪人争战以前，便将"领袖"一职给了他，可见他们比长老们更急于需要领袖。

"一切话"　可能是双方同意的条款。将这些条款在神面前宣告（比较撒上十 25），显出耶弗他的职分与以往的士师职事实在有点不同。他的职分可能比其他士师更正式和更坚稳。看来，他更有"王者"的样式了（比较撒上十一 15）。

十一 12～28　这是耶弗他与亚扪王的边界谈判。他们双方都认为亚嫩河与雅博河之间及约旦河与旷野之间的地方是自己的。但耶弗他的争论却只将重点放在亚嫩河沿岸的一些城，而这河历来是以色列与摩押的边界，不是以色列与亚扪的边界。耶弗他又似乎错误地将摩押人的神基抹当作是亚扪人的神（24 节）。因此，摩尔认为，以色列人在这里的谈判对象是摩押，不是亚扪。宾尼则认为，以色列人的谈判对象主要是亚扪，但加插了与摩押之间的谈判内容。⑪ 但这里的经文没有补遗（glossing）的迹象。所以，宾尼的意见是缺乏支持的。可能的情况是，自从以笏杀了伊矶伦王，打败了摩押（三 12～30）以后，摩押便一蹶不振，后来更被亚扪占领了，但仍然沿用摩押这个地区名称。所以，耶弗他与亚扪人谈判的问题是以色列与摩押的边界，也是以色列与亚扪的边界。他在谈判中用的是约法控诉（covenant lawsuit）形式，这是后来的先知常用以责备以色列人或外邦人的形式（比较二 1～5，六 7～10，十 11～16）。⑫

十一 12　"打发使者"　这里表示耶弗他与他的先祖一样（19 节），先谈判，后用兵。而且，他是被逼用兵的。

"国"（'rṣ）　原文字面意思是"土地"，与第十三节的"地"同一个字。所以，"土地"是双方争执的问题。其实，这个问题有颇长的历史源流。

---

⑪ Moore, *Judges*, p. 283；Burney, *The Book of Judges*, pp. 298 - 303.

⑫ 参 James Limburg, "The Root ריב and The Prophetic Lawsuit Speeches," *JBL* 88 (1969), pp. 297 - 299；Claus Westermann, *Basic Forms of Prophetic Speech* (Philadelphia：Westminister Press, 1967), pp. 111 - 115.

耶弗他也像他的先祖一样,先打发使者去与对方谈判(参 17 节)。以色列人对待约旦河东的人和河西的人似乎是不同的(比较申七 1～5)。

十一 13 "亚嫩河到雅博河" 前者由东向西流入死海中部;后者则由亚扪人的首都拉巴亚扪蜿转流入死海与加利利海之间的约旦河。亚嫩河与雅博河相距约有八十公里,是旧约时代亚扪的北界和南界。

"直到约旦河" 亚扪人认为约旦河是他们的西界;换言之,基列地是他们的。耶弗他则说,他们的西界在约旦河东的"旷野"(22 节),即远离约旦河,接近阿拉伯沙漠的地方。所以,耶弗他与亚扪人争议的是约旦河与旷野之间的比较肥沃的低地。

十一 15 "以色列人没有占据摩押地和亚扪人的地" 这里似乎将摩押和亚扪一起看待。亚扪可能真的占有了摩押地。然则,耶弗他可能在这里故意批评亚扪,因为他们侵占了摩押人的地,现在又想侵占基列地,但以色列人却完全没有这种意图。其实,耶弗他的话也不完全正确,因为约书亚记中有传统说,以色列人曾经夺取了亚扪人的一半土地(书十三 24～26)。

十一 16 "红海" 指现今红海东北端的亚喀巴湾。

"加低斯" 指西乃半岛北部的加低斯巴尼亚。

十一 19～21 这里的内容可以与下列经文比较:民数记第廿一章廿一至廿四节,申命记第二章廿六至卅五节。耶弗他认为,从亚嫩河到雅博河的地方原本是属于亚摩利人的;后来,耶和华他们的神将这块地给了以色列人(21 节),与摩押和亚扪都没有关系。这里,耶弗他对以色列人以往的历史可能不完全清楚,因为民数记第廿一章廿六节告诉我们,亚摩利王西宏曾因土地与摩押人争战。所以,耶弗他不能够那么简单地说,亚嫩河与雅博河之间的土地与摩押和亚扪无关。其实,以色列、亚扪与摩押之间的土地之争由来已久。耶弗他将亚扪人的西界限制于旷野边缘,等于要他们在沙漠的边缘挣扎求存,这是有意向亚扪王挑战的。

十一 19 "希实本" 在约旦河东二十六公里,亚嫩河北三十八公里。

"我们自己的地方" 原文作"我的圣地",指圣所所在的地方(比较二 5;创十二 6～7,十三 3,廿一 31)。换言之,以色列人的神所在的地方就是他们的地方。⑬

十一 20 "雅杂" 旷野边缘的一个城,在希实本南约十一公里。

十一 22 参第十三节的注解。

十一 23 "他们的地"(*nû*) 原文只有"我们"这个受词,指以色列民。和合译本的"他们"也应该指以色列民,因为耶和华是以色列人的神。耶和华从亚摩利人手里夺取的土地就应当归以色列人所有。

十一 24 "你的神基抹……耶和华我们的神……" 这是古时候近东世界颇为普遍的思想,认为"土地"是不同的神赐给他们的百姓的,而"赐给"的方法往往需要武力的抢夺。这种以神圣化的武力作为霸占土地的理由,是古时候人们轻易用武力解决土地纠纷的原因。耶弗他用这种逻辑与亚扪王谈判,显然是要"诉诸武力"了。

"基抹" 通常被看为摩押人的神。我们由摩押王米沙(Mesha)的碑文得知,"基抹"的复名是 Athtar-Kemosh,可见基抹是金星(Venus)Athtar 显现的神,与亚扪人的神"米勒公"(Milcom)可能同样是"君王"的意思(王上十一 5)。该星后来也成为拿巴提人(Nabataeans)和阿拉伯人(Arabs)所敬拜的神。波令认为,亚扪人此时占有了摩押,但仍以摩押的神为该地的神。换言之,他们以"基抹"的名义占有了摩押,好比波斯王古列(Cyrus)得到巴比伦的神玛尔杜克(Marduk)之帮助而占有了巴比伦一样。因此,耶弗他可以说,基抹是亚扪人的神。

十一 25 "难道……" 耶弗他请亚扪王效法巴勒(参民廿二~廿四章),尊重各人自古以来的领土,不要与以色列人争战。但他的语气却带有浓厚的火药味道。

十一 26 "希实本……亚罗珥" 都在流便支派境内,在约旦河东的王道上,死海东面十九至二十四公里的地方。这两个城曾被亚摩利王西宏夺取(民廿一 26),后又归摩押(赛十五 4;耶四十八 2、19)。

"三百年" 这是根据士师记的年代记录计算的(除去亚扪人欺压以色列人的十八年[十 8],共计三百零一年)。根据摩押王米沙碑文的记载,以色列的迦得支派从没有记载的年代就已经住在约旦河东了,可

---

⑬ 中国人一般也认为,祖先埋葬的地方就是他们的地方。

见这里的年代并不夸大。至于亚扪人三百年来都没有取回他们要得的
地方,那恐怕是耶弗他的强夺之词,因为边界之争是自古已有的事(参
耶四十九 1～2)。

十一 27　这里,耶弗他要耶和华在他与亚扪王之间定夺是非(比
较撒上廿四 15),似乎他也有耶和华为全宇宙最高神的观念。虽然耶
弗他似乎将基抹和耶和华放在同等的位置(24 节),令人觉得他不是
一个严谨的耶和华信仰者,但我们要知道,他在这里从事的是国际间
的谈判,不能将其他民族的信仰完全否定,免得谈判成为不切实际的自
说自话。耶弗他的辩词显然是让"神学"支配了"历史"的说法(比较申
一～三章;书二 9～11;撒上十二 7～15),但他的重点不在神学,也不在
历史,而在政治。正如苏根说的,耶弗他无非要向亚扪王表明:他有很
好的合法理由证明,他们争议的"地"是以色列的;如果神要将土地给祂
的百姓以色列,谁能够有理由夺去呢?⑭

十一 28　"亚扪人的王不肯听耶弗他……的话"　从上面的分析
看来,这是必然的了。

十一 29～40　这里的重点已经由对亚扪人的战争转移至耶弗他
的许愿了。

十一 29～32　"经过……来到……来到……往"(*wayya*ʿ*ᵃbōr* ...
*wayya*ʿ*ᵃbōr* ... *ʿābar* ... *wayya*ʿ*ᵃbōr*)　这四个词语都翻译自同一个原
文,表示耶弗他在神的灵感动下,去各地招聚士兵。⑮ 然而,以色列人
不是已经聚集在战场上了吗?(十 17)当时的情况可能是,以色列人根
本无人领导,所聚集的人也不足以应付亚扪人的挑战。所以,耶弗他需
要去招聚增援的军队。

十一 30～31　经文告诉我们,就在这个时候,耶弗他向神许愿。
这两节经文的解释并不容易。我们知道,当时耶弗他已经被神的灵感
动,那是战争必定胜利的保证了(比较三 10,六 34),为什么他还要许愿

---

⑭ Soggin, *Judges*, p.212.
⑮ 卫布比较耶弗他与俄陀聂,认为所谓"士师"(三 10)就是动员以色列人去参与圣战的人。
　士师的作用有二:一为使以色列人回归,重新对神忠心;二为组织以色列人去打仗(比较撒
　上七 5～6、11)。参 Webb, *The Book of Judges*, pp.61–62.

呢？很多解经家都认为他的许愿是"轻率"和"愚蠢"的，以至造成后来的悲剧（34～35 节）。格雷认为耶弗他许愿可能因为他招募军队并不理想。⑯ 这也是可能的。

十一 30　"交在"（*tittēn*）　原文的前面还有同一个动词的绝对不定词，表示该行动是确实的。所以，这里也可以翻译作"真的交在"，表示耶弗他在交战的一刻，信心极度疲弱，毫无安全感。这可能与他曾经是一个被父家抛弃的人有关（十一 1～3）。看来，他的许愿不是"轻率"的，却是"斤斤计较"的。这一点与整个故事的意义有关，我们在释义的部分再来讨论。

十一 31　"无论什么人……先出来"（*hayyôṣē' 'ăšer yēṣē'*）　这里的问题是：耶弗他要献人为祭吗？原文的字面意思是"那出来的出来者"；"出来者"这个词没有性别之分，可以是人，也可以是动物。因此，波令认为，耶弗他思想中的祭牲可能是一头动物。⑰ 但这是不可能的，因为耶弗他从战场上凯旋回来，前去"迎接"他的只能是人，动物是没有"迎接"意识的。而且，耶弗他是在事态非常严重的情况下许了这"愿"，他应许要献的祭也必定是异常重要的（比较王下三 26～27）。⑱

其实，耶弗他思想中不单有献人为祭的事，而且他也知道，这"人"可能包括他的女儿。因为古时候妇女往往用歌舞来欢迎凯旋的军队（参出十五 20～21；撒上十八 6～7）。从耶弗他家里出来的妇女自然可能包括他的女儿了。所以，和合译本在这里用了"人"字还是对的。关于献人为祭的事，我们在第卅九节还要再讨论。

"燔祭"　就是全部用火烧掉，完全归给神的祭（利一章）。

十一 33　"亚罗珥……米匿……亚备勒基拉明"　我们不能肯定这些地方的确实位置，大概在拉巴亚扪西面的地区。

---

⑯ Gray, *Joshua, Judges and Ruth*, p.336.

⑰ Boling, *Judges*, pp. 208–209.

⑱ 摩押王的"献长子为祭"是公开弃绝王位的继承人，等于将其王国孤注一掷了。以色列人立刻退兵，可能因为他们逼摩押太甚，怕被神惩罚，也可能因为惧怕摩押王抗敌之顽强，又可能因为无法忍受摩押王献人为祭的恶行。人类宗教历史上，还有其他"献人为祭"的例子。参 Soggin, *Judges*, p.216.

"二十座城" 可能是亚扪边界上的城。[19]

十一 35 "撕裂衣服" 是古代近东世界表示极度悲伤的行动（比较创卅七 29、34，四十四 13；撒下十三 19、31；王下二 12；伯一 20；赛卅六 22；耶四十一 5）。

"你使我甚是愁苦"（hak˘rēᵃ hikraˁtinî） 原文字面意思是"你使我真的跪下了"（比较五 27，西西拉之被雅亿"愁苦"）。

"叫我作难了"（weˀat hāyît bᵉˁōkᵉrāy） 原文字面意思是"你是我最大的苦难"（比较撒上十四 29）。这里的"你"（ᵃt）是特别强调的用词。七十士译本作"你真的糟蹋了我，而且是我败坏的根源"。可见在耶弗他思想中，他女儿带给他的痛苦超过了他自己带给女儿的痛苦。他对女儿无安慰之言，只有责备（比较创廿二 7～8），似乎错的一方是他的女儿。

"我已经开口许愿" 表示耶弗他承认了责任。

"不能挽回" 表示耶弗他不承认他应该负全部责任，因为他不可能违背自己所许的愿。他似乎不知道摩西律法中，长子（第一胎）要被赎出来的教训（出十三 13，卅四 21；民十八 15；比较利十七 4～5）。

十一 36 "父啊……向我行" 耶弗他的女儿复述了父亲的话，似乎意识到严重性。但她肯定了父亲应当照所许的愿而"行"，因为神已经为他"行"了拯救的行为。这两次"行"（ˁsh）字的出现都是马所拉经文原有的。换言之，她接纳了自己作为"祭牲"的角色。

十一 37 "好哀哭我终为处女" 原文中有"行"字的另一次出现，就是耶弗他的女儿要求父亲让她去，与同伴在山上为她终为处女哀哭两个月。这里没有说明，为什么要为"终为处女"而哀哭。可能处女是女性生命即将成熟的阶段，就这样死去，表示她的生命还未能完满发展就要结束，而且是结束在自己的父亲手中，这实在是悲剧中的悲剧。她的悲哀父亲不能够分担，只能够在"同性的同伴"中得到了解和认同。好像"山"这些大自然也可以吸收她的哀伤，[20]让她得到一些慰藉。所

---

[19] 参 Aharoni, *Land of the Bible*, p. 243；Malamat, *The World History of the Jewish People：First Series*, III（London：W. H. Allen, 1971），p.157.

[20] 鲍美琦认为，"处女"这个字的原文不是指未与男子有性经验的女子，而是指女子生命中的一个阶段，介于少女和订了婚的女士之间。少女仍在父亲的家中，有父亲的保护，没有安全的危机；订了婚的女士有未婚夫的保护，也没有安全的危机。但处女处于两者（转下页）

以,她要与同伴到山上去哀哭。

十一 39　本节经文可能是耶弗他故事中引起最多讨论的经文。这里的问题是,究竟耶弗他有没有将他的女儿献为燔祭呢? 自古以来,犹太学者如约瑟夫和斐洛,乃至初期教会的教父们都认为是肯定的。直到中世纪的时候,犹太学者金希(Kimchi,David)开始认为,耶弗他的女儿没有被献为祭,只是被关在一个屋里,直到死的时候,没有出嫁。他的主要理由是圣经没有强调耶弗他女儿的死,却一再强调她"终为处女"(十一 37、38、39)。当然,圣经也曾多处禁止以色列人献人为祭(例如,创廿二章;利十八 21,二十 2～5;申十二 31,十八 9～12),而这里又没有说耶弗他所作的不对,反而圣经其他地方称赞他是以色列伟大的拯救者(撒上十二 11;来十一 33～34)。很多主张这一解释的学者同时认为,耶弗他的女儿被奉献在圣所中作事奉神的工作(比较撒上一 22～28;出卅八 8),终身没有出嫁。[20]

虽然如此,今天大多数的圣经学者,包括威尔浩生、摩尔、宾尼和崔布(Trible)等都认为,耶弗他真的将他的女儿献为燔祭了,因为这是圣经清楚的字面意思。本节经文说:"父亲就照所许的愿向她行了。"耶弗他所许的"愿"是献那位首先出来迎接他的人为燔祭(31 节),而那人就是他的女儿(34 节)。我们知道,"献人为祭"的事在宗教历史上是由来

（接上页）之间的过渡期,最没有安全感。这里的哀哭是一个仪式,表示女子由处女过渡到少女,进入成熟期,可以结婚的意思。山头旷野是古时候处女许配之前所去等候和与女同伴一起哀哭话别的地方。耶弗他的女儿这次要求父亲给她这样作,一方面因为父亲将她献为燔祭就好像将她许配给神一样,所以她要如同处女许配丈夫之前一样,与女同伴一同哀哭;另一方面她也有藉哀哭抗议"献人为祭"这种事的意思。参 Mieke Bal, *Death and Dissymmetry: The Politics of Coherence in the Book of Judges* (Bloomington, Ind.: Indiana University Press, 1988), pp. 46 - 50. 戴帕奇也同意"处女"是女子生命中的一个时期,但是一个成熟、可以结婚的时期,而哀哭的仪式就是要让女子进入这个时期而有的。因为进入这个时期代表了旧时期的死亡,所以需要哀哭。参 Peggy L. Day, "From the Child is Born the Woman: The Story of Jephthah's Daughter," in *Gender and Difference in Ancient Israel* (Minneapolis: Fortress Press, 1989), pp. 59f.

[20] 支持这一解释的意见,可见 C. F. Keil and F. Delitzsch, *The Book of Judges* (Commentary on the OT in Ten Volumes, 2; trans. J. Martin; Grand Rapids: Eerdmans, 1973), pp. 388 - 395; Solomon Landers, "Did Jephthah Kill His Daughter," *BRev* 1 (1991) no. 4, pp. 28 - 31, 42; D. Marcus, *Jephthah and His Vow* (Lubbock: 1986).

已久的事。以色列人也曾作这样的事，以致神要禁止他们，先知要指摘他们。[22] 所以，耶弗他献女儿为祭是可能的。再加上第卅一节的注释，耶弗他献人为祭的解释是可以接受的。令人奇怪的是，这里的经文竟然没有一点反对耶弗他作这事的意思。神是不是在这件事上隐藏了自己呢？

十一 40 "为基列人耶弗他的女儿哀哭四天" 这是基列地的以色列人每年的习俗。耶弗他的女儿虽然没有后裔，人们还是记念她。这里的"哀哭"也有"述说"的意思。换言之，人们藉着"述说"耶弗他女儿的故事来记念她。有些学者认为，这里的习俗有生殖力敬拜的意思，因为迦南神话中的亚拿特处女神（Anat，virgin goddess）在每年干旱季节都要到四处山头去寻找她的配偶巴力（比较结八 14；亚十二 11）。但这是异教的风俗，相信不会保留在圣经而被肯定的。所以，记念耶弗他女儿的事应该与这迦南的风俗无关。

十二 1～7 这是耶弗他故事的最后一段。经过女儿的痛苦事件之后，耶弗他现在似乎又回复原有的大能作为了。以法莲一向是以色列的强势支派，他们可能忍受不了约旦河东的基列出现了一个大有能力的士师，作了以色列人的领袖，因而去找耶弗他算账。

十二 1 "北方"（ṣāpônâ） 和合译本只作方向来理解，即基列或巴勒斯坦的北部。其实，这也可能是基列的一个地名，"撒分"（ṣāpôn，书十三 27）。"撒分"的字面意思就是"北方"，在约旦河谷，疏割北面约八公里的地方。当时以法莲人到那里去，可能因为耶弗他正在巡视基列，来到了"北方"（比较撒下七 15～17）。

"没有招我们" "我们"（lānû）一词在原文是强调的写法，可见以法莲人有意要耶弗他受制于他们。这样的事在基甸的时候已经发生了

㉒ 参 A. R. W. Green，*The Role of Human Sacrifice in the Ancient Near East*（ASOR Diss. Ser. 1，Missoula/Mont.；1975）.特别参该书第 126 页，那里讨论了与耶弗他大概同时期，即铁器时代初期，在小亚细亚北部，同样献人为祭的事。所以，该书作者认为，耶弗他思想中的耶和华是可以接纳献人为祭的。而且从耶弗他对亚扪王的外交辩词可以推想，耶弗他认为，神对人类社会最重要的工作是维持政治系统和疆界（参该书第 163 页）。我们从旧约圣经知道，以色列人早期也曾实行"献长子"的事，后经先知教训（特别回应玛拿西统治期之偶像敬拜，主前七世纪）而禁之（参弥六 6～8）。参 Burney，*Judges*，pp. 329 - 331.

一次,但这一次更严重。因为在基甸的时候,以法莲人还是回应了基甸的召唤去参战(七 24),战后又将敌军领袖的首级交给了基甸(七 25);这里的以法莲人却威吓要烧掉耶弗他和他的房屋。

十二 2　"大大争战"　经历了大决斗的意思。换言之,耶弗他是有经验的战士,不那么容易屈服在以法莲的威吓之下。他跟以往对付亚扪王一样,先用口伐,再用武攻。他指摘以法莲人没有帮助他们去与亚扪人争战,但我们读完整个耶弗他的故事,也未发现他曾经召唤以法莲人去参战,第十一章廿九节也没有提到以法莲。耶弗他故意这样说,难道是为要表明自己有理吗? 或基列的长老们找耶弗他之前,已经找过比他们更强的以法莲人吗?(比较撒上十一 3)

十二 3　"我就拼命前去"　字面意思是"我将我的生命放在我的手中",即经历极大危险的意思。这里耶弗他可能将他女儿的牺牲也联系在一起了。他与以法莲人的谈判和前面与亚扪人的谈判相仿,满有不惜一战的态度。结果,基列人与以法莲人之间的种族仇恨被挑起,本来是以色列人与亚扪人的战争,演变成为以色列人本身的内战。

十二 4　这里清楚告诉了我们,这场战争是由耶弗他开始的。战争扩大了,因为以法莲人轻视基列人,说他们是从以法莲逃亡出去的人。如果这是真实的情况,基列人可能原先住在约旦河西面山地,后来才迁徙去了河东的基列。

十二 5～6　战争的结果是,以法莲人大败。骂别人是"逃亡者"的,现在自己变成了"逃亡的人"。约旦河不但分隔了以色列居住的地方,也分隔了他们的语言,这种语言上的分隔也成为争战的工具。

"示播列"(šibbōleṯ)　意思是"麦穗"(创四十一 5～7;得二 2)或"湍流"(诗六十九 2、15;赛廿七 12);这字与"西播列"(sibbōleṯ)在原文只有一个字母的差别。古代以色列人的读音现在已经无从稽考了,㉓

㉓　关于这字的研究可参 Speiser, *Oriental and Biblical Studies: Collected Writings of E. S. Speiser* (University of Pennsylvania Press, 1967), eds. J. J. Finklestein and Moshe Greenberg, pp. 143－150; J. A. Emerton, "Some Comments on the Shibbolet Incident," *Mlanges bibliques et orientaux*, *FS M.* (Delcor, Kevelaer-Neukirchen: 1985), pp. 149－157; John Ellington, "More on Shibboleth [Judges 12:6]," *BT* 43 (1992), pp. 244－245.

但这里显然有讽刺以法莲人的意思,因为他们喜欢说骄傲的话,却连一个字的音也咬不清楚。㉔

"四万二千人" 这是以法莲人付出的沉重代价。这数目可能是夸大了(比较民一 33,廿六 37),表示多的意思(比较王下二 24,十 14;启十三 5)。这里的"千"也可能不是指数目,只是指一个单位的人。无论如何,这一场以色列的内战又是与耶弗他有关的悲剧。他女儿的死是他家庭的悲剧,这一回却是全以色列的悲剧了。

十二 7 "六年" 这与其他拯救以色列人的士师比较,实在是一个很短的时期;与耶弗他以后的小士师比较,却相去不远。

十二 8 "伯利恒" 未能确定是哪里的伯利恒,但一般都理解为亚设和西布伦边界上的伯利恒(书十九 15),因为士师记总共记载了十二位士师,相信是为了配合以色列的十二个支派而有的;犹大已经有俄陀聂为士师了,这里的伯利恒不会是犹大的伯利恒。然则,这里的伯利恒人"以比赞"应该来自北方的支派。这城距离米吉多北面约十六公里。

"以比赞" 是"迅速"的意思。

十二 9 "三十" 可能是一个政治性数目(比较十 4),也可能表示以比赞这个宗族有很多分支,与以色列其他宗族也有很多关系。

十二 11 "以伦"('êlôn) 是橡树的意思。由于橡树是古时候的圣树,神给人晓谕的地方往往有橡树(六 11,九 6;创十二 6,卅五 4),所以"以伦"也被认为可能是管理古圣所的人。根据摩西五经,"以伦"也是西布伦其中一个儿子的名字(创四十六 14;民廿六 26)。

十二 12 "亚雅仑"('ayyālôn) 这个地方名与"以伦"的原文是相同的,可见以伦和他所属的地方都可能与"神谕"有密切的关系。这里的"亚雅仑"属西布伦支派,不同于以法莲山地西麓的"亚雅伦"。

十二 13 "比拉顿" 可能在示剑西南偏西约十公里的地方。㉕

"押顿" "服事"的意思。

㉔ 参 David Marcus, "Ridiculing the Ephraimites: The Shibboleth Incident (Judg 12:6)," Maarav 8 (1992), pp. 95 – 105.

㉕ 拿亚缦认为此镇在以法莲分地境内,示剑西南的一个山头上,颇有军事价值,马加比时代曾有堡垒建筑在这里。参 Nadav Na'aman, "Pirathon and Ophrah," *Biblische Notizen* 50 (1989) pp. 11 – 14.

十二 14 "七十匹驴驹" 比较第十章四节注解。押顿有四十个儿子,为什么只有三十个孙子呢?如果那是指行政数目,即不同地区的审判官数目,那么,四十加三十是七十,正好与基甸儿子的数目相同(参八 30 的注解)。

十二 15 "亚玛力人的山地" 比较第五章十四节注解。可能表示以法莲山地某个山头曾有亚玛力人居住,后来他们被以色列人逐出去了,但那地方仍然沿用亚玛力这个名称。

(IV) 释义

小士师记录的功用

耶弗他故事的前后都有"小士师"的记载。这些记载有两个特点:简短,以及关系以色列内部的事,甚至士师家庭的事。前者令读者有迅速过去的感觉,好像电影中的快镜头。但来到耶弗他的时候,镜头却放慢了,故事也有了充分的发挥。这样安排的目的无非是要读者留意耶弗他的故事。换言之,耶弗他的故事是士师记中重要的一部分。

1. 关系以色列内部的事情

"小士师"记载的重点是以色列内部的事情,甚至是士师家庭的事,将士师记的读者引向一个新方向——以色列的问题已经渐渐由外面转到里面来了。这也是耶弗他故事与以往的士师故事很不相同地方。本来是亚扪人欺压以色列人的外在问题(十 17~十一 33),后来却演变成基列人与以法莲人相斗的内在问题了(十二 1~6)。耶弗他更将问题带进了自己的家庭,使他愁苦万分(十一 29~40)。这样看来,耶弗他故事前后的"小士师",是要我们留意耶弗他的故事的。

2. 衬托或指向耶弗他的故事

"小士师"记载的内容也是要衬托或指向耶弗他故事的。例如,睚珥、以比赞和以伦都有很多儿女,但耶弗他却将自己唯一的女儿都牺牲了,这就使他的悲剧更加显得讽刺。此外,"小士师"们多子、多驴驹和多城邑的描述,显示了他们的富有,也显示士师越来越有君王的姿态。这与耶弗他的故事又成了讽刺性的对比——睚珥的儿子虽然多,却未能在亚扪人犯境的时候出现一个有能力的领袖(十 17~18);耶弗他虽然是大能的勇士,却至终连一个独生的女儿也没有了。

3. 承前启后的作用

  陀拉和睚珥这两位士师也有承前启后的作用,将前面亚比米勒的故事和后面耶弗他的故事连接起来。

a. 陀拉被"兴起",又"拯救"了以色列人,好像在他以前的士师一样。但这里没有提到以色列人被什么敌人欺压,却特别提到陀拉是在亚比米勒之后作士师的。那么,这里所谓"拯救"是否好像波令说的,指他将以色列人从亚比米勒所留下的悲惨光景中"拯救"出来呢?如果这真是经文的意思,那么,这是士师记对"拯救"一词很特别的用法了,因为这词在士师记其他地方从来没有这样用过。[26]

b. 陀拉的身份是由他的"过去"衬托出来的,所以这里提到他的支派、祖父和父亲的名字。他和以前的士师一样,都在约旦河西面作士师。睚珥的身份却是由"将来"衬托出来的,所以特别记载了他众多的儿子。[27] 他是住在约旦河东基列地的基列人,这就很自然将他与基列人耶弗他联系起来了(比较十四 4~6)。

悲剧人物耶弗他与以色列

  耶弗他的故事有很多人物出现,但只有耶弗他有个人名字,甚至他

---

[26] 波令的意见可以参见他的士师记注释。他的解释似乎有一点道理。这要从"住在以法莲山地"一句来推断。陀拉是以萨迦人,却住在以法莲山地,就像底波拉"住在以法莲山地"(四 5)一样。以法莲是当时各支派中最强的支派,士师可能在那里给以色列人施行审判。因此,他也可能像底波拉一样在那里审理和判断以色列人的事务。这种情况到以法莲被基列人打败之后(十二 1~6)可能有所改变。

[27] 有些学者认为,睚珥、以比赞和押顿多子女的光景叫人想到基甸之后,士师更有了作王的倾向。参 D. W. Gooding, "The Composition of the Book of Judges," *Eretz-Israel*, *Archeological Historical and Geographical Studies*, Vol. 16; *H. M. Orlinsky Volume* (Jerusalem: Israel Exploration Society, 1982), pp. 70 - 79.

的父亲"基列"也可能只是"基列"这个地区拟人化的名称而已。这样的故事安排是要说明,耶弗他是故事的中心。但整个故事最令我们困惑和悲戚的恐怕还不是耶弗他,而是他的女儿。她的死完全是无辜的,却又是安排好的,而且由她自己的父亲安排和执行。她死了,却连一个"名字"也没有留下来给人记念。相信很多读这故事的人都会与崔布有同感而呼喊:"我的神,我的神,你为什么离弃她!"㉘

其实,耶弗他的光景又可以看为整个以色列悲剧光景的投影。士师记进入耶弗他的故事,以色列的危机也进入了新低点。以往的危机都是地区性的,现在却全部应许地都在危险中了,因为约旦河东的亚扪人和河西的非利士人都起来欺压以色列人,使他们陷入了彻底的困境中(十 7～10)。这样的困境与他们的信仰光景是息息相关的,因为他们这个时候比以往更加陷入了外邦偶像的敬拜中(十 6);他们已经与外邦人一样,不像以色列人了。以色列前面的道路将会如何呢? 我们相信,耶弗他的故事正要回答这个问题。

现在让我们先来看耶弗他故事的结构,然后按这结构看耶弗他故事的信息。这故事可以按内容分为五段,每一段内容都有一段对话,每一段对话都将读者引进一个疑难:

a. 耶和华与以色列人对话(十 6～16):以色列人离弃神,神不要拯救他们了,但又为他们的苦难挣扎。结果如何呢?

b. 基列长老与耶弗他对话(十 17～十一 11):基列离弃耶弗他,他将自己的话陈明在神面前。耶弗他究竟如何看自己与神的关系呢?

c. 耶弗他与亚扪人的王对话(十一 12～28):以色列人的边界纠纷,耶弗他从头细说。究竟谁是谁非?

d. 耶弗他与他的女儿对话(十一 29～40):耶弗他失言起誓,女儿无辜牺牲。悲剧的问题在哪里?

e. 耶弗他与以法莲人对话(十二 1～7):以法莲人失言惹祸,谁是真正的以色列人呢?

从上面的分段可以看到,"话语"在耶弗他的故事中占有非常重要

㉘ Trible, *Text of Terror*, p.92.

的位置。耶弗他是一个大能的勇士(十一1),善于争战。其实,"争战"
(lḥm)一词的原文在整段故事中出现了十五次,多于该词以往在士师
记中出现的总次数,可见耶弗他是以争战著称的士师。他的争战不单
是战场上的热战,也往往是语言上的冷战,他在热战和冷战上都常常胜
利,但他的致命伤也就在"言语"上。他对女儿说:"你使我真的跪下
了……你是我最大的苦难;因为我已经向耶和华'开口'……"(十一
35,参前面注解部分)。这不是一个很大的讽刺吗? 耶弗他的悲哀正是
因为他向神"开口"许了"愿"。这样看来,本故事表面上的问题是以色
列人与亚扪人的敌对,真正的问题却是耶弗他的"愿"。耶弗他在许愿
之前已经显示了他"开口"谈判的本领。这个"愿"许了之后便支配了
故事的发展,故事发展到最后还是耶弗他与以法莲人之间"开口"的问
题。我们就按照上面耶弗他故事的分段,来看看故事多方面的讽刺及
其意义。我们要先看第一和第五段,再看第二至四段,因为首末两段的
问题是"以色列人与神的关系",第二至四段则将这个关系从"耶弗他的
个人遭遇"表达出来。

谁是以色列人

　　第十章十六节的"事奉耶和华"与六节的"事奉诸巴力和亚斯他录"
互相呼应,使第十章六至十六节成为完整的第一段,这段经文要讨论的
是全以色列人与神的关系问题。耶弗他的故事虽然是关乎约旦河东基
列人的故事,但经文从开始到末了都是从"整个以色列"来看这件事的。
第十二章七节说,"耶弗他作以色列的士师六年",可见本故事所要关心
的是整个以色列。
　　但谁是真正的以色列人呢? 以色列人因为敬拜他们周围外邦人的
神(十6),已经像外邦人一样,不成为以色列人了。所以,当他们哀求
耶和华拯救他们的时候,神说:"你们去哀求所选择的神,你们遭遇急难
的时候,让他救你吧"(十14)。以色列人之所以成为以色列人,是因为
他们以耶和华为他们的神。然而,他们却一再离弃神,还可以称为以色
列人吗? 这个问题似乎是神所关怀的,不是以色列人所关怀的,因为每
一次他们受外敌欺压的时候,都是神要他们面对自己身份的时候(十

7～9）。但每一次外敌欺压的危机过后，他们又离弃耶和华，去敬拜外邦神了。

神不但被离弃，而且有被"利用"的感觉。面对以色列人，祂的心情是忿怒的，又是矛盾的。以色列人在第十章十节和十五节的哀求是连续的，因为第十五节的"我们犯罪了"是第十节"我们得罪了你"的重复。换言之，神未等以色列人哀求完毕，便在第十一至十四节打断了他们的话，这是神忿怒的表现。所以，祂说："我不再救你们了"（十13）。祂不要再被他们利用了。难道神真的要废弃祂与以色列人的关系吗？然则，为什么祂要用亚扪人和非利士人的欺压来迫使以色列人到祂面前恳求呢？祂的心情是矛盾的：一方面，祂明知以色列人的悔改动作（十16上）是暂时性和"利用式"的；另一方面，祂又不能忍受以色列人在外敌欺压中的可怜光景（十16下）。耶弗他故事的发展需要从神的这种特殊心情来看。结果，神拯救了以色列人，但祂的拯救是在忿怒中进行的。这也可能是神没有阻止耶弗他悲剧发生的缘故。

以色列人的身份问题在故事的末了再一次出现。以法莲人轻视基列人，说："你们基列人在以法莲、玛拿西中间，不过是以法莲逃亡的人"（十二4下）。他们的意思是，以色列的中心在约旦河西的以法莲山地，以法莲人才是真正的以色列人；基列人是由河西"逃亡"到河东去的，离开了约旦河西，就是离开了以色列的本土，成为逃亡者，不能算是真正的以色列人了。㉙这样看来，耶弗他就更不是以色列人了，因为他曾经被逃亡者（基列人）赶逐，离开了基列，成为"逃亡的人"（十一1～3）。但骂别人是"逃亡者"的以法莲人，很快便发觉自己是"逃亡的人"（十二5）。那么，谁是真正的以色列人呢？以法莲人以地区来划分以色列人的思想导致他们全军覆没（十二6），这是以法莲人的讽刺——在言语上骄傲的人也要在言语上失败；这也是以色列人错误认识自己身份的可怕结局。看来，他们到故事的末了还没有解决故事开始时候的问题，

㉙ Jobling 从结构批判研究士三27～29，七24～八3，十二1～6，认为约旦河是一条重要分界线，河西为以色列的圈内，河东则为圈外。所以，以法莲人称河东的基列人为逃亡者。参 David Jobling, "Structuralist Criticism: The Text's World of Meaning," in Gale A. Yee, ed., *Judges & Method: New Approaches in Biblical Studies* (Fortress Press: Minneapolis, 1995), pp. 110-115.

而且不用外邦人欺压，便已经越来越步向自我毁灭了。这是"以色列人"的悲剧，也是一切企图"利用"神之人的悲剧。但以色列人似乎还有一线希望，那就是神的"担忧"心情中所隐藏的恩典（十 16）。

以色列人的"利用"本性

　　第十章十七节的"米斯巴"与第十一章十一节的"米斯巴"是互相呼应的，使这两节之间的经文成为完整的一段。我们在前面已经看到，以色列人在亚扪人的欺压下欲再一次"利用"神。在这一段经文中，我们看到基列的长老们和耶弗他在谈判中彼此都想"利用"对方。这也是耶弗他悲剧中人为因素的出现。以色列人在第十章六至十六节苦苦哀求神救他们。如果神真的要救他们，随后要记述的是神如何兴起士师才是，但我们在第十章十七和十八节看见的，不是士师的兴起，而是敌人的兴起。以色列人在强敌面前溃不成军，连领袖也没有。他们惟有用人的方法去寻求领袖。讽刺的是，他们去陀伯找回自己从前赶逐出去的耶弗他。⑳ 只是神在这里似乎闭上了眼睛，任由基列的长老与耶弗他讨价还价，显出了他们彼此"利用"的本性。我们从下面他们的对话可以看到这一点：

a.　耶弗他对基列的长老说："从前你们不是恨我，赶逐我出离父家吗？现在你们遭遇急难，为何到我这里来呢？"（十一 7）耶弗他的话充分表达了他好像神一样，有被自己的百姓离弃的感觉（比较十 13～14）。我们在注解部分已经看到，耶弗他是基列地的基列人，却被自己的"弟兄"赶逐离开了基列。基列人不能住在基列地，不是很讽刺吗？这就好比神是以色列人的神，却被以色列人离弃同样讽刺。耶弗他被逐，因为他是妓女的儿子。其实，使他成为妓女儿子，不是他的错，而是他父母的错，但他却要承担别人犯错所带来的结果，难怪他的话带有那么浓厚的苦涩味道。耶弗他知道长老只不过是要"利用"他的战争才能而已。他的回答强调了他与长老

---

⑳ 陀伯的原文是"好"的意思，与十 15 的"随意"（"你看怎样好"的意思，参注解）相映成趣。

们的对立关系，㉛表示不会被他们"利用"。

b. 长老立刻表示他们有悔过的意思（十一 8），与第十章十及十五节的情况相仿——那里，以色列人同样求他们所离弃的神拯救他们。长老并且用"基列一切居民的领袖"这个职位来吸引耶弗他。这个职位本来是基列的"民众"已经决定要给耶弗他的（十 18），长老开始的时候没有给他，显然是精打细算，想用"元帅"（6 节上）这个较低的职位来换得耶弗他的帮助。从他们对耶弗他说话的语法，也可以看出他们是工于心计的：本来是"我们好与亚扪人争战"（6 节下），现在变成了"你同我们去，与亚扪人争战"（8 节中）；本来耶弗他在"我们"中间没有明显的领导地位，现在"你"（耶弗他）却有了明显的领导地位了。

c. 耶弗他是曾经被长老离弃的，也不那么容易相信长老的话。但"基列一切居民的领袖"实在很吸引人，于是他变得好像长老一样，在自己的利益上斤斤计较了。他甚至"利用神"，好像神眼中的以色列人一样（十 13～14）。这一点在以后会更明显。耶弗他重复了长老的话，肯定他们叫他去打仗的条件是真的（9 节），但他强调了两点：

（i）他作基列一切居民的领袖，条件不单是与亚扪人争战，而且要争战胜利，因为胜利才能确保他的领袖地位。换言之，胜利既然不是基列人的功劳，乃是神赐的，他的领袖地位就不是长老给的，乃是神给的。

（ii）他再一次强调"我"与"你们"，㉜而且强调他的领袖地位是在"你们"（即长老们）之上的（9 节下）。

d. 长老立刻答应了耶弗他的条件，并且是用"起誓"的语气答允的。换言之，他们是"利用"神来增强自己的力量（10 节，参注解）。

神在这里未发一言，也未被求告，只是被双方"利用"来作增强自己说话力量的筹码而已！神被以色列人离弃，却又不能忍受他们的苦难；耶弗他也被自己的百姓离弃，却只有兴趣于一己的利益。他实在是一

㉛ 留意原文 'attem（你们）是强调的用法。
㉜ 原文为 'ānōkî 及 'attem，皆为强调用词，皆在耶弗他的回答中应用了。

个善于讨价还价的人。耶弗他回到基列,百姓不等战争胜利,立刻拥立他为领袖和元帅,可见他们何等需要打仗的人材。这样由人拣选,而且是由谈判产生的领袖,符合神的心意吗? 以色列人好像外邦人一样,领袖又像以色列人一样,神会喜悦这现象吗?

话语的力量——耶弗他"利用"亚扪王

　　耶弗他作了基列一切居民的领袖,可以去与亚扪人争战了。但在开战以前,他先透过使者与亚扪人的王理论一番。表面看来,他是先礼后兵,很有君子风度。但他的论据却暴露了他的弱点,给后来的悲剧投下了新的"人为因素"。耶弗他的"话语"有两个特点:

1. 强调"我"与"你"的对立(12、27 节)

　　亚扪人是有罪的,因为他们侵占了摩押(15、24 节上暗示的),还要占领以色列人的基列地(23 节)。他述说历史,证明以色列人没有进入以东和摩押人的土地(17~18 节),似乎那时候亚扪人根本还没有存在。他将亚扪人推到旷野以外的沙漠边缘去(22 节),并说三百年来他们都没有边界纠纷(26 节)。我们在注解部分已经知道,他的论据并不正确。他更混乱了摩押和亚扪人的神(24 节),并且似乎将以色列的神耶和华看作一个地方的神,好像摩押的神基抹一样。他提到巴勒(25节),似乎是要亚扪人止息战争,但语气却是要激发亚扪人开战的,最后一句话(27 节下)就直接向亚扪人宣战了。其实,他知道,他是否能够成功作基列一切居民的领袖,都取决于他与亚扪人的战争(9 节)。他是必须争战的。反过来看亚扪人的王,他似乎更有和平解决问题的倾向。他对耶弗他说:"现在你要好好的将这地归还吧!"(13 节)。这里的"好好的"(bᵉšālôm)原文是"和平解决"的意思。

2. 以全以色列的代表自居

　　在他的谈判中,"以色列"一词出现了十四次。他又好像摩西一样,打发使者去与外邦人谈判(十一 12、14、17、19;比较民二十至廿一章)。但他对以色列的历史和信仰的认识是有缺陷的,或许他故意扭曲了事实,好激发亚扪王出战。我们不要忘记,耶弗他本来是被同族的人赶逐,在外邦人的地方作"山寨王"的,他求战和求胜的心都会非常迫切。他善于辞令,在谈判中为自己的利益先声夺人。他对神也可能话说得太多,未能静下来听神的话。第十一章廿八节说:"亚扪人的王不肯听耶弗他打发人说的话。"这是本段经文的结束,与上一段经文的结束(十一11)互相呼应,那里说:"耶弗他在米斯巴将自己的一切话陈明在耶和华面前。"我们不知道他在神面前究竟讲了什么话。神会听吗?

话语的危险——耶弗他"利用"神

　　第十一章廿九至四十节是耶弗他故事的中心。他是一个悲剧人物。他善于辞令,却被自己的话语捆绑了;他是大能的勇士,却被自己的软弱打倒了。但他的遭遇不是盲目的"命运"那么简单。我们在前面已经看过,他为了自己的利益可以与基列的长老斤斤计较,用威胁的态度与亚扪人的王谈判。现在,他要用"许愿"来与神交易了。换言之,他企图"利用"神来达到自己的目的。我们分两方面来看耶弗他的问题:

1. 盲目的耶弗他

　　耶弗他的"许愿"是不必要的。因为在他许愿以前,神的灵已经降在他身上(29节),表示胜利是有保障的了(参三10,六34,十四6、19;撒上十一6)。他在神的灵感动下"从米斯巴来到亚扪人那里"(29节)。后来又重复说:"耶弗他往亚扪人那里去……"(32节)。换言之,他的许愿(30、31节)实际上打断了神的灵的运行,并且从此支配了故事的发展,直到该愿成就为止(39节)。

　　这样看来,耶弗他的"悲剧"是因着他的"许愿",这愿使他对亚扪人的胜利变得毫不重要,只有两节经文记载(32、33节)。他的愿表面看来是为以色列人的好处,其实更是为了他自己的好处(参十一9)。胜利与否对他影响太大了,他必须全力以赴(参十二3)。如果他失败了,基列人会再次离弃他的,所以他"计算"神,企图用"献人为祭"的方法来换取神的帮助。讽刺的是,神已经赐下祂的灵,已经保证他的胜利了,

为什么他还要"计算"神呢？㉝ 难道耶弗他不知道神的灵已经降在他身
上了吗？精于为自己打算的耶弗他可能真的如此吗？因为到这个时
候，神究竟拯救以色列人与否还是一个未知数。鉴于第十章十三节神
对以色列人的拒绝，神是有可能不拯救以色列人的。故事发展到现在，
神一直是在背景中。许愿是要神出到台前，参与这场战事。但神已经
出到台前，将祂的灵赐给耶弗他了，他却不知道。一个单单注目自己利
益的人，很难看到神已经在他面前。耶弗他用对待基列长老和亚扪人
之王的方法来对待神，企图用神圣的"愿"来为自己的政治前途服务，一
如以色列人以"忏悔"作为筹码交换神对他们的拯救一样（十 10、15）。
一个以"自我"为生活中心的人是不可能看见神的世界和作为的。

2. 无根的耶弗他

从人的角度来看，耶弗他许愿也表示他极度缺乏安全感。他是一
个曾经被自己的百姓离弃的人，安全感极度薄弱。现在，他却要将自己
一切的前途都交在一位既没有形象可寻，又高深得不可测度的神，难怪
他要用"许愿"的方法来换取神的保证了。这也显示耶弗他属灵产业的
贫乏。如果他在以色列的信仰传统上受过足够的教育，相信他不会觉
得神是那么遥远，也不会觉得神喜欢"献人为祭"吧。这里，克来因更将
耶弗他的问题追溯到他的出身——他是妓女所生的，没有父亲负责传
递以色列的信仰给他，他成为没有信仰产业或历史记忆的一代。㉞ 这
也是有道理的。因为耶弗他似乎既不知道亚伯拉罕献以撒的故事，也
不知道律法书中关于长子可以赎出来的道理（参注解部分）。

战胜亚扪人本来是值得大大喜乐的事，结果因为耶弗他的许愿变

㉝ 崔布说："耶弗他许愿是不信的行动。他企图控制多于领受神的灵恩。本来，神的灵恩已
经白白赐给他了，他却想用方法去赚取，好为自己使用。他许愿的话表示了他的疑惑，不
是信心；表示了他的控制，不是勇敢。这样的许愿，神是不会聆听的"（参 Trible，*Text of
Terror*，p.97）。不过，后来神真的应允了他的心愿，使他得胜了（十一 32～33）。但另一方
面，约单（Jordan）认为，耶弗他的许愿是神的灵感动他这样作的，目的是要阻止耶弗他建
立王朝，因为那"愿"使他绝了后代。参 J. B. Jordan，*Judges：God's War against
Humanism*（Tyler，Texas：Geneva Ministries，1985），pp. 191–213, esp. pp.192, 200.
㉞ 参 Klein，*The Triumph of Irony in the Book of Judges*，p.98.

成极大的悲哀。因为打倒亚扪人,耶弗他将自己也打倒了。这不是很
讽刺吗?第十一章卅四节的"不料"原文是"看哪"的意思。这就将我们
带到视觉的情景中,看见耶弗他的痛苦挣扎和他女儿的欢乐举动成了
一个非常强烈的对比。讽刺的是,一个天真的小女子,高高兴兴地欢迎
父亲凯旋回来的时候,仍不知道自己要成为父亲手中的祭牲;耶弗他从
战场上"平安"回来了(31 节),却只是为了要被"压碎"!他说:"我已经
向耶和华开口,不能挽回"(35 节)。这里,一方面叫我们看到耶弗他是
一个信守诺言的人,无论牺牲有多大,他还是照他向神许愿的行了,这
是他的长处。另一方面,耶弗他的名字就是"他张开"的意思。一个人
的名字表明了他的本性。换言之,耶弗他的本性成了他悲剧和失败的
原因。他悲哀的呼喊也是为了自己,不是为了女儿。耶弗他是战士,这
里的"口"(pî)也可以解作刀锋(比较一 8)。然则,这位战士的刀现在
砍在自己身上了。

耶弗他的女儿给我们的挑战

圣经有很多关于禁止"献人为祭"的教训。㉟ 为什么这里对耶弗他
献人为祭的事没有反对的意思呢?从上面的了解,我们相信神不是不
反对献人为祭,神在这里的静默只是对耶弗他和以色列人"利用"祂的
无声抗议而已。现在,最大的问题不是耶弗他,而是他的女儿了。为什
么神可以让一个无辜的女孩子这样死去呢?虽然马可斯(Marcus)已
经说了,本故事的中心不是耶弗他的女儿,而是耶弗他自己,所以他的
女儿是没有名字的,㊱但从神学的角度来看,我们是不能回避这个问

㉟ (1)律法禁止:利十八 21,二十 2;(2)这是迦南人的恶习:申十二 31,十八 9~10;(3)但以
色列人仍然有这样行的:诗一〇六 37~38;王上十七 17;王下十六 3,廿一 6;(4)先知禁
止:弥六 7;耶三 24,七 31,十九 4~6,卅二 35;结十六 20~21,廿三 37~39。

㊱ D. Marcus, *Jephthah and His Vow* (Lubbock, TX: Texas Tech Press, 1986), pp. 12,
50. 他将这里的经文与创廿四 4,士一 12 及撒上十七 25 作比较,认为只有神的安排,才能
使这些失言的例子免除悲剧的发生(比较士十七 2,廿一 8;创卅一 32;撒上十四 24)。他
又指出,犹太学者传统的解释是:"耶弗他以不适当的态度祈求神,神也以不适当的态度回
应他。"参 pp. 54 - 55.

题的。

一般的解经家都赞扬耶弗他女儿的智慧、无私和勇敢的牺牲。其实，经文也表明了这一点。当她的父亲为自己哀伤的时候，她却甘愿牺牲，让父亲看见，照所许的愿而行是应当的。因为神已经为以色列人施行拯救（36 节）。㉗ 她似乎更能够从救赎的角度去看这件事。但称赞她不能代替解决我们的神学问题。现代的女权解经者更认为那是一种讽刺。艾森（Exum）论到耶弗他女儿的死和后来的记念习俗说："父权思想在这里加添了一项妇女的习俗，是要表扬这位牺牲者。这个故事给妇女的信息是：顺服父权！你可能需要牺牲你的自主权；你可能失去生命，甚至你的名字。但你的牺牲会一代复一代被记念，甚至被庆祝。"㉘

女人要为男人的愚蠢而牺牲实在是一个悲剧。但耶弗他的女儿向父亲的要求似乎给这个悲剧投下了一线希望。她要求父亲给她两个月的时间去山上与同伴哀哭她终为处女（37 节）。崔布认为，耶弗他的女儿在不能逆转的有限空间中仍然为自己的生命制造意义，所以她不再孤单，也不再被隔离。㉙ 我们相信，以色列的女子每年为耶弗他女儿哀哭的习俗不是如艾森所说为了巩固父权而有的。正因为这是一个悲剧，人们要哀哭，要记念，好汲取其中的教训，让悲剧不再发生。我们测不透神容许这悲剧发生的原因，但最少我们应该检讨人为的错误。耶弗他在极度缺乏安全感的时候作了一件愚蠢的事。我们每一个人的生命都有像耶弗他一样的时候。那么，我们又要如何避免他的悲剧重演呢？

后记：耶弗他的现象

耶弗他是一个悲剧人物。他的母亲是一个妓女，他的家庭生活大

㉗ 这里，我们跟随波令的解释，认为十一 36 的 nᵉqāmôt 应该解释为"拯救"，而不是"报仇"。参 Boling, *Judges*, p. 209.
㉘ 参 J. Cheryl Exum, "Feminist Criticism：Whose Interests are Being Served?" in *Judges & Method*, *New Approaches in Biblical Studies*, p. 77.
㉙ Phyllis Trible, *Texts of Terror：Literary and Feminist Readings of Biblical Narratives* (Philadelphia：Fortress, 1984), p. 104.

遭破坏。但那不是他的错。当他的生命因战胜亚扪人而大有希望的时候，却因为许了一个愿而令家庭生活再受破坏，那是他自己需要负责的。作为一个士师，他也不见得很成功。他虽然救了以色列人脱离亚扪人的欺压，却还没有救以色列人脱离非利士人的欺压。根据第十章七节的记载，当时欺压以色列人的除了亚扪人之外，还有非利士人。所以，耶弗他对以色列人的拯救最多只能说是局部成功。非利士人的问题要留待参孙去处理了。

另一方面，耶弗他打败亚扪人的这场胜利，又因着与以法莲人的战争而大大失色了。因为与以法莲人争战，他将以色列人带入了自相残杀的局面，国外的危机变成了国内的危机。他对待以法莲人的态度和方法好像对待亚扪人一样（比较十二 2～3 与十一 23～27；十二 4～6 与十一 29～33）。但对亚扪人的战争是圣战，对以法莲人的战争却是以自我为中心的权力战了。他虽然在战事上节节胜利，却开始了以色列更加混乱的局面，到第十九至廿一章的时候，这局面便更不可收拾了。士师记最后五章的经文一再重复的话是："那时以色列中没有王，各人任意而行"（十七 6，廿一 25，比较十八 1，十九 1）。可见耶弗他这种自我中心的精神是以色列最后濒临瓦解边缘的原因。作为士师，他这种自我中心的精神在参孙身上更清楚可见（十四 1～3）。

耶弗他的故事提到了两个女人，一是他的母亲，一个妓女；二是他的女儿，一个处女。在往后的士师记故事中，女性的角色更多，而且多数是不良的角色。看来，以色列的败坏也与"女色"连上了关系，就好比以色列敬拜偶像，行了邪淫一样。耶弗他是大能的勇士，也善于外交辞令，却缺少了领袖应有的爱民风度和善良的心肠。所以他虽"大"犹"小"，作不了伟大的领袖。他的故事最后说："基列人耶弗他死了，葬在基列的一座城里"（十二 7）。这就令我们回想到他出现时的介绍："基列人耶弗他……"（十一 1）。换言之，他由始至终都不过是基列人，未能达到真正"以色列"领袖的水平。如果"一座城"照原文翻译为"众城"，那就更表明他是属于全基列的，与基列更不可分开了。耶弗他是"基列人"。他的现象会在人类社会中重演吗？

陆　参孙
（十三 1～十六 31）

　　本段经文记述了参孙的事迹。参孙是士师记中最后一位士师。很多人都喜欢参孙的故事，主日学的孩子们更熟悉参孙，因为他的故事很富传奇色彩，富有刺激性。圣经中没有哪一位是古典式的英雄——他的死比他的生更伟大的英雄，但参孙在欧洲人的历史中却一直被当作英雄来看待。[①] 初期教会的教父们也以参孙为圣徒。然而参孙的暴力、嫖妓和最后自我毁灭的行为，我们可以同意吗？ 单单从士师记来看，参孙故事也有很多令人失望的地方。例如，以往的士师都是在他们生命的中途被神选召作士师的，而且多有缺点；参孙却从母腹中就已经被分别为圣归给神了，他的出生故事令人觉得一位理想的士师终于来临，哪知他的行为比其他士师更堕落、更古怪，往往脱离理性。他又个性好色，不受制约。他虽然作拿细耳人，却不守拿细耳人的约（民六章）；虽然被称为士师，却从来没有带领百姓去打仗，也没有为百姓作战。他无穷的体力是毁灭性的。他屡次攻击非利士人，但动机是保护自己或为自己报仇，不是为了拯救以色列人。他的行为甚至为以色列人带来了危机（十五 9～11）。这一切都似乎告诉我们，参孙不符合以往灵感士师的模式，可是圣经却清清楚楚称他为士师（十五 20，十六 31 下）。他的故事令我们对"士师"的定义有了困惑。

参孙故事的解释

　　参孙的故事那么特殊，我们应当如何解释呢？ 圣经学者们在这个问题上意见不一，主要有：

[①] 如弥耳顿（Milton）的 *Samson Agonistes* 及韩德尔（Handel）的 *Oratorio* 皆以参孙为英雄。

1. 神话

有些学者从希腊神话的角度去解释参孙故事，特别是古希腊赫拉克勒斯（Heracles）的神话故事。他们发觉两个故事有不少相似的地方，例如参孙路杀壮狮（十四 5～6）、得泉水解渴（十五 18～19）、将城门搬到山上（十六 3）、被女人所害（十六 5～21）、了断自己的生命（十六 30）等，在赫拉克勒斯的神话中都有相似的故事。②

2. 传奇

有些学者认为参孙故事是历史传奇或神话传说与传奇的混合作品。③ 鲍美琦更将参孙故事看作男性的神话，其中包括了男性对女性的爱、恐惧、紧张、情绪上的降服及回归母腹的情结。④

3. 象征

以上两种解释都有它们一定的道理。但最适切士师记全书主旨的

---

② 由于伯示麦（太阳城）就在琐拉和以实陶附近，而参孙的名字又有"小太阳"的意思，学者们很容易便将参孙的故事与太阳神的故事联系起来。也有学者将参孙与希腊的 Heracles 神话或巴比伦的 Gilgamesh 神话联系起来。参 Gray, *Joshua, Judges and Ruth*, pp. 234 - 235; Burney, *The Book of Judges*, pp. 391 - 408; Gustav Roskoff, *Eie Simsonssage nach ihrer Entstehung, Form und Bedeutung und der Heraclesmythus*（Leipzig: Ernst Bredt, 1860）. 关于参孙故事与希腊太阳神话的关系早在 1877 年已经由 H. Steinthal 提出了。参他的专文："The Legend of Samson," in *Mythology Among the Hebrews*（New York: Cooper Square Publishers, 1967, 1977）, by Ignaz Goldziher, pp. 392 - 446. J. G. Williams 也将参孙的故事与太阳联系起来，参他的专文："The Structure of Judges 2:6 - 16:31," *JSOT* 49（1991）, pp. 77 - 85. 但 G. C. Cohen 认为两者没什么关系，参他的专文："Samson and Hercules," *EvQ* 42（1970）, pp. 131 - 141.

③ 民间故事的主题，如英雄难过美人关、没有孩子的母亲、英雄名字之秘密、英雄最终要求死、神灵力的失落等等，都可能在参孙故事中找到。参 J. M. Myers, "The Book of Judges: Introduction and Exegesis," in *The Interpreter's Bible*, ed., George A. Buttrick（Nashville: Abingdon, 1953）, 2:677 - 826; Gray, *Joshua, Judges and Ruth*, pp. 232 - 237; J. A. Wharton, "The Secret of Yahweh: Story and Affirmation in Judges 13 - 16," *Interpretation* 27（1973）, pp. 48 - 66.

④ 她认为参孙在性事上没有安全感，而整个故事的主题是"将我们从爱中拯救出来"。参 Mieke Bal, *Lethal Love*, pp. 37 - 67, esp. pp. 63, 66.

是象征的解释,即参孙故事是"以色列人"的象征。⑤ 换言之,参孙与神
的关系等于以色列人与神的关系。

　　参孙是以色列人的象征。他从母腹中就被神分别为圣,成为拿细
耳人,与神有特殊的约法关系。以色列人也同样在未"成形"之前已经
被神拣选,与神有立约的关系了(比较申卅二 6;耶一 5)。但参孙一再
与非利士女子亲近,好比以色列人一再敬拜外邦人的偶像一样。参孙
本为以色列人,却跟随了非利士人的生活。他常常来往于以色列人和
非利士人之间。他这样行在"两极之间"的生活是危险的,结果付出了
生命的代价。这样看来,参孙是以色列人"反面"的角色。他的问题开
始于眼目的情欲(十四 3、7,参释义部分),结果他的眼睛被剜去(十六
21)。他三度与非利士女人的关系,代表了女人在他生命中的三个角
色:妻子、妓女、情人,三者都有很大的危险,最后一个更夺去了他的生
命,可见不受约束的"性"乃是危险的火。以色列人敬拜外邦神祇也有
同样的危险(参结廿三章)。虽然如此,我们必须留意,整个故事没有直
接批评参孙的不是,反之参孙好像神的秘密武器,屡次被神的灵感动,
将敌人大大杀败。"士师"之所以是士师,也许不在乎他"为人"如何,乃
在乎他在神的计划中"被神所用",完成了神要他完成的工作。

参孙故事与士师记其余部分的关系

　　参孙是士师记的最后一位士师。他的故事代表了以色列逐渐败坏
的最后阶段,也反映了与其他士师的一些联系。例如:

a.　参孙与非利士女子的"堕落混合",是俄陀聂与押撒的"完美结合"
　　的反面。

b.　参孙的"秘密"失败了,以笏的"秘密"却成功了。

---

⑤　参 E. L. Greestein,"The Riddle of Samson," *Prooftext* 1 (1981), pp. 237－260;有些学
　　者更认为参孙预表基督,看参孙路杀壮狮如同耶稣基督胜了地狱之门,参孙被自己的
　　百姓厌弃(十五 12)如同耶稣基督被自己的百姓厌弃,但参孙死时败坏了敌人又如同耶
　　稣基督死时败坏了撒但一样。参 J. L. Crenshaw, *Samson: A Secret Betrayed, A Vow
　　Ignored* (Atlanta: John Knox, 1978), p. 140; H. W. Hertzberg, *Die Bücher Josua,
　　Richter, Ruth* (ARD 9, 1959).

c. 参孙与珊迦同样以"异常的武器"杀败了非利士人。

d. 底波拉是蜜蜂的意思,她又是拯救以色列的母。参孙从死狮中取蜂蜜违反了拿细耳人之约(参民六6);他的情人"大利拉"与底波拉的名字谐音,却是一个败坏以色列的女子。

e. 参孙的父母所见的异象(十六15～23)与基甸所见的异象(六17～23)相似,而参孙也和基甸一样被神的灵感动(比较六34,十三25,十四6、19,十五4)。他的三百只狐狸与火把的故事与基甸三百个士兵与火把的故事又互相呼应。

f. 参孙和耶弗他一样都有影响一生的"愿"。前者身为拿细耳人,却轻看所许的愿而违了愿;后者虽然是社会所轻看的人,却因敬虔而守了无知的愿。⑥以法莲人威胁要用火烧掉耶弗他和他的家(十二1),非利士人也威胁要用火烧掉参孙的妻子和她的父家(十四15)。

参孙故事除了与以往的士师有联系之外,与往后的士师记部分乃至撒母耳记都有联系。例如:

a. 参孙的个人主义乃至"行他自己眼所喜悦的事"(十四1、3、7,十六1),是第十七至廿一章中各人任意而行的预备(十七6,廿一25)。

b. 参孙作士师二十年(十五20,十六31),但只是"开始"拯救以色列人脱离非利士人的辖制(十三5)。换言之,故事需要越过参孙,延续到撒母耳的时期(撒上四18,七12～17)。⑦

---

⑥ 参 Klein, *The Triumph of Irony in the Book of Judges*, pp. 128 - 132; M. O'Connor, "The Women in the Book of Judges," *HAR* 10 (1986), p.289.

⑦ 布洛克斯更认为参孙/大利拉是扫罗/大卫的反映。他认为参孙故事的作者将扫罗隐藏在参孙中,以抗议大卫好像大利拉出卖参孙一样出卖了扫罗。参孙与扫罗同有神的灵感,同样攻打非利士人,同样被自己最亲近的人出卖,同样最后自杀。他也认为撒母耳出生的故事原来是扫罗的故事。然则,参孙和扫罗的出生同样是奇妙的,有神参与的。参 Simcha Brooks, "Saul and the Samson Narrative," *JSOT* 71 (1996), pp. 19 - 25. 马加利特(Margalith)也认为撒母耳的出生故事原本是扫罗的出生故事。因为自古以来,一国元首的出生都有神奇的故事。参 Othniel Margalith, "More Samaon Legends," *VT* 36 (1986), p.399.

参孙故事的统一性

　　参孙故事有一般士师故事的开始(十三 1;比较三 7～8、12～14,四 1～2,六 1,十 6～7)和结束(十六 31;比较三 11、30,五 31 下,八 28,十 二 7)。所以,它是一个完整的故事。但很多学者都留意到第十三章与 其他各章的联系很少,只与第十六章十七和卅一节有联系。显然第十 三章在参孙故事中是非常独立的一章经文。此外,参孙故事在第十六 章卅一节结束了,但同样的结束语也在第十五章二十节出现。那么,第 十六章是不是后来才加上去的呢? 这样看来,参孙故事似乎不是一个 统一的故事。其实,上面的特点是圣经刻意安排的,目的是要带出士师 记的信息。首先,第十三章是不可少的,因为发生在琐拉和以实陶之间 的事是故事的开始(十三 2、25),也是故事的结束(十六 31)。删去了第 十三章,参孙故事就会变成没有属灵意义的世俗故事;有了第十三章, 参孙故事便成了富有情节主题的故事。而且第十三章天使的两度显现 也成为参孙两度与非利士人交手的对照(十四～十五章与十六章)。这 两次的交手在很多方面都是平行的,却有不同的信息。我们可以将整 个故事的结构列表如下:

　　参孙的父家(十三 2)

　　　　琐拉和以实陶(十三 25)

　　　　预言(十三 3～23)

　　　　　　天使第一次显现(十三 3～7)

　　　　　　　　玛挪亚的妻子要生一个儿子及拯救以色列人的 "秘密"

　　　　　　天使第二次显现(十三 8～23)

　　　　　　　　玛挪亚四问天使最后不知其中的"秘密"

　　　　应验(十三 24～十六 30)

　　　　　　参孙出生及第一次与非利士人交手

　　　　　　(十三24～十五 20)

　　　　　　　　参孙下亭拿娶妻

　　　　　　　　被妻子逼供"秘密"而失守

> 隐退于以坦
>
> 以失败者的身份被解去送给非利士人
>
> 结果大大杀敌于利希
>
> 参孙作士师二十年
>
> 参孙第二次与非利士人交手(十六 1～31)
>
> > 参孙下迦萨嫖妓
> >
> > 被爱人逼供"秘密"而失守
> >
> > 隐退于迦萨
> >
> > 以失败者的身份被解去娱乐非利士人
> >
> > 结果与敌人同归于尽
> >
> > 参孙作士师二十年
>
> 琐拉和以实陶(十六 31)
>
> 参孙的父家(十六 31)

我们从上表可以看到,参孙故事是紧密地连在一起的,其中的信息是一致的。但由于故事颇长,我们还是按着故事的结构分三段来看:(一)第十三章一至廿三节;(二)第十三章廿四节至第十五章二十节;(三)第十六章一至卅一节。

(一) 出生的应许(十三 1～23)

1 以色列人又行耶和华眼中看为恶的事,耶和华将他们交在非利士人手中四十年。

2 那时有一个琐拉人,是属但族的,名叫玛挪亚;他的妻不怀孕,不生育。

3 耶和华的使者向那妇人显现,对她说:"向来你不怀孕,不生育,如今[你必怀孕生一个儿子]。

4 所以你当谨慎,清酒浓酒都不可喝,一切不洁之物也不可吃。

5 [你是有孕的,正要生一个儿子],不可用剃头刀剃他的头,因为这孩子一出胎就归神作拿细耳人;他必起首拯救以色列人脱离非利士人的手。"

6 妇人就回去,对丈夫说:"有一个神人到我面前来,他的相貌如神使者的相貌,甚是可畏,我没有问他从哪里来,他也没有将他的名告诉我;

7 却对我说:'[你已怀孕,正要生一个儿子];所以清酒浓酒都不可喝,一切不洁之物也不可吃,因为这孩子从出胎一直到死,必归神作拿细耳人'"。

8 玛挪亚就祈求耶和华,说:"主啊,求你再差遣那神人到我们这里来,好指教我们怎样待这将要生的孩子。"

9 神应允玛挪亚的话。妇人正坐在田间的时候,神的使者又到她那里,她丈夫玛挪亚却没有同她在一处。

10 妇人急忙跑去告诉丈夫,说:"那日到我面前来的人,又向我显现。"

11 玛挪亚起来,跟随他的妻来到那人面前,对他说:"与这妇人说话的就是你吗?"他说:"是我。"

12 玛挪亚说:"愿你的话应验。[这孩子和他的工作将要如何裁判呢]。

13 耶和华的使者对玛挪亚说:"我告诉妇人的一切事,她都当谨慎。

14 葡萄树所结的都不可吃;清酒浓酒都不可喝;一切不洁之物也不可吃;凡我所吩咐的,她都当遵守。"

15 玛挪亚对耶和华的使者说:"求你容我们款留你,好为你预备一只山羊羔。"

16 耶和华的使者对玛挪亚说:"你虽然款留我,我却不吃你的食物;你若预备燔祭,就当献与耶和华。"原来玛挪亚不知道他是耶和华的使者。

17 玛挪亚对耶和华的使者说:"请将你的名告诉我,到你话应验的时候,我们好尊敬你。"

18 耶和华的使者对他说:"你何必问我的名,我名是奇妙的。"

19 玛挪亚将一只山羊羔和素祭,在磐石上[献与行奇妙事的耶和华];玛挪亚和他的妻观看,

20 见火焰从坛上往上升,耶和华的使者在坛上的火焰中也升上去了;玛挪亚和他的妻看见,就俯伏于地。

21 耶和华的使者不再向玛挪亚和他的妻显现,玛挪亚才知道他是耶和华的使者。

²² 玛挪亚对他的妻说："我们必要死,因为看见了神。"

²³ 他的妻却对他说："耶和华若要杀我们,必不从我们手里收纳燔祭和素祭,并不将这一切事指示我们,今日也不将这些话告诉我们。"

(Ⅰ) 分段

本段经文在参孙故事中有特殊地位。一方面它是记事文体,与其余部分的故事文体有分别;另一方面它以充满宗教色彩的异象形式,预言了参孙的出生,主角却不是参孙,而是他的父母,这与往后用民间传奇的形式所描述的以参孙为主的故事,大异其趣。

(Ⅱ) 经文

十三 3　"你必怀孕生一个儿子"（$w^eh\bar{a}r\hat{\imath}t$ $w^ey\bar{a}lad\underline{t}^e$ $b\bar{e}n$）　这里有两个未完成式动词（imperfect tense）,字面意思是"你将要怀孕,生一个儿子",即事情尚未发生的意思。

十三 5　"你是有孕的,正要生一个儿子"（$h\bar{a}r\hat{a}$ $w^ey\bar{o}lad\underline{t}^e$ $b\bar{e}n$）和合译本作"你必怀孕生一个儿子"。其实,这里与第三节不同,是一个形容词和一个绝对不定词,字面意思是:"你是有孕的,正在生一个儿子"。换言之,当天使对玛挪亚的妻子说话的时候,她就可能怀了孕。否则,天使是将"未来"的事实当作"现在"的事实来说,因为神已经应许的事（3 节）便是实在的了。无论如何,这里翻译作"你是有孕的,正要生一个儿子"较准确与合宜。

十三 7　"你已怀孕,正要生一个儿子"　和合译本作"你要怀孕生一个儿子"。其实,它的原文与第五节是一样的。所以,这里的译本也可以一样。

十三 12　"这孩子和他的工作将要如何裁判呢"　和合译本作:"我们当怎样待这孩子,他后来当怎样呢?"这一句的原文字面翻译是:"这个少年人的生活规则（$mi\check{s}pa\underline{t}$）和他的工作（$\hat{u}ma^{a}\check{s}\bar{e}h\hat{u}$）将会怎样呢?"其中"生活规则"的原文是"裁判"的意思,与"士师"同一个字根。

克来因将全句译作："How will the boy be judged and how will his work be judged? "("这个孩子当如何被裁判及他的工作当如何被裁判?")⑧这里,玛挪亚固然希望知道这个出生如此特别的儿子将会如何,但他的用词却似乎在邀请我们这些"读者"对参孙的生命和他所作的一切下一个判断。然则,参孙一生的意义自然就会有不同的解释了。为了配合这个原文的意思,这里最好翻译作:"这孩子和他的工作将要如何裁判呢?"

十三 19 "献与行奇妙事的耶和华"(*wayya'al ... layhwâ ûmapᵉlē' la'ăśôt*) 和合译本作"献与耶和华,使者行奇妙的事"。"行奇妙的事"一句在原文是没有主词的,和合译本根据上下文另外加上了"使者"两个字(比较六 21),意思是"天使行了奇妙的事",好与第十八节"我名是奇妙的"互相呼应。宾尼认为,"使者行奇妙的事"全句原来是旁注,后来被错误地放在这里。⑨ 但多数学者认为"耶和华……奇妙的事"(*layhwâ ûmapᵉlē'*)原文本来是"耶和华—祂—奇妙的事"(*lyhôh whû mpl'*),但在抄写时错误地抄成了现在的形式。然则,全句应该是"祂行奇妙的事"(*ûhû ûmapᵉlē' la'ᵃśôt*)。但马所拉经文也可以翻译为"……献与行奇妙事的耶和华",因为"行"(*la'ᵃśôt*)是一个绝对不定词。⑩ 这也是我们接纳的译文。

(III) 注解

十三 1 "非利士人" 这些人在士师记其他地方已出现过(一 9,三 31,十 6～7)。他们来自迦斐托(摩九 7;耶四十七 4),即今希腊南部克里特岛,是"海民"的一支,约于主前十三世纪定居巴勒斯坦沿海地区,有迦萨、亚实基伦、亚实突、以革伦和迦特五个城邦。主前十二世纪埃及衰落,非利士人继承了埃及人在巴勒斯坦原有的势力范围,与以色列人对

---

⑧ 参 Klein，*The Triumph of Irony in the Book of Judges*，pp. 123 – 124.

⑨ 参 Burney，*The Book of Judges*，p. 350.

⑩ 参 Kim Jichan，*The Structure of the Samson Cycle*(Kampen，The Netherlands，Kok Pharos Publishing House，1993)，p. 140.

抗。他们的城邦虽有五个，却很团结。他们有严谨的军事纪律，而且控制了铁器生产，军事技术比以色列更优良。他们透过通婚、贸易等间接地了以色列人。当时犹大人也似乎接纳了非利士人的辖制（十五 11）。

"辖制"（*mōšᵉlîm*） 不同以往的"欺压"（*lhṣ*，四 3），"压制"（*tᵉzᵉl*，六 2）或"扰害欺压"（*rṣ rṣṣ*，十 8），却与第八章廿二至廿三节及第九章二节翻译作"管理"的原文是同一个字。可见非利士人的"辖制"比以往外族人对以色列人的"辖制"更有技巧。以色列人也习以为常地接纳了非利士人的"辖制"。

十三 2 "琐拉" 位于一山头，南望梭烈谷，与伯示麦相对，在耶路撒冷西面约二十二公里，距非利士边界约三公里，是控制犹大山地北部的一个重要城镇（参撒下五 18、22；代下十一 10）。它属于但支派（书十九 41；士十八 2、8、11），可是后来属于犹大（书十五 33）。

"但族"（*mimmišpaḥat*） 根据约书亚记的记载（书十九 40～48），但支派的分地东接便雅悯（书十八 14），北为以法莲（书十六 1～3），南为犹大（书十五 5～11，十八 11～20），西面不详，可能以地中海为界。可是但支派从未拥有所分得的土地，后来更要向北迁移，寻觅居所（参十八 1 的注解）。参孙时期，但支派的人可能已经迁徙去了北方，只剩下一些家族仍然留在原来的地方。所以这里称但族，不称支派（*šēbeṭ*，十八 1）。⑪ 当非利士人犯境的时候，不是但人去捉拿参孙，而是犹大人去捉拿他（十五 9～13）。从非利士城邦之一亚实突的出土文物来看，参孙故事大概发生于主前 1160 至 1100 年之间，而但支派也大约在主前 1100 年迁徙去了北方。⑫ 这时候，非利士人已经向中央山地扩展。

"玛挪亚" "安息"的意思。

"不怀孕，不生育" 在古时候，妇人不生育通常被看为一种"羞辱"（创十一 30；撒上一 2～8；路一 7～8）。⑬ 不育的妇人后来能够生育则

---

⑪ 参 Gray，*Joshua，Judges and Ruth*，p. 342. 但比较十七 7，那里也有称犹大支派为犹大族的。

⑫ 波令认为亚实突这个城的存在最早为主前 1175 至 1150 年。参 Boling，*Judges*，p. 224.

⑬ 本段经文关于不育、生子及神使者的显现，可与亚伯拉罕及撒拉得子的故事（创十八 1～15）互相比较。而天使显现、火烧祭物及天使消失于火焰中的事，则可与基甸所见的异象（六 11～24）互相比较。

被看为神的恩赐,而且所生的儿子必有神的目的。例如,旧约的撒拉、利百加、拉结以及新约的以利沙伯等,都是如此。

十三 4　这里提到作拿细耳人的律例(5 节,参民六 2～9)。可是"拿细耳人的约"通常是自愿的,不是强逼的,而且该约的条例没有伸展到妈妈怀孕的时期。可见参孙的例子是非常特别的。

"清酒"　平常饮用的酒。

"浓酒"　通常用在筵宴上,酒精较多,可能指啤酒。⑭

"不吃不洁之物"　意思是不让胎儿透过母体接触不洁之物。

十三 5　"你是有孕的,正要生一个儿子"　参经文部分的讨论。同样的用词也出现在创世记第十六章十一节,神对夏甲说:"你如今怀孕,要生一个儿子。"当时夏甲已经怀孕了。这样看来,在第三和第五节之间,天使令玛挪亚的妻子怀孕了吗? 我们相信,这里的形容词并不表示当时玛挪亚的妻子已经怀孕,只是表明玛挪亚的妻子有孕这件事是实实在在的了,因为神的使者在第三节已经应许了这件事,而神所应许的可以看为已经成就的事实。⑮

"拿细耳人"　是向神许愿,要将自己分别出来的人,主张保守的生活。根据民数记第六章的记载,拿细耳人不可以喝清酒或浓酒,⑯不可以剃头发,不可以接触死尸。本节经文将拿细耳人与拯救以色列人的事联系起来,可能表示拿细耳人还有尚武的一面(比较耶卅五章;王下

---

⑭ 参 Boling, *Judges*, p. 219.

⑮ A. Reinhartz, "Samson's Mother: An Unnamed Protagonist," *JSOT* 55 (1992), pp. 34 - 35; Klein, *The Triumph of Irony in the Book of Judges*, pp. 112 - 115. 他们皆认为当时天使直接令玛挪亚的妻子怀了孕。马加利特也认为十三 6 的"到我面前来"的原文 *bā' 'ēlay* 有性关系的意思(比较创十六 4,十九 31～32,廿九 23、30,三十 3,卅八 2～3、8～9、15～18;士十六 1)。他说,父为神及母为人所生的儿子对于迦南人来说是神,对于希腊人来说是人。所以,参孙被看成为人是符合希腊文化思想的。参 O. Margalith, "More Samson Legends," *VT* 36 (1986), p. 401. 马氏的意见似乎有一点道理。但天使与人的女子交合一事早已经在创六 1～4 被定为罪恶的事了。参孙出生的故事充满了敬虔的宗教色彩,作者不可能将它与罪恶的事混合在一起。这里的描述只能表明参孙的出生是神的旨意。

⑯ 不喝酒是基本的拿细耳条例。这与迦南人的生活是相反的。迦南盛产葡萄,定居在那里的迦南人喝葡萄酒是非常普通的事。这样看来,拿细耳人也是反对迦南生活,主张保持以色列传统生活的人。

十 15～28）。⑰ 拿细耳人离愿时要将头发剃下，烧掉。而头发是分别归神的外在记号，无论烧掉或在头上都是神圣的；烧掉头发表示生命牺牲归神的意思。参孙的拿细耳愿虽然不是自己许的，是神命定的，但他还是要遵守。结果他触犯了禁律，接触死尸（十四 5～9，十五 5），喝酒（十四 10 之"筵宴"原文来自"饮"字）。最后他的头发也被剃了（十六 17），这就代表他的生命要结束了，因为第七节说，他的拿细耳愿是一生的。

十三 8 玛挪亚似乎不大相信他妻子的话。因为自古以来，以色列中妇人的见证都不被接纳为可靠的见证。现在，玛挪亚的问题不是因为不知道拿细耳人的生活有什么规矩，而是想知道这个儿子的出生既然如此特别，他的生命会有什么意义。⑱

十三 12 参经文部分的讨论。玛挪亚在这里的询问正是妻子没有告诉他的，关于参孙要开始拯救以色列人的事（比较 5、7 节）。但这里天使也不告诉他。

十三 14 "吃……喝" 两个动词在七十士译本中都被翻译为阳性动词，即指向参孙来说的。原文的动词可以是第三人称单数阴性或第二人称单数阳性，但这里应为前者，指向玛挪亚的妻子，因为这样才能与第四和第七节同样的吩咐互相配合。

十三 16 比较创世记第十八章一至八节及士师记第六章十七至廿一节：前者，神与人共同进膳；后者，则神的使者接纳了人的款待，但将膳食转为燔祭。这里，神的使者却拒绝与人进膳，只要玛挪亚献上燔祭。似乎神的使者特意要隔离玛挪亚。

十三 17 玛挪亚要求知道天使的名字作为凭据。一个人的名字代表了他的本质，名字被认识表示他可以被掌握了。玛挪亚对天使的应许可能仍然缺乏信心，所以要知道天使的名字，好得着多一点的

---

⑰ 参五 2 的注解。那里的"发绺"如果是指拿细耳人的发绺，则拿细耳人与武力斗争的形象会更加鲜明。但 Danker 认为在拯救以色列人一事上参孙好像耶稣一样是和平的。参 F. W. Danker, *Multipurpose Tools for Bible Study* (St. Louis: Concordia, 1966), p. 92. 比较十六 25 及太廿七 29。又参 Boling, *Judges*, p. 220.

⑱ 格雷多从以色列传统的角度去解释士师记。他认为士师记的作者/编辑者加上了玛挪亚的祈求这一段经文，目的是要将一位英雄的出生与琐拉石坛（十三 19）这个神圣的地方联系起来。参 Gray, *Joshua, Judges and Ruth*, p. 344.

掌握。

十三 18　"我名是奇妙的"　过于人所能明白的意思。人可以祈求神,但不能表达或掌握神。

十三 19　"磐石"　古时候常有的石坛(20 节,比较六 20～21,九 5、18)。

十三 22　"我们必要死,因为看见了神"　古时候耶和华敬拜者一般的信仰:人是不能看见神的,否则他会死亡(比较创卅二 30;出卅三 20;士六 22;赛六 5)。这里的"神"不一定是指耶和华,也可以是指一切神灵。

十三 23　"并不将这一切事指示我们,今日也不将这些话告诉我们"　这两句话的意思似乎没有多大分别。上句可能指他们亲眼看见天使在火焰中升上去的情景(20 节),下句指天使告诉他们关于将要出生之儿子的事(13、14 节)。

(IV) 释义

一代不如一代的低点

参孙故事位于众士师的末了,成为士师故事的高峰,也是全书的高峰。一方面,以色列越来越败坏的景况已经到了最低点。第一节说:"他们又行耶和华眼中看为恶的事,耶和华将他们交在非利士人手中四十年。"[19]但这里却没有以色列人被敌人欺压的记载,也没有他们向神哀求的记载。从参孙的故事来看,以色列人甚至与非利士人彼此通婚了。可是非利士人辖制以色列人是一项事实(十五 11),这里没有记载,因为以色列人已经接纳了既成事实,不以欺压为欺压,也不要反抗,不向神呼求了。他们已经成为非利士人的"顺民"。不但如此,他们更将神命定要拯救他们的参孙捆绑起来,交给了非利士人(十五 12～13)。士师记的开头,以色列人决心要征服敌人(一 1),现在那决心已

---

[19]　士师记之士师年代的一个重要目的,是表明三 7～十六 31 乃一连续之故事。

经完全没有了,而且他们反过来被敌人完全征服了。

拿细耳人——神拯救以色列人的秘密

神没有放弃以色列人,祂兴起了参孙成为以色列人得救的希望。这完全是神的恩典和怜悯。第五节说,参孙要"起首"拯救以色列人,好像以往的士师故事都只不过是参孙故事的"引言"而已,卫布说,参孙是那么特别,如果我们忽略了他,也会忽略了全部士师记的目的,[20]可见参孙故事的重要性。参孙的生命那么重要,最特别的是他的"拿细耳人"身份,而且他的拿细耳人身份是一生的(7节)。拿细耳人的"约"在本段经文中非常清楚地强调了,但在往后的经文中却被故意忽略了。因为这是一项重要的,关系参孙生与死的"秘密"(十六 17),也是关系神打击非利士人,从而拯救以色列人的"秘密"。参孙最后毁了他作为拿细耳人的"约",这是他不能完全拯救以色列人脱离非利士人辖制的原因。同样,以色列人也与神有特殊的"约",这是他们可以克胜敌人的原因。但他们放弃了与神所立的"约",去追随巴力的敬拜。这就等于放弃了克胜敌人的秘密,只有像参孙一样失败了。

谁会知道神的秘密

秘密是参孙故事的一个重要主题,这个主题在本段经文中也有特别的发展。参孙的"拿细耳人身份"是神开始拯救以色列人的"秘密"(5节),因此所有以色列人都应当追求认识这个秘密。本段经文告诉我们,玛挪亚不知道这秘密,他的妻子却知道了。这样的故事似乎要讽刺以色列以男性为中心的社会,他们总以为男人的认识是最可靠的,而女人的认识是不可以作"见证"的。神却特意将祂的秘密向玛挪亚隐藏了,向他的妻子显明了。全段经文告诉我们,玛挪亚的妻子比玛挪亚自己更重要。我们从下面的比较便可以看到这一点:

---

[20] 参 B. Webb, "A Serious Reading of the Samson Story (Judges 13 – 16)," *RTR* 54 (1995), pp. 110– 120, esp., p. 112.

a.　第二节介绍了玛挪亚的名字,却没有介绍他妻子的名字。表面看来,玛挪亚比他的妻子更重要,事实上则相反。有些学者认为,经文对玛挪亚的介绍显示了他的次要地位。例如,他被称为'îš 'eḥād(一个人),其中'eḥād在希伯来文是不需要的,因为单单'îš 已经是"一个人"的意思了。将'eḥād加在这里,只是要贬低玛挪亚为一个无关紧要的人。他又被称为琐拉人,却没有家谱;他所属的支派"但"又只被称为一个"家族"。这些描述都有贬低玛挪亚的意思。㉑ 玛挪亚的妻子虽然没有名字,神的使者却两度向她显现。第一次的显现中,神的使者告诉了她关于参孙的出生及参孙的身份和使命(5 节)。玛挪亚却不知道,以致他要祈求神再次向他们显现(8 节)。

b.　神应允了玛挪亚的祈求。但第九节的描述很特别。例如,玛挪亚祈求的是"耶和华",而应允他的却是"神";他祈求的是天使向"他们"显现,而天使却只向"他的妻子"显现。"神"代替了"耶和华",表示玛挪亚与耶和华的距离是远的,因为"耶和华"是以色列神的专有名称,而"神"却是一般的称呼而已。天使只向玛挪亚的妻子显现,而不向玛挪亚显现,也有疏远玛挪亚的意思。后来,玛挪亚要求款留天使用膳(15 节),天使却拒绝与他有筵席上的交通(16节)。玛挪亚问天使名字,却又遭拒绝了(17～18 节)。这一切都表示,神是故意疏离玛挪亚的。

c.　第十一节说:"玛挪亚起来跟随他的妻……"这样的描述显然表示玛挪亚的妻子比他更重要的意思。

d.　玛挪亚见了神的使者以后,曾问了他四个问题。除了第一个问题外,其余都不能如愿。他希望天使告诉他关于参孙的事(12 节),但天使说的比他妻子告诉他的还要少(比较 13～14 节与 7 节),而且天使一再提到他已经向妇人说了,这是要玛挪亚相信和倚赖他

㉑ 参 Y. Amit, "'Manoah Promptly Followed His Wife' (Judges 13:11): On the Place of The Woman in Birth Narratives," in *A Feminist Companion to Judges* (Sheffield: Sheffield Academic Press, 1993), ed., A. Brenner, p. 147, n. 1 & 2. 她的专文从英雄出生之故事传统,认为玛挪亚被推向一边,其妻却取了中心位置是必然的。

妻子的意思。然则,他的妻子显然比他更重要了。

e.　第十六节说,玛挪亚不知道与他说话的是耶和华的使者。那是不大可能的,因为他自己祈求神差遣同一位神人再显现(8 节)。现在,站在他面前,与他说话的正是那一位。更讽刺的是,第十九和二十节中玛挪亚"亲眼看见"了奇妙的事,仍然不知道那是神的使者,到第廿一节使者"不再向他们显现"了,他才知道那是耶和华的使者。这就表明玛挪亚在认识神的事上是何等的迟钝! 反之,他的妻子早在神的使者第一次显现的时候已经知道,那是神的使者了(6 节)。

f.　第廿二节表明,玛挪亚在耶和华的信仰上是有所知道的——人看见了神是不能存活的。但就在这一项信仰上,他比起他的妻子来说仍然是无知的,因为他的妻子在第廿三节所说的话更符合现实,而且显出了她在信仰上的灵敏洞察力。

玛挪亚妻子与神的计划

　　玛挪亚的妻子不但在"认识"神的秘密上比玛挪亚更重要,更有先见之明。她甚至好像神的使者一样,参与了神的计划。整部士师记的众多女性中,玛挪亚妻子的地位是独特的,是一个高峰。我们从下面可以看到她的独特性:

a.　她与那位神的使者似乎有特殊的关系。[22]　一方面,使者两次显现都是单独向她显现;另一方面,当她领丈夫到使者面前以后,她似乎消失在幕后了,但使者却一再提到她(13～14 节),似乎玛挪亚向使者问的问题都可以由她作答了。其实,使者向玛挪亚隐藏的"秘密"也实在是她以前没有向玛挪亚转告的"秘密"。如果我们细心比较神使者的宣告(5 节)和玛挪亚妻子的转告(7 节),就会发现,玛挪亚的妻子将"不可剃头"及"开始拯救以色列人"这两点隐

---

[22] 来恩哈齐(Reinhartz)认为神的使者与玛挪亚妻子甚至有性关系,参孙是他们生的。玛挪亚的妻子在本段经文虽然有中心的位置,却没有名字。这也是因为作者/编辑者要她与没有名字的天使互相平行的缘故。参 Adele Reinhartz, "Samson's Mother: An Unnamed Protagonist," *JSOT* 55 (1992), pp. 25‑37. 参十三 5 注解及注脚。很多解经家都不同意天使与玛挪亚妻子有性关系。但本段经文确实描述了他们的关系是紧密的。

藏了。换言之,玛挪亚不知道的"秘密"是关于参孙要起首拯救以
色列人脱离非利士人之手的事。

b.　玛挪亚的妻子似乎还有神使者的角色。她向玛挪亚转告神使者
的话语时,不但隐藏了参孙拯救以色列人的使命,更额外说:
"……因为这孩子从出胎一直到死,必归神作拿细耳人"(7 节)。
这是对参孙之死的预言。换言之,参孙的一生要像燔祭一样归神
为圣。结果,参孙泄漏秘密,违背了拿细耳人之约的时候,也真的
是死期临到他的时候(十六 17~21)。

c.　当玛挪亚惧怕因看见了神而丧命(22 节),她又像神一样保证玛挪
亚不会死(比较六 23)。这样看来,她真的有神使者的角色了,可
见她在神计划中的地位是何等重要。

参孙故事的路标

我们上面已经说,本段经文是帮助我们阅读参孙余下之故事的。
在结构上,天使两次显现呼应了参孙后来两度与非利士人交手。参孙
的出生与工作在这里被预言,在以后的经文则被应验。拿细耳人的
"约"在这里奠定了参孙一生的性质,在以后的经文则看到这约的禁规
——一被参孙违反了。参孙是神拯救以色列人的"秘密",玛挪亚的妻子
在这里"隐藏"了参孙的秘密;往后的故事中也有三个女人与参孙的秘
密有关,但她们是要"彰显"参孙的秘密。玛挪亚的妻子有崇高的"属天
和属灵"地位与洞察力,但往后三个女人的力量是"属地的和毁灭性
的":亭拿女子有外在美的力量,却使参孙与父母的关系大有冲突;迦萨
妓女有性欲的力量,却几乎断送了参孙的性命;大利拉有情爱的力量,
最终毁灭了参孙的一生。玛挪亚追随了"属天"的以色列女人(十三
11),帮助了自己(十三 23);以后的故事中,参孙追随了"属地"的外邦
女人,却害了自己。玛挪亚想知道参孙的秘密,以后的非利士人也想知
道参孙的秘密。玛挪亚求知的方法是向神祈祷(十三 8),非利士人求
知的方法是向女人威逼(十四 15)利诱(十六 5)。从上面的比较看来,
本段经文对理解以后的参孙故事实在是不可少的。这也要成为我们继
续研读参孙故事的路标。

（二）娶妻与击杀非利士人（十三 24～十五 20）

十三24　后来妇人生了一个儿子，给他起名叫参孙；孩子长大，耶和华赐福与他。

25　在玛哈尼但，就是琐拉和以实陶中间，耶和华的灵才[冲击他]。

十四1　参孙下到亭拿，在那里看见一个女子，是非利士人的女儿。

2　参孙上来禀告他父母，说："我在亭拿看见一个女子，是非利士人的女儿；愿你们给我娶来为妻。"

3　他父母说："在你弟兄的女儿中，或在本国的民中，岂没有一个女子，何至你去在未受割礼的非利士人中娶妻呢？"参孙对他父亲说："愿你给我娶那女子，因我喜悦她。"

4　他的父母却不知道这事是出于耶和华，因为他找机会攻击非利士人。那时非利士人辖制以色列人。

5　参孙[跟他父母]下亭拿去，到了亭拿的葡萄园，见有一只少壮狮子向他吼叫。

6　耶和华的灵大大感动参孙，他虽然手无器械，却将狮子撕裂，如同撕裂山羊羔一样；他行这事并没有告诉父母。

7　参孙下去，与女子说话，就喜悦她。

8　过了些日子，[他回去]，转向道旁要看死狮；见有一群蜂子和蜜在死狮之内，就用手取蜜，且吃且走，到了父母那里，给他父母，他们也吃了；只是没有告诉这蜜是从死狮之内取来的。

10　[他父亲]下去见女子。参孙在那里设摆筵宴，因为向来少年人都有这个规矩。

11　众人看见参孙，就请了三十个人陪伴他。

12　参孙对他们说："我给你们出一个谜语，你们在七日筵宴之内，若能猜出意思告诉我，我就给你们三十件里衣，三十套衣裳。

13　你们若不能猜出意思告诉我，你们就给我三十件里衣，三十套衣裳。"他们说："请将谜语说给我们听。"

14　参孙对他们说："吃的从吃者出来，甜的从强者出来。"他们[三日]

不能猜出谜语的意思。

15 ［到第七天］，他们对参孙的妻说："你诓哄你丈夫，探出谜语的意思告诉我们，免得我们用火烧你和你父家。你们请了我们来，是要夺我们所有的吗？"

16 参孙的妻在丈夫面前啼哭，说："你是恨我，不是爱我；你给我本国的人出谜语，却没有将意思告诉我。"参孙回答说："连我父母我都没有告诉，岂可告诉你呢？"

17 七日筵宴之内，她在丈夫面前啼哭；到第七天逼着他，他才将谜语的意思告诉他妻；他妻就告诉本国的人。

18 到第七天，［日头未落以前］，那城里的人对参孙说："有什么比蜜还甜呢？有什么比狮子还强呢？"参孙对他们说："你们若非用我的母牛犊耕地，就猜不出我谜语的意思来。"

19 耶和华的灵大大感动参孙，他就下到亚实基伦，击杀了三十个人，夺了他们的衣裳，将衣裳给了猜出谜语的人；参孙发怒，就上父家去了。

20 参孙的妻便归了参孙的陪伴，就是作过他朋友的。

十五1 过了些日子，到割麦子的时候，参孙带着一只山羊羔去看他的妻；说："我要进内室见我的妻。"他岳父不容他进去，

2 说："我估定你是极其恨她，因此我将她给了你的陪伴；她的妹子不是比她还美丽吗？你可以娶来代替她吧。"

3 参孙说："这回我加害于非利士人，不算有罪。"

4 于是参孙去捉了三百只狐狸，将狐狸尾巴一对一对的捆上，将火把捆在两条尾巴中间，

5 点着火把，就放狐狸进入非利士人站着的禾稼，将堆集的禾捆，和未割的禾稼，并橄榄园尽都烧了。

6 非利士人说："这事是谁作的呢？"有人说："是亭拿人的女婿参孙，因为他岳父将他的妻给了他的陪伴。"于是非利士人上去，用火烧了妇人和她的［父亲］。

7 参孙对非利士人说："你们既然这样行，我必向你们报仇才肯罢休。"

8 参孙就大大击杀他们，连腿带腰都砍断了；他便下去住在以坦磐的穴内。

9 非利士人上去安营在犹大,布散在利希。

10 犹大人说:"你们为何上来攻击我们呢?"他们说:"我们上来是要捆绑参孙;他向我们怎样行,我们也要向他怎样行。"

11 于是有三千犹大人下到以坦磐的穴内,对参孙说:"非利士人辖制我们,你不知道吗? 你向我们行的是什么事呢?"他回答说:"他们向我怎样行,我也要向他们怎样行。"

12 犹大人对他说:"我们下来是要捆绑你,将你交在非利士人手中。"参孙说:"你们要向我起誓,应承你们自己不害死我。"

13 他们说:"[我们断不杀你,却必定将你捆绑,交在非利士人手中]。"于是用两条新绳捆绑参孙,将他从以坦磐带上去。

14 参孙到了利希,非利士人都迎着喧嚷。耶和华的灵大大感动参孙,他臂上的绳就像火烧的麻一样,他的绑绳都从他手上脱落下来。

15 他见一块未干的驴腮骨,就伸手拾起来,用以击杀一千人。

16 参孙说:"我用驴腮骨杀人成堆;用驴腮骨杀了一千人。"

17 说完这话,就把那腮骨从手里抛出去了,那地便叫拉末利希。

18 参孙甚觉口渴,就求告耶和华说:"你既藉仆人的手施行这么大的拯救,岂可任我渴死,落在未受割礼的人手中呢?"

19 神就使利希的洼处裂开,有水从其中涌出来;参孙喝了,精神复原;因此那泉名叫隐哈歌利,那泉直到今日还在利希。

20 当非利士人辖制以色列人的时候,参孙作以色列的士师二十年。

(I) 分段

我们将本段经文与第十六章分开来看,因为它有特别的信息。它是上一段经文天使预言的应验,因此与前面经文有密切的联系。但这里完全没有提到参孙的拿细耳人约,也没有说参孙接触死尸(十四8~9)及在婚宴中喝酒(十四10)有什么不对。㉓ 参孙的行为不像一个拿细耳人。他更坚持要娶非利士人的女子为妻(十四3),又使他不像一个

㉓ 根据拿细耳人约,这些行为都是不对的。参民数记第六章。

正常的以色列人。那么,他如何"应验"了上一段经文的预言呢? 这里的"应验"是:一方面,参孙照天使所说的出生了(十三 3、24);另一方面,参孙照天使所说的开始拯救以色列人(十三 5,十四 19,十五 8、15)。原来本段经文的特点不在参孙是否行拿细耳人应当行的事,而在他是神克胜非利士人的"秘密"。整个参孙故事中,只有本段经文提到耶和华的灵感动参孙,而且多次提到这事(十三 25,十四 6、19,十五 14)。参孙攻击非利士人的行动主要是在神的灵感动下作的。本段经文又是与第十六章平行的(参前面参孙故事的结构表),因此与后面的经文仍然有密切的关系。

如果我们细心读第十四和十五两章经文,便会发觉它们有互相平行的地方。例如,故事的发展有下列相同的内容:

a. 参孙下去亭拿娶妻,与父亲/岳父有不同的意见(十四 1~3,十五 1~2)。

b. 与非利士人文攻/武斗纠缠不清(十四 12~17,十五 3~11)。

c. 似乎失败了(十四 18,十五 12~13)。

d. 却在神的灵感动下杀了三十/一千非利士人(十四 19,十五 14~17)。

e. 故事似乎完结了(十四 20,十五 20)。但我们知道,好戏还在后头呢!

这样看来,第十四和十五章也可以分开来看。但我们将它们放在一起,一方面要强调第十四至十五章与第十六章的平行,另一方面也要强调第十四至十五章有自己的特点,那就是上面提到的,神的灵在故事中的角色。

(II) 经文

第十四章的故事情节有一些不容易了解的地方。例如:

a. 参孙和他的父母为了婚事下去亭拿究竟多少次呢? 从和合译本的表面看来,参孙本人有三次(十四 5、7、8),他的父亲有两次(十四 5、10),母亲一次(十四 5)。但这是有解释上的困难的。

(i)第五节说,参孙与父母一同下亭拿去。那么,参孙在亭拿的葡

萄园杀了一头狮子的事，他的父母是应该知道的，但第六节的
末了却表示他们不知道。

（ii）第九节说，参孙将蜜给父母吃。如果那时他的父母仍然在亭
拿，为什么第十节说他的父亲"下去"（应指下到亭拿去）呢？
如果那时他的父母已经回玛哈尼但了（十三 25），但第八节却
表示，那时参孙不在回父家的途中，而在去亭拿的途中。

b. 参孙的妻子究竟在他面前啼哭了多少天？根据第十七节应该是
整个筵宴的七天，但第十五至十六节又表示，她在筵宴的第七天
才在参孙面前啼哭。

以上的问题并不容易解决，可能是经文在传递过程中有了一些混
乱的缘故。我们下面就按着节数的次序来看看这些问题。

十四 5 "跟他父母" BHS 将这几个字删掉，因为随后的"下去"
在马所拉经文是单数动词；下一个动词"到了"虽然是复数，在七十士
译本却仍然是单数。这样的修改可以免去第六节参孙父母不知道他
杀狮子一事在解释上的困难，因为他们没有和参孙一同下亭拿去。但
我们在这里仍然要维持马所拉经文，因为纵使参孙的父母与他一同下
亭拿去，还是可以因为"其他原因"而不知道杀狮子一事的。

十四 8 "他回去"（wayyāšāb） 和合译本作"再下去要娶那女子"
（wayyāšāb...leqaḥetāh）。摩尔认为，"要娶那女子"一句是外加的，可以
删掉。他又认为，这里参孙不是再由玛哈尼但去亭拿，而是由亭拿回玛
哈尼但去，因为"再下去"这个动词的原文是"他回去"的意思。所以如
果他父母在第五节下亭拿去，他们在第七节以前已经回玛哈尼但了。[24]
摩尔的意见是可以接纳的，因为有较强的经文依据，也可以解决马所拉
经文在内容上的混淆。这样，参孙下亭拿去（7 节），过了些日子便回父
家了。就在回家的路上，他看见那死了的狮子（8 节）。

十四 10 "他父亲"（'ābîhû） 苏根认为，这个词是根据第五节加
在这里，却是不切实际的；下去见女子的应该是参孙本人，不是他的父
亲。他认为第五节的"跟他父母"也应该删除，因为参孙的父母既然反

[24] 参 Moore, *Judges*, p. 332. 宾尼也同意这样的解释。参 Burney, *The Book of Judges*, p. 354.

对他的婚事(3 节)，他又要一意孤行，就惟有独力去办婚事了。㉕ 苏根的意见是不必要的，因为缺乏有力的经文依据，而且，古时候无论何种婚姻，父母的参与仍然是重要的。我们相信，参孙的父母虽然不同意参孙娶非利士女子为妻，结果还是因为参孙的坚持而妥协了。

十四 15　"第七天"　七十士译本改为"第四天"，即非利士人三日不能猜出谜底(14 节)，第四日即威吓参孙的妻子去诓哄参孙，要他讲出谜语的意思来(15 节)。"第四"(*hōrᵉbî'î*)和"第七"(*haššᵉbî'î*)在原文只有一个字母的差别，所以这两个字是有可能彼此混淆的。但七十士译本的改动可以解决第十七节的部分问题，却不能解决全部问题，因为那里说，参孙的妻子啼哭了七天，不是四天或三天。宾尼认为第十四和十五节的"三日"和"到第七(或四)天"都不是原有的经文，是后来才加上去的，目的是让非利士人不那么快就放弃猜谜的游戏。但加上这些"日子"的人却没有留意到第十七节的问题。所以宾尼主张删去这里的"日子"，即非利士人从第一天就开始威吓参孙的妻子了。㉖ 宾尼的意见固然可以解决这里的问题，但也牺牲了经文的完整性。

这里"日子"的问题可能不应该从经文批判找答案，却要看古希伯来婚礼的习俗和圣经在文艺上对数字应用的惯例。齐坎(Jichan)指出"三"和"七"在这里和大利拉的故事中都分别出现了一次和五次。因此，第十四章可以是以后故事发展的骨干，其中的数目字不适宜按字面的意思去了解。㉗ 然则，参孙故事对数目字的应用也是很特别的。但我们仍然不明白这里的数目字对第十四章本身的意义究竟是什么。

十四 18　"日头"(*haḥarᶜsâ*)　宾尼和一些解经家将这个词改为"洞房"(*haḥadᵉrâ*)。㉘ 这样，全句变为"他未进去洞房以前"。换言之，参孙的婚礼到第七天晚上才正式完成。他既然在洞房之前离开了，为

㉕ 参 Soggin, *Judges*, pp. 239－241. 摩尔也认为应将"跟他父母"(5 节)及"父亲"(10 节)等字删去，参 Moore, *Judges*, pp. 329.
㉖ 参 Burney, *The Book of Judges*, p. 364.
㉗ 参 Kim Jichan, *The Structure of Samson Cycle*, p. 142.
㉘ 因为日头的原文通常是 *šemeš*，这里却用了 *haḥarᶜsâ*，这里的用法是很少有的。

免新娘蒙羞，女子的父亲便将她转嫁给参孙的伴郎（20 节）。^⑳ 这样的规矩，宾尼自己也认为从来没有见过。从雅各的婚礼（创廿九 21～28）看来，我们还是不改马所拉经文为妙，因为雅各是先入洞房，然后才完成七日婚宴。我们相信参孙的婚姻在第一天已经完成，筵宴七天是庆祝婚姻完成的习俗；而第十八节强调的不是参孙的婚事，而是那些非利士人的"及时"，因为七天是参孙与非利士人在第十二节中约定的。

十五 6　"他的父亲"　七十士译本作"他的父家"，可能是为了配合第十四章十五节"你和你父家"而修改的。马所拉经文所表达的情况虽然比七十士译本所表达的情况更残酷，但仍然可能是比较原始的经文，因为第十四章十五节中，非利士人恐吓要烧掉的是参孙的妻子和她的父家，"家"可以指所有家人。非利士人烧掉的是参孙的妻子和她的父亲而已，因为这次问题是她和她的父亲引起的。

十五 13　"我们断不杀你，却必定将你捆绑，交在非利士人手中"　和合译本作"我们断不杀你，只要将你捆绑，交在非利士人手中"。"杀"和"捆绑"这两个动词的原文前面都有该动词的绝对不定词，表示犹大人"一定"不杀参孙，也"必定"将他捆绑起来，交给非利士人。所以和合译本全句的译文最好改为："我们断不杀你，却必定将你捆绑，交在非利士人手中。"

(III) 注解

本段经文显示但支派的人与非利士人有密切的关系。参孙经常来往于但人和非利士人之间。他不但与非利士人通婚，而且熟悉非利士人的文化，以致可以与他们玩猜谜的斗智活动。也丁（Yadin）认为但人与非利士人有同一的根源，后来但人才加入以色列成为十二支派之一；参孙故事也显示了但人和非利士人的密切关系；参孙与非利士人的

---

^⑳ 参 Burney, *The Book of Judges*, p. 365. 最先提出这样改动的是 B. Stade, "Miscellen：4. Ri. 14," *Zeitschrift für die alttestamentliche Wissenschaft* 4（1884）pp. 250－256.

斗争只是他个人的恩怨,所以犹大人也觉得参孙在搅扰他们。㉚ 也丁的意见可能有一些历史依据,可是参孙故事成为士师记的一部分,但支派的人无疑就是以色列人了。

十三 24　"参孙"(šimᵉšôn)　它的意思不大清楚,可能是"太阳之子",或"小太阳",或"太阳的"。由于伯示麦(太阳城)就在参孙家乡的附近,他的名字与太阳有关是可能的,可惜故事没有说明他为什么被命名为参孙。这也许要避免与太阳这个异教神祇的关系吧。或许"参孙"只是"名"(šēm)的意思,与太阳无关。

"耶和华赐福与他"　这里的"福"不是财富,也不是中国人说的"儿女满堂",乃是"神藉着参孙开始拯救以色列人"。参孙为以色列人守住了通往中央山地的梭烈谷,成为以色列人得救的希望。这是以色列人在非利士人的欺压下首次看见的曙光。

十三 25　"以实陶"　"整串葡萄"的意思,在琐拉东北约二公里半,在伯示麦的附近。宾尼认为那可能是一个古圣所的所在地。㉛

"玛哈尼但"　"但之军营"的意思,在琐拉和以实陶之间,与基列耶琳西面的"玛哈尼但"(十八 12)是两个不同的地方。这两个地方相距约十三公里(比较代上二 52～54)。这些地方可能是但支派的人北迁时曾经停留过的,因而名叫"但之军营"。

"冲击他"(lᵉpaᵃᵃmô)　和合译本作"感动他"。然而这个词的原文基本上是"踩脚"的意思,即参孙不但被神的灵感动,更被神的灵撞击。换言之,神的灵主动、积极、强力地推动了参孙。㉜ 所以,翻译作"冲击

㉚ 参 Y. Yadin, "'And Dan, Why did He Remain in Ships'," *Australian Journal of Biblical Archaeology* 1 (1968), pp. 14‑15. 马加利特从非利士人所源自的希腊文化看参孙故事,也发觉其中不少部分与希腊神话或传奇有很相似的地方。参 O. Margalith, "Samson's Foxes," *VT* 35 (1985), pp. 224‑229; "More Samson Legends," *VT* 36 (1986), pp. 397‑405; "Samson's Riddle and Samson's Magic Locks," *VT* 36 (1986), pp. 225‑234; "The Legends of Samson/Heracles," *VT* 37 (1987), pp. 63‑70.

㉛ 参 Burney, *The Book of Judges*, p. 353.

㉜ 参 R. Alter, "Samson without Folkore," in *Text and Tradition: The Hebrew Bible and Folkore*, (Atlanta: Scholars Press, 1990), ed., Susan Niditch, p. 49. 该词在英文圣经被译作 "stir him" (RSV) 或作 "drive him hard" (NEB). A.G. Auld 作 "afflict or trouble him", 该词在旧约圣经的其他三处出现也有同样的意思:创四十一 8;但二 1、3;诗七十七 4～7。

他"可能更适切。

十四1　"亭拿"　意思是"分定的份",在琐拉西面六至八公里,在梭烈谷另一端。这地方原先分给了但支派(书十九43),后又称为犹大的一个边城(书十五10)。亚摩利人曾经拒绝但支派的人住在平原。后来非利士人占领了这个地方。琐拉海拔三百五十六米,而亭拿则为二百四十四米,所以这里说"下到亭拿"。

"女子"(ʾiššâ)　指一般的女子,不一定指未婚少女或处女。圣经这样称呼该女子,可能有贬低她的意思,指她是一个离了婚或守寡的女子。同一个字也用来称呼大利拉(十六4)。

十四2　"愿你们给我娶来为妻"　古时候以色列人和中国人一样,儿女的婚姻都需要父母同意。

十四3　本节表示参孙的父母是持守以色列信仰的人,所以不允许参孙与外邦女子结婚(参出卅四16;申七3;创廿四3、4,廿六34、35,卅四4~6)。

"弟兄"　指参孙同族的人,与外族人相对(比较十六31,九1~2;撒下十九13)。

"未受割礼的非利士人"　巴勒斯坦的少数民族,除了非利士人之外都行割礼,[③]可见参孙的意愿更是不可接受的。可是参孙却坚持要娶那女子。

"那女子"(ʾôtâh)　在原文中放在句子的开头,强调这个女子是指定的,不可以随便更换的。

"我喜悦她"　原文字面意思是"她悦我的眼目"。这里参孙开了第十七至廿一章中以色列人的先例——以色列人也是"任意而行"(十七6,廿一25),原文的字面意思是"各人行他眼中看为正的事"。

十四4　本节的意思是独特的,我们在释义部分再来讨论。

十四5　"参孙跟他父母下亭拿去"　参孙一意孤行。他的父母可能妥协了,所以他们下亭拿去了,然而只许参孙行特别的婚礼(sadika marriage)。这种婚礼在女方的家中举行(10节),让女子仍住在她父

---

③　以色列人的割礼表示他们与神的立约关系(创十七1~14)。以色列之外的人行割礼是多在婚前,表示受割礼者已经到了青春期。

亲的家中，丈夫只按时候去探望她（十五 1；参八 31 注解）。

"少壮狮子"　已经长大可独立寻找猎物的狮子（比较结十九 2～3；赛五 29，卅一 4；摩三 4；弥五 7；诗卅五 17，一〇四 21）。

十四 6　"将狮子撕裂"　可能从两条后腿将狮子撕开（比较利一 17；撒上十七 34～36；撒下廿三 20），表示参孙力大无穷。这样杀狮子的方法也出现在古代近东不同的神话故事中。㉞

十四 7　"喜悦"　参第三节注解。这词语一再出现在本段经文，可见它的意思在这里是重要的。

十四 8　参经文部分的讨论。

"过了些日子"　表示需要一段时间让狮子的尸体被野兽及飞禽吃掉，然后在烈日下被晒，成为干的骨架，再被蜜蜂在里面筑巢。

"一群蜂子和蜜在死狮之内"　蜜蜂在狮子尸骸内筑巢是罕有的，但希腊神话中也有蜜蜂在尸骸中筑巢的故事。㉟

十四 9　参孙没有告诉父母蜂蜜的来源，可能他因为吃了不洁净之物而惧怕被父母责备。一般以色列人都相信蜂蜜可以明亮眼目和增强勇气（参撒上十四 24～30）。

十四 10　"他父亲"　参孙父亲在这里出现，可能是为参孙安排婚事（参经文部分）。

"少年人都有这个规矩"　婚宴是参孙自己安排的。这一句可能表示，参孙像常人一样，喝了酒。

"筵宴"（mišteh）　它的字根是"饮"的意思（比较九 27）。

十四 11　"众人看见参孙"　这是根据马所拉经文（"他们看见他"）的翻译。波令跟随七十士译本将它改为"因为他们惧怕他"，意思是：非利士人看见参孙时，觉得他有杀气，便请了三十个人来防范他。但马所拉经文显示的可能性更大，即参孙本来应该有伴郎的；当他被发觉没有人陪伴的时候，他岳父这方面的家人便为他预备了三十个非利士人作伴郎。

㉞ 例如在巴比伦神话中，Gilgamesh 的朋友 Enkidu 曾这样杀一头狮子；希腊神话中 Heracles 和 Polydamas 也曾徒手杀死狮子。

㉟ 参 O. Margalith, "Samson's Riddle and Samson's Magic Locks," *VT* 36（1986），p. 229.

"三十个人" 当时公众场所常用的人数（比较撒下廿三 13；代上十一 15）。中东各地的婚礼通常都有伴郎的陪伴，他们是新郎这边的人，惟这次可能因为以色列人不赞成与外族人通婚，所以无人作参孙的伴郎。

十四 12 "谜语" 比较列王纪上第十章一节提到的谜语（那里译作"难解的话"）或诗篇第四十九篇四节、第七十八篇二节及箴言第一章六节提到的谜语。这些谜语都有不同的意思。列王纪那里的谜语可以指一般知识上的难题，其余多指伦理道德上的难题。参孙的谜语则指古代近东普通生活上的现象，这种谜语多在喜庆宴会上应用，目的在考验参与者的机巧和智力。

"里衣" 指精细亚麻布做成的长方形衣服，可披于外衣上或作睡衣用（比较赛三 23；箴卅一 24）。

"衣裳" 通常指贵重、有绣边、在特别场合穿着的外衣（王下五 5；创四十五 22）。

十四 14 这里表示参孙不单力大，而且善于辞令。这谜语的妙处在上半部"吃的"和"吃者"之对立；下半部只作提示，即"吃的"是甜的，而"吃者"是强的。但没有参孙经历的人很难想像两者究竟有什么关系，所以他的谜语似乎不大公平，因为蜜蜂在死尸上筑巢的情况是非常罕见的。参孙所看见的现象又没有其他人知道，连他的父母也不知道，非利士人又哪里能够猜出谜底来呢！但瑟格特（Segert）认为"蜜"的希伯来文原来是"*ᵃrî*"，不是"*dᵉbaš*"。然则，蜜与狮子（'*ᵃrî*）的原文是相同的。那么，猜对谜底（18 节）的方法是找到两个音节相同的字而其内容又符合谜面意思的就行了，不必知道参孙路杀壮狮的事。㊱

"三日" 参经文部分的讨论。

十四 15 "夺我们所有的" "夺"的意思与以色列人"征服"迦南地的意思相仿。然则，参孙与非利士人的猜谜斗争有更大的意义。它象征了以色列人与非利士人两族的斗争。

十四 16 参孙认为，不能告诉父母的秘密是不能告诉妻子的。这

㊱ 参 Stanislav Segert，"Paronomasia in the Samson Narrative in Judges XIII-XVI," *VT* 34 (1984)，p.456.

样的逻辑不容易令人接纳,只会显出参孙在婚姻的事上尚未成熟。不过,参孙将父母放在妻子之上,可能表示他要将自己本族的人放在非利士人之上。然则,他的困扰又是异族通婚所带来的困扰了。

十四 18　"日头未落以前"　表示非利士人在最后一刻及时将谜底说出来了。

"有什么比蜜还甜呢? 有什么比狮子还强呢?"　非利士人的答案是用问题方式表达的,表示谜底易如反掌,即"吃的"是蜂蜜而"吃者"是狮子。但他们的问题本身又成了一个谜语,意思要挑战参孙对男女相爱的能力有多少。该谜语的谜底似乎是:"爱"比蜜更甜,比狮子还强。现在参孙在猜谜的事上输了,表示他的"爱"也是无力的。[37]

"母牛犊"　指参孙的妻子,有贬意。参孙可能怀疑他的妻子与非利士人有性关系。因为他的谜底是在与妻子的亲密关系中说出来的,也可能在亲密关系中被传递出去了。非利士人的谜语也暗示他们比参孙更牢固地掌握了"爱"的力量。第二十节所描述的情况很可能是这项事实的结果。[38]

十四 19　"亚实基伦"　非利士的五个城邦之一,位于海旁,在迦萨和亚实突之间,由亭拿去那里需要两天行程。参孙在婚宴中突然离开,去一个那么远的地方,令人觉得希奇。因此,摩尔认为,参孙去的是离开亭拿约一小时而名字又与"亚实基伦"相近的地方,不是沿海的亚实基伦。[39] 不过,我们知道,参孙原本就是一个非常奇特的人,他在这里干反常的事也是可能的。

"参孙发怒,就上父家去了"　参孙的怒气首先是向非利士人发的,因为他们可能与他的妻子有染,从而得到了谜语的答案。当然,他的怒

---

[37]　关于参孙和非利士人的"谜底",有些学者有不同的解释。例如:"呕吐物",参 Gressmann, *Die Anfänge Israels*. 2. Aufl. Die Schriften des Alten Testaments,II/3 (Göttingen: Vandenhoeck & Ruprecht,1922),p. 243;"精子",参 Otto Eissfeldt,"Die Rätsel in Jdc 14," *ZAW* 30 (1910),p. 134;"性关系",参 Crenshaw,"The Samson Saga:Filial Devotion or Erotic Attachment?" *ZAW* 86 (1974),p. 490.

[38]　参 A. G. Auld,*Joshua*,*Judges & Ruth*,pp. 211-212。Crenshaw 也认为,以母牛犊耕地表示非利士人与参孙的妻子有染。同样的比喻也出现在古代近东的文献中(*ANET*,p. 426 及 *ANET Sup*,p. 643)。参 Crenshaw,*Samson*,pp. 118-119.

[39]　参 Moore,*Judges*,p. 338.

气也是向他妻子发的,因为她出卖了他。 波令认为他这样离开有放弃妻子的意思,法律上算是离了婚,[40]这显然不是参孙的意见(十五 1)。

十四 20 "参孙的妻便归了参孙的陪伴" 参孙的岳父可能为了避免女儿成为别人的笑柄,乃立即将女儿转嫁给参孙的伴郎,以完成婚礼。这对于参孙来说是极大的侮辱。

十五 1 "割麦子的时候" 大概是阳历五六月间。这里提这些细节是为了故事以后的发展作准备的。

"一只山羊羔" 参孙送给妻子的礼物。格雷称这是"特殊婚姻"的礼物,可能是每一次丈夫探望妻子的时候都需要带的礼物。[41]

十五 2 "我估定你是极其恨他"('āmōr 'āmar°tî kî-śānō' ś°nē'tâh) 原文的两个动词都有它们的绝对不定词在前面,表示参孙的岳父非常强烈地肯定,参孙抛弃了他的女儿。这里的"恨"也可以作"离婚"解释(比较申廿四 3)。

十五 3 这里表示参孙要为了他岳父向他作的事而加害于非利士人。这似乎不大合理,除非他的岳丈是当地非利士人的发言人,因而有代表非利士社群的意思。

十五 4~5 格雷认为,点着火把在庄稼中经过,可能原来是一种农耕社会的仪式,目的在除去庄稼因露水太重而造成的霉菌。[42] 如果这样的仪式真的存在,则参孙是把它当作笑料来看待,将它变成令非利士人惊惶的战斗技术了。

"狐狸"(śû'ālîm) 可能应该翻译为"胡狼"(jackal),因为狐狸是独居的,而胡狼是群居的,参孙一时捉三百只胡狼比捉三百只狐狸

---

[40] 参 Boling, *Judges*, p.232.参 18 节经文部分的讨论。如果当时参孙还未进去洞房,则婚礼未完成。参孙这样遽然离去,他的婚礼实在不算成立。

[41] 参 Gray, *Joshua, Judges and Ruth*, p.352; Moore, *Judges*, p.340.

[42] 参 Gray, *Joshua, Judges and Ruth*, p.353.苏根也认为这里可能与古时候农耕社会的某一仪式有关。参 Soggin, *Judges*, p.248.马加利特更认为参孙的作法是不可能的,因为将火把捆在两只狐狸尾巴的中间会令两只狐狸回旋地转,不能使它们冲进站着的禾稼中。他相信这里的故事源于沙拉宾/沙宾(狐狸/火把尾巴的意思)。这个地方在非利士和但的边界上,曾经分给但(书十九 42),可是为亚摩利人所占(士一 35),又曾被非利士人占领(撒上七 14),最后归入以色列(王上四 9)。参 Margalith, "Samson's Foxes," *VT* 35 (1985), pp. 226 – 227.

容易。

十五 7 "报仇" 讨回公道的意思。参孙所求的是公平对待的行动。他在这里和第三节的思想是相仿的。他总是以为自己行在公平的道路上。

"罢休" 有"从此不干"的强烈意思。故事的发展却告诉我们,这只是参孙的一厢情愿而已。冤冤相报是不会有结束的一天的(留意 10～11 节非利士人和参孙相同的话)。

十五 8 "连腿带腰都砍断了" 这句话的意思不大清楚。原文的字面意思只是"小腿在大腿上",似乎是一种"摔角"的形容。但这里可能表示"杀人成堆"的意思。

"以坦" 意思是"食肉鸟的地方",㊸也许表示高高在上的意思。这地方的确实地点不详,可能在伯利恒稍为向南的地方(代下十一 6),可是那地方距离参孙可能活动的地方太远了一点。有些解经家认为"以坦"是琐拉东南约四公里的一个悬崖岩穴,一个一般人不可能爬上去的地方。㊹

十五 9 "利希" 原文是"驴腮骨"的意思,可能在犹大境内,伯示麦附近,所以非利士人到犹大来。

十五 11 "三千犹大人" 这数目比非利士人还要多(比较 15 节)。这里似乎故意讽刺犹大人,因为他们竟然出卖了神为他们兴起的"士师"。

十五 13 参经文部分的讨论。

十五 14 "喧嚷" 不单表示非利士人高兴,更有战争呼喊的意思,即他们这次可以完全除灭参孙了。

"火烧的麻" 形容绳子在参孙的大力之下显得非常脆弱。

十五 15 "未干的驴腮骨" 表示仍然坚强有力的意思(比较撒下廿三 11～12),也表示参孙再一次接触骸骨,违犯了拿细耳人的约。

十五 16 这是短歌形式,是参孙的胜利之歌。他在杀败非利士人

㊸ 参 Boling, *Judges*, p. 235.
㊹ 那是 Wady Isma'in 以上的一个悬崖岩穴。参 A. E. Cundall & L. Morris, *Judges & Ruth*, p. 170.

之后,取"驴"这个字的音来作乐。全歌原文可以排列如下：

bel^eḥî	haḥ^amôr	ḥ^amôr	ḥ^amôrātāyim
用腮骨	驴	我杀人	成堆
bil^eḥî	haḥ^amôr	hikkêtî	'elep 'îš
用腮骨	驴	我杀人	一千人

"驴"(ḥ^amôr) 它的原文在这里出现了四次,上半节三次,下半节一次；首末两次都是"驴"的意思,但其他两次却有不同的解释。宾尼将"ḥ^amôr"解释为"红",将全句翻译为"我将他们血染得通红"。[45] 其他翻译还可以有"我将他们好像驴一样对待"、"我将他们彻底剥了皮"、"我将他们一堆一堆聚起来"。和合译本的"我杀人成堆"是将"ḥ^amôr"解释为"堆",再对照下半句而来的。更准确的字面翻译是"我将他们大大堆积起来"。下半节"我杀了一千人"是对照上半节的平行句,进一步说明那是什么意思。这也是希伯来诗歌写作的特点之一。

"腮骨"(l^eḥî) 原文的音译是"利希"。这个词重复出现在第十五章九、十四和十七节。可见"利希"是参孙胜利之歌的中心或高潮。

十五 17 "拉末利希" "腮骨堆"、"腮骨山"或"腮骨高处"的意思。圣经中很多地方的命名都好像这里一样,有一个故事。

十五 18 参孙的祷告表示了他的"谦卑",与第十六和十七节他所表示的"骄傲"成为对比。

"你"('attâ) 原文是强调形式,表示这次的拯救是神的能力。参孙称自己是神的仆人,这与他的行为所表现的形象有点不对称,可能他在极度软弱的时刻终于认识了自己的卑微。

"未受割礼的人" 指非利士人。以色列人认为自己落在他们手中是一种耻辱(比较撒上卅一 2～4)。

十五 19 这是另一个"命名"的故事。

"洼处" 地面下陷,一个圆形的地方。

"利希" 这里指地方名称,不是武加大译本和英王钦定译本以为的"腮骨"。这一点从本节末了的"利希"一词可以知道。

---

⑤ 参 Burney, *Judges*, pp. 372-374.

"隐哈歌利"　"求告者之泉"的意思。"哈歌利"这个词原是"鹌鹑"的意思(撒上廿六 20；耶十七 11)，其叫声在郊野清楚可闻。⑯ 虽然如此，"求告者"在这里应该指"参孙"，因为这是参孙的故事的意思，也表示人应当求告神。

"精神复原"　"精神"(*rûḥô*)原文字面意思是"他的灵"；而"复原"(*wayyeḥî*)原文字面意思是"活着"。古时候的以色列人相信，"灵"乃是生命最基本的东西，没有了它就是死亡(诗一〇四 29)。所以，"精神复原"就是参孙的灵重新活过来的意思。

十五 20　这里表示，参孙的士师职事可能由这次打败非利士人开始。但这次的拯救只是"开始"而已(十三 5)。以色列人仍然在非利士人的辖制之下。

"二十年"　有些解经家认为，这是主前 1080 至 1060 年，而亚比米勒、耶弗他与参孙可能是同时期的人。⑰

(IV) 释义

我们前面说了，"秘密"是参孙故事的一个重要主题。人往往在知与不知之间你争我夺。不知道的人千方百计要知道，因为"资讯"代表了很多利益；满以为自己知道什么的人结果一无所知。那位真正知道一切的是神，神的作为是奇妙而又不可测的。我们在这位神面前仍然挣扎，因为我们仍然有很多不知道的地方。但那可能不是最要紧的，最要紧的是：我们的心在哪里？ 我们属于哪一方？ 忠于哪一方？ 我们下面就按着故事发展的次序来讨论上面各点。

动荡时期与神的作为

第十三章廿五节说，耶和华的灵在玛哈尼但感动参孙，这地方在琐

---

⑯ 宾尼指出这里可能有与太阳神话故事的遥远联系。因为每年二三月间当鹌鹑成群地回归巴勒斯坦的季节，腓尼基人都献鹌鹑为祭，记念希腊神话人物赫拉克勒斯(Heracles)的复活。参 Burney, *The Book of Judges*, p.375.

⑰ 参 A.E. Cundall & L. Morris, *Judges & Ruth*, p.173.

拉和以实陶的中间。根据第十六章卅一节,这也是玛挪亚的埋葬地。然而第十三章二节说,玛挪亚是琐拉人;琐拉是但支派分地里的一个城镇,住在那里表示生活已经安定下来,这也是玛挪亚名字的意思。但一个"安定的人"现在却要住在玛哈尼但,一个"不安定"的营幕。这是社会的倒退。我们从本段经文的注解部分也知道,当时是但支派被迫离开本土,需要北迁的时期,那么社会倒退和混乱是可以预料的。在混乱时期要明白神的旨意是不容易的,就在这个时候,神的灵主动催逼了参孙。显然,在混乱时刻,神的作为也特别迫切,只是人的相应行动往往阙如,或过于迟钝而已。

参孙从开头就有了问题

参孙虽然被神从母腹里就分别出来,成为拿细耳人,但他的生命从开始的时候就有了问题。

1. 参孙的命名

他的母亲给他起名为"参孙"(十三 24)。这是讽刺性的,因为她明知自己的儿子要作拿细耳人(十三 5、7),却给他起了一个与异教神祇"太阳"有关的名字。这与她在第十三章所显示的属灵洞察力相反。

2. 参孙下亭拿

神的灵催逼参孙之后,他作的第一件事就是"下"亭拿去,要从那里娶一个非利士的女子为妻(十四 1~3)。"亭拿"原来是犹大混乱了家庭关系与性欲的地方(创卅八章),这里的"下"也表示参孙有堕落的意思。究竟这是怎么一回事,难道这就是神的灵催逼参孙的结果吗?人往往在男女两性关系上堕入混乱而深受其害,而忠与不忠又是男女婚姻关系的中心问题。圣经也常以男女的婚姻关系来比喻神和以色列人的关系。这里神也许要藉着参孙的经历来启迪以色列人吧。

3. 参孙在娶妻之事上一意孤行

参孙的父母曾尝试阻止他与异教的非利士女子结婚(十四 3),但没有果效。参孙一意孤行,不理会约法的要求,只求满足自己眼目的情欲(参注解部分)。⑱ 他是一个反叛的角色,要摆脱父母的束缚,好像以色列人要摆脱神的约法一样。

神的秘密

神在参孙生命中有一个秘密。这个秘密不是参孙后来向大利拉透露的秘密(十六 17),更不是参孙在本段经文向他妻子透露的秘密(十四 17),而是神的灵要藉着参孙与非利士女子的关系去攻击非利士人。这个秘密,没有人知道:

1. 参孙的父母不知道

第十四章四节清楚地说:"他的父母却不知道这事是出于耶和华,因为他找机会攻击非利士人。"玛挪亚的妻子本来知道参孙要开始拯救以色列人(十三 5),但她却不知道参孙要如何拯救以色列人。她的丈夫玛挪亚就更不知道参孙一生的意义了。我们读第十四章三节时,也许会同意参孙父母的意见,但随后的一节经文却立刻说明,参孙的父母错了。人在某一个环境中过于自信的时候,也许是最无知的时候。

2. 参孙不知道

从故事的发展看来,参孙也不知道自己一生的目的和意义。他坚持要娶非利士女子为妻的原因是那个女子悦他的眼目,不是他要拯救以色列人。甚至到最后,他推倒了大衮庙,压死了很多非利士人,他的目的仍然是为自己报仇而已(十六 28)。所以,第四节下半节强调的"他"(*hû'*)不是参孙,而是耶和华神自己。

---

⑱ 鲍美琦从心理分析角度解释参孙故事,认为参孙想在他的性寻求过程中从母亲的权力下释放出来,但就在他最后违背母命之时,也同时削弱了自己的力量,断送了自己的生命(十六 17)。参 Mieke Bal, *Death and Dissymmetry*.

3. 非利士人不知道

当非利士人透过"女人"一次又一次获得了参孙的"秘密"之时（十四 17，十六 18），他们满以为参孙带给他们的困难可以解决了。结果证明，他们都错了。而且，他们每次被参孙攻击，都是由这些"秘密"引起的。这又不能不说是一种讽刺。

神是不可测的。人要相信祂，不可自以为"知道"了什么而"利用"祂。不过，面对神的不可测，我们仍然会有痛苦的挣扎。例如，我们都知道，参孙的自我纵欲是不对的，我们要以他为鉴戒，不要效法他。但玛挪亚夫妇阻止参孙娶非利士的女子为妻没有什么不对，却不符合神的旨意。那么，我们应当怎么办呢？我们都知道神要惩罚不守约法的人（何四 10；书廿三 12～13；耶二 25），可是参孙坚持要娶非利士的女子为妻这件事却出于神（十四 4），这又怎么解释呢？我们知道，参孙娶非利士女子为妻的事最后还是失败了，却成就了神攻击非利士人的目的。这似乎是神的方法，但信守约法的玛挪亚夫妇又怎么可能明白神这样的旨意呢？他们的问题也许仍然是我们今天很多人的问题。

参孙故事的缩影

第十四章五至九节在很多方面都成为参孙故事的象征和缩影。全段经文有五节，其中第五至六节和第八至九节都是与狮子有关的。第七节是本段经文的钥节。我们可以从两方面来看。

1. 参孙故事的中心问题——参孙与非利士女子（7 节）

我们上面说了，参孙故事的背景是但支派被迫北迁的混乱时期。本节经文表示，参孙与非利士女子的关系在参孙的思想中也有一个挣扎过渡的时期。经文说："参孙下去，与女子说话，就喜悦她。"前面第三节已经说参孙喜悦那女子了，为什么这里又重述呢？因为前面的"喜悦"是针对父母的反对意见说的，有故意站在相反方向的可能；这里却完全是参孙自己的评估了。参孙在父母的反对之下可能怀疑自己是否真正喜悦那女子，本节经文则表明他真的喜悦她。这是参孙经过"挣扎"后的抉择——他仍然以满足眼目的情欲为原则。我们知道，最后参孙的眼睛被剜去(十六 21)不是没有原因的。

2. 参孙故事中的狮子——危险的非利士人(5～6、8～9 节)

a.　狮子向参孙咆吼(5～6 节)：第五节说，参孙到了亭拿的葡萄园，这就表示参孙已经进入危险的地方了，因为葡萄园对作拿细耳人的参孙构成了极大的试探(参十三 14)。狮子的出现表明参孙有生命的危险——狮子就是非利士人，他们一再想打败参孙，吞噬参孙。就在这个危险的时刻，神的灵大大感动参孙，使他撕裂了那头狮子(6 节)。这是神对参孙的奇妙拯救，代表参孙最后要撕裂非利士人(十六 29～30)。第十四和十五章的末了也有参孙攻击非利士人的记载，而两次的攻击都是神的灵大大感动参孙的结果(十四 19，十五 14～15)。这是第十四和十五章一个重要的主题：神的灵是参孙能力的秘密，而神的灵与参孙的配合就是非利士人失败的原因。如果参孙代表了以色列，那么，参孙深入非利士人的地方则代表了以色列人后来被迁到巴比伦这个外邦人之地；参孙在神的灵感动下撕裂了非利士人，也代表以色列人要倚靠神的灵去胜过巴比伦人的辖制。

b.　参孙有一个秘密(8～9 节)：参孙在死狮子之内发现了蜂蜜。这是非常特别的现象。蜂蜜代表了神特别的恩典，可以使人眼目明亮，精神振奋。⑭ 参孙深入非利士人的地方，除了一切害处之外，还有神的恩典。参孙将蜂蜜与父母分享，也许要鼓励他们对他与非利士女子的婚事有盼望，但他没有告诉他们蜂蜜的由来，也没有告诉他们路杀狮子的事(6 节)。换言之，参孙在父母面前故意避开了娶非利士女子为妻的危险。这样，玛挪亚夫妇不但不知道神做的事(4 节)，也不知道参孙做的事了。现在，参孙故事中"知"与"不知"的主题不但在神与人的关系中，也进入人与人的关系中

---

⑭ 汉林从政治、社会和经济的角度看士师记，认为参孙故事第十四章有更深一层的意义。吃人的狮子有如世界上压迫人的强有力的政治和经济机器，但其中仍然有流奶与蜜的应许地。只是人要谦卑祷告神及甘心牺牲自己奉献给神。参 E.J. Hamlin, *Judges*，pp. 136 - 137.

了。这个主题在往后的经文会有进一步的发展。

参孙最后击败非利士人

第十四章十节至第十五章二十节是参孙与非利士交手的第一回合。参孙与非利士人是敌对的,这在第十一节已经显明了:"众人看见(或惧怕)参孙,就请了三十个(非利士)人陪伴(或防范)他"(参注解部分)。我们在下面分不同主题来看本段经文:

1. 知与不知

我们在前面提到了神的秘密。现在,"秘密"的问题进入人与人的关系中。这是一个重要的主题,因为它牵涉到人的"利益"甚至"生死"的问题。

a. 参孙:他以为狮子和蜂蜜的秘密只有他一个人知道,满以为非利士人一定猜不出他的谜语来,结果证明他错了。过分自信的人往往在危险中仍不知道自己的软弱在哪里。后来,犹大人对参孙说:"非利士人辖制我们,你不知道吗……"(十五 11)。换言之,参孙是螳臂当车,自不量力。当参孙击杀了一千非利士人的时候,他立即自豪地唱起歌来(十五 16)。就在那个时刻,他忽然要渴死了(十五 18)。这是要说明,力大如参孙的人也有软弱的时候,人是不能过分自信的,因为他知道的实在有限。

b. 非利士人:他们千方百计威吓参孙的妻子,终于"知道"了参孙的谜底。他们满以为可以胜过参孙了,结果还是害了自己(十四 19)。当犹大人把参孙捆绑解来交给他们的时候,他们大声喧嚷,满以为终于制伏参孙了,结果还是被参孙大大杀败(十五 14~15)。非利士人的"知道"是可笑的。

c. 参孙的岳父:他是最可怜的,因为他以为自己"知道"参孙一定抛弃了他的妻子(十五 2),结果断送了自己和女儿的性命(十五 6)。

真正"知道"的是神。祂在人的"你争我夺"和"尔虞我诈"的过程中,仍然成就了祂的目的——攻击非利士人。神的"秘密"往往是人所忽略的。

2. 生命的抉择

"知"与"不知"固然是本段经文的主题之一,但更重要的主题是生命抉择的问题。

a. 参孙的抉择和困扰:他是拿细耳人,又是父母的长子。他是双重属于神的——长子,因为是头生的儿子,固然属于神(出十三 12);拿细耳人,更因为许愿是属于神的。但他却选择与非利士人通婚。这项抉择是危险的,因为它使参孙的生命陷入进退不得的困境。

参孙在婚宴期间给非利士人出了一个谜语,这个谜语是关乎"狮子"和"蜂蜜"的。这两者的意思我们在上面已经讨论了。可是在这里以婚宴中的谜语出现,却有了新的意思,它代表了男女两性在婚姻关系上的"秘密"。⑤ 结果参孙输了,即表示他在两性的婚姻关系上尚未成熟。这一点在他与妻子对话的时候已经显露出来。他的妻子埋怨他不爱她,因为他没有将谜语的秘密告诉她。他妻子的意见在原则上是对的,因为创世记第二章廿四节说:"因此,人要离开父母,与妻子连合,二人成为一体。"但参孙却认为他没有告诉父母的秘密也不应该告诉妻子(16 节下)。换言之,他与父母的联系应该大于与妻子的联系,这就说明他还没有完全脱离父母,他在婚姻关系上还未成熟。这也显示了参孙与外邦女子结合的矛盾和挣扎:他既不能完全脱离父母,也不能完全投入妻子。他曾经不听从父母的意见,坚持要娶非利士的女子为妻(十四 3),这是他脱离父母的尝试。但他是以色列人,是不能完全脱离父母的族群。后来,他为了表示爱妻子,将谜语的秘密告诉了她,结果将自己完全暴露在危险中(17 节下～18 节上)。他知道自己是以色列人,应该与父母的族群连成一条阵线,却不知道他的妻子也可能有同样的考虑,而将谜语的秘密告诉她同族的人。当参孙明白到这一点时已经太迟了(17 节下)。

---

⑤ Bettelheim 将神仙故事中的谜语与性相关联,认为谁猜出谜底即表示他懂得了关于男女的性秘密。参 Bruno Bettelheim, *The Use of Enchantment* (New York: Alfred A. Knopf, 1976).

参孙与非利士女子结合的失败，说明了以色列人与外邦人的结合也必然失败。向"敌对"的一方表示毫无保留的爱是危险的。但"爱"的力量是何等大啊！参孙虽然力大无穷，却被他妻子的眼泪俘虏去了。陪伴参孙的非利士人说："有什么比蜜还甜呢？有什么比狮子还强呢？"答案就是男女两性的"爱"。他们胜利了，难怪参孙的妻子结果归了他的陪伴。参孙的问题在第十六章会有更严重的后果。参孙就是以色列。以色列人不能只是在失败的时候感叹"红颜祸水"，咒骂外邦人，却必须认真将心放在神那里，建立与神的正常关系。

b. 犹大人荒谬的抉择：他们的见证是失败的，因为他们在参孙与非利士人的对抗中选择了完全站在非利士人一方。首先，参孙和非利士人的互相指控的用词是一样的——"……他（们）向我（们）怎样行，我（们）也要向他（们）怎样行"（十五 10、11）。在这样的情况下，犹大人应该站在参孙一方才对，因为他们与参孙都是以色列人，但他们却与非利士人"说一样的话"去捉拿参孙。非利士人说："我们上来是要捆绑参孙……"（十五 10）。犹大人也对参孙说："我们下来是要捆绑你，将你交在非利士人手中"（十五 12）。这就表示，犹大人完全与非利士人合作了。他们一方面承认非利士人有权管理他们，另一方面又认为非利士人的行为是合理的。因此，他们迅速合作，派出远远超过需要的"三千人"去捉拿参孙（十五 11），而且用新绳捆绑参孙（十五 13），恐怕他逃脱。他们不杀参孙的应许显出讽刺性味道，因为他们似乎是站在参孙一方帮助他，事实上他们正在帮助非利士人。如果他们真的站在参孙一方，又哪里需要保证呢？

c. 参孙的妻子被别人"抉择"了：在参孙与非利士人的斗争中，最可怜的是参孙的妻子。她与参孙结婚，却不知道自己应该站在哪一方，只是任由别人摆布。她在本族非利士人的威吓之下，在丈夫面前哭着要知道谜语的秘密，目的在避免她和她的父家被非利士人用火烧了（十四 15～17）。她在父亲的权力下被转送给参孙的陪伴。她和父亲在参孙眼中是非利士一方的人，所以参孙因为她父亲的决定要对付非利士人（十五 2～3）。但他们在非利士人眼中却是参孙一方的人，所以非利士人把他们用火烧了，借以向参孙报仇。这是一个双重的讽刺：一方面，那些原本被邀请来保护自己的人（十四 11）反成了恐吓和杀害自己的人（十四 15，十五 6）；另一方面，人苦苦要避免的灾难，结果还是来临了，而且那灾难正是因为他们的行为引来的。这也许是立场混乱之人的结局吧。

3. 参孙与士师

第十五章末了说，参孙作以色列的士师二十年。这是参孙第一次被称为士师。他的士师职事究竟是怎样的呢？

a. 参孙的更新：参孙最终认识了自己的错误，重新与神联合，将自己与"未受割礼的"非利士人分别开，承认自己的软弱，认识到自己只不过是神的仆人，强调神的大能，以信心向神呼求（十五 18）。他完全倚靠神的恩典，就成了真以色列人的代表。

以色列人在非利士人欺压下没有向神呼求（十三 1），现在参孙代替他们呼求。圣经称他为"士师"了（十五 20）。这个称呼令我们有点困惑，因为他以往的行为不像一位士师。虽然他在这里重新与神联合了，但他往后的行为仍然没有什么改变。根据以往的记载，士师是要拯救以色列人脱离外族人欺压的（参二 16、18），但第十五章二十节却说："当非利士人辖制以色列人的时候，参孙作以色列的士师二十年。"换言之，参孙没有拯救以色列人脱离非利士人的辖制。那么，他为什么可以被称为士师呢？

卫布说，士师是在特定时期中，神对以色列的作为或旨意藉着他得以体验的人，不在乎士师制度给士师的外在界说如何。[51] 这样的士师定义基本上是对的。然而，我们还要强调"拯救"是"士师"职事的重要内容。我们都看到了参孙行为的荒谬，与士师应有的表现背道而驰，但士师记中又有多少个士师没有瑕疵呢？士师一个不如一个的情况是士师记的主题之一。参孙作为士师记中最后一位士师，我们自然可以知道他是最堕落的一个士师了。士师

---

[51] 参 Webb, *The Book of the Jugdes*, p.171.

之所以是士师,不在乎他的生活表现,甚至不在乎他的行为动机,只在乎他是否"拯救"了以色列人。参孙没有完全拯救以色列人,却也"开始"了拯救;他没有拯救以色列人的动机,却也成就了拯救的事实。

b.   神才是真正的拯救者:一切拯救都是神的作为。人企图将拯救的荣耀归给任何一位士师都是不对的(参八 22~23)。神拯救以色列人的事实在参孙身上显得更加完全,因为圣经一再说,参孙攻击非利士人是神的灵感动他的结果(十四 19,十五 14)。参孙代表了以色列人。他呼求神,神拯救了他(十五 18~19),也就是拯救了以色列人。所以神是以色列人的真正士师,地上的士师都是要成就神旨意的。参孙就是神手中的器皿,他的生与死都是神拯救以色列人的方法。

c.   参孙故事的结束:第十五章二十节的用语是一般士师故事的结束语。参孙故事这样结束也是合宜的,只是参孙是独特的,他的本性不容许故事这样结束。他的败坏性仍然存在,最终会带来悲剧性的结局。这一点也许从第十五章十九节的"神"字可以看出来吧。参孙在第十八节祈求的是"耶和华",在这里却是"神"为他开了泉水,让他解渴。"耶和华"是以色列神的专有名词,而"神"只是一个普通名词。用后者代替前者,表示神将自己与参孙的距离拉远了,对参孙的为人仍然有保留。"拉末利希"与"隐哈歌利"两个地方名,代表了参孙生命的"骄傲自信"与"谦卑靠神"的两方面,参孙性格上的这个"紧张"关系,仍然因为两个地方的名称而继续被人记念。参孙的故事还没有结束,因为他性格上的困难还未完全解决。

(三) 参孙的失败与大利拉(十六 1~31)

1   参孙到了迦萨,在那里看见一个妓女,就与她亲近。

2   有人告诉迦萨人说:"参孙到这里来了。"他们就把他团团围住,[终夜在城门悄悄埋伏],说:"等到天亮我们便杀他。"

3   参孙睡到半夜,起来,将城门的门扇、门框、门闩一齐拆下来,扛在肩上,扛到希伯仑前的山顶上。

4 后来参孙在梭烈谷喜爱一个妇人,名叫大利拉。

5 非利士人的首领上去见那妇人,对她说:"求你诓哄参孙,探探他因何有这么大的力气,我们用何法能胜他,捆绑克制他;我们就每人给你一千一百舍客勒银子。"

6 大利拉对参孙说:"求你告诉我,你因何有这么大的力气,当用何法捆绑克制你。"

7 参孙回答说:"人若用七条未干的青绳子捆绑我,我就软弱像别人一样。"

8 于是非利士人的首领拿了七条未干的青绳子来,交给妇人,她就用绳子捆绑参孙。

9 有人预先埋伏在妇人的内室里;妇人说:"参孙哪,非利士人拿你来了!"参孙就挣断绳子,如挣断经火的麻线一般。这样,他力气的根由,人还是不知道。

10 大利拉对参孙说:"你欺哄我,向我说谎言;现在求你告诉我,当用何法捆绑你。"

11 参孙回答说:"人若用没有使过的新绳捆绑我,我就软弱像别人一样。"

12 大利拉就用新绳捆绑他,对他说:"参孙哪,非利士人拿你来了!"有人预先埋伏在内室里。参孙将臂上的绳挣断了,如挣断一条线一样。

13 大利拉对参孙说:"你到如今还是欺哄我,向我说谎言;求你告诉我,当用何法捆绑你。"参孙回答说:"你若将我头上的七条发绺与纬线同织[……]。"

14 于是大利拉将他的发绺与纬线同织,用橛子钉住,对他说:"参孙哪,非利士人拿你来了!"参孙从睡中醒来,将机上的橛子和纬线一齐都拔出来了。

15 大利拉对参孙说:"你既不与我同心,怎么说你爱我呢?你这三次欺哄我,没有告诉我,你因何有这样大的力气。"

16 大利拉天天用话催逼他,甚至他心里烦闷要死。

17 参孙就把心中所藏的都告诉了她,对她说:"向来人没有用剃头刀剃我的头,因为我自出母胎就归神作拿细耳人,若剃了我的头发,我的力气就离开我,我便软弱像别人一样。"

18 大利拉见他把心中所藏的都告诉了他,就打发人到非利士人的首领那里,对他们说:"他已经把心中所藏的都告诉了我,请你们再上来一次。"于是非利士人的首领手里拿着银子,上到妇人那里。

19 大利拉使参孙枕着她的膝睡觉,[呼唤他],剃除他头上的七条发绺;于是大利拉克制他,他的力气就离开他了。

20 大利拉说:"参孙哪,非利士人拿你来了!"参孙从睡中醒来,心里说:"我要像前几次出去活动身体。"他却不知道耶和华已经离开他了。

21 非利士人将他拿住,剜了他的眼睛,带他下到迦萨,用铜链拘索他,他就在监里推磨。

22 然而他的头发被剃之后,又渐渐长起来了。

23 非利士人的首领聚集,要给他们的神大衮献大祭,并且欢乐;因为他们说:"我们的神将我们的仇敌参孙交在我们手中了。"

24 [众人看见大衮],就赞美他们的神,说:"我们的神将毁坏我们地、杀害我们许多人的仇敌,交在我们手中了。"

25 他们正宴乐的时候,就说:"叫参孙来,在我们面前戏耍戏耍。"于是将参孙从监里提出来;他就在众人面前戏耍,他们使他站在两柱中间。

26 参孙向拉他手的童子说:"求你让我摸着托房的柱子,我要靠一靠。"

27 那时房内充满男女,非利士人的众首领也都在那里;房的平顶上约有三千男女,观看参孙戏耍。

28 参孙求告耶和华说:"主耶和华啊,求你眷念我;神啊,求你赐我这一次的力量,使我在非利士人身上[报那剜我双眼的仇]。"

29 参孙就抱住托房的那两根柱子,左手抱一根,右手抱一根,

30 说:"我情愿与非利士人同死!"就尽力屈身,房子倒塌,压住首领和房内的众人。这样,参孙死时所杀的人,比活着所杀的还多。

31 参孙的弟兄和他父的全家都下去,取他的尸首,抬上来,葬在琐拉和以实陶中间,在他父玛挪亚的坟墓里。参孙作以色列的士师二十年。

(I) 分段

参孙故事在第十五章已经结束了。第十六章是独立的,可以分别出来研读,但本章在整个参孙故事中又是需要的,因为:

a. 我们在上面说,参孙的坏本性不容许他的故事在第十五章结束,所以第十六章作为参孙故事的延伸是需要的。

b. 另一方面,玛挪亚的妻子在第十三章七节的预言也需要有第十六章的应验,才能够让参孙的故事结束。

c. 从故事的结构来看,第十六章最后一节与第十三章二和廿五节是平行的。两者都提到参孙的父家和他们生与死的地方——琐拉和以实陶中间。所以,没有第十六章,参孙故事是不完全的。

(II) 经文

十六 2　"终夜在城门悄悄埋伏"　这一句原文较长,字面翻译是:"终夜在城门埋伏,终夜保持安静。"⑫和合译本将原来的两句合为一句,似乎是合理的,因为"终夜"一词无需重复,但这也可能削弱了故事要强调"夜"的意义。这一点我们在释义部分再来讨论。

十六 13　"[……]"　和合译本作"就可以了"。原文没有这一句,而参孙的话停止在"与纬线同织"。其实,原文的句子是不完全的,因为那只是由"如果"('*im*)开始的一个附属句而已,还需要有主句才能够完成整个句子。所以七十士译本根据大利拉随后所作的,补充了"且用橛子钉牢,则我会软弱如同别人一样"。BHS 也同意这项补充。但原文

---

⑫　如果他们终夜把守着城门,为什么参孙出城的时候完全没有冲突呢? BHS 认为这里第一个"终夜"应改为"终日",这样似乎比较符合故事的情节。当时的情况是,非利士人知道参孙到了迦萨,当天就派人把守城门。但晚上因为城门关上,他们认为没有需要把守,只计划到天亮,趁参孙经过一夜温柔,毫无准备的时候击杀他。我们认为这里的马所拉经文无需修改,因为重复"终夜"可能是经文原来要强调的。至于参孙半夜起来拆掉城门的时候,没有与非利士人冲突,这是因为参孙的行动太突然、太厉害了,他们根本自顾不暇,更不可能与参孙冲突了。

未完成的句子可能表示,参孙这次的话已经非常接近他的秘密,因此,他有所恐惧而未能完全说出他要说的话(参释义部分)。然则,和合译本宜在"与纬线同织"之后加"……",却不宜加"就可以了"一语。

十六 19　"呼唤他"(*wattiqᵉrā' lā'îš*)　和合译本作"叫了一个人来",即剃除参孙头发的不是大利拉,而是大利拉叫来的"一个人"。㉝其实,和合译本的译文是可以的,但它与随后一个动词联系起来的含意却有困难,因为大利拉叫来的"人"是一个男人('*îš*),而随后的动词"剃除"(*tᵉgallaḥ*)却是第三人称单数女性。换言之,剃除参孙头发的应该是大利拉本人,不是她叫来的一个人。那么,大利拉叫了一个人来作什么呢?波令说:"显然,那人给她(大利拉)送来剃刀,可能还帮助她扶着他(参孙)的头。"㉞撒逊(Sasson)的意见更好,他认为原文的"人"是指参孙,即大利拉并没有真正呼叫一个人来帮助她;她只是呼叫参孙,看他是否睡得很熟了,然后才动手剃去他的头发。㉟然则,这里最好翻译为"呼唤他"。

十六 24　"众人看见大衮"　和合译本作"众人看见参孙"。这在当时的情况是不可能的,因为参孙要到第廿五节才从监里解出来,众人在大衮庙里怎么能够看见他呢?宾尼将第廿四和廿五两节经文的次序对换,这是可以接纳的。但第廿四节的"参孙"也可以理解为第廿三节的"大衮",因为原文只作"众人看见他",没有"参孙"一词。这样,第廿四和廿五节就无需对调了。而且,这样在情节上也比较合理。

十六 28　"报那剃我双眼的仇"　原文的字面意思是"报我两只眼其中一只的仇"。这是有点"儿戏"的说法,因为参孙的两只眼睛是同时被剃去的(21 节),相信他在这个生死关头,不会拿自己来开玩笑吧。所以,一般解经家都将此句理解为"为我两只眼睛报一次仇"。和合译

㉝ 这里和合译本的译文可能是参考七十士译本及武加大译本,因为该两个译本甚至以为大利拉叫来了一个理发师。

㉞ 参 Boling, *Judges*, p. 250.

㉟ 参 Jack M. Sasson, "Who Cut Samson's Hair?" *Prooftexts* 8(1988), pp. 336–338. 但撒逊为了使全句更加流畅,将原文的"他"(和合译本译作"参孙")及"一个人"对调,并且改"一个人"为"那个人"。全句变成"*wattᵉyyašēn 'eṯ hā'îš ... wattiqᵉrā' lô*"("她使那人睡……呼叫他")。

本对照本章第廿一节加了"剜"这项细节,可以使译文更加清楚。

(III) 注解

十六 1　"参孙到了迦萨"　这也是他失败和结束自己生命的地方(21 节)。迦萨是非利士五个城邦中最南端的一个,在琐拉西南约五十八公里,是巴勒斯坦沿海大道上一个重要的商贸中心。我们不知道为什么参孙要去迦萨那么远的地方亲近妓女。但可以肯定的是,他的败坏本性仍然没有改变,甚至可能比以前更败坏了。

十六 2　"城门"　铁器时代早期的城门。考古学发现该时期的城门很厚,有如走廊,两旁有卫士房。

十六 3　"门扇"　复数。古时候的城门有两扇,每扇有门枢,连接在两边的门框上。

"门闩"　城门关闭时,门扇中间的横梁。门闩的两端固定在门框上。参孙将门框、门闩和门扇一齐拆下来,就像完整的一块,方便扛在肩上。

"希伯仑"　从迦萨到希伯仑前的山顶,大概需要走六十四公里。

十六 4　"梭烈谷"　在耶路撒冷西南约二十一公里。它的字面意思是"上等葡萄谷"(参赛五 2;耶二 21;创四十九 11),可见这是作物丰收之地。

"喜爱"($ye^{,e}hab$)　这字与第十四章三节和七节的"喜悦"($yo\check{s}\hat{e}r\hat{a}$ $b^e{}^,\bar{e}n\bar{a}y$)不同,后者只是眼目喜欢而已,前者却是真正心里面有"爱"。结果证明,这也是参孙致命的爱。

"大利拉"($d^el\hat{\imath}l\hat{a}$)　这个名字的意思不容易确定,可能是"调情取乐"或"崇拜者"等意思。宾尼认为这个名字表示大利拉是亚舍拉女神敬拜中的庙妓。[56] 这个名字的读音与前二次出现的"夜"($hallay^el\hat{a}$)字相近,使两个故事联系在一起。我们不知道大利拉是非利士人还是以色列人。从她接受非利士人的贿赂而出卖参孙看来,她可能是非利

---

[56] 参 Boling, *Judges*, p. 248;Burney, *The Book of Judges*, p. 407.

士人。

十六5 "首领" 指非利士五大城邦的五个领袖。五个领袖一同合作对付参孙,可见参孙对非利士人构成的威胁是何等大。他们要知道参孙力大无穷的原因。因为他们相信,其中必有"魔术的秘诀";只要知道了那秘诀,他们就可以使参孙软弱无力了。

"一千一百舍客勒银子" 这是一个颇大的数目。五个首领给大利拉的总数将会是五千五百舍客勒,这个数目就更大了(比较八 26;创廿四 15～19;出廿一 32;撒下廿四 24;耶卅二 9),使我们怀疑它的可能性。因此,波令将"一千和一百"('lp ûm'h)改为"他的军队单位一百"('lpw m'h),因为"一千"('elep)的原文可以理解为"军队单位"。这样,全句可以翻译为:"我们每一个人和他的军队单位会给你一百舍客勒银子。"[57]这样的修改在内容上较合理,但没有经文支持。而且,学者们对圣经中的"大数目"仍然有不同的意见(参十七 2 及二十 2 注解与注脚)。也许参孙带给非利士人的灾难太大了,以致他们的首领们用不可思议的重金去贿赂大利拉。

十六7 "人若……捆绑我"('im-ya'asrunî) 原文直接翻译应该是"他们若……捆绑我"。这里的"他们"不可能指大利拉,那么是指非利士人吗? 然则,参孙从开始时就已经知道大利拉问他的用意了。

"七条未干的青绳子"(b°šibâ y°tārîm laḥîm) 这里的"绳子"(y°tārîm)通常被解经家理解为"弓弦"(比较诗廿一 12)。摩尔认为,此绳子是用动物的肠子做的。[58]"未干的青"(laḥîm)是同一个原文的翻译,不是指绳子的颜色,而是指绳子是"新鲜"的,表示有力的意思。这里已经有参孙力量来源的暗示了。因为"七"(b°šibe°â)是参孙力量的神秘数字,七条绳子指向他的七条发绺(19 节)。

十六9 "有人预先埋伏在妇人的内室里" 这里的"有人"当指非利士人。"妇人的内室"可能表示大利拉自己拥有一个颇大的住所。显然,她是一个颇为独立的女人。

"经火的麻线" 表示绳子对参孙来说是非常脆弱的,他不费吹灰

[57] 参 Boling, *Judges*, p.249.
[58] 参 Moore, *Judges*, p.352; Soggin, *Judges*, p.254.

之力就挣断它了。

十六 11　"新绳"(*'ᵃbōtîm hᵃdāšîm*)　"新"(*hᵃdāšîm*)表示赋有圣洁力量的意思(比较王下二 20;撒上六 7;撒下六 3)。参孙的话又进一步接近事实的真相了,因为这里的绳子(*'ᵃbōtîm*)可能是由三股合成的(比较传四 12),而参孙的发绺有七条,每一条也可能是三股合成的。从来未用过的新绳也可能暗指他的头发从来没有被剃过(17 节)。

十六 13　参孙第三次回答大利拉的话中即提到了他的"七条发绺"。这是他能力所在的象征。如果从太阳神话去解释,七条发绺可以代表太阳的光线,即太阳能力的所在。

"与纬线同织"　表示大利拉家中有织布机。这织布机在古时候是由女性操作的。它可以代表女性,而其上的纬线则代表女性的头发。

十六 15　大利拉三次受骗后,开始埋怨参孙。她的埋怨与第十四章中参孙妻子对他的埋怨是相同的。她们都埋怨参孙不爱她们。

"心"　在希伯来人的思想中,"心"主要不是感情的,而是知识的。换言之,参孙与大利拉同心,就要对她没有"秘密",将心里一切所知道的都告诉她(比较 17 节的"心"字)。

十六 16　大利拉用话催逼参孙。这是参孙在最后阶段的挣扎。从前参孙的妻子用眼泪催逼他,现在大利拉则用话催逼他。

"烦闷要死"　表示参孙已经承担不了来自大利拉的压力,快要崩溃了(比较王上十九 4;拿四 8)。

十六 17　参孙在这里将他的力气与头发联系起来。这样的联系在不少宗教传奇或神话中也可以发现。但天使原来的预言却没有提到力气与头发的关系(十三 5)。圣经显然不支持这种信念(参 20 节)。参孙这样将他力气的"秘密"告诉了大利拉,一般解经家都认为他犯了拿细耳人的禁令。⑤⑨ 根据民数记第六章的记载,拿细耳人可以剃头发,只是剃头发的时候是他放弃作拿细耳人的时候。这对于参孙来说,就是他的死期了,因为他的母亲曾经预言,他的拿细耳人身份是一直到他

⑤⑨ Blenkinsopp 更认为参孙故事是以拿细耳人的约为情节结构的。整个故事显示参孙将拿细耳人的禁令一一违反了。参 J. Blenkinsopp, "Structure and Style in Judges 13－16," *JBL* 82(1963), pp.65－76.

死的时候才停止的(十三 7)。参孙知道将秘密告诉大利拉是危险的,但他还是将秘密告诉了她。所以,他可能有意放弃作拿细耳人了。[60]

十六 18　"见"　我们不知道大利拉是怎样"见"的,也许她从参孙的"态度和语气"看出来,也许她从参孙的头发有了"洞察"——"未剃的头发"是参孙与他母亲联系的记号,现在他说出了这项"秘密",即表示他可以将自己与母亲的联系割断,毫无保留地去爱大利拉,所以大利拉明白了。随后的经文告诉我们,不但大利拉明白了,非利士人的首领也确信这次参孙真的完了,因为他们把应许给大利拉的银钱(5 节)也带来了。

"再上来一次"　在第一次和第二次,非利士人预先埋伏在大利拉的内室里(9、12 节)。经过两次失败后,他们以为没有希望了。到了第三次,他们已经不再埋伏在大利拉家中了。这也是这次大利拉要请他们再上来的原因。

十六 19　参经文部分的讨论。

"克制"(*annôt*)　这是最初非利士人要对付参孙的心意(5 节)。究竟大利拉在参孙身上作了什么呢?摩尔认为大利拉这时"捆绑"了参孙,因为第二十节说参孙要"活动身体"("shake myself free", NIV)。[61]但"捆绑"和"克制"两个动词同时出现在第五节,如果这里是"捆绑"的意思,为什么圣经不用"捆绑"而用"克制"呢?宾尼认为,这是大利拉"渐渐削弱"参孙力气的意思,[62]因为参孙的头发与力气相连,头发渐渐被剃去等于力气渐渐被削弱,最后,"他的力气就离开他了"。这解释似乎有一些道理,然而随后的第二十节暗示,参孙丧失力气是因为耶和华离开了他,不是因为他的头发被剃去了。所以,他的力气与头发的联系不是决定性的。"克制"一词的意思在圣经其他地方又作"苦待"(创十六 6,卅一 50;诗一〇五 18;出一 11~12;申八 2~3、16)或强奸(创卅四 2;申廿一 14;士二十 5;撒下十三 12)。这与大利拉的行为也有联系。

60　卫布认为参孙多次提到"像别人一样"(十六 7、11、17),因为他实在不愿意作拿细耳人,只愿意作一个普通人。参 B. Webb, "A Serious Reading of the Samson Story (Judges 13 - 16)," *RTR* 54(1995), pp. 110 - 120. 但神所呼召的人可以随意逃跑吗?

61　参 Moore, *Judges*, p. 356.

62　参 Burney, *The Book of Judges*, p. 383.

她虽然只剃去了参孙的头发,却带给参孙以后无限的痛苦,而且她所作的又是在性关系背景中作的。本节开头说,参孙"枕着她的膝睡觉"。参孙似乎是在与大利拉发生性关系后筋疲力竭,在大利拉的膝上睡着了。七十士译本更作"在她的两膝之间睡觉",这就更明显有发生性关系的意思了。所以,"克制"的意思可能不单指剃头发的事,乃是指大利拉操纵参孙的整个过程。

十六 20　参孙不知道耶和华已经离开了他。换言之,他再不能像从前一样大有力气了。原来参孙的力气不是来自头发,而是来自神,头发只是象征神的同在而已,头发剃掉便象征神离开了参孙。所以,参孙失去力气的原因不是他的头发被剃去了,而是神离开了他。

"出去活动身体"　表示当时参孙可能是被捆绑着的。

十六 21　"剜了他的眼睛,带他下到迦萨"　犹太学者一般认为,参孙在迦萨"看见"一个妓女,便陷入到情欲中(十六 1),所以他也在迦萨被剜去了"眼睛"。换言之,参孙的遭遇是一种报应。

"推磨"　这是婢女、奴仆、监犯或驴的工作(比较赛四十七 1～2)。参孙一生在女人中间,最后也要像女人一样推磨。

十六 22　这是一节特别的经文,似乎暗示参孙的力气快要恢复过来了。然则,这是否将参孙的头发和他的力气再联系起来呢?我们相信,两者的关系在这里固然是存在的,但仍然是象征性的。参孙的头发再长起来,"象征"神会听他的祷告,让他重新得力。这是为故事往后发展的新高潮而预先准备的。所以,参孙在监里推磨的光景不是故事的末了。

十六 23　"大衮"　非利士人的主要神祇。我们对"他"的认识很少。中世纪犹太学者金希根据撒母耳记上第五章四节的描述,将他形容为上半身为人、下半身为鱼的神祇。但该节经文的解释是有争议的。其实,"大衮"一名的意思是"麦"或"谷",可见"他"与作物的收获有关。这神祇流行于主前 2000 年早期的美索不达米亚,也见于主前十四至十三世纪的拉斯珊拉文献。该文献显示,"大衮"可能是巴力的父亲或与巴力相同的神祇。大衮也受伯善(撒上卅一 10)及亚实突(撒上五 2～7)等地的人膜拜。而且,大衮在巴勒斯坦又是地方名称(书十五 41,十九 27)。所以,非利士人定居迦南沿海后,接纳了大衮为他们的神,这是非常可能的。圣经中只有非利士人敬拜大衮，这可能与沿海平原的谷物作业有关。[63] 然则，参孙被带去大衮庙受罚也是适切的，因为他曾毁坏很多非利士人的作物（十五4～5）。

十六24　参经文部分的讨论。本节是诗歌的体裁。我们可以将经文按原文的次序排列如下：

"众人看见他，就赞美他们的神，说：

我们的神已经交在我们手中了，

我们的仇敌和我们土地的毁坏者，

就是那多多给我们致命伤害的。"

十六25　"两柱"　就是第廿六节所说的托住房屋的柱子。非利士人正在大衮庙里宴乐。托着那庙的柱子可能不止两根，但只有那两根才是主要的柱子。

十六26　"童子"　指少年人（七10，九54）。

十六27　从建筑上来看，本节不容易理解，因为可以坐三千人的平顶房子不可能只由两根那么接近的柱子托住（参29节）；而且，使参孙站在该建筑物的两柱中间，坐在房顶上的人是不可能看到他的。所以，有些解经家主张删掉第廿七节的最后一句："房的平顶上约有三千男女，观看参孙戏耍。"七十士译本将这里的"三千人"读作"七百人"，但问题仍未能完全解决。我们不知道大衮庙的确实建筑结构如何。那里可能有一个露天的地方，参孙在那里戏耍，让那些在庙宇大堂里宴乐的显要人物和堂顶上的观众都可以看见，戏耍之后，才被引到堂内的两柱中间。[64]

十六30　"就尽力屈身"　从这里的描述看来，参孙是将房子向前推倒的。

十六31　"葬在琐拉和以实陶中间"　根据第十三章廿五节，那地方就是"玛哈尼但"。

---

[63] 参 Gray, *Joshua, Judges and Ruth*, p. 360. 比布罗斯的斐洛（Philo of Byblos）认为，大衮是谷物和犁耙的发明者，负责看管谷物的成长。参 Burney, *The Book of Judges*, p. 386.

[64] 参 Cundall & Morris, *Judges & Ruth*, pp. 180–181；Burney, *The Book of Judges*, p. 389. 又参 Amihay Mazar, "A Philistine Temple at Tell Qasile," *BA* 36 (1973), p. 43.

(IV) 释义

参孙的故事就是以色列人的故事

参孙以前的士师故事都有一个重复出现的模式：以色列人犯罪
——被敌人欺压——呼求神——蒙神拯救。这种重复的模式也出现在
参孙本身的故事中。以色列人行耶和华眼中看为恶的事，敬拜事奉外
邦人的神，因而受外邦人的欺压。他们呼求神，神就拯救了他们。这样
的事一再重复在不同的士师故事中。同样，参孙因为娶非利士的女子
为妻而被非利士人欺负（十四 18），甚至有被非利士人杀害的危险（十
五 18）。但他呼求神，神就拯救了他（十五 19）。同样的情况重复发生
在第十六章，而且好像以色列人一样，情况一次比一次严重。在耶弗他
的时候，神拒绝拯救以色列人。他们对耶和华说："只（ʾak）求你今日
（hayyôm hazzeh）拯救我们"（十 15）。结果，神施行了拯救，只是耶弗
他的女儿悲惨地死了。这里，神也离开了参孙，最后参孙也向神祷告
说："只（ʾak）⑤求你赐我这一次（happaʾam hazzeh）的力量"（十六 28）。
结果，神也施行了拯救，只是参孙自己悲惨地死了。这样看来，本章在
参孙故事中实在有很独特的一面，它使参孙成为以色列人的化身，他的
故事也成为以往众士师故事的总结。

参孙故事的高潮

第十五章最后一句说："参孙作以色列的士师二十年。"似乎参孙的
故事已经完结，第十六章是多余的了。其实，本章不但不多余，而且是
参孙故事的高潮。前面各章已经表达过的主题，在本章推到了更高的
层次。这一点首先在第一至三节以象征的形式表达出来，象征的是参
孙的胜利和失败。

---

⑤ 这个原文在和合译本中没有翻译出来。

1. 胜利

参孙将非利士人最南方的迦萨的城门也抬到希伯仑的山上去了。夺取敌人的城门是战胜敌人的意思。非利士人对参孙的作为只有恐惧与无奈。参孙在这里的胜利象征了他克胜非利士人的高潮。参孙的"秘密"在第十四章中被非利士人知道了，因而使他败在他们手下（十四18）。这里虽然有人向非利士人告密，⑩非利士人的如意算盘（2节）却被参孙完全推翻了，因为他们完全不知道参孙会半夜起来离开那妓女的（3节）。如果参孙是太阳，则第十六章一至三节正是他如日中天的时候。

2. 失败

太阳升到中天的时候，也是开始下沉的时候。旧约圣经常以城池为女性，然则参孙将迦萨的城门也抬去希伯仑的山上，他是否胜过女性了呢？这里告诉我们：他没有，而且他比以前更堕落、更失败了。现在，他舍弃了男女两性的婚姻关系（十四章），却以妓女代替妻子，追求一种不用负任何责任的有价感情，目的只在满足自己的性欲而已，可见他比以前更堕落了；他从前在婚姻的事上失败了（十四章），现在与妓女的关系也不成功，因为他半夜便起来走了，可见他比以前更失败了。参孙与迦萨妓女的关系只是一个引子，踏上情欲之路的他，还有大利拉在后面等着要取他的命呢！所以本章开头三节是参孙最成功的时候，也是他最失败的开始。正如他半夜起来这件事，一方面是他的成功，因为败坏了非利士人的计谋；另一方面又是他的失败，因为他与妓女的关系也不能成功。

---

⑩ 经文没有告诉我们究竟谁告密。有些学者认为是那妓女，因为其他两次给非利士人告密的也是女性。但艾森认为不是那妓女，因为其他两个女人告密后都令非利士人成功了，惟独这一次不成功。这也是参孙对妓女无需要负责，无需要爱。妓女对参孙不会有威胁。但参孙对其他两个女人却需要付出爱的代价。有爱就会有危险。参 J. C. Exum, *Ploted, Shot, and Painted* (JSOTS 215, Sheffield: Sheffield Academic Press, 1996), p. 197.

参孙与大利拉的关系象征了以色列与外邦偶像的关系

大利拉是参孙故事中唯一有名字的女性，可见她的重要性。她的名字 d^elilâ 与前面两次出现的“夜”字 hallay^elâ（2 节）读音很相近。迦萨之“夜”对参孙有很大的危险，参孙在大利拉的家中也有很大的危险，可见参孙与妓女的故事是为他与大利拉的故事准备的。参孙与大利拉的关系象征了以色列人与外邦神祇的关系。全本士师记一直指摘以色列人离弃他们的神耶和华，转去跟从外邦人的神祇（比较何二 2～13）。参孙与大利拉的关系深入地描述了以色列人事奉外邦神祇的危险。

1. 大利拉的性质

第四节说，参孙在梭烈谷爱上了大利拉。但我们不知道她爱不爱参孙，因为经文完全没有交代她对参孙的感受，也没有描述当参孙遭非利士人苦害时，她有什么反应。那么，她为什么与参孙在一起呢？这是一个不容易解答的问题。我们知道大利拉没有族谱。换言之，她是一个无根的女人。最初，她可能无意出卖参孙，因为不是她去找非利士人的首领，而是非利士人的首领去找她的（5 节）。她比参孙的妻子更厉害，因为参孙妻子受非利士人的威吓（十四 15），她却得到非利士人的重金应许。因为大利拉是一个无根的女人，她被非利士首领们所应许的重金打动是很可能的。结果，她走上了出卖参孙的道路。[67] 参孙投入了她的怀抱，不是很危险吗？以色列人跟从外邦神祇也是这样的危险。

2. 参孙的愚昧与困惑

参孙知不知道自己在危险中呢？从故事的发展来看，他可能知道的。但他对大利拉的认识却有本质上的错误。第七和十一节说，“他们

---

[67] 这里我们也可能要同情女性，因为她们往往在男性的威逼利诱下受控制去作肮脏的事，因而往往被看为阴险诡诈的代表。另一方面，一千个非利士人都被参孙打败击杀了（十五 15），一个大利拉却制伏了参孙，可见女人的潜在力量是很大的。非利士人深明其中的道理，因此每次利用女人去与参孙周旋都得胜了。

若……捆绑我","他们"可能是指非利士人(参注解部分)。换言之,参孙从大利拉问他开始已经知道其中的危险了,但他不肯相信大利拉会出卖他,总以为大利拉会爱他,不会将他交在非利士人的手里。以色列人追随外邦神祇也往往有无知的妄想。这就是参孙一再被大利拉捆绑之后(8、12 节),仍然要与她在一起的原因。

我们在注解部分已经知道,参孙在回答大利拉时已经一步又一步进入他力气的秘密所在了。他一再让大利拉试探他,可能以为大利拉只是爱他,想绑他在自己身边吧。⑱ 但他不是没有挣扎的,当大利拉第三次问他时,他的话只说了一半就停顿了(参 13 节注解)。现在,参孙已经处于说出"秘密"的边缘。他可能因为惧怕而有点失去控制,所以话还没有说完便停顿了。另一方面,原来的"人/他们若……"(7、11 节)在这里变成了"你若……"。换言之,参孙将问题个人化了。这不再是非利士人与参孙的问题,而是大利拉与他的问题。他说:"你若将我头上的七条发绺与纬线……"。这里,"纬线"代表了大利拉的头发。将参孙的头发与大利拉的头发"同织"表示两人在爱中结合,这需要双方完全投入才行。参孙的话还没说完,表示他对这样的投入仍然有一点惧怕。但大利拉对参孙可以完全投入吗? 这也许是参孙还有一点惧怕的原因。⑲ 结果,大利拉将参孙的发绺与纬线同织了。可是这并不等于她对参孙有完全投入的爱。从故事的结果看来,她是一个还不如妓女的人,因为妓女尚且利用自己的"身体"去换取金钱,大利拉却利用了参孙的"爱"去换取大量的金钱。

参孙盲目地爱大利拉,对大利拉的阴暗面完全没有防备。无论如何,大利拉发怒了。她对参孙说:"你既不与我同心,怎么说你爱我呢?"(15 节)虚伪的大利拉对参孙没有完全投入的爱,却要求他毫无保留地投入她里面去,不容许他对她有任何"秘密"。第十六节说,参孙在大利

---

⑱ 十七世纪英国大诗人弥尔顿就是这样理解的。参 John Milton,*Samson's Agonistes*,第 795 - 799 行诗。

⑲ 鲍美琦认为,这里参孙是邀请大利拉帮助他胜过此种保留的态度,好让他们二人进入完全的爱的关系中。参 M. Bal, *Lethal Love* (Indianapolis/Bloomington:Indiana University Press,1987),pp. 54 - 55.但她完全没有留意到,参孙也需要考虑大利拉可能给他构成的危险。

拉的催逼之下,心里"烦闷要死"。我们可以想像他的"挣扎"是很大的。但他却不愿意离开大利拉,他以往对自己的妻子已经有不成熟的表现了(十四 16 下),现在还要这样吗? 他却没有看清楚大利拉是一个怎样的女人。以色列人追随外邦神祇的情况也是一样。结果,参孙向大利拉投降,毫无保留地将他力气的秘密都告诉她了。

3. 参孙力气的来源及其象征意义

原来参孙的力气来自他的头发,而头发是他作为拿细耳人的记号(17 节),他的头发自从出母胎以来还没有剃过。头发可以说是他与母亲的联系,将头发剃了表示割断了与母亲的联系,好让他毫无保留地去爱大利拉。那不是创世记第二章廿四节的要求吗? 但大利拉是他的妻子吗? 她会毫无保留地爱他吗? 真正的爱是毫无保留的,这样的爱有很大的吸引力,[70]却也可能将人暴露在危险中。这是真的。参孙以往的经历是这样(十四 17～18),现在的情况也不例外。问题不是参孙应否这样去爱,而是他爱的是谁。

本章第一至三节又告诉我们,参孙是一个好色的人。中国人说:"色字头上一把刀"(比较箴七 6～27)。现在,大利拉手中已经有"剃刀"了(19 节),她要剃去参孙的头发,割断他与母亲的联系。如果参孙的母亲正如我们前面所说有"天使"的角色,则大利拉要割断的更是参孙与神的关系了。参孙在大利拉膝上或两膝之间睡觉的形容,与西西拉死在雅亿两腿之间的形容(五 27)很相似,都有性强暴的意思,[71]只是那里是以色列敌人的失败,这里却是以色列士师的失败。以色列人好像参孙一样,他们被称为以色列人,是因为他们与神有"约法"的关系,

---

[70] 艾森在讨论参孙与大利拉的时候说:"让自我在爱中消失,在认识对方的亲密过程中升华,这实在是一种强大的引诱力量。"参 Exum, *Plotted*, *Shot and Painted*, p. 221.

[71] 鲍美琦从女权的角度及心理分析的角度解释参孙故事。她认为大利拉没有出卖参孙,只是帮助他得到了新生。他在大利拉的两膝上好像一个新生的婴孩,光头,软弱,垂垂欲睡。他与神的联系是共生的:神是他自我的一部分。参孙要摆脱这种自我的束缚,因此他要与女人住在一起,在他摆脱自我的过程中,女人代表了让他进入这个象征秩序的原因(the Other)。参 M. Bal, *Lethal Love*, pp. 59 - 60. 这样看来,她是将女人抬高到神的地位,成为男人的救主了。

但他们违背约法,割断了与神的关系,完全投入去敬拜外邦的神祇,不成为以色列人,而成为外邦人了。所以,他们的士师参孙也像外邦领袖一样失败坠落。这就是士师记到了最后显示出的以色列人的光景。

4. 参孙的失败是一切混乱信仰之人的讽刺

本章第二十节显示,参孙以为自己仍然拥有力量,却不知道神已经离开了他!这是整个故事的症结所在。他一直忽视拿细耳人的约,我行我素,仍然以为神会帮助他;甚至到最后,他作拿细耳人的头发也被剃去了,仍然以为神会与他同在。第廿一节形容参孙的完全失败:他被非利士人剜了眼睛,带去迦萨,在监里推磨——推磨是妇人和驴与牛的工作。讽刺的是,他一向自视很高,现在却无"视"了;他一向喜欢在妇人中周旋,现在却要像妇人一般工作了;他曾经杀人如驴(十五 16,参注解),现在却要像驴一样工作;他称自己的妻子为母牛犊(十四 18),现在自己却要像牛一般工作了;迦萨是他一生最成功的地方(1～3节),现在却成了他最失败的地方。他亲手毁了迦萨的"城门"(3 节),使自己的生命在这里再也没有"出路"了。所以,最后他也死在迦萨。参孙的光景也是以色列人敬拜巴力的光景。

无知的非利士人

我们说参孙无知,其实非利士人更无知。下面的分析可以说明这一点:

a.　非利士人以为自己"知道"了参孙的秘密,以为参孙的力气真的来自他的头发,却不知头发只是参孙力气的记号而已,真正使他有力的是神。他们以为,他们的神大衮把参孙交在他们手中了。"*nû*"("我们")这个词在第廿三至廿四节共出现了八次(和合译本只出现七次),可见非利士人"自我中心"之高涨。

b.　本章故事的发展也似乎支持非利士人的想法。全本士师记一直讨论神与偶像的对抗。基甸作为士师,曾经拆毁了外邦神祇的祭坛(六 27),但后来又重建起来(八 27)。最后来到参孙的故事,似乎偶像胜利了。神在本章经文中也好像隐藏了,我们既看不到祂好像在

第十三章中一样说话,也看不到祂的灵好像在第十四和十五章中一样降在参孙身上;本章第二十节甚至说,神离开了参孙。其实,神仍然在暗中工作,祂透过参孙的受害正要开始祂对以色列人的拯救。第廿二节说,参孙的头发又渐渐长起来了。这是神记念他的预示。如果参孙代表了以色列,那么,神也会同样记念以色列的。

c.   参孙在非利士百姓的嘲弄声中死去了,但他死时杀的非利士人比生时杀的还多(30 节)。[72] 更重要的是,"大衮"这个外邦神祇也一起死了。[73] 非利士要高举的大衮不是神。最后得胜的是耶和华神,祂是奇妙的,作事永远令人惊奇。这是被压在大衮庙下的非利士人无法知道的。

参孙生命的积极意义

参孙在临死之前终于真正向神祷告了。他在第十五章十八节的祈祷是间接的,仍然带有骄傲的成分,因为他以反问的方式祈求,而且祈祷的中心还是"自我",强调"我"的生存意义。神应允了他的祈祷,让他得生。现在他谦卑了,认识到神才是他力量的真正来源,将自己完全交托在神手中,甚至以"死"去成就一件事,就是在非利士人身上报仇。他的祷告仍然是自私的,但神仍然应允了他,因为攻击非利士人、拯救以色列人,正是神要参孙来到世上的目的(十三 5)。

参孙有很多缺点,但仍是信心的伟人(来十一 32)。他的伟大主要

---

[72]   参孙的死似乎还有另一种讽刺性教训。鲍美琦认为参孙两手所抱的两柱代表女性的两腿(M. Bal, *Lethal Love*, p. 62)。艾森接纳了她的意见,认为参孙死时两手抱着两条大柱表示他对女性之攻击与渴求。他将两柱推倒了,表示他毁灭了女性,但也毁灭了自己,因为没有女性即没有生命。这样看来,男性与女性,甚至以色列人与非利士人,可能都应该互相接纳,以免同归于尽(J. C. Exum, *Fragmented Women*〔JSOT 163, Sheffield: Sheffield Academic Press, 1993〕, p. 85)。这样的解释是可能的,只是与士师记的意见相违背,因为士师记一直将以色列人与外邦人包括他们的异教神祇及欺压政权对立起来。历史上的外邦人固然有与以色列人合而为一的时候(西三 11),但这样的信息尚未出现在士师记中。从灵性的角度看,参孙故事中的非利士人及其异教敬拜是敌对神的精神,以色列人必须抗拒。

[73]   这个对经文意思的洞察来自 David Gunn。参 Webb, *The Book of Judges*, pp. 165 - 166.

彰显于他的祷告。他两度呼求神,因为他知道世界和自己的背后一个最大的事实,就是神的存在。惟有神掌握人的生与死,力大像参孙一样的人也需要倚靠神丰富的恩慈。参孙身上带着拯救以色列人的任务,却为以色列人所拒绝,并被交给了外邦人(十五 13)。但他开始拯救以色列人的使命却在他死的时候成就了。

以色列人在这里可以学习的是,只有耶和华神才是他们的希望。他们需要学习参孙,在最后时刻还要向神祷告,求神眷顾,不要在外邦人欺压下默默无声。参孙从出生到死都是作拿细耳人的(十三 7),无论生或死,总逃脱不了神要他作之工作。同样,以色列人也是神呼召的人,也逃脱不了神要他们作的工作。虽然他们要放弃"约法",神还是要在他们的痛苦和死亡中使用他们。换言之,神的百姓有圣洁的呼召,应该忠于神,享受神的恩慈。如果他们不忠于神的呼召,神仍然要使用他们,只是他们的生命将会充满冲突与痛苦,好像参孙一样。

参孙最后被葬在琐拉和以实陶之间,玛挪亚的坟墓里,回到了故事起头的地方(十三 2、25)。这似乎要告诉我们,一切都归回平静安息(这正是"玛挪亚"一名的意思),只留下参孙的故事让人回味和反省。

第三篇
结　论
（十七 1～廿一 25）

第三篇　结论（十七 1～廿一 25）

　　当我们进入本段经文的时候，便发现它与前面的士师故事很不相同。这里没有第三至十六章的结构性用语，即士师故事的六项内容：

a.　以色列人行耶和华眼中看为恶的事。

b.　耶和华把他们交在欺压他们的人手里。

c.　以色列人呼求耶和华。

d.　耶和华为他们兴起一位拯救者。

e.　欺压他们的人被制伏了。

f.　国中太平若干年。

　　其实，这里根本没有外邦人的欺压，也没有士师，没有领袖，没有拯救者。所以，本段经文不属于士师故事，虽然它没有士师故事的结构性用语，却有自己的结构性用语："那时以色列中没有王，各人任意而行。"这一句话在本段经文中总共出现了两次（十七 6，廿一 25），它的简约形式"那时以色列中没有王"也出现了两次（十八 1，十九 1）。这句话的表面意思似乎是支持王权制度，却与士师记其余部分的精神相违背。因此，有些学者认为本段经文是撒母耳记和列王纪最初版本的引言，与士师记无关。[①] 第十九至廿一章关于基比亚和便雅悯的故事也实在与以色列的第一个王扫罗有很多联系。虽然如此，本段经文是否真正支持王国时期，学者们仍然有不同的意见（参十七 1～6 的释义部分）。我们以后会探讨这个问题。

---

① 因为这里记载了王国之前宗教和社会上的恶劣状况，从而说明了以色列中需要有王。参 W. Provan Iain, *Hezekiah and the Books of Kings*（BZAW 172；Berlin. New York：Walter de Gruyter，1988），pp. 168 - 169.

结论与士师记其余部分的关系

1. 结论与演论的关系

本段经文与士师记的演论(三 7～十六 31)有密切的联系。下面的例子可以说明这一点:

a. 士师以笏是左手便利的便雅悯人(三 15),这里也有七百个左手便利的便雅悯精兵(二十 16)。

b. 我们在底波拉的故事中看到以色列有些支派不支持对迦南人作战(五 15～17);基甸的时候,以法莲支派几乎在以色列中起了冲突(八 1～3);耶弗他的时候,这冲突便真的爆发了(十二 1～6)。但以色列内部的冲突到了本段经文才是最致命的,因为便雅悯支派几乎完全被铲除了,使以色列有不成为以色列的危机(廿一 1～3)。

c. 米迦制造以弗得(十七 5),令我们联想到基甸也曾制造以弗得(八 27)。如果说便雅悯的问题是以色列社会生活的严重问题,那么米迦的问题便是以色列宗教生活的严重问题了,两者是不可能没有关系的。

d. 以色列人因为基比亚人的罪而向神"起誓",结果将自己陷在困难中,带来更大的悲剧(廿一章)。这又令我们联想到耶弗他也曾向神"起誓",结果将自己陷在困难中,带来了家庭的悲剧(十一 29～40)。

e. 本段经文与最后一位士师参孙的故事也有很多联系。

　　(ⅰ)米迦偷的一千一百舍客勒银子(十七 1)与每位非利士首领贿赂大利拉的银子在数目上完全一致(十六 5),以致伊尔(Yee)认为大利拉是米迦的母亲。[②]

　　(ⅱ)但支派的人北迁是参孙故事的背景之一。本段经文即看到

[②] 参 Gale A. Yee, ed., *Judges and Method* (Minneapolis: Fortress Press, 1995), p. 158. 我们不知道大利拉是以色列人还是非利士人。从参孙的故事看来,她可能是非利士人(参十六 4 注解),但米迦的母亲却是以色列人。

了但人的北迁(十八章)。

(iii) 参孙的事迹由琐拉和以实陶之间的"玛哈尼但"开始(十三
25)。但人的北迁也由琐拉和以实陶开始(十八 11),经过了
另一个"玛哈尼但"(十八 12)。

(iv) 参孙喜欢亲近非利士的女子,因她们在他眼中看为"正"(十
四 3、7)。本段经文所形容的以色列人也是行他们眼中看为
"正"的事("任意而行"的原文字面意思,十七 6,廿一 25)。

2. 结论与引论的关系

本段经文与士师记的引论(一 1～三 6)又是不可分割的。我们在
绪论和引论中已经说了,士师记的双重引论(一 1～36,二 1～三 6)和
双重结论(十七～十八章,十九～廿一章)是彼此呼应的。

a. 第十九至廿一章以色列人内部的斗争呼应了第一章以色列人与外
邦人的斗争。

b. 第十七至十八章利未人事奉偶像,又是第二章以色列人离弃神去
敬拜外邦偶像的呼应。

这些呼应还伸展到一些细节上。例如:

a. 犹大在第一章中是最成功的支派(一 1～19),被神指定领先去攻
打迦南人(一 1～2),在这里也是最显著的支派(十七 7、8、9,十八
12、20,十九 1、2、18),被神指定领先去攻打便雅悯人(二十 18)。

b. 以色列人在引论中曾经在伯特利(即波金)向神哭号(二 5)。这里
他们也在伯特利向神哭号(二十 23、26,廿一 2)。

c. 耶布斯/耶路撒冷(十九 10～12,一 7、8、21)和但(十九章,一 34)
同时出现在本段经文和引论中。

统一性

本段经文的两个故事(十七 1～十八 31,十九 1～廿一 25)在情节
上似乎没有什么关系,但在内容上和形式上仍然是统一的。

1. 内容上

我们上面已经说了,以色列人的宗教问题(十七～十八章)与社会问题(十九～廿一章)是不能分开的,它们往往有因果的关系。这也可能是"利未人"在这两个故事中都有重要位置的缘故,因为他们是管理宗教事务的人。这里两个利未人的故事又是互相平行的:

a.　他们来往于犹大与以法莲之间,又都与伯利恒有关(十七 7～8,十九 1、18)。

b.　他们的遭遇结果都引发了更大的问题:第十七至十八章的利未人将一个家庭的偶像敬拜变成整个但支派的偶像敬拜;第十九至廿一章的利未人更将基比亚一个地方的不道德行为变成全以色列十二支派的不道德行为。

c.　两个故事最后都以示罗这个古老的宗教中心作结束(十八 31,廿一 12～22)。

我们从上面的分析可以知道,第十七至廿一章是有统一思想的。首先,本段经文总结了士师时期以色列人在宗教上和社会上的败坏现象,而前者是后者的原因。其中"利未人"的败坏是这些现象的基本问题。利未人是分别出来事奉神的,他们本来在以色列中分有城邑和城的郊野为地业(书廿一 1～42),但这里的利未人却奔跑于旅途,寄居于异域。这不是一个社会安定的现象。我们在以后的讨论中会看到这些利未人的失败。这就是以色列人士师时期在宗教上和社会上的败坏现象。

2. 形式上

首先,"那时以色列中没有王"这句话在本段经文中出现了四次,首两次在第一个故事中,末两次在第二个故事中。特别是首末两次,这句话都延长为"那时以色列中没有王,各人任意而行"。这就使士师记的结论部分(十七～廿一章)成为统一的整体。此外,本段经文虽然有两个故事,但它们的发展形式却非常相似。

a.　第一个故事(十七 1～十八 31)开始时即有问题——米迦偷了母亲的银子(十七 2)。该问题似乎解决了,却带来了新的问题——偏离正统的敬拜（十七 3～5）。他以为利未人会给他带来神的赐福（十七 13），结果利未人却把他的神像也偷去，跟随但人走了（十八 20）。但人以为神真的将拉亿给了他们（十八 10），结果他们掳掠得到的地却大遭掳掠（十八 30）。

b.　第二个故事（十九 1～廿一 25）开始时也有问题——利未人的妾行淫离开他（十九 2）。该问题似乎解决了，却带来了新的问题——偏离正统的款待（十九 5～9）。利未人以为以色列人的基比亚会比外邦人的耶布斯更安全（十九 12），结果基比亚人却将他的妾轮奸了（十九 25）。以色列人以为将基比亚人的罪从他们中间除去了（二十章），结果他们的胜利却成了他们的失败（廿一章）。

我们下面就本段经文分开两个故事来看。

壹　米迦的神堂
（十七 1～十八 31）

　　本故事的中心是米迦所立的偶像。这是故事开头的重点(十七3～5)，也是故事结束的重点(十八 31)。可是米迦的神像和祭司后来都成为但支派的神像和祭司了。我们也可以说，本故事的中心是但支派偶像的由来。这对以色列人往后的宗教发展是重要的，[1]因为后来王国分裂时，北国以色列第一个王耶罗波安即是在"但"这个地方立有他的圣所(王上十二 25～30)。"偶像敬拜"又是士师记第一至十六章对以色列人不断的指摘。这里的故事就是士师记在这方面的总结。[2] 故事本身并没有直接说以色列人的偶像敬拜有什么不对，惟故事中充满了讽刺语气，显明这是以色列人的大患。整个故事分为三部分，其中的分界线是"那时以色列中没有王"这一句话：[3]

a.　米迦设立神像(十七 1～5、6)。

b.　米迦设立祭司(十七 7～13)。

c.　但人抢夺米迦的神像及祭司(十八 1 上、1 下～31)。

　　我们下面就这三部分分别来看。

（一）米迦设立神像(十七 1～6)

¹ 以法莲山地有一个人名叫米迦。

---

[1] 宾尼认为第十七和十八章的故事与第九章亚比米勒的故事，同为以色列最古老、最有价值的历史资料之一，反映了士师时期以色列人的生活。参 Burney, *The Book of Judges*, p.416.

[2] 参 M. K. Wilson，"'As You Like It'：The Idolatry of Micah and the Danites（Judges 17-18)," *RTR* 54(1995), pp.73-85. 该作者也认为士十七至十八章与第一至十六章的联系在于以色列人对偶像的敬拜和利用。

[3] 这句话在十七 6 中较长——"那时以色列中没有王，各人任意而行。"同样的话在士师记的末了也有回响(廿一 25)，使士师记的结论部分(十七～廿一章)成为统一的整体。

2 他对母亲说:"你那一千一百舍客勒银子被人拿去,[你因此咒诅,并且告诉了我;看哪! 这银子在我这里,是我拿去了。]"他母亲说:"我儿啊,愿耶和华赐福与你。"

3 [米迦就把这一千一百舍客勒银子还他母亲;他母亲说:"我分出这银子来为你献给耶和华,好雕刻一个像,铸成一个像;现在,我还是交给你。"

4 米迦将银子还他母亲],他母亲将二百舍客勒银子交给银匠,雕刻一个像,铸成一个像,安置在米迦的屋内。

5 这米迦有了神堂,又制造以弗得和家中的神像,分派他一个儿子作祭司。

6 那时以色列中没有王,各人任意而行。

(I) 分段

　　本段经文是士师记结论的开始,是整个米迦故事或但支派偶像由来之故事的一部分。它的结束应该在第十七章五节,因为第六节是士师记结论中结构性用语的第一次出现。该用语不是故事的一部分,而是经文对士师时期的评语,使故事有了自然的分段。

(II) 经文

　　十七 2~3　本段经文的内容似乎有一些混乱。米迦将银子还给他的母亲后(3 节上),再一次将银子还给她(4 节上)。难道他们两母子将那一千一百舍客勒银子推来让去吗? 有些解经家如宾尼等不以为然,乃将第三节"米迦就把这一千一百舍客勒银子还他母亲"一句删掉,其余部分放在第二节,成为米迦对他母亲说的话,即第二节成为:"他对母亲说:你那一千一百舍客勒银子被人拿去,你因此起誓(咒诅),并且告诉了我,说:我分出这银子来为你献给耶和华,好雕刻一个像,铸成一个像;现在,我还是交给你。"④其实,这样的修改主要原因是依行文的,

---

④ 参 Burney, *The Book of Judges*, pp. 417‒418. 苏根的意见与宾尼相同,只是他将第四节的"米迦将银子还他母亲"一句取消,代以第三节的"米迦就把这一千一百舍客勒银子还他母亲"。参 Soggin, *Judges*, p. 265.

并没有什么古经文抄本的支持。我们相信维持马所拉经文的样式可以有更丰富的意思。这一点我们在释义部分再作讨论。

(III) 注解

历史背景

　　但支派的偶像敬拜是以色列宗教历史的重要一环。因为公元前926 或 922 年间,以色列分为南北两国,而但支派的圣所当时成为北国一个重要的圣所(参王上十二 26～33)。这个圣所的根源就是本段经文提到的米迦的神堂。一般解经家都认为这里的故事有很高的历史价值。[5] 那么,米迦和他母亲所制造的神像与耶罗波安王在"但"这个城所立的金牛犊,是否有直接的关系呢? 这里有两点历史上的问题值得我们思考:

a.　我们知道,金牛犊的敬拜不是耶罗波安首创的。当以色列人还在旷野飘流的时候,亚伦已经为他们制造金牛犊了(出卅二 1～6)。当时,金牛犊的敬拜引来摩西的强烈反对。然则,为什么制造金牛犊的亚伦没有受到任何制裁,仍然是以色列人的大祭司呢? 后来在耶路撒冷圣殿的祭司们更以亚伦为他们的先祖,而不觉得需要有任何保留,这不是奇怪的事吗?

b.　再者,如果米迦所立的神像就是牛犊,那么,根据第十八章三十节的记载,摩西的孙子就是这牛犊的祭司。然则,为什么摩西反对以色列人敬拜牛犊,他的孙子却赞成呢? 情况可能是:

　　(ⅰ)摩西的孙子大大违背其祖父的意愿,成为以色列人在士师时期急剧堕落的象征。

　　(ⅱ)当时的以色列人并不那么反对敬拜牛犊。因为牛犊在他们眼中不是神,只是神的坐骑。这也是古代近东世界多数人的观点。我们知道,以色列人敬拜的神是没有像的,但圣殿中有施

---

⑤ 摩尔认为士十七至十八章包含了古以色列社会和宗教情况的宝贵资料,这些故事有很多真实的记号。参 Moore, *Judges*, p. 370.

恩座作为神的座位。那么，牛犊在以色列人初期的敬拜中是中性的吗？

以上的问题仍然是有待研究的历史问题。

十七 1 "*以法莲山地*" 经文这样形容米迦这位故事主角的出处是不自然的，因为圣经故事一般都会提到主角来自的"城"或"族谱"。其实，"以法莲山地"在士师记的结论中多次出现，但都没有进一步说明该山地的什么地方。亚米特（Amit）认为，这里的"以法莲山地"是"伯特利"的暗示，目的在谴责伯特利的圣所。⑥ 她的理由是颇充分的。

"*米迦*"（mîkoyʰû） 原文在这里和第四节都是较长的形式，意思是"谁像耶和华"，目的可能要强调米迦是一个制造偶像的人。鲍美琦更认为这个名字肯定了米迦是一个偶像的支持者，因为他的名字表示神是可以"像"的。⑦

十七 2 "*一千一百舍客勒银子*" 可能是当时大量银子的计算单位（比较十六 5）。从利未人每年的工资只有十舍客勒（十七 10）看来，米迦的母亲必定是一个大富户，可是大富户的儿子米迦却是一个盗贼，因为他偷了母亲大量银子。这实在是一种讽刺。

"*咒诅*"（ʾālit） 米迦可能因为惧怕"咒诅"而向母亲自首。古以色列人相信所有"咒诅"和"祝福"都是有实在能力的，所以人们通常用"咒诅"去对付不知犯人是谁的罪或无人作证的恶行（比较民五 19）。宾尼将这里的"咒诅"改为"起誓"（比较王上八 31；代下六 22；何四 2，十 4），而誓言的内容就是米迦的母亲要将那被偷去的银子献给耶和华；这样，无论谁偷去了那银子，他都需要照誓言而行，否则必受咒诅。⑧ 但这里的原文翻译作"咒诅"也是可以的（参伯卅一 30；诗十 7，五十九 13），而且"咒诅"才是米迦母亲迫使疑犯出来的力量。

"*愿耶和华赐福与你*" 米迦自首后，他的母亲立刻为他祝福，这是因为她不想自己的儿子受咒诅的缘故。但"咒诅"是不能收回的，所以

---

⑥ 参 Yairah Amit，"Hidden Polemic in The Conquest of Dan，" *VT* 40(1990)，pp. 4 – 20，esp.，p. 16.

⑦ 参 M. Bal，*Death and Dissymmetry*，p. 203.

⑧ 参 Burney，*The Book of Judges*，p. 418.

她惟有用"祝福"来抵消咒诅了(参利六 1～6)。其实严格来说,米迦并没有认罪,因为他只说自己拿了那银子,却完全没有懊悔的表示。

十七 3 **"分出"**(*haqᵉdēš hiqdašᵉtî*) 原文是强调的语气,表示全部一千一百舍客勒银子都分出来归给神的意思。米迦的母亲这样作,目的要进一步抵消她曾经发出的咒诅。这也表示,米迦公开了偷银子的事之后,她才这样作。

"雕刻一个像,铸成一个像" 这里看起来是两个像。通常前者是用木或石雕刻的神像,后者是用金或银铸成的神像。实际上这里可能只有一个像,因为同样的话在第四节出现的时候,后面跟随的动词"*wayᵉhî*"是单数的,而且第十八章二十、三十和卅一节只提到雕刻的像,没有提到铸成的像。比较第四节注解。

十七 4 **"二百舍客勒银子"** 约重二公斤半。米迦的母亲将这银子交给银匠,为米迦制造神像。很多解经家都怀疑其余的九百舍客勒银子哪里去了。有些学者认为其余的银子用来建筑米迦的神堂和其中的设备了。[9] 不过,从经文对故事中不同角色的讽刺态度来看,更可能的情况是米迦的母亲反悔了将银子完全奉献给神的承诺。

"雕刻一个像,铸成一个像" 比较第三节注解。如果二百舍客勒银子是制造神像的材料,则可以造出来的纯银实心神像会显得很小。如果那银子是镀在雕刻的神像外面,则可以有较大的神像。我们相信,这就是这里的情况,即银匠先用木雕刻神像,然后用银子把它包裹起来(参赛四十 19;耶十 14;比较出卅二 4)。[10] 可是第十八章十七和十八节都将"雕刻的像"和"铸成的像"分开为两个像。这是一个不容易解决的问题。卫布的意见是可取的,他认为第十八章十七和十八节的情况是行文的风格,目的在使那里的以弗得和家中的神像被"包括"在这个最主要的神像里面。[11] 如果米迦母亲给银匠的二百舍客勒银子只是神像

---

⑨ 参 Burney, *The Book of Judges*, p. 420.

⑩ 格雷也有这样的意见。参 Gray, *Joshua, Judges and Ruth*, p. 364.

⑪ 参 Webb, *The Book of Judges*, p. 260, n. 4. 诺马丁认为十八 17～18 的现象是后来的编者不知底细,而错误地加插了"以弗得"和"家中的神像"在"雕刻的像"和"铸成的像"之间。参 Martin Noth, "The Background of Judges 17-18," in *Israel's Propheic Heritage* (London SCM Press Ltd., 1962), p. 72, n. 12.

的价银，不是用料，则该神像甚至可能是包金的。那么，这里的"神像"
是否是一只牛犊呢？这是可能的（比较何十三2）。而且，"铸成的像"
这个词在旧约圣经中常用来指北国以色列的金牛犊，也用来指亚伦制
造的金牛犊（参出卅二4、8，卅四17；利十九4；申九12、16，廿七15；王
上十二28，十四9；王下十七16；尼九18；诗一○六20）。

十七5　"神堂"('ᵉlōhîm)　与第八章卅一节"神的殿"是同一个原
文的翻译。这神堂可能在米迦的住宅内。古以色列人和迦南人常在城
外的高冈上和青翠树下敬拜神。米迦能够私人拥有神堂当是富有人家
了。神堂里最主要的是那雕刻的偶像。

"以弗得"　参第八章廿七节的注解。以弗得和家中的神像都是祭
司用来求问神谕的，所以这里祭司与这些东西并列，然而这些东西后来
被列为假宗教的一部分（比较十八5～6、14、17、20；王下廿三24；结廿一
21；何三4～5；亚十2）。以弗得在早期以色列人的宗教生活中，可能与约
柜有相同的作用（比较撒上十四18；王上二26及撒上廿三9，三十7）。

"和家中的神像"　可能是祖先神像，因为古时候的以色列人也以
死去的人为神（'lhym，撒上廿八13；赛八19；比较王下廿三24），他们
可能透过神像与祖先通灵。杜恩（Toorn）即认为神像是放在家门的门
柱后面的，因为祖先的神灵通常会在门口和门柱出没（比较赛五十七
8；出廿一6；申十五17）。[12] 格雷又认为该神像是先人的面具，象征神
的权柄；人戴上了，可以传讲神谕。[13] 这些意见都有一定的道理，但学
者们对"家中的神像"究竟是什么仍然没有统一的意见，因为圣经对"家
中的神像"的形状大小似乎有明显不同的描述。它既然可以被放在骆
驼的驮篓里，由拉结坐在上面，应该不会很大（创卅一19、30～35）；但
它又可以用来假装大卫睡在床上，应该有一个人的大小（撒上十九11～

---

[12] 参 Karel van der Toorn, "The Nature of the Biblical Teraphim in the Light of the
Cuneiform Evidence," *CBQ* 52(1990), pp. 203－222. 他更将"家中的神像"(Teraphim)
比作天主教的圣像，认为古以色列人可以容忍"家中的神像"，因为它不是耶和华，只是先
人的灵，可以将神的旨意告诉人。参该专文，pp. 215－216。

[13] 参 Gray, *Joshua, Judges and Ruth*, p. 364；及他的专文 "HZOR," *VT* 16(1966),
pp. 37－39. 又参 H. A. Hoffner, JR., "Hittite *Tarpish* and Hebrew *Teraphim*," *JNES*
27(1968), pp. 61－68. 该作者认为"家中的神像"最初是由赫人那里来的。

17)。再者,米迦故事中"家中的神像"显然不止是家中的,因为后来它成了整个但支派的神像(十八 20、30),甚至可能成为耶罗波安后来立在但之圣所的神像(王上十二 28～30)。

"分派他一个儿子作祭司"　古时候的以色列祭司似乎不一定由利未人出任,例如撒母耳是祭司,但他是以法莲人。大卫也像米迦一样,立自己的儿子为祭司(撒下八 18,和合译本的"领袖"原文是"祭司")。虽然如此,"利未人"还是较好的选择(十七 13)。这里的"分派"是一个技术性用词,原文直译为"交在……手中"(比较出廿八 41,廿九 9、29、31～34、35;利八 33;撒上七 1),指授职礼中将一些东西交在祭司手中。那东西可能是首次献祭的祭物(参出廿九 22～25;利八 25～28)。⑭

十七 6　这是士师记结论部分的结构性用语。我们在释义部分再来讨论这句话的意义。

(IV) 释义

拜偶像的罪

本段经文没有"是"与"不是"的任何直接评论,但经文的谴责意思在行文的讽刺和对故事角色的描述中可以看出来。我们先从第六节的结构性用语来看——"那时以色列中没有王,各人任意而行。"这句话显然是贬义的,其中"各人任意而行"的原文字面意思是"各人行他眼中看为正的事"。这是参孙坚持要娶非利士女子为妻的行为(十四 3、7),是基比亚的匪类的行为(十九 24～25;比较创十九 8),也是士师记不断批评以色列人的行为——"以色列人行耶和华眼中看为恶的事"(二 11,三 7、12,四 1,六 1,十 6,十三 1;比较申六 18,十二 28)。换言之,在士师记里面,人眼中看为正的事往往就是神眼中看为恶的事,而那事主要是指拜偶像的事。我们在绪论中说了,士师记的主旨信息是谴责以色列人敬拜偶像,企图"利用"宗教为"自我"服务。本段经文和随后的两

---

⑭ 格雷认为该物可能是首次献祭祭牲的一个神圣部分。参 Gray, *Joshua, Judges and Ruth*, pp. 364-365.

段经文都是要总结这方面的谴责。

米迦的恶行

除了第十八章三十节外，整个故事只有米迦是有名字的角色，谴责的重点也就落在米迦身上。本段谴责米迦设立神堂，用偶像来代表以色列的神耶和华。全段经文的谴责不是直接的，而是讽刺性的。

1. 米迦

首先，米迦的名字是"谁像耶和华"，即神是可以像形的。这与圣经的教训完全相反（出二十 3～6）。如果我们细心比较第十七章五节与列王纪上第十二章廿八至卅一节，便会发现米迦与耶罗波安都作了两件事：一是制造偶像，二是设立非利未人为祭司。偶像是有形的物体，可以被祭司"利用"（manipulate），而这祭司不是利未人，有以俗世的精神"利用"宗教的意思。米迦制造的以弗得和家中的神像更是用来得着和控制神谕的。讽刺的是，这个米迦一出场已经是一个盗贼。他偷了母亲的银子，可见以色列人作为神的百姓已经从社会最基本单位——家庭——开始败坏了。他向母亲承认拿去了银子，不是因为他悔改了，而是因为惧怕母亲的咒诅。但结果他还是受了咒诅（十八 24～26；申廿七 15）。

2. 米迦的母亲

米迦的母亲是首先建议制造偶像的人。她对神的态度也是充分"利用"。经文对她的形容同样满了讽刺。她失去了银子，便"利用"咒诅迫使犯人出来，她的咒诅却讽刺性地落在自己儿子的身上。当她知道那犯人是自己的儿子时，便立刻"利用"祝福企图抵消那咒诅。她还特意将那一千一百舍客勒银子分别出来，奉献给神，为她的儿子制造了一个偶像（参注解部分），目的也是要为他赎去那咒诅，哪知那偶像正好成了他儿子的咒诅（参十八 24～26）。她许愿将全部一千一百舍客勒银子奉献给神，结果她只用了其中的二百舍客勒去制造偶像，其余大部分的银子可能被她收回自己使用了。这就充分显示她是一个"利用"神的人。她企图用金钱购买她儿子的救恩是可笑的,她的咒诅最后还是临到了她的儿子。其实,一切制造偶像,企图利用宗教获得属灵好处的人,最终都会适得其反。圣经其他地方也谴责好像米迦母亲一样特别富有而不敬畏神的女性(摩四 1～3)。⑮ 这里对米迦母亲的讽刺,也就是对米迦的讽刺。

3. 米迦和他母亲所造的偶像

这里不但讽刺了米迦和他的母亲,还讽刺了他们制造的偶像。首先,那偶像被称为"雕刻的像"或"铸成的像"。这是圣经多处禁止及谴责的(参出二十 4～6;申五 8～10,廿七 15;赛四十 18～20,四十四 14～20,四十八 5;鸿一 14)。这个偶像与咒诅有关,又是用偷来的银子制造的,以后也要被但支派的人抢去(十八 14～20)。这样的"神"可以赐福给人吗?(十 14;耶二 28)以弗得和家中的神像是米迦"利用"神的"工具"(比较撒上廿三 9;王上廿二 6,12;王下廿三 24;亚十 2),特别是以弗得更令士师记的读者想起基甸失败的故事(八 27)。

黑暗中的曙光

本段经文对以色列人敬拜偶像的恶事大力谴责,然而也为他们留下一线希望,那希望仍然在"那时以色列中没有王,各人任意而行"这一句话之内。我们在上面说了,这句话是贬义的,它谴责的主要是士师时期以色列人敬拜偶像的事。那么,它是否支持王国时期呢?是否叫以色列人将希望放在君王身上呢?这似乎是它的弦外之音。布伯(Buber)和里赫特(Richter)即认为,士师记对君王的态度是二元的:第一至十六章反对君王,第十七至廿一章则支持君王。⑯ 其实,王国时期

⑮ 参 Renate Jost, "Die Fluch der Mutter. Feministischsozialgeschichtliche Überlegungen zu Ri 17, 1 - 6," in Ulrike Bail and Renate Jost, eds., *Gott an den Rändern:Sozialgeschichtliche Perspektiven auf die Bibel* (Gütersloh:Kaiser, 1996), pp. 17 - 23.

⑯ 参 M. Buber, *Koenigtum Gottes* (Berlin 1932),特别是该书的第二章;W. Richter, *Traditionsgeschichtliche Untersuchungen zum Richterbuch* (Bonn 1963), pp. 338 - 339.

也充满了很多士师时期的恶行。⑰

　　士师记不会那么轻易将王国时期理想化的。其实，这里的"王"不一定是指以色列王国时期的君王。下面试略述一些意见：

a.　他勒门（Talmon）和他的跟随者认为，这里翻译为"王"（*melek*）的原文不必指"王"，应该有与"士师"（*špṭ*）相似的意思；而且士师记第十七至廿一章与第一章一节至第三章六节是互相平行的，皆指向约书亚死后至俄陀聂士师兴起之间的时期。因此，这里说"没有王"的时期实在是指还没有士师的时期，而第十七章六节谴责的不是士师时期，而是俄陀聂以前的时期。⑱　这样的解释是有趣的，但不符合士师记本身的意思，因为一方面，士师记将"士师"与"王"分开来看，它讥讽某些"士师"，却攻击所有外邦人的和以色列人的"王"，如亚多尼比色、古珊利萨田、伊矶伦、耶宾、西巴、撒慕拿和亚比米勒；另一方面，我们上面已经说了，"各人任意而行"指的正是"以色列人行耶和华眼中看为恶的事"之士师时期。⑲

---

⑰　例如，"偶像敬拜"就是王国时期的一大问题。无论南国犹大或北国以色列的君王，圣经都重复责备他们"行耶和华眼中看为恶的事"，就是拜偶像的事（参二 11 的释义部分）。便雅悯人的"淫乱问题"（十九章），在王国时期更有大卫本人和他的儿子暗嫩为例子。此外，这里的伯利恒和基比亚又分别是大卫王和扫罗王的故居。犹大和以法莲又是王国时期的两大政治中心。他们在扫罗死后曾彼此相争（撒下一～四章），在大卫晚年曾闹分裂（撒下十九 40～二十 22），在所罗门死后正式分裂为南北两国（王上十二 1～24），时有战争。这样看来，士师记的结论一方面总括了士师时期以色列人的宗教和社会光景，另一方面也为王国时期作了一个准备。我们上面说了，"当时以色列中没有王"是本段经文的结构性用语。从上面的讨论看来，这一句话并不表示王国时期一定比士师时期好得多。

⑱　参 Shemaryahu Talmon, "In Those Days There Was No King in Israel," in *Proceedings of the 5th World Congress of Jewish Studies*, August, 1959（Jerusalem：World Union of Jewish Studies, 1969），Hebrew：1：135－144，English abstract：1：242－243（该文又见于 *Immanuel* 5（1975），pp. 27－38）；I. Ishida, "The Leaders of the Tribal Leagues：'Israel' in the Pre-Monarchic Period," *RB* 80/1（1973），pp.514－530. 他勒门认为王与士师都是有权决策行政及在需要时发出警告或施行审判的人。王这个称呼也用于摩西（申卅三 5）、以东领袖（创卅六章，该处的王非世袭，且有不同的首都，其统治与士师相若）。他更认为士师记第十七至廿一章原与第一章是合并在一起的，后来因为但支派事件及便雅悯的事件太长，又属故事体裁，因此与第一章分开，放在书末。

⑲　苏根也反对将"王"看为"士师"。参 Soggin, *Judges*, p.265.

b. 有些解经家认为这里的"王"不是王国时期所有的王,而是某个时期特定的王。例如,戴卫斯(Davis)认为这里的"王"指大卫;[20]伊尔认为这里的"王"是犹大王约西亚;[21]诺马丁则认为他是以色列王耶罗波安一世。[22] 其实,这里的"王"不是指犹大王或以色列王。这句话也不表示王国时期比士师时期更好。

我们相信,这里的"王"应该是指向神(比较八 22～23;撒上八 7)。"君王"象征了公义和秩序,是神的王权在地上的代表。士师时期的以色列"各人任意而行",就是不尊重神的王权,不以社会公义和秩序为念的意思。如果士师记是在以色列人被掳之后完成的,那么,这里的教训是要被掳在外的以色列人将盼望放在神那里,叫他们不要任意而行,却要行耶和华眼中看为正的事。士师时期的以色列人在外邦人的压制之下得以存活,不是因为他们任意而行,乃是因为神在他们身上仍然有恩典。被掳时期的以色列人也需要神的恩典。[23] 这就是他们的希望。

---

[20] 参 Dale Ralph Davis,"Comic Literature-Tragic Theology: A Study of Judges 17‐18," *Westminster Theological Journal* 46 (1984), p.157, n.4. 该作者认为,本段经文相信,王作为约法的工具,必可以阻止米迦这种作孽的行为。

[21] 参 Yee, *Judges and Method*, p.153.

[22] 他认为这句话在这里及十八 1 上的位置很重要,表示历史上一般的主权(非指某理想的王或弥赛亚)可伸展到宗教事务或祭司由王指定是好的。他又认为这里不是大卫王的耶路撒冷圣所谴责耶罗波安一世设立在但的圣所,而是耶罗波安一世在但的圣所谴责但支派以前的圣所;认为以往银的牛犊不及现在金的牛犊,一个支派的圣所不及全以色列(北国)的圣所,私人设立的祭司不及王室设立的祭司。参 Martin Noth,"The Background of Judges 17‐18," in *Israel's Prophetic Heritage*, pp.80‐82. 格雷也有同样的意见,参 Gray, *Joshua*, *Judges and Ruth*, p.365. 这样的意见会使士师记赞同耶罗波安一世的牛犊敬拜。这是完全不可思议的。如果十七 6 代表的是申命记式神学的思想(参申十二 8～12),则诺马丁的意见也不对。因为申命记神学主张南国犹大耶路撒冷的圣所才是正统的,北国以色列伯特利和但的圣所都是可咒诅的。

[23] 登伯尔(Dumbrell)也认为士师记结论中的这句重复的话应当从被掳时期(士师记最后完成的时期)去看。神在一切都颠倒的士师时期保存了"以色列",神也会在无王、无圣殿、无祭司的被掳时期保存"以色列"。所以,被掳的以色列人不应失望。参 W.J. Dumbrell,"In Those Days There Was No King in Israel: Every Man Did What Was Right in His Own Eyes' The Purpose of The Book of Judges Reconsidered," *JSOT* 25(1983), p.31.

(二) 米迦设立祭司(十七 7～13)

7 犹大的伯利恒有一个少年人,是犹大族的利未人;他在那里寄居。

8 这人离开犹大伯利恒城,要找一个可住的地方;行路的时候,到了以法莲山地,走到米迦的家。

9 米迦问他说:"你从哪里来?"他回答说:"从犹大的伯利恒来。我是利未人,要找一个可住的地方。"

10 米迦说:"你可以住在我这里,我以你为父、为祭司;我每年给你十舍客勒银子,一套衣服和度日的食物。"[ ]

11 利未人情愿与那人同住;那人看这少年人如自己的儿子一样。

12 米迦分派这少年的利未人作祭司,他就住在米迦的家里。

13 米迦说:"现在我知道耶和华必赐福与我,因我有一个利未人作祭司。"

(I) 分段

本段经文是米迦故事的另一个单元。"那时以色列中没有王"这一句话出现在它的前后,将它从前面和后面的经文分别出来,然而它仍然是米迦故事的一部分。上一段经文的重点是米迦和他的母亲,这里的重点是米迦和他的利未人祭司。

(II) 经文

十七 10 "[ ]" 和合译本原来的译文作"利未人就进了他的家"(wayyēlek hallēwî),但原文的字面意思是"利未人走了",即利未人离开了米迦的意思(比较创十八 33,卅四 17;撒上十四 3,十五 27)。这在情节上不容易理解,因为那利未人随即与米迦同住了(11 节)。由于这句话的原文与随后两个原文(wayyô'el hallēwî,11 节)很相近,多数解经家都将它看为第十一节首两个字的重复而取消之。⑭ 苏根则跟随德来维（Driver），将 *hlk* 改为 *lkk*，此字未见于希伯来文，但在阿拉伯文是"迟疑"的意思。即利未人迟疑了一会，才同意与米迦同住。⑮ 我们相信苏根的意见是不大可能的，因为那利未人在后来更需要迟疑的时候（十八 20）也没有迟疑。从情节上来看，我们可能需要跟随前一个意见，将和合译本的"利未人就进了他的家"一句取消。

(III) 注解

十七 7　"伯利恒"　在耶路撒冷南面约八公里。这里说明是犹大的伯利恒，可能要与西布伦的伯利恒分别开（参十二 8）。

"犹大族"　表示本故事在很早的时期已经存在，可能在王国建立之前，犹大尚未完全确立为支派的时候。

"利未人"　利未人的根源是一项不容易解决的问题。利未人一向被认为是雅各儿子利未的后裔，自成为一个支派，可是这里却说那利未人是犹大族的。一个利未人怎么可以是利未支派的人，又是犹大族的人呢？可能的情况是：

a.　利未人是被召作祭司的人，指职业，不指血统。当神呼召摩西的时候，祂曾对摩西说："不是有你哥哥利未人亚伦吗？……"（出四 14）。其实，摩西和亚伦都是利未支派的人。为什么这里要特别称亚伦为利未人呢？可能的解释是，亚伦是受过特别训练要事奉神的人。另一方面，"利未"一名的意思是"联合"（创廿九 34），而利未人是与亚伦"联合"的人（民十八 2、4）。外邦人也可以与神"联合"，加入事奉神的行列（赛五十六 6）。申命记第卅三章九节更将利未人形容为离开父母、兄弟、儿女而专心事奉神的人。我们知道，撒母耳是以法莲支派的人，却离开家人去了示罗受训作祭司。所以这里的利未人可能是犹大族人，然而受过特别训练作利未人的。

---

b. 利未人是普通的以色列人，不一定指什么专业人士。他们与西缅人常出现在一起（创卅四 30，四十九 5～7）。摩尔解释这里的问题时说，利未支派和西缅支派因为攻击示剑人而被分散了（创四十九 7），利未人或许好像西缅人一样，多依附于犹大支派，所以这里的利未人属犹大族是可以理解的。[26] 究竟利未支派如何成为特别事奉神的人呢？这在历史上并不容易追溯，[27]然而可能与摩西的角色很有关系（民十二 6～8），因为摩西是利未支派的人（出二 1～10）。

这样看来，这里的利未人可能是依附于犹大支派的利未人，也可能是受了事奉神之特别训练的犹大人。

"他在那里寄居" "那里"应指以法莲山地（1 节），因为那利未人既然属于犹大族，就不可能说他在犹大寄居了。可是这一句仍然与上下文的意思不大配合，因为第七节是一个新段落的开始，将"那里"指向第一节的"以法莲山地"，在文艺上实在远了一点；而且第八节才说那利未人离开伯利恒，去找一个可以寄居的地方。因此，宾尼对照第八章三十节，将这里改为"他的名字叫约拿单，革舜的儿子"。因为"寄居"（gor-šām）的原文与"革舜"（gēr^ešōm）的原文有同样的子音，而"革舜"就是"寄居"的意思（出二 22）。[28] 但我们还是要保持马所拉经文，因为没有名字的利未人可以代表所有利未人，他在文艺上的意义不同于拥有名字的利未人；而且宾尼的修改也没有其他经文抄本的支持。

十七 8 "要找一个可住的地方" 原文的字面意思是"寄居于可以找到的地方"，强调了该利未人的作客身份。

十七 10 "为父、为祭司" 尊敬的意思（比较十八 19；创四十五 8；王下二 12，十三 14）。另一方面，祭司在圣所中以神的事为主要工作，所以他可能代表了神的父权而被尊称为父。[29]

"每年……" 原文字面的意思是"众日子"，但通常作"年"理解（比

---

[26] 参 Moore, *Judges*, pp. 383 – 385.

[27] 宾尼对利未人的根源有详细的讨论。参 Burney, *The Book of Judges*, pp. 436 – 441.

[28] 参 Burney, *The Book of Judges*, p. 422.

[29] 参 P. A. H. de Boer, *Fatherhood and Motherhood in Israelite and Judean Piety* (Leiden, E. J. Brill, 1974), p. 19.

较撒上廿七 7;利廿五 29)。米迦给利未人的待遇算是好的了,所以他很快便接纳了。

十七 11　"情愿"　这个词的原文也出现在第一章廿七节,翻译作"坚持"。换言之,那利未人是非常愿意与米迦同住的。

十七 13　这里显示,利未人比米迦自己的儿子更适宜作祭司。因为利未人有宗教传统的训练,善于求问及解释神谕。

(Ⅳ) 释义

米迦的祭司观

本段经文在"那时以色列中没有王"这句话第一次和第二次出现的中间。"各人任意而行"的谴责意思自然也落在这里。这里要谴责的是米迦的祭司观。他在第五节分派自己的一个儿子作祭司,现在他有了利未人作祭司,便说:"我知道耶和华必赐福与我"(13 节)。他以为人在宗教的事上一切规规矩矩就可以得到神的赐福了。换言之,神的福分是可以运用"方法"得到的。所以他设神堂,制造以弗得和家中的神像,乃至分派自己的儿子作祭司,都是在运用宗教传统上的方法得到神的赐福。现在他有了利未人代替自己的儿子,心里便更加高兴,因为他以为神的福分可以更容易得到了。他一方面按照当时的规矩称祭司为父(10 节),这并不表示他尊重祭司,因为他另一方面又看祭司好像自己的儿子一样(11 节)。其实,他就是祭司的雇主,而祭司是要受他支配、为他服务的。现在,米迦的家有了神堂和利未人为祭司,好像一个小以色列,等待神的赐福了。可是往后的故事告诉我们,这些设施不但没有给米迦带来神的赐福,反而带来神的审判,使他的家遭受了灾难(十八 24～26)。所以米迦这种"利用"宗教的态度是很讽刺的,这也是今天一切企图利用宗教之人的警戒(比较弥六 6～8)。

利未人的祭司观

这里对利未人的描述也有讽刺的地方。他离开自己的地方,在异

地"作客",目的只为寻找更好的物质生活。所以,米迦问他从哪里来的
时候,他除了说自己来自犹大的伯利恒之外,又补充说他是"利未人",
要找一个可住的地方(9节),目的当然是要向米迦表示,他是一个等待
雇主的有用之材。当他听到米迦给他的待遇时,便很快答应下来(参
11节的注解)。我们在下一段经文会看到这个利未人有更惟利是图的
表现。如果一个受过特别训练要事奉神的人也在"利用"宗教,当时以
色列社会的道德堕落情况(十九章)是不难想像的。

(三)但人抢夺米迦的神像及祭司
(十八 1~31)

1　那时以色列中没有王。但支派的人仍是寻地居住,因为到那日子,
他们还没有在以色列支派中得地为业。

2　但人从琐拉和以实陶,打发[本族]中的五个勇士,去仔细窥探那地,
吩咐他们说:"你们去窥探那地。"他们来到以法莲山地,进了米迦的
住宅,就在那里住宿。

3　他们临近米迦的住宅,听出那少年利未人的口音来,就进去问他说:
"谁领你到这里来? 你在这里作什么? 你在这里得什么?"

4　他回答说:"米迦待我如此如此;请我作祭司。"

5　他们对他说:"请你求问神,使我们知道所行的道路通达不通达。"

6　祭司对他们说:"你们可以平平安安地去,你们所行的道路是在耶和
华面前的。"

7　五人就走了,来到拉亿,见那里的民安居无虑,如同西顿人安居一
样;[在那地没有人掌权管治他们]。他们离西顿人也远,与[亚兰]
没有来往。

8　五人回到琐拉和以实陶见他们的弟兄;弟兄问他们说:"你们有什
么话?"

9　他们回答说:"起来,我们上去攻击他们吧。我们已经窥探那地,见
那地甚好,你们为何静坐不动呢? 要急速前往得那地为业,不可
迟延。

10 你们到了那里，必看见安居无虑的民，地也宽阔；神已将那地交在你们手中，那地百物俱全，一无所缺。"

11 于是但族中的六百人，各带兵器，从琐拉和以实陶前往，

12 上到犹大的基列耶琳，在基列耶琳后边安营。因此那地方名叫玛哈尼但，直到今日。

13 他们从那里往以法莲山地去，来到米迦的住宅。

14 从前窥探拉亿地的五个人，对他们的弟兄说："这宅子里有以弗得和家中的神像，并雕刻的像与铸成的像，你们知道吗？现在你们要想一想当怎样行。"

15 五人就进入米迦的住宅，到了那少年利未人的房内，问他好。

16 那六百但人，各带兵器，站在门口。

17 窥探地的五个人[闯进去]，将雕刻的像、以弗得、家中的神像并铸成的像都拿了去；祭司和带兵器的六百人一同站在门口。

18 那五个人进入米迦的住宅，拿出雕刻的像、以弗得、家中的神像并铸成的像，祭司就问他们说："你们作什么呢？"

19 他们回答说："不要作声，用手捂口，跟我们去吧，我们必以你为父、为祭司。你作一家的祭司好呢？还是作以色列一族一支派的祭司好呢？"

20 祭司心里喜悦，便拿着以弗得和家中的神像，并雕刻的像，进入他们中间。

21 他们就转身离开那里，[妻子]、儿女、牲畜、财物，都在前头。

22 离米迦的住宅已远，[住在米迦附近屋子的人都被招聚了来，紧紧追赶但人]，

23 呼叫但人；但人回头问米迦说："你聚集这许多人来作什么呢？"

24 米迦说："你们将我所做的神像和祭司都带了去，我还有所剩的吗？怎样还问我说'作什么'呢？"

25 但人对米迦说："你不要使我们听见你的声音，恐怕有性暴的人攻击你，以致你和你的全家尽都丧命。"

26 但人还是走他们的路；米迦见他们的势力比自己强盛，就转身回家去了。

27　但人将米迦所做的神像和他的祭司都带到拉亿,见安居无虑的民,就用刀杀了那民,又放火烧了那城。

28　并无人搭救,因为离西顿远,他们又与[亚兰]没有来往。城在平原,那平原靠近伯利合。但人又在那里修城居住,

29　照着他们始祖,以色列之子但的名字,给那城起名叫但;原先那城名叫拉亿。

30　但人就为自己设立那雕刻的像;[摩西]的孙子、革舜的儿子约拿单,和他的子孙,作但支派的祭司,直到那地遭掳掠的日子。

31　神的殿在示罗多少日子,但人为自己设立米迦所雕刻的像也在但多少日子。

(I) 分段

　　本段经文开头一句"那时以色列中没有王",将它与前面的经文分开了,重点也由前面的"个人"米迦转移到了这里的但"支派"。不过,主题仍然是米迦的神像。但支派的人寻地居住(1 节下)是利未人寻地居住(十七 8)之问题的延伸和扩大。结果,但人不单夺取了居地,更夺取了米迦的神像和祭司。最后,但人在但这个地方立起了米迦的神像(30～31节)。这就结束了但支派的故事,也结束了米迦的故事。所以将本段经文独立来看是合宜的。

(II) 经文

　　十八 2　"本族"(*mimišpaḥᵉtām … miqṣôtām*)　原文的字面意思是"从他们的家族中……从他们的全部数目中"。换言之,那五个人不单代表了琐拉和以实陶的但人,也代表了全部但支派的人。

　　十八 7　"在那地没有人掌权管治他们"　"管治"一词,和合译本作"扰乱"。全句的意思不容易了解,原文和字面意思是:

wᵉʾên-makᵉlîm	*dābār*	*bāʾāreṣ*	*yôrēš*	*ʿeṣer*
没有　侮辱者	事	在该地	拥有	约束

　　和合译本的"掌权扰乱"(*mak⁽ᵉ⁾lîm ... yôrēš ᵓeṣer*)是由三个原文翻译过来的。由于七十士译本亚历山大抄本中没有末了两个字(*yôrēš ᵓeṣer*)的译文,宾尼将该两个字当作后来的解释语而删去,再将其余的字照第十节修改为"那地不缺乏任何东西"(*ᵓên maḥ⁽ᵉ⁾sôr kol-dābar ᵓᵃšer bā᾽āreṣ*)。这当然是最轻易不过的处理方法,可是我们不能这样作。从经文来看,原文末了的两个字是要解释头一个字(*mak⁽ᵉ⁾lîm*)的,所以最大的问题是如何解释那头一个字(*mak⁽ᵉ⁾lîm*)了。圣经学者们对这个字有很多不同的意见。十一世纪犹太学者拉希(Rashi)将它理解为"使人蒙羞的邻居";他说,拉亿的人那么安全富有,他们不需要邻居的供应,免了被打发空手离去以致蒙受羞辱。换言之,拉亿那个地方无人在任何事上会引起伤害。此后,学者们多将该字解释作"使羞耻",再扩充为"伤害"或"搅扰"的意思。波令进一步将它理解为"那里没有任何人作任何坏事,或行使欺压性的权力"。[30] 麦金杜施(Macintosh)根据阿拉伯文与 *mak⁽ᵉ⁾lîm* 同一根源的字 *klmt*("说有权柄的话"),将这里的意思理解为"那地没有人在任何事上说有权柄的话,即无人拥有控制权或统治权的意思"。[31] 这个意思比较可取,也比较符合原文末了两个字(*yôrēš ᵓeṣer*)对头一个字(*mak⁽ᵉ⁾lîm*)所作的解释。和合译本在这里的"扰乱"一词最好改为"管治"。换言之,拉亿这个地方既无人管治,人们生活安居无虑,最容易被但支派的人掠夺。

　　"亚兰"(*ᵓdm*)　和合译本作"别人"。原文的字面意思是"人"。七十士译本改为"亚兰"(*ᵓrm*)。由于 *ᵓdm* 与 *ᵓrm* 只相差一个很相近的字母,两个字在经文传递的过程中有混乱是可能的;而且,"亚兰"与"西顿"同样是拉亿人的近邻。所以,这里的改动也许是可取的。

　　十八 17　"闯进去"　和合译本作"走进去"。这个动词之前原文尚有"他们上去"(*wayyaᵃᵃlû*)这个动词,可能表示米迦的神堂是在一个楼房上,更可能表示那五个但人是以"攻击"性的姿态进入神堂的,因为"上去"(*ᵓlh*)这个动词常指"攻击"的行动,不是指由一个地方"上去"另

　　[30]　参 Boling, *Judges*, p. 263.

　　[31]　参 A. A. Macintosh, "The Meaning of MKLYM in Judges XVIII 7," *VT* 35 (1985), pp. 68–77.

一个地方(参一1,二十18)。所以这里的"走进去"改为"闯进去"比较符合原文的意思。

十八21 "妻子" 原文没有这个词,和合译本译文可能是因应"儿女"(*ḥaṭṭap*,小孩子的意思)一词加上去的。

十八22 "住在米迦附近屋子的人都被招聚了来,紧紧追赶但人" 和合译本作"米迦的近邻都聚集来,追赶但人"。其中"米迦的近邻"的原文意思比较详细,是"住在米迦屋子附近之屋子的人"。"聚集"(*niz ʿa qû*)的原文为被动语气,是"招聚"或"被呼召"的意思,而"追赶"(*yad bîqû*)则有"紧紧追赶"或"已经追上了"的意思。所以,全句较详尽的翻译应该是:"住在米迦附近屋子的人都被招聚了来,紧紧追赶但人。"

十八28 "亚兰" 和合译本作"别人"。参第七节注解。

十八30 "摩西"(*m ᵉnaššeh*) 原文为"玛拿西",可是"*n*"这个字母在原文的位置是升高上去的。犹太学者拉希说,由于摩西的尊荣,加了"*n*"这个字母,使这里的祭司成为敬拜偶像之犹大王玛拿西(主前七世纪)的孙子。然而,"*n*"这个字母被特意放在较高的位置,正表明这里实在是指"摩西"。[32] 有些七十士译本的抄本直接翻译作"摩西"。这也是一般解经家所接纳的。[33]

(III) 注解

十八1 经文说,那时候但支派还没有在以色列中得地为业,这情况与约书亚记第十九章四十至四十八节的记载并不相符。可能的情况是,约书亚记的记载是"理想"的,叫所有以色列支派都有分地,甚至如"流便"及"西缅"这些已经在历史中消失了的支派也有分地(书十三15~23,十九1~9;比较十三2的注解),而本段经文的情况却是"现实"的。根据历史,但支派从来没有占领地中海沿岸的地方。那么,但支派

---

[32] 参 Burney, *The Book of Judges*, pp. 434 – 435.

[33] 摩尔却认为原文的"*n*"在摩西一名之中,表示这里的祭司不是摩西的孙子,而是异教敬拜者玛拿西王的后人。参 Moore, *Judges*, p. 400.

的分地为什么会在那里呢？也丁(Yadin)认为约书亚记的记载可以追溯到"但"还没有成为以色列一个支派的古远时候；当时"但人"包括了"海民"、巴勒斯坦原住民和刚从埃及逃出来的人民,他们与非利士人有非常密切的关系。也丁又认为创世记第四十九章十六节是"但人"被接纳为以色列支派之一的记载。"但人"成为以色列的支派后,受亚摩利人/非利士人的欺压(一 34),向北觅地居住。㉞ 也丁的意见也许可以解释底波拉之歌中说但人在船上作业的原因(参五 17 的注解)。

十八 2 　"琐拉和以实陶"　参第十三章二节和廿五节注解。

"本族"　指全部但支派的人(参经文部分)。

"那地"　可能指拉亿(7 节),即探子出发以前,他们已经知道去那里了,因为后来探子向本族人报告结果的时候,只提"那地",而不说他们去了"拉亿"(9 节)。打发他们去窥探的人已经指明去那里窥探了。

十八 3 　"临近……口音"　与第二节的"进了"似乎有点不相符,因为探子已经"进入"了米迦的住宅,为什么还是"临近"米迦的住宅呢?从第十五节看来,那利未人和米迦的神堂是在米迦住宅内的。"临近米迦的住宅"一句可能是要"强调"探子听出那利未人口音的"地点"。换言之,那利未人从犹大来,操南方口音,却住在米迦的住宅这个北方的以法莲山地。另一个可能的解释是,探子与利未人是彼此相识的,所以很容易听出他的口音来。㉟

十八 4 　"请"(yiśkᵉrēnî)　与第十七章十二节"分派"(yᵉmallē')不同。这里是"雇用",只有世俗交易的意思,没有宗教属灵的意思。

十八 5 　"求问神"(bē'lōhîm)　技术词语,表示用圣具求问神谕(比较二十 18;撒上十四 37;撒下十六 23)。然则,这里的"神"可能不是指耶和华,而是指以弗得和家中的神像(ephod and teraphim),因为原文可以被理解为"用神"或"藉着神",就是用"神像"或藉着神像所代

㉞ 参 Y. Yadin, "And Dan, Why did He Remain in Ships," *Australian Journal of Biblical Archaeology* 1(1968), pp. 10 - 12; F. A. Spina, "The Dan Story Historically Reconsidered," *JSOT* 4(1977), pp. 64 - 65, 68.

㉟ 宾尼主张后者的意见。他又指出探子的代名词"他们"在本节出现了两次,都是强调的形式, hēmmâ,表示"认出利未人的口音"与"米迦的住宅"是一个对比。参 Burney, *The Book of Judges*, p. 425.

表的"神灵"去求问的意思(比较民廿七 21;结廿一 21;撒上廿八 8;代上十 13)。这里求问的对象仍然是耶和华,这是第六节利未人的回答所表示的。只是这里并没有说,利未人在回答探子之前真的求问了神。

十八 7　"拉亿""狮子"的意思。这地方在约书亚记第十九章四十七节作"利善",距推罗约有四十八公里,离大马士革约有六十四公里;约旦河的其中一个源头就从这里流出。从本节经文的描述看来(参经文部分的讨论),这里不会有城墙保护;考古学也证实了铁器时代早期的拉亿没有城墙。㊱ 拉亿人安居无虑,因为一方面他们那里物产丰富(10 节),另一方面他们地处偏远的山谷地带,西北面有黎巴嫩山与西顿隔开,东北面有黑门山与亚兰隔开。这些优点后来也成了缺点,因为他们被但人攻击的时候,既无城池防守,也无外人搭救(28 节)。

十八 9　"攻击他们""他们"没有先行的名词(antecedent)。宾尼把它改为"攻击拉亿"。㊲ 然而我们相信,马所拉经文仍然可以保留(参 2 节注解)。

十八 12　"基列耶琳""丛林城"的意思,在耶路撒冷西约十四公里。这城曾与基遍联盟(书九 17)。

"犹大"　可能不是支派上的称呼,而是地理上的称呼,因为犹大支派的范围并不包括在它北面的基列耶琳。诺马丁却将这里的"犹大"理解为以色列王国分裂后的南国犹大,因为那时候基列耶琳是在犹大国境内的。㊳ 这也是可能的。

"后边""西面"的意思。因为古以色列人是面向东来定夺前后左右的。

"玛哈尼但"　不是琐拉和以实陶中间的玛哈尼但(参十三 25 注解),然而两者可能有密切的关系。

十八 14　"宅子"(bāttim)　原文是复数名词,可能指包括米迦住宅在内的一个村庄,因为第廿二节提到的米迦住宅(bêt)是单数名词。

㊱ 宾尼却认为拉亿是一个"城"。因为原文 yôšebet(居住)是一个阴性动词,它的主词"民"却是一个阳性名词。所以,原来的主词可能是"城"(ha'îr),一个阴性名词。参 Burney, *The Book of Judges*, p.412.不过,拉亿的百姓既然是安居无虑的民,又何需要城墙来保护呢?

㊲ 参 Burney, *The Book of Judges*, p.431.

㊳ 参 Noth, "The Background of Judges 17‐18," *Israel's Prophetic Heritage*, p.71, n.9.

"以弗得和家中的神像，并雕刻的像与铸成的像" 参第十七章一
至五节注解。

十八 16 *"门口"*（petaḥ haššāʿar） 这里的原文从来没有指一个
屋子的门口，通常指城门口，但米迦的住宅可能不在一个城里。可能的
情况是，米迦是一个颇为富有及在社会上颇有地位的人（他可聚集多人
去追赶但人，十八 22～23），他的住宅周围有颇大的院子。这里的门口
是指院子的门口，不是住所的门口。㊴

十八 17 本节似乎是第十四、十六和十八节的重复，却仍然有独
特的意义（参经文和释义两部分的讨论）。那利未人本来在他的房内
（15 节），现在却与那六百个但人站在门口。他可能被外面那么多的但
人吸引出去了，要看究竟是怎么一回事。就在这个时候，那五个但人夺
去了米迦的神像。

十八 19 *"用手捂口"* 表示惊奇神的作为或人的遭遇（比较伯廿
一 5，廿九 9，四十 4；箴三十 32；弥七 16）。然则，这里的意思也可能是
积极的——祭司质疑但人的作为，但人却要他看这件事为一件合神心
意的"奇事"。

"为父、为祭司" 参第十七章十节的注解。

"一族一支派" 似乎表示但支派只有一族（参民廿六 42）。

十八 21 但人的安排显然是要防备米迦从后面追上来攻击他们。

十八 22 这里显示，米迦真的追上来了。

"聚集" 参经文部分。这个词的原文也用来形容巴拉"聚集"西布
伦人与拿弗他利人（四 10），和基甸"聚集"亚比以谢族人和玛拿西人
（六 34～35）。它的基本意思是"呼喊求助"。在士师记中，以色列人被
敌人欺压而呼求神的时候，用的也是同一个字（三 9、15，四 3㊵，六 6、7，
十 10、14）。这样看来，米迦好像代表了受欺压的以色列人向神呼救，

㊴ 参 Burney，*The Book of Judges*，pp. 431-432；Gray，*Joshua*，*Judges and Ruth*，p.369；
波令的士师记注释有一幅图显示旧约时代典型的以色列房舍组合，而院子是其中一部分。
参 Boling，*Judges*，图 8c。当然，米迦住宅的院子内外会比该图所显示的大得多，才能够让
那六百个但人站在那里。

㊵ 马所拉经文在本节作 ṣq（十 12 也用了同一个字），但中世纪一些希伯来文抄本作 zʿq，参
BHS 附注。

也代表了士师招聚以色列人去攻击敌人,而这里的"招聚"是"呼吁武装对抗敌人"的意思(参六 34～35 注解)。可是这里的欺压者却不是外邦人,而是以色列人本身。

十八 25 "性暴的人"(ʾᵃnāšîm mārê nepeš) 指心里有苦涩、埋怨或哀诉的人。撒母耳记下第十七章八节用了同样的词语来形容大卫和跟随他的人,并说他们好像丢了崽子的母熊一般,即任何人刺激他们都有被杀的危险。④

十八 27 "米迦所做的神像" 原文没有"神像"二字。米迦所做的固然是以弗得和家中的神像(十七 5),可是这里显然包括了那雕刻和铸成的像(30、31 节)。

"用刀杀了那民,又放火烧了那城" 但人对待拉亿的方法好像昔日以色列人对待耶利哥城一样,将城尽行毁灭,杀掉城里所有的人口。不过,这里特别强调拉亿人是"安居无虑的民",暗示但人作的是一件恶事。

十八 28 这里称拉亿是一个城,可能是后来的理解(参 7 节注解及附注)。经文解释了为什么拉亿如此容易被但人攻取。原因是:

a. 位于开放的平原,物产丰富,可是也难于防守。

b. 无人搭救,因为远离他们熟悉的西顿,又与亚兰没有来往(参 7 节注解)。④

c. 根据第七节,拉亿无人治理,也就可能没有税收、军备和防御工事了。

"伯利合" 可能在哥兰高地西北部。④ 主前十世纪这里曾经有一个亚兰人的国。扫罗和大卫都曾与这里来的敌人打仗(参撒上十四 47;撒下十 8)。昔日摩西打发去窥探迦南地的探子也曾到过这个地方(民十三 21)。

---

④ 比较伯三 20,七 11,十 1,廿一 25,廿七 2;撒上一 10,廿二 2,三十 6;王下四 27;赛卅八 15;结三 14;箴十四 10。

④ 卫布更认为拉亿与亚兰无交往可以指他们无军事联盟的意思。参 Webb, *The Book of Judges*, p. 261, n. 14.

④ 参 Soggin, *Judges*, p. 276.

十八 30～31　这两节的解释有很多历史上的困难。

a. 根据故事的发展,这里的"约拿单"应该是那个原属米迦的祭司的
名字。为什么他的名字会突然出现在故事的末了呢？可能的解释
是,圣经的作者或编者要强调第十七和十八章的故事是实际的历
史,因而在这里引出了摩西、革舜、约拿单这些具体的历史名人,[44]
同时可以与第十九至廿一章有历史上的联系,因为第二十章廿八
节也有相似的句子:"亚伦的孙子、以利亚撒的儿子非尼哈。"摩西
和亚伦是同时期的人,约拿单和非尼哈也应该是同时期的人。这
样,第十七至廿一章在历史上是属于同一时期的了。

b. 第三十节和卅一节都似乎提到但支派的"偶像敬拜"一共维持了
多久。第三十节的"直到那地遭掳掠的日子",应该指主前 734/
733 年亚述王提革拉毗列色三世侵夺加利利北部的事(王下十五
29),或主前 722/721 年北国被亚述灭亡的时候。换言之,但支派
的偶像敬拜最少一直维持到北国快要亡国的时候。可是第卅一
节又似乎说,"偶像敬拜"维持到示罗的神殿被毁的时候。我们不
能完全肯定那是指什么时候。一般解经家都认为是以色列人被
非利士人大败于亚弗的时候(撒上四章),[45]即王国建立之前的时
候。那么,第三十节和卅一节相差了数百年的时间。为了解决这
个问题,学者们有不同的意见:

(ⅰ) 宾尼将第三十节的"那地"改为"约柜"。他又认为,这并不表
示但支派的偶像敬拜在王国建立之前已经结束了,只表示该
偶像敬拜与示罗的耶和华敬拜同样古远。[46] 我们不能接受宾
尼的意见,因为他的修改没有其他经文抄本的支持,而第三

---

[44] 摩西一系的祭司可参考申三十 8;民三 33 及代上六 19。

[45] 原因如下:(1)那场战争使以色列人的约柜被掳。后来约柜被归还,却要暂时放在基列耶
琳一个私人的家中(撒上六 20、21,七 1),直到大卫将它从那里运入耶路撒冷(撒下六章);
(2)扫罗作王的时期,祭司已经不在示罗,而在挪伯了(撒上廿二 11);(3)先知耶利米曾提
到示罗被毁的往事(耶七 12～15;比较诗七十八 60～64)。但参 Soggin, Judges, pp.276 -
277. 他认为示罗未必在撒上四章的故事中被毁,因那里没有提及它的被毁,而考古学上也
没有发现什么迹象显示主前十一世纪末示罗及其圣所曾经被毁。

[46] 参 Burney, The Book of Judges, pp.425,436.

　　十节显然是指但支派的偶像敬拜"到什么时候结束"的意思，不是指该敬拜"如何古远"的意思。

（ii）诺马丁认为第三十和卅一节是后来才加在这里的，而整个米迦及其偶像的故事有一个目的，就是要抵制但支派的旧祭坛，而支持耶罗波安在但设立的王室祭坛。[47]

（iii）布勒特莱则认为这里的目的是要抵制耶罗波安在但设立的祭坛，而支持耶路撒冷的祭坛。[48]

（iv）傅罗洛夫（Serge Frolov）进一步认为这里的"约拿单"根本不是士师时期的人，而是所罗门王登基时，祭司亚比亚他的儿子"约拿单"（王上一 42～43），他后来帮助北国耶罗波安王在宗教上"复古"，好使北国脱离南国的影响，而第三十节关于"约拿单"的一句也是在主前八世纪下半叶才加在这里的；耶罗波安的宗教改革是以"示罗的宗教传统"为根据的，其中包括了牛犊敬拜，容许非利未人为祭司，及容许君王献祭等，因此这里"示罗的日子"是指"示罗的宗教传统"管治着北国以色列的时期，也就是王国分裂后至北国灭亡的日子。所以，他认为但支派的偶像敬拜是耶罗波安的时候才由约拿单开始的。[49]

　　以上不同的观点可以令我们知道，这两节经文的历史问题是何等的复杂了。傅罗洛夫的意见与宾尼的意见是完全相反的。我们在这里也不能接纳傅氏的意见，理由如下：

a.　他将这里的经文完全抽离了以色列的士师时期，成为与士师时期无关的事情了。

b.　如果耶罗波安的宗教改革是根据"示罗的传统"，可能他要反对

---

[47] 参 Noth, "The Background of Judges 17 - 18," in *Israel's Prophetic Heritage*（London：SCM Press Ltd., 1962），p.70, n.6.

[48] 参 M. Brettler, "The Book of Judges: Literature as Politics," *JBL* 108(1989), pp.409 - 410.伊尔也认为这里提到约拿单乃摩西之孙是一种宣传，目的在支持耶路撒冷的撒督祭司系统（源于亚伦），而反对摩西祭司系统。参 Yee, ed., *Judges and Method*, p.160.

[49] 参 Serge Frolov, "'Days of Shiloh' in the Kingdom of Israel," *Biblica* 76 (1995), pp.210 - 218.

"牛犊敬拜"了,因为神的"座位"在示罗不是"牛犊",而是约柜上的"施恩座"(撒上四 4)。可是耶罗波安以牛犊为神的座位,难怪最初支持他的示罗人亚希雅后来也反对他了(比较王上十一29～40,十二 20 及十四 1～16)。

c. "神的殿在示罗多少日子"一句,显然不能单单指耶罗波安的宗教改革是根据"示罗的传统"(如果有那么一回事的话),更说明当时的"示罗"有神的殿,是敬拜神的中心。但我们知道,耶罗波安带领以色列北部十个支派叛离犹大的时候,虽然得到示罗人亚希雅的支持,却将北国的敬拜中心设在伯特利,不是设在示罗(王上十二28～29;摩七 13)。⑤⁰

波令的意见可能更加可取。他认为这里的问题不在乎哪一个圣所的祭祀制度是正统的,而在乎耶和华在此行使了祂的统治权,施行了审判——让但支派和他们的偶像敬拜被掳掠一空。⑤¹ 那可能是指主前734/733 年提革拉毗列色掳掠加利利北部的事。第卅一节不是说,但支派的偶像敬拜在王国建立以前随着示罗的毁灭已经一同结束了;它只是说,当示罗有神的殿的时候,但的偶像敬拜已经存在了。这里特别提到"示罗",无非是要将第十七至十八章的故事与第十九至廿一章的故事联系起来,因为"示罗"是两个故事结束的地方(比较廿一 12、19～23)。我们知道,但的圣所一直存留到北国灭亡的时候,而且北国第一个王耶罗波安设在但的牛犊敬拜,很可能就是但支派之偶像敬拜的延续。

---

⑤⁰ 贺培恩认为耶罗波安不选择示罗,而选择伯特利的原因有二:(1)示罗以约柜为神的座位,而其祭司系统与耶路撒冷的亚伦祭司系统联系较密;(2)从政治地理上来说,伯特利比较接近以法莲,而示罗则比较接近便雅悯(当时属南国犹大的一部分)。参 Baruch Halpern, "Levitic Participation in the Reform Cult of Jeroboam I," *JBL* 95(1976), pp. 36 - 38. 如果米迦的家真的如亚米特所说是在伯特利(参 Y. Amit, "Hidden Polemic in The Conquest of Dan," *VT* 40〔1990〕, pp. 4 - 20),则另一个原因是,伯特利是牛犊敬拜的根源所在,甚至比但支派的牛犊敬拜还要早,难怪耶罗波安以伯特利和但作为他宗教"复古"政策的中心了。

⑤¹ 参 Boling, *Judges*, p. 266.

(Ⅳ) 释义

本章经文延续了前面第十七章关于米迦神像的故事。米迦本人仍然出现在故事的情节中（21～26 节），可是故事的重点已经转移到但支派去了。但支派对偶像敬拜的态度和遭遇是"米迦情况"的扩大。米迦对宗教的"利用"，在但支派身上有了更讽刺的彰显，我们在下面的释义中会看到这一点。

但人北迁的讽刺

我们在前面说了，但支派的人寻地居住（1 节）是利未人寻地居住（十七 8～9）的扩大和延续。不同的学者都留意到，但人寻地居住的描述与以色列人出埃及、飘流旷野、窥探和征服迦南地的描述很相似：[52]

a. 受外邦人迫害而离开原来的地方（一 34）。

b. 打发探子去窥探要得的地方（十八 2）。

c. 探子回报说那是美地（十八 8～10）。

d. 全民行动，包括家属及牲口，一齐去得那地（十八 21；比较出十二 37～38）。

e. 行军数目的记载（十八 11；比较出十二 37；民十一 21）。

f. 所经地方的命名（十八 12）。

g. 行程有神的带领（十八 6）。

h. 途中获得敬拜器物和祭司（十八 13～26）。

i. 将所征服的城重新命名（十八 29）。

j. 由第三代祭司确定祭祀制度（十八 30；比较民廿五 10～13）。

圣经这样描述但人的北征，无非是要我们从以色列人出埃及、过旷

---

[52] 参 Abraham Malamat, "The Danite Migration and the Pan-Israelite Exodus-Conquest: A Biblical Narrative Pattern," *Biblica* 51(1970)，pp. 1 - 16；F. A. Spina, "The Dan Story Historicality Reconsidered," *JSOT* 4(1977)，pp. 64 - 65；Webb, *The Book of Judges*, pp. 184 - 186；E. J. Hamlin, *Judges*, pp. 154 - 156；Philip Satterthwaite, "'No King in Israel': Narrative Criticism and Judges 17 - 21," *Tyndale Bulletin* 44. 1(1993)，p. 84.

野和征服迦南地的故事来看但人的故事。当我们这样看本章经文的时候,便很容易看到但人的北征是非常讽刺的。

a. 他们离开的地方正是神分配给他们的应许地(书十九 40～46),与以色列人离开埃及是相反的,因为埃及不是应许地,是神要以色列人离开的。然则,但人从开始的时候就已经偏离神的应许了。

b. 第五节告诉我们,但人也为他们的行程求问神,看是否合乎神的心意。然而,从第六看来,那利未人似乎没有求问神,就给他们肯定的答案了。他是否为了金钱而只讲但人喜欢听的话呢?(比较耶二 26～27,五 31)。

c. 利未人的所谓"神谕"又是双关的。因为"你们……的道路是在耶和华面前的"(*nōkaḥ yᵉhôwâ darkᵉkem*)一句的意思,也可以作"你们的道路是与耶和华相对的";⑬前者是"合乎神心意"的意思,后者是"不合乎神心意"的意思。然而,但人明显是接纳了前者的意思,所以他们后来对本族的人说:"……神已将那地交在你们手中……"(10 节)。

d. 第七节的拉亿在约书亚记被称为利善,是"宝石"的意思。这名字与这里对拉亿的形容也很相称:它位于宽阔平原,没有什么防御工事的地方,其中的百姓又是无人管治、安居无虑的民(参注解部分)。这样的形容在第十和廿七至廿八节中一再被强调。显然,这是经文要我们留意的地方。拉亿的情况与迦南地在以色列人眼中的情况是完全相反的(比较民十三 28、31～33;申一 28)。这样的对比无非要表明拉亿人是无辜的善良之民,而但人征服他们是违反公理的行为(比较结卅八 11～12)。他们攻击拉亿人的手段又是赶尽杀绝,毫不留情(27 节),这就更显出但人的不义了。他们害怕比他们强的非利士人/亚摩利人,却欺压比他们善良的拉亿人。这种欺善怕恶的行为是令人不耻的。

⑬ 参 Yee, *Judges and Method*, p.159;Burney, *The Book of Judges*, p.426.

e. 他们不但欺压拉亿人,也欺压本身的以色列人。⑭ 他们经过以法莲
山地时,"抢夺"了米迦的偶像和祭司。第十五节说,他们进入米迦
祭司的房内向他问安,但第十六至十七节两次说,他们有六百人各
带兵器,一同站在门口,这样的描述使但人的"问安"成了一种讽刺。
他们口里说"平安",其实不是为"平安"而来。这里的"门"(šʿr)通
常指城门,就是古时候城里的长老们执行公义的地方,可是现在那
里有六百个带着兵器的但人,这是讽刺但人欺压公理的意思。当
米迦的祭司质疑但人的作为时(18 节),但人把那祭司也利诱去了
(19 节)。抢夺神像的但人曾在米迦家里住宿(2 节),然而他们抢
了米迦的神像,而且恐吓要击杀米迦(25 节)。但人所强调的不是
公理,而是暴力。

以色列的问题所在

　　米迦的作为有点像以往士师聚集以色列人去攻击敌人(比较三
27,四 10,六 34～35),只是这里的敌人不是外邦人,而是以色列人(参
注解部分)。"以色列"究竟发生了什么事呢? 为什么如此是非颠倒的
事也会发生呢? 汉林说,但支派的北征是"出埃及却没有西奈;征服却
没有约法"。⑮ 这也许是"以色列"的问题所在。昔日以色列人在旷野
飘流的时候,曾经在西奈山领受了神所颁布的约法;但支派的人也曾飘
流,经过以法莲山地(13 节),可是他们得到的不是神的约法,却是米迦
所立的偶像和祭司。

1. 抢夺偶像

　　但人所得的偶像和祭司不是神给与的,而是他们用武力"抢夺"回
来的。我们上面提到了,第十六至十七节中"带兵器的六百人站在门

---

⑭ 有点像华人喜欢内斗一样,特别是华人黑社会,更是以华人为欺压对象。近代华人黑社会
本来源于元朝汉人反抗外族人统治的地下组织,后来却演变成为华人欺压华人的黑社会
了。这又是历史的讽刺吧。
⑮ 参 Hamlin, *Judges*, p. 154.

口"这样的句子出现了两次。这句子两次出现的中间是"窥探地的五个人(闯)进去,将雕刻的像、以弗得、家中的神像并铸成的像都拿了去"。"神"是可以被抢夺的吗? 这里反映了但支派的人对宗教的态度也是"利用"式的。他们抢夺"偶像",因为他们以为那是"有利可图"的东西。他们以"偶像"代替了神在西奈山颁布给以色列人的"约法",难怪他们对待无辜的拉亿人和向他们讨回公道的米迦是如此暴力了。

2. 惟利是图

那利未人的表现也显出他是一个"惟利是图"的人。第十九节中但人对他说:"跟我们去吧,我们必以你为父、为祭司。你作一家的祭司好呢? 还是作以色列一族一支派的祭司好呢?"当然,作但支派的祭司比作米迦一家的祭司更"有利可图",于是他便立刻忘记了米迦对他的恩惠(十七 10～11),也忘记了他对米迦应有的责任和义务,并且偷了米迦的以弗得、家中的神像和雕刻的像,完全投入但人那里去了(20 节)。这里的"喜悦"(yṭb)一词充分表达了他是一个卑鄙的祭司。他可能知道自己不对,所以躲在但人"中间",免得被后面追上来的米迦看见了。这个利未人的行为也充分表达了偶像敬拜的"利用"价值。有怎样的宗教就有怎样的祭司,两者是不能分开的。

偶像的性质和敬拜偶像者的结局

故事的末了,米迦称那些偶像是他做的(24 节)。"米迦所做/雕刻的像"这样的句子一再出现(27、31 节)。这样强调偶像的性质是对偶像敬拜的一种讽刺——人手制造的神可能是真神吗? 以色列人不需要迦南人的神巴力和亚斯他录,已经自己制造偶像,不用耶和华了。这样的以色列可以期待神的审判了。我们知道,"但"(dān)是"审判"的意思,但人对待米迦的态度实在是对米迦的一种审判。然而但人本身也不是没有审判。他们掳掠别人,最后还是被别人掳掠了(30 节)。这一切都显示出神是真正的裁判者。但人整个北征过程的教训也似乎在雅各的预言中表达了:"但必判断他的民,作以色列支派之一。但必作道上的蛇,路中的虺,咬伤马蹄,使骑马的堕落于后。耶和华啊,我向来等候你的救恩"(创四十九 16～18)。偶像敬拜是假宗教。米迦的偶像敬拜是由他的母亲一个人开始的思想,后来扩展为全家的敬拜,这里再扩展为一个支派的敬拜,最后再扩展为整个北国以色列的敬拜。由此可见,偶像敬拜的侵蚀力是何等大呢! 敬拜偶像的人最后仍然会被神审判的(申廿七 15)。

贰　基比亚人的恶行（十九 1～廿一 25）

历史上的难题和解释

这三章经文有些历史上的难题。例如：

a. 第十九章利未人和他的妾在基比亚的遭遇（十九 16～26），与创世记第十九章一至十一节的记载很相似。前者是否后者的翻版而没有历史根据呢？

b. 底波拉之歌（五章）告诉我们，士师时期以色列支派与支派之间联系不多，为什么他们在这里显得那么团结呢？（二十 1、8、11）

c. 基列雅比城被以色列人彻底毁灭了（廿一 10～11），便雅悯支派也只剩下六百人，其余的都被杀了（二十 46～48），为什么他们在士师时期之后，可以那么快在撒母耳的时候成为一个重要的城（撒上十一章）和一个重要的支派呢？（撒上九～十章）[①]

以上的问题不容易有完满的历史解释。但下面各点可以给我们一些提示，这里的记载不是完全没有历史根据的：

a. 先知何西阿曾经提到基比亚的罪（何九 9，十 9），似乎是指这里第十九章所记载的事。

b. 扫罗王的故事显示了基比亚和基列雅比之间有特殊的关系（撒上十一，卅一 11～13），关系的根源似乎与这里第廿一章所记载的事有关。

c. 这里的人物虽然都没有名字，但第二十章廿八节提到了"非尼哈"。这人在以色列人还没有过约旦河之前已经作祭司了（民五 6～12），可见这里的故事可能发生在士师时期初年。然则，距离扫罗

---

① 宾尼另外又提出了十多项第二十和廿一章在经文上不协调的地方，因而认为这里最少有两个古版本合并在一起。参 Burney, *The Book of Judges*, pp. 447-458.

作王时期约有二百年,有足够的时间让便雅悯和基列雅比重新建立起来。

这样看来,士师记第十九至廿一章的记载虽然有历史上的难题,却仍然是有一些历史根据的,只是这里的故事可能理想化了一点。例如,"如同一人"(二十 1、8、11)和"会众"(hā'ēdâ,二十 1,廿一 10、13、16;其中二十 1 和合译本没有将这个字翻译出来)等用词都显示了故事的"理想化":前者强调以色列十二支派的"合一性",这是"各人任意而行"的士师时期罕有的现象;后者强调以色列是一个"神圣的群体",②这在盛行偶像敬拜的士师时代又是罕有的。如果以色列的"支派同盟"(amphictyony)这个理论缺乏"历史"的根据(参绪论历史背景部分),它作为古以色列人的"理想"仍然是可信的。这一点,我们从以色列人如何挽救便雅悯这个有灭亡危险的支派便可以知道了(廿一章)。如果士师记完成于被掳的后期,则"支派同盟"的理想也许是当时的以色列人所希望有的社会。这样的社会没有王(被掳时期的以色列人也不可能有自己的王),却有很强的"会众"(hā'ēdâ)组织,这个"会众"的领袖是"首领/军长"(pinnôt,二十 2)及"长老"(ziqᵉnê,廿一 16)。当以色列中有危机的时候,这个"会众"就集合商议,并用强大的武力去支持和执行"会众"的决议。当然,这样的"会众"运作方式在第十九至廿一章的故事中是否成功就有待商榷了。③

结构与主题

我们在结论的引言中说,第十七至十八章的故事与第十九至廿一

---

② "会众"这个词在摩西五经和约书亚记中共出现了七十七次,旧约其他经卷共出现七次,皆指向神面前的"以色列"群体。参 Burney, *The Book of Judges*, p. 446.

③ 波令认为第十九至廿一章乃是申命记式编辑者对士师时代末期的深度喜剧描绘,目的在于向被掳中的以色列人肯定耶和华的王权,并且各人可以作自己看为正的事。参 Boling, "In Those Days There Was No King in Israel," in *A Light unto My Path：Old Testament Studies in Honor of Jacob M. Myers*(Philadelphia：Temple University Press, 1974), p. 37. 波令将"各人任意而行"一句当作正面的意思来理解,实在很特别。但我们在十七 6 已经看过了,这句话在士师记结论部分的意思是负面的,不是正面的。

章的故事在形式上有很相似的地方,两者都以发生在家庭中的问题开始,而以示罗作结束。前者的主题是米迦制造的神像,后者的主题是以色列因为基比亚人的恶行而显出了危机。卫布给第十九至廿一章的分段也显示出了这个主题:④

   A　利未人的妾被轮奸(十九 1～30)

     B　对便雅悯人的圣战(二十 1～48)

       C　问题:以色列的誓言与便雅悯可能灭族的危机

         (廿一 1～7)

     B′　对基列雅比人的圣战(廿一 8～15)

   A′　示罗的女子被强奸(廿一 16～25)

这问题在第十九章三十节清楚表达了:"从以色列人出埃及地,直到今日,这样的事没有行过,也没有见过;现在应当思想,大家商议当怎样办理。"以色列的危机叫人重新思想什么是"以色列"。这里特别在"好客传统"、"圣战传统"和"公义传统"上提出了对以色列的批判。表面上看来以色列是合一的,因为他们从但到别是巴出来"如同一人"(二十 1)。但讽刺的是,他们出来正好是为了要拆毁这个"合一"群体(廿一 1～3)。利未人之妾的遭遇正好强烈地象征了这项事实——她被"肢解"(十九 29),代表了以色列被"瓦解"的光景。

那个利未人的妾是没有名字的。其实,本故事中很多人物都没有名字,好像没有身份的人一样。这也是"以色列"的光景。赫德逊(Hudson)讨论到这一点说:"这是一个不认识神的世代,一个没有神和不认识神的世代也会失去自己的存在和身份。无怪乎士师记的末了极之盼望真君王——神的来临,因为只有神能为无名者取名。"⑤"以色列"是连贯第十九至廿一章的主题。在这个主题之下,整个故事和第十七至十八章一样,可以分为三部分:第十九章是问题的发生;第二十章是问题的解决;第廿一章是新问题的发生和解决。我们在下面就按故事的发展将三章经文分开来看。

---

④ 参 Webb, *The Book of Judges*, p.196.

⑤ 参 Don Michael Hudson, "Living in a Land of Epithets: Anonymity in Judges 19 - 21," *JSOT* 62(1994), p.65.

(一) 利未人之妾的惨遇(十九 1～30)

1 当以色列中没有王的时候,有住以法莲山地那边的一个利未人,娶了一个犹大伯利恒的女子为妾。

2 妾[行淫]离开丈夫,回犹大的伯利恒,到了父家,在那里住了四个月。

3 她丈夫起来,带着一个仆人、两匹驴去见她,用好话劝她回来。[女子就引丈夫进入父家]。她父见了那人,便欢欢喜喜地迎接。

4 那人的岳父,就是女子的父亲,将那人留下住了三天;于是二人一同吃喝、住宿。

5 到第四天,[他们清早起来,利未人起来要走],女子的父亲对女婿说:"请你吃点饭,加添心力,然后可以行路。"

6 于是二人坐下,一同吃喝;女子的父亲对那人说:"请你再住一夜,畅快你的心。"

7 那人起来要走,他岳父强留他,他又住了一宿。

8 到第五天,他清早起来要走;女子的父亲说:"请你吃点饭,加添心力。"[他们蹉跎到日头偏西的时候]。于是二人一同吃饭。

9 那人同他的妾和仆人起来要走,他岳父,就是女子的父亲,对他说:"看哪,日头偏西了,请你再住一夜。[看哪],天快晚了,可以在这里住宿,畅快你的心;明天早早起行回家去。"

10 那人不愿再住一夜,就备上那两匹驴,带着妾起身走了,来到耶布斯的对面;耶布斯就是耶路撒冷。

11 临近耶布斯的时候,日头快要落了;仆人对主人说:"我们不如进这耶布斯人的城里住宿。"

12 主人回答说:"我们不可进不是以色列人住的外邦城,不如过到基比亚去。

13 又对仆人说:"我们可以到一个地方,或住在基比亚,或住在拉玛。"

14 他们就往前走;将到便雅悯的基比亚,日头已经落了。

15 他们进入基比亚,要在那里住宿;就坐在城里的街上,因为无人接他们进家住宿。

16 晚上，有一个老年人从田间作工回来；他原是以法莲山地的人，住在基比亚；那地方的人却是便雅悯人。

17 老年人举目看见客人坐在城里的街上，就问他说："你从哪里来？要往哪里去？"

18 他回答说："我们从犹大的伯利恒来，要往以法莲山地那边去；我原是那里的人，到过犹大的伯利恒，现在我往耶和华的殿去，在这里无人接我进他的家。

19 其实我有粮草可以喂驴；我与我的妾，并我的仆人，有饼有酒，并不缺少什么。"

20 老年人说："愿你平安。你所需用的我都给你；只是不可在街上过夜。"

21 于是领他们到家里，喂上驴，他们就洗脚吃喝。

22 他们心里正欢畅的时候，[看哪]，城中的匪徒围住房子，连连叩门，对房主老人说："你把那进你家的人带出来，我们要与他交合。"

23 那房主出来对他们说："弟兄们哪，不要这样作恶；这人既然进了我的家，你们就不要行这丑事。

24 [看哪]，我有个女儿，还是处女，并有这人的妾，我将她们领出来，任凭你们玷辱她们；只是向这人，不可行这样的丑事。"

25 那些人却不听从他的话，那人就[抓住他的妾，把她拉出去交给他们]，他们便与她交合，终夜凌辱她；直到天色快亮才放她去。

26 天快亮的时候，妇人回到她主人住宿的房门前，就仆倒在地，直到天亮。

27 早晨，她的主人起来，开了房门，出去要行路，不料那妇人仆倒在房门前，两手搭在门槛上。

28 就对妇人说："起来，我们走吧。"妇人却不回答[　]。那人便将她驮在驴上，起身回本处去了。

29 到了家里，[他取了那柄刀，抓住他的妾，按着她的骨头，把她切成十二块]，使人拿着传送以色列的四境。

30 [凡看见她的人都说]："从以色列人出埃及地，直到今日，[这样的事没有行过，也没有见过；现在应当思想，大家商议当怎样办理]。"

(I) 分段

　　本段经文的开始有"当以色列中没有王的时候"这一句结构性用语,清楚将它与前面的经文分别开。这句话到第廿一章廿五节重新出现,使第十九至廿一章成为士师记最后一个完整的故事。从故事的情节来说,第十九章的末了是故事的转折点,因为利未人将他的妾肢解了,送去给以色列十二支派,引起了极大的恐慌(十九30),为第二十章作准备。所以第十九章要说明的是问题的"发生",适合单独处理。

(II) 经文

　　十九 2　"行淫"　解经家们对这里的意思有很多不同意见,一般都照七十士译本将它改为"发怒"或"与他争吵"。因为按照律法,行淫的女子是要被处死的(利二十10;申廿二21)。但她离开丈夫后却回到父亲家里去了,而且后来她的丈夫要特地去劝她回来。[6] 换言之,她没有该死的罪,而且错的一方可能是她的丈夫。但这里的"行淫"也可能是寓意的,即她擅自离开丈夫返回父家是不忠的行为,因为古时候以色列人的社会是不容许女性擅自离家出走的。[7] 所以,我们还是保留马所拉经文为是。当然,她离开丈夫可能另有原因,这里没有说出来。

---

[6] 参 Soggin, *Judges*, p. 284; Gray, *Joshua, Judges and Ruth*, p. 373; Boling, *Judges*, pp. 273-274. 关于"争吵",又参 Naomi Steinberg, *Kinship and Marriage in Genesis: A Household Economics Perspective* (Minneapolis: Fortress Press, 1993), pp. 103-106.

[7] 参 Webb, *The Book of Judges*, p. 188; Lila Abu-Lughod, "The Romance of Resistance: Tracing Transformations of Power through Bedouin Women," in *Beyond the Second Sex: New Directions in the Anthropology of Gender*, P. R. Sanday and R. G. Goodenough, eds. (Philadelphia: U of Pennsylvania Press, 1990), pp. 311-337. Jones-Warsaw 又认为利未人娶妾后才发觉她不是处女(申廿二13~21),所以这里说"行淫",参 Koala Jones-Warsaw, "Toward a Womanist Hermeneutic: A Reading of Judges 19-21," in Athalya Brenner, ed., *A Feminist Companion to Judges*, p. 174. 该作者的意见与本段经文的记载不大相符。因为根据申廿二12~21,那妾侍是要被人用石头打死的,但她的父亲和后来她的丈夫都接纳了她。

十九 3　"女子就引丈夫进入父家"($watt^eb\hat{i}'\bar{e}h\hat{u}$ $b\hat{e}t$ $'\bar{a}\underline{b}\hat{i}h\hat{a}$)　其中"女子就引丈夫进入"($watt^eb\hat{i}'\bar{e}h\hat{u}$)一语在七十士译本被改为"他就进入",这改动可能在情节上更通顺,因为利未人的妾在她父亲的家中,他自然要去那里才能够找到她。但马所拉经文仍然可以理解,因为妾引丈夫去见父亲,表明了她的主动性,这与她"主动"离开丈夫(2 节)的表现是一致的,所以我们无需修改和合译本的译文。

十九 5　"他们清早起来,利未人起来要走"　和合译本作"利未人清早起来要走"。原文是"他们清早起来,他起来要走"(比较 8 节)。和合译本可能以为原文过于累赘,把它简化了。其实,从文艺的角度来看,这里可能有其他的意思(参释义部分),所以最好改为"他们清早起来,利未人起来要走"。

十九 8　"他们蹉跎到日头偏西的时候"　和合译本作"等到日头偏西再走",其实原文的意思应该是"他们蹉跎($hit\underline{m}ahm^eh\hat{u}$)到日头偏西的时候"。换言之,这句话不是女子的父亲说的。其实,他也不可能邀请女婿留到日头偏西才走,然而又用日头已经偏西为理由邀请女婿留到次日早上才走(9 节)。况且,日头偏西后,很快便是傍晚,不适宜上路。这句话应该是故事叙述者说的,可能表示利未人与岳父争执当什么时候出发上路,但不知不觉,日头已经偏西了,所以这里最好改为"他们蹉跎到日头偏西的时候"。

十九 9　"看哪"　这个词在本节出现了两次,但和合译本没有翻译第二次的出现。

十九 22　"看哪"($hinn\bar{e}h$)　这个词在"城中的匪徒"之前。和合译本没有翻译出来。这是故事的叙述者力使读者将注意力集中在新一幕故事的发展上。

十九 24　"看哪"($hinn\bar{e}h$)　这个词在"我有个女儿"之前。和合译本没有翻译出来。这是那老年人要转移那些匪徒注意力的用词。

十九 25　"抓住他的妾,把她拉出去交给他们"　和合译本作"把他的妾拉出去交给他们"。其实,和合译本没有将原文"他抓住"($wayyah^az\bar{e}q$)这个动词翻译出来。这一句更详细的翻译应该是"抓住他的妾,把她拉出去交给他们"。

十九 28　"妇人却不回答"　七十士译本在这一句之后加有"因为她死了"一句。这显然是七十士译本的解释。原文没有这一句,表示当时的情况是模糊的——利未人的妾可能死了,也可能还没有死。

十九 29　"他取了那柄刀,抓住他的妾,按着她的骨头,把她切成十二块"　和合译本作"用刀将妾的尸身切成十二块"。我们这里的翻译依照了原文的字面意思。换言之,原文并没有说明,利未人所切的是不是一具已经死了的"尸体"。

十九 30　"凡看见她的人都说"(*kol-hārōʾeh*)　和合译本作"凡看见的人都说"。但原文却有一个代名词"她"在"看见"之后,所以,我们这里的翻译比较准确。七十士译本将这一句改为:"他又对打发去的人说:'你们应该对所有以色列人这样说……'"摩尔和宾尼都接纳这修改。[8] 但七十士译本的修改可能要让故事更符合情理而已(比较 BHS 的附注),因为那利未人差使者送出妾侍的肢体而不附任何信息,似乎是不合情理的。其实,利未人在故事中的表现还有其他不合情理地方。因此,我们还是维持马所拉经文较好。

"这样的事没有行过,也没有见过;现在应当思想,大家商议当怎样办理"　原文中"这样的事"(*kāzōʾṯ*)是女性,指利未人的妾;"行过"(*nihyᵉṯâ*)、"见过"(*nirᵉṯâ*)和"思想……商议"(ʿāleyhā ʿuṣû wᵉdabbērû)等词语都有"她"为目的,可见本节经文是非常强调那利未人之妾的。

(III) 注解

十九 1　"当以色列中没有王的时候"　参第十七章六节注解。

"住以法莲山地那边"　原文字面的直接翻译为"客居以法莲山地偏远的那边"。由于利未人要去"南方"的犹大,"那边"可以指"北边"。但如果"偏远"是指远离中央山脉南北交通的主要道路,"那边"则可以指中央山脉的东面或西面。

"妾"　指该利未人原配之外的妻子,这样的妻子在家庭中的地位

---

[8]　参 Moore,*Judges*,p. 421;Burney,*The Book of Judges*,p. 470.

是次等的（比较创十六～廿一章夏甲的例子）。一个丈夫娶妾的原因通常是原配不能生育。由于这里没有提到利未人的原配，很可能他的原配没有生育上的问题。然则，他娶妾的目的可能只是为了满足自己的性欲而已。从第廿五节来看，这可能性极大，因为他看自己的妾是可以给基比亚人作泄欲工具的。

十九 2　"妾行淫"　可能指她擅自离开丈夫的不忠行为（但参经文部分的讨论）。无论如何，她离开丈夫的行为在故事中是很特别的。因为一方面，女性在古时候的社会是受男性支配的，何况她只是一个"妾侍"呢，但这位"妾"却显得非常独立和主动；另一方面，她这里的主动行为与她在故事后面完全被动的形容又成了强烈的对比。

"住了四个月"　我们不知道为什么利未人等了那么长的时间才去劝他的妾回来（3 节）。也许他的妾擅自离开，使他的心灵受了创伤吧。

十九 3　这里表示利未人有充足的准备去劝他的妾回来（比较 19 节）。

"劝他"（l^edabbēr 'al-libbâh）　原文的字面意思是"对她的心说话"，表示利未人爱他的妾（比较创卅四 3，五十 20；撒下十九 7；得二 13；何二 14；赛四十 2）。古时候的以色列人以"心"为理智所在的地方。所以这里也有给她讲道理的意思。[9]　结果，他的妾可能同意跟他回去了，所以引他去见他的父亲。

"欢欢喜喜的迎接"　表示她的父亲似乎放下了一块心头大石，因为他的女儿擅自离开丈夫也给他带来了压力，现在看见女婿接他的女儿回去，自然非常高兴了。

十九 4　"岳父"（ḥōtēn）　原文也可以理解为"妻子的长兄"，所以需要随后的"女子的父亲"作更清楚的解释。

"三天"　古代近东款待客人的一般时间。三天要作的事也有分别：第一天主要是彼此问安，询问身体健康和家庭情况；第二天主要

---

⑨ 鲍美琦认为利未人劝他的妾并不表示他是用仁慈的态度待她，而是跟她理论，说服她回来。参 M. Bal, *Death and Dissymmetry*，p. 189. 可以比较何二 14～15。

是饮宴;第三天客人才会说明这一回来访的目的。⑩ 所以,利未人的岳父在第四和第五天仍然邀请女婿留宿,是违背当时一般习惯的。

十九5 "到第四天" 原文随后有"他们清早起来"一句(参经文部分)。这里的"他们"应该指利未人和他的岳父,因为前面一句刚刚说"于是二人一同吃喝,住宿"(4 节)。

十九9 "日头偏西了"(*rāpâ hayyôm la'"rôb*) 与第八节的"日头偏西"(*n*e*tôt hayyôm*)不同。这里的字面意思应该是"日头消落接近傍晚了",即时间比日头刚刚偏西更迟。如果照现代阿拉伯农夫的习惯叫法,当时可能是下午三时以后,因为他们以下午三时为傍晚的开始。这也是随后"天快晚了"(*h*a*nôt hayyôm*,字面意思是"日头没落")的意思。

"家"(*'hl*) 原文作"帐棚",不是一般固定的房屋,可能指那利未人居无定所,或指他所定居下来的"生活群体"。

十九10 "耶布斯" 经文将它进一步解释为"耶路撒冷",即前者是后者的古老称呼。但主前十四世纪的亚马拿文献,甚至早在主前十九至十八世纪的埃及文献,都已经称该城为耶路撒冷了。⑪ 那么,这里可能不表示"耶布斯"是古老的称呼,只是以城中之居民"耶布斯人"来称呼该城而已,强调它是一个外邦人的城(12 节)。

"耶路撒冷" 在伯利恒以北约十公里,步行需两小时。

十九12 "基比亚"(*gb'h*) "山头"的意思,可能是古以色列人敬拜神的一个著名地方(比较撒上十 5,那里"神的山"即为*gb't h'lhym*)。这城北距耶路撒冷约五公里,在中央山路右面。⑫

十九13 "拉玛" 在基比亚以北约三公里,是撒母耳的家乡(撒

---

⑩ 参 R. Patai, *Sex and Marriage in the Bible and the Middle East*(Garden City: Doubleday, 1959), p.54.

⑪ 米勒尔认为耶路撒冷从未被称为耶布斯,而耶布斯应是指另一个地方,在耶城附近。参 J. M. Miller, "Jebus and Jerusalem: a Case of Mistaken Identity," *ZDPV* 90 (1974), pp.115-127.

⑫ 波令认为当时的基比亚(现今的 Tel el-Fûl)只是一个人口不多的村庄,扫罗的时候才被重建为他简陋的行政总部。这里形容基比亚有如一座城,这是王国后期之情况。参 Boling, *Judges*, p.279.

上一1、19)。

十九14　"便雅悯的基比亚"　这样的称呼是要与别的基比亚分别开,因为犹大也有一个基比亚(书十五57)。

"日头已经落了"　大概是下午六时(比较王下十六15)。这是重要的时刻,因为古时候远行的人一切都要靠日光,而巴勒斯坦从日落到天黑大约只有一小时的时间。所以,利未人和同行的人必须停留在基比亚了。

十九15　"街上"　原文作"广场",指一进入城门口的那块空地,这里往往是社交和商业交易的地方(申廿二24;得四1;代下卅二6;尼八1、3、16;伯廿九7;箴卅一23;摩五15)。

十九22　"匪徒"($b^e n\hat{e}$-$biliyya'al$)　这个词不容易理解。犹太拉比将其中的 $biliyya'al$ 解释为"不守律法者"。这个词也出现在撒母耳记下第廿二章五至六节(诗十八4～5),翻译作"匪类",与"死亡"和"阴间"平行,所以它不是一般社会上的"匪类"那么简单。宾尼把它理解为毁灭性极大的"恶"。波令更认为那是神话地下世界中最恶的一位。[13]汉林从以色列人与神的关系看,将它理解为"敌挡神的人或力量",这种人会将百姓拖离与他们立约的神(申十三13),这种力量会使人欺压穷人(申十五9);一个好君王应当在国中除掉这样的事和这样的人(撒下廿三6;诗一〇一3)。[14]

这样看来,"匪徒"在这里所代表的实在是死亡和阴间的"毁灭力量",而这种力量在本故事中所表现的就是"同性交合"。圣经的律法严禁同性交合的事(利十八22,二十13),因为这种行为会破坏家庭和社会的文化乃至宇宙的秩序。换言之,圣经的律法是反对同性恋的,因为男女两性的秩序是自然的,不可变更的;男人不可以扮演女人的角色,女人也不可以扮演男人的角色去满足性欲。基比亚人所表现的"性强暴"可能受了迦南文化的影响,因为迦南人的神话故事

[13]　参 Burney, *The Book of Judges*, pp.467-468;Boling, *Judges*, p.276.
[14]　参 Hamlin, *Judges*, p.163.

中,他们的神巴力也曾强奸女神亚拿。⑮ 何西阿先知所说的基比亚的罪恶(何九9,十9),也可能指在迦南文化影响下基比亚人的"性暴行"。这种暴行不但违背了以色列"好客"的神圣传统,而且将利未人这位"过客"极力侮辱一番。⑯

　　十九23　"丑事"(hannᵉbālâ)　原文的基本意思是"愚蠢",即不看重神的律法(申廿六13;利十九33;比较创卅四7;申廿二21;撒下十三22),与敬畏耶和华相对,但这里更有完全不理会别人权利的意思。这样的人没有道德感和宗教感(比较赛卅二5〜6;撒上廿五25)。这里的丑事是指"同性交合"的行为或"辱没客人"的行为。

　　十九24　"玷辱"(wᵉʻannû)　形容"强奸"的专门用词(比较创卅四2;申廿一14、22、24、29;撒下十三12、14、22、32)。

　　"任凭"(haṭṭôb bᵉʻênêkem)　原文的字面意思是"按你们眼中看为好的",与第十七至廿一章中结构性用语"任意"(十七6,廿一25)相同,可见基比亚人的"暴行"是第十七至廿一章特别要谴责的罪。但这样的"暴行"却是那老年人提议的,他不但愿意让他的女儿遭此羞耻的事,而且要客居在他家中的利未人的妾也遭此羞耻的事,大大违背了保护"客人"的责任。这实在是很难想像的事。所以,苏根主张删掉"并有这人的妾"一句。⑰ 我们认为,这一句应该保留,因为本段经文要告诉我们,士师时期的社会是一个不可思议的罪恶社会。这里的"不可"(lō')是一个绝对否定的用词,表示基比亚人强奸"女子"还可以,强奸"男子"却是绝对不可以的丑事。这不是说强奸女子不是罪,只是说,强奸女子和强奸男子是完全不同的两回事。因为古时候的以色列人认为,女子在两性交合的事上是被动的,而男子却是主动的;强奸女子没有违背男女两性"主动"和"被动"的秩序,但强奸男子(即本故事中的利未人)却违背了这秩序,因为这样作是将"主动"的男性变成"被动"的女性了,这在古

⑮ 该神话说巴力曾强奸亚拿七十七次。参 W. F. Albright, *Yahweh and the Gods of Canaan* (1968;repr. Winona Lake:Eisenbrauns, 1983), pp. 128 – 129.

⑯ 参 K. Stone, "Gender and Homosexuality in Judges 19:Subject-Honor, Object-Shame?" *JSOT* 67(1995), pp. 99f – 100.

⑰ 参 Soggin, *Judges*, p. 288.

以色列人的思想中是极大的羞辱。⑱ 因此,老年人为了保护他的男性
"客人",不惜牺牲他的女性"客人"。这在现代人眼中是完全不公平和
不义的,但在重男轻女的古代社会是可以理解的。

　　十九25　"凌辱"(yiṭ'allᵉlû)　残酷对待的意思(比较出十 2;撒上卅
一 4;耶卅八 19;民廿二 29)。这里当然是指基比亚人的"性强暴"。本节
开头说,基比亚人不接纳老年人建议的"两个女子",结果为什么又会接
纳"一个女子"(利未人的妾)呢? 这又是不容易明白的一点。基比亚人
的目的可能不单在"性的满足",更在"羞辱那作客的利未人"。因为他们
无意羞辱那老年人,却要羞辱那"客人"。他们既然不能直接羞辱他,羞
辱他的妾也是间接羞辱他了。因此,他们接纳了利未人的妾而极力羞辱
她,让她的丈夫也受羞辱。这对于神圣的"好客"传统也是极大的侮辱。

　　十九29~30　利未人在这里所作的与扫罗在撒母耳记上第十一
章七节所作的很相似,但这里只记载了"肢体"的传送,却没有"信息"。
奇怪的是,以色列人似乎都明白发生了什么事,因为看见"肢体"的人都
说:"……这样的事没有行过……"(30 节)。那么,利未人所作的可能
是当时以色列人都认识的一种呼吁圣战的信号。当时以色列各支派之
间可能有共同认可的立约条款。他们立约的仪式中需要将动物宰杀和
分开(比较创十五 7~21)。这里分解尸体传送去各支派的作法可能来
自该仪式,表示以色列中有危机,各支派要起来参加圣战。⑲

　　十九29　"家"(byt)　与第九节的"家"不同(参该节注解),表示
那利未人实在有一个固定的居所。

　　"他取了那柄刀,抓住他的妾,按着她的骨头,把她切成十二块"
参经文部分。这作法好像祭司宰割祭牲一样,因为"刀"(hammaᵃkeleṯ)
这个字的原文有一个定冠词(definite article),表示那是一柄专用的
刀,可能指那利未人执行祭司工作时专用的刀;而且他肢解他的妾是按
着她的骨头分为十二块,表示他的宰割方法好像祭司那么专业。祭司

⑱ 参 K. Stone, "Gender and Homosexuality in Judges 19: Subject-Honor, Object-Shame?" *JSOT* 67(1995), pp.87-107.

⑲ 参 A.D. Crown, "Tidings and Instructions: How News Travelled in the Ancient Near East," *Journal of the Economic and Social History of the Orient* 17(1974), pp.253-254.

宰割的祭牲在被宰割之前都是活的,这里利未人宰割他的妾之前,她也可能仍然活着,[20]因为经文没有说她在被肢解之前已经死了;而且"抓住他的妾"一句的"抓"(wayyaḥᵃzēq)字也出现在第廿五节,当时利未人显然是将他活着的妾"抓住",拉到外面交给基比亚人去了。基比亚的匪徒只是将他的妾轮奸,并没有起意要杀她。他的妾是被他两次"抓住",推向死亡的。

"传送以色列的四境"　利未人将他的妾肢解为"十二块",意思要分别送出去给以色列十二个支派。那么,其中一块必定送去了便雅悯支派,提醒他们,他们基比亚城的人所作的恶事已经报告给以色列的"会众"知道了。利未人所作的有点像以往的士师一样——呼吁以色列人出来参与圣战,只是这一次要对付的不是外邦人,而是以色列人本身了。这显然又是一件讽刺的事。

十九30　利未人的妾被肢解了,但提到这些一块一块被送出去的"肢体"时,马所拉经文仍然说是"她"。"她"是以色列众人所"见"、所"指"和应当"思想"及"商议"的,似乎利未人的"妾"是问题的焦点所在(参经文部分)。我们在释义部分会看到,这正是经文的意向。

(IV) 释义

她——以色列好客传统的沦亡

本章故事可以说是全本圣经中最怪异的故事,特别是利未人对待他的妾之态度,更叫人觉得诡谲莫明。我们在前面已经说了,第十七至廿一章的结构性用语(十七6,廿一25)表明,士师时期的以色列人不尊重神的王权,带来了宗教上和道德上的败坏;前者表现在米迦制造神像这件事上,后者表现在利未人的妾这个故事上。以色列敬拜偶像,结果

---

[20]　崔布也说,利未人的妾到以法莲以后可能仍然活着,但利未人却把她杀了。参 P. Trible, *Texts of Terror* (Philadelphia: Fortress Press, 1984), p. 82. 坡辛也认为圣经特意不表明利未人的妾是否已死,使利未人之碎尸行为成为全故事最恐怖的事。参 R. Polzin, *Moses and the Deuteronomist*, part 1 (New York: The Seabury Press, 1980), p. 200.

带来社会道德的沦落,使以色列不成为以色列。本章三十节就是这个危机的惊呼:"从以色列人出埃及地,直到今日,这样的事没有行过,也没有见过;现在应当思想,大家商议当怎样办理。"究竟什么是以色列呢? 以色列是在神面前有约法关系的一个群体。这个群体是由那个利未人的妾象征的。现在这个群体的道德生活危机在"好客"这个神圣传统的沦丧上暴露了,这就是本章故事的主题。根据这个主题,本章经文可以分段如下:

　　A　引言:在以法莲山地:利未人之妾的问题开始(十九 1～2)

　　　　B　犹大伯利恒的一个家中:好客传统的滥用(十九 3～9)

　　　　　　C　从伯利恒到基比亚:客居何处(十九 10～15)

　　　　B′　便雅悯基比亚的一个家中:好客传统的侮辱

　　　　　　(十九 16～28)

　　A′　结语:在以法莲山地:利未人之妾的问题结束(十九 29～30)

　　从上表的排列可以知道,利未人从以法莲去犹大,再从犹大经便雅悯返回以法莲,是一个大旅程。他与第十七至十八章的利未人不同,有一个自己的家在以法莲,但他仍然奔跑在路上,好像一个没有"家"的人。一个在旅途上的人最迫切的问题是:今宵客居何处? 这也是上表所显示的中心问题。士师时期的以色列人也有"居无定所"的感觉,"好客"传统便成为他们能够团结在一起的重要因素,但这项团结的因素已经大有问题了。利未人在犹大伯利恒所受的"好客"款待,与他在便雅悯基比亚所受的"恶客"对待,似乎成了强烈的对比。但两者都对利未人之妾的惨死有决定性影响,她的死成了"以色列"濒临瓦解的极大信号。我们试按着上面的分段来看本章经文的详细意义。

有缺陷的结合

　　本章开始的第一节和第二节将全章的问题点出来了,那就是以色列一对夫妇的婚姻生活有了危机。丈夫是利未人,来自以法莲;他的妾,来自犹大。这样的描述似乎要告诉我们,这个婚姻代表了以色列北部支派(以法莲为首)和南部支派(以犹大为首)的结合,但这个结合从开始时就有不和谐的地方了。因为男的是一个利未人,有高人一等的社会地位;

女的却是一个妾侍,社会地位低于正常的妻子,容易受欺负(比较创十六1~6)。如果将这情况应用在以色列身上,则以法莲对犹大有高人一等的优越感,这也是以法莲在士师记中一向的自我表现(参八1~3,十二1~6)。结果,利未人的妾"行淫"离开他,回犹大她父亲的家里去了。我们在注解部分从属灵的角度将"行淫"解释为妇人的"不忠"行为,因为她离开了丈夫。这在当时的社会是不容许的,所以妇人是有错的。然而,促使她离开丈夫的原因很可能是她受了欺负(比较创十六6)。然则,利未人也有错。所以他后来用"好话"劝她回来(3节),但那是过了四个月之后的事(2节)。利未人过了那么久才劝他的妾回来,可能他的优越感使他最初因妾的擅自离开受了很大的打击,需要时间平静下来。

利未人和妾的婚姻关系令我们回想到士师记绪论中俄陀聂和押撒的婚姻关系,两者成了强烈的对比:那里的夫妇是有名字、和谐、合作、有丰富应许的;这里的夫妇却是没有名字、不和谐、有很大危机的。我们知道,俄陀聂后来成为理想的士师,将以色列从外邦人的欺压中拯救出来(三7~11);这里的利未人后来却将他的妾拉出去给基比亚人轮奸(25节),最后更将她碎尸十二块,分送给以色列十二支派(29节),将以色列带到瓦解的边缘。

好客传统的滥用——身份定位

第三至九节利未人去犹大的伯利恒劝他的妾回来,却被岳父一再留下。本来古以色列人款待客人的规矩是三天(参注解部分),但他的岳父却强留他到第五天,而且第五天还要强留他。这是"好客"传统的滥用,也是社会秩序颠倒的表示,[21]令故事的读者怀疑有什么意外的事要发生了。利未人的岳父滥用"好客"的传统,目的似乎是要留住女婿,好表示他的优越感,因为只要利未人在他的家里,他的岳父地位就明显,他比利未人优越的感觉就可以维持。[22] 因此,本段故事的焦点也集

[21] 参 M. Brettler,"The Book of Judges:Literature as Politics," *JBL* 108(1989),p.410.
[22] 伊尔认为:"超越文化的研究显示,主客的关系基本上是权力不平等的关系……岳父的好客象征了其客人在道德上和思想上是在他之下的。"参 Yee,*Judges and Method*,p.163.

中在利未人与他岳父的关系上,完全没有描述他原本要去"劝"他的妾
回来的细节。经文三次称那人是利未人的"岳父"(十九 4、7、9),却六
次称那人是女子的"父亲"(十九 3、4、5、6、8、9),目的是要强调那人与
利未人妾侍的父女关系。如果利未人可以一直留在那人的家里,则他
们的父女关系可以更明显。这是那人要留住女婿的另一个原因。

　　究竟该女子的身份是"女儿"还是"妾侍"呢? 这是利未人与岳父争
持不下的问题。这争持是心理上的,不是具体的。这争持在五天内渐
渐增强:头三天的时间最长,但描述最少,表示没有什么争持;第四天时
间只有一日,描述已经比前三天较多,表示争持出现了;第五天时间最
少,只有大半日,描述却最长,表示争持也最大。㉓ 本来利未人与他的
岳父在第四天清早是一同起来的(5 节,参经文部分),但到第五天清
早,利未人却单独起来了(8 节),显示他们从行动一致发展到各走各
路。第五天的争持最大,利未人两次起来要走,都被岳父阻止。第八节
的"他们蹉跎"($hitmahm^e h\hat{u}$,参经文部分)一词就是他们争持的描述。
第九节利未人的岳父两次说:"看哪"(参经文部分),企图用"时候太晚"
来强留女婿。最后他称利未人的"家"为"帐棚"(参注解部分),也有
"小"看利未人的意思(比较 29 节的"家")。最后,利未人不管天色多
晚,路上的危险多大,还是带着他的妾和一切所有的走了(10 节)。这
样,第三至九节利未人的岳父滥用"好客"传统,欲把女儿和女婿都留在
自己身边,结果却为他们铺下一条灭命的路。

好客传统的失落——以色列还是外邦

　　第十至十五节是本章经文的中心。这里的问题是,利未人等应该
在哪里住宿呢? 从犹大到以法莲必须经过耶路撒冷。从这里称耶路撒
冷为耶布斯(11 节)就可以知道,这是一个外邦人的城。根据士师记的
主张,以色列人不可以与外邦人同住(参一 21、22～36,三 5～6),所以
利未人回答仆人的话(12 节)表示他有正确的认识。他以为耶布斯的

㉓ 这是崔布的观察。参 P. Tribble, *Texts of Terror* (Philadelphia: Fortress Press, 1984), p. 68.

外邦人不会接待他们，而基比亚或拉玛是以色列人的城，必会接待他们（13 节）。但事实证明他错了，因为他们进了基比亚城，在最多人来往的城门口（参注解部分），却无人本着以色列人"好客"的传统接待他们（15 节）。这是对利未人的讽刺，也是对以色列人的讽刺。^㉔ 故事往后的发展告诉我们，以色列人的城基比亚不但败坏，而且败坏到好像外邦人最败坏的城所多玛一样。这是本章经文，也是全本士师记对以色列最严重的谴责。"以色列"这个应该有约法关系的社群似乎要解体了。

好客传统的侮辱——家门内外

　　第十六至廿八节的故事，特别是第十六至廿五节，与创世记第十九章一至十一节的故事很相似；两个故事的情节乃至很多用字都相同。所以，哪一个故事先存在的问题，在圣经研究上引起了很多讨论。^㉕ 我们相信，这里的故事是紧随着创世记之故事的，目的在强调以色列人已经完全迦南化了，甚至他们犯罪的情况也已经达到所多玛这个著名罪恶之城的光景（参赛一 10；耶廿二 14；结十六章；哀四 6）。^㉖ 这里和第三至九节的故事一样，是当时社会秩序颠倒的表示：那里是"好客"传统的"滥用"，这里是"好客"传统的"侮辱"；那里用了七节经文（3～9 节）

㉔ 布勒特莱认为这里的描述是特意要贬低基比亚城的，因为基比亚是扫罗的城。这里提到大卫的城耶路撒冷和撒母耳的城拉玛，利未人却没有进去。参 Brettler, "The Book of Judges: Literature as Politics," *JBL* 108(1989), pp. 413-415. 其实，这里的对比不是"基比亚"与"耶路撒冷和拉玛"，而是"以色列人的城"与"外邦人的城"。而且，利未人是准备去拉玛或基比亚的（13 节），只因"日头已经落了"（14 节），才去了基比亚。

㉕ Culley 认为不能肯定哪一个故事先于另一个。参 R. C. Culley, *Studies in the Structure of Hebrew Narrative* (Philadelphia: Fortress Press, 1976), pp. 56-59；Susan Niditch 认为本处的故事先于创世记的故事。参她的专文："The 'Sodomite' Theme in Judges 19-20: Family, Community, and Social Disintegration," *CBQ* 44(1982), pp. 376-377.

㉖ 参 Daniel I. Block, "Echo Narrative Technique in Hebrew Literature: A Study in Judges 19," *WTJ* 52(1990), pp. 325-341；Lasine 也认为创世记的故事先于这里的故事，因为前者的解释不需要倚赖后者，但后者的意思却需要前者才能够被充分地了解。参 S. Lasine, "Guest and Host in Judges 19: Lot's Hospitality in an Inverted World," *JSOT* 29 (1984), pp. 37-59. 苏根也认为这里的故事是根据创世记第十九章的故事写成的。参 Soggin, *Judges*, p. 288.

去描述,这里却用了十三节经文(16～28 节)去描述,可见这里的问题严重多了。这里利未人等最需要的是一个可以暂时寄居的"家"(*byt*),这个字的原文在第十六至廿八节共出现了十二次(18 节中"耶和华的殿"原文是"耶和华的家")。"家"成了本故事的中心,而"家门"内外是有很大分别的。下面的故事可以说明这一点:

a. 正当利未人等无人接待进"家"里的时候,第十六节开头的"看哪"(*wᵉhinnēh*,和合译本没有翻译出来)一词带来了一线希望。这里有一位在基比亚寄居的老年以法莲人,正从田间工作回来。如果这样一位老年人接待他们,就会更加反映出基比亚人无"好客"之情。但年纪已经老了的人还需要在田间工作,可见他不会富有,他有能力接待利未人等吗? 难怪第十七节他要询问他们一番,似乎他不轻易接待客人,或要防备什么危险似的(比较何六 9)。第十八和十九节利未人的解释无非是叫那老年人放心,因为他与老年人一样是以法莲人,他又是一个敬虔人,正要去耶和华的殿,而且他们有充足的粮食,不会负累老人家的。最后,他又称自己是老年人的仆人(*ᵃbādeykā*),称他的妾是老年人的奴婢(*ᵃmātekā*),㉗只求老年人给他们寄宿一夜。"家"是重要的,一个客人最需要的是可以歇息的"家"。这里的描述与罗得接待客人的情况是完全相反的(比较创十九 1～3);那里罗得坐在城门口,见了客人不用询问,便俯伏在地恳请他们留宿在自己家中;这里却是客人坐在城门口,恳求老年人收留他们一个晚上。由此可见,当时以色列的基比亚比昔日外邦人的所多玛更恶劣了。

b. 第二十节告诉我们,老年人答应利未人的要求,而且强调他们不可在街上过夜,表示基比亚城不是一个安全的地方,他们要进入"家"里。第廿二节以后发生的事显明,老年人的"家"受到基比亚匪徒的冲击。基比亚人的行为是外邦人的罪恶之城所多玛人的行为(创十九 4～5)。士师记中的以色列人一直抗拒外邦人的欺压,现在这种欺压的事不需要外邦人,以色列人本身也有了。利

㉗ 中文和合译本没有把这两个字的细节翻译出来。

未人等避开耶布斯（12 节），正是为了避免这种欺压的事，现在这种事在以色列的城中追上了他们。这实在是一种讽刺。虽然如此，"家"仍然是一个保障。利未人在老年人的"家"中仍然是安全的。

c. 基比亚人的行为是对以色列"好客"传统的彻底侮辱——将尊贵的事变成羞耻的事。那些匪徒是来自阴间的毁灭性力量（参注解），在这种力量的笼罩下，故事中的人物似乎有了怪异的行为。第廿三节的老年人与罗得比较显得懦弱得多，因为罗得出去后关上了"家门"，让自己一个人在"门外"面对凶恶的所多玛人（创十九 6），但这里的老年人却没有关上"家门"，让自己和家里面的其他人一同暴露在危险中。

d. 第廿四节老年人的建议是怪异的。因为根据"好客"的传统，他是有责任保护客人的，可是他不但愿意牺牲自己无辜的女儿，还要牺牲利未人的妾。㉘ 不但如此，他还建议基比亚的匪徒任意"玷辱"她们（24 节，参注解）。这种让"客人"在"家门"外牺牲的行为更是不可理喻的恶行。

e. 第廿五节利未人的行为更加怪异。所多玛的人指责罗得想作他们的审判官，结果天使作了裁判者，将罗得从"危险"的"家门外"救回"安全"的"家门内"，并且使所多玛人"眼目"昏迷了（创十九 9～11）。这里的利未人却自己作了裁判者，完全没有与他的妾同议，就"抓住"她，把她从"安全"的"家内"推出"危险"的"家外"，交给了基比亚的暴徒，让他们随自己"眼目"看为正的去作（24 节"任凭"的字面意思）。利未人的行为在创世记第十九章罗得故事的光照下，显得特别自私、冷血、残酷、不可理喻。

f. 第廿六节称利未人为妇人的"主人"，与故事开始的时候称他为女子的"丈夫"（2～3 节）不同，可能要强调利未人已经在昨夜放弃了"丈夫"的身份，但妇人却仍然以他为"主人"。她一息尚存，仍然要

㉘ 他这样作可能是根据罗得向所多玛人提供两个女子的作法（创十九 8）。因为他只有一个女儿，于是加上了利未人的妾。这是拉册（Lasine）颇有道理的解释；参 Lasine, "Guest and Host in Judges 19: Lot's Hospitality in an Inverted World," *JSOT* 29(1984), p. 39. 但老年人这样作却使他的"好客"表现变成了"不好客"的表现。

回到"主人"那里去,可是最后还是被拒于"家门外"。

g. 我们在第廿七节看到那分开"平安"和"危险"的"家门"被打开了,随即暴露了本故事最尖锐的对比。一方面,利未人的表现是最怪异不过的,他为什么可以当昨天晚上完全未发生任何事而清晨照常上路呢?这不是很荒谬吗?他好像完全忘记了自己有一个妾侍,对该妾侍可能遭遇的强暴毫不关心。他甚至可能整夜睡得很好呢。如果他仍然有感觉,那可能不再是人性的感觉了。另一方面,他的妾两手仍然搭在门槛上,这个姿态好像在恳求,要进入安全的"家内";㉙又好像在控诉,要谴责她"主人"的不义。㉚ 她的主人虽然毫不关心她的遭遇,当他早晨开"门"的时候,却不能逃避"她"的事实——"早晨"暴露了他的罪恶;"开门"发现了他行凶的证据。

h. 第廿八节利未人对妇人的吩咐又显出了他的无情。他完全不关心妇人仆倒在地的光景,却以"主人"的身份吩咐她"起来",好像吩咐一个奴仆一样。罗得的故事中,天使也曾吩咐罗得"起来"(创十九15),但那里是"拯救"的吩咐,这里却是"残酷"的吩咐。妇人没有回应利未人的吩咐。可是经文并没有说她死了,她可能仍然有生气(参注解部分),却已经无力为自己的生死辩白。然而,利未人还要进一步利用她。所以,他把她带回本处去了。这里的"本处"其实就是他们的"家"(29 节),但经文不说"家",而说"本处",原因可能是,它再不能保护利未人的妾了。换言之,"家"也不再是"家"了。

妾被肢解象征了以色列的瓦解

第廿九至三十节是本章故事的结束,却将故事的情节推到了另一

㉙ 士师记中,女子与家居似乎有不可分割的关系。女子是应该在家居里面的,她的力量在家居里面发挥得最完全。例如,底波拉在她"住"的地方判断以色列人(四 5);雅亿在她的"帐棚"里杀了西西拉(四 17～21);大利拉在她的"家"里制伏了参孙(十六 4～21)。反之,女子离开了家居就会有生命的危险。例如,耶弗他的女儿"出"家门去迎接父亲,便成了父亲的牺牲品(十一 34～39);这里利未人的妾被抛"出"家门,便被基比亚人"吞噬"了。鲍美琦在这方面有更详细的论述。参 Bal, *Death and Dissymmetry*, p. 195.

㉚ 利未人之妾的身体语言及所得的回应,与士师记第一章押撒的身体语言及所得到的回应(一14～15)彼此呼应。但那里是积极的、引向生命的路;这里是消极的、引向死亡的路。

个高峰,为第二十章作准备。这里强调了利未人和他的妾的问题。

1. 利未人

第廿九节利未人的作为常被解经家用来比较扫罗同类的作为(撒上十一7),认为这里的记载有贬低扫罗的意思。其实,这两件事有很大的分别。因为扫罗的行动是圣战的宗教仪式,他杀的是一对牛,结果救了基列雅比全城的人;利未人的行动却是自私的恐怖作为,他杀的是自己的妾,结果几乎将基列雅比全城的人都杀了(二十8～12)。[31] 所以,这里实在无意贬低扫罗,却有意批评那利未人,因为他所作的是"自己眼中看为正的事"。他曾经"抓住"他的妾,把她交给基比亚的暴徒(25节),现在又"抓住"她。他两次"抓住"他的妾(25、29节),这是直接导致她惨死的原因。她的死是恐怖的,基比亚人固然难辞其咎,那利未人也不能逍遥法外。他把自己的妾切成十二块,企图令全以色列恐慌,为他一个人报仇。[32] 他在第二十章五节的报告中又误导以色列"会众",企图逃避他杀害自己妾侍的责任。

利未人这三次的行动(十九25、29,二十4～7)都好像士师的行动一样,在危难的时刻作"裁判"。最后两处更呼吁以色列人去争战。但他的动机是自私的。结果,便雅悯支派有灭族的危机,使以色列不成为以色列。所以,这里的利未人与米迦故事中的利未人,同样是士师记结论部分的问题中心。

2. 利未人的妾

一般解经家都将这里的利未人看作受害者,其实最大的受害者是他的妾。她在故事中固然没有名字,除了本章二节说她主动离开丈夫之外,她在全故事中都是被动的。当"应该在哪里住宿"的问题提出来的时候,她的丈夫与仆人对话,也不与她对话(11～13节)。利未人有

---

[31] 参拉珊同样的意见。Lasine, "Guest and Host in Judges 19: Lot's Hospitality in an Inverted World," *JSOT* 29(1984), pp.42-43.

[32] 鲍美琦从心理分析看利未人的碎尸行动,认为他要藉着肢解他的妾来消除自己的恐惧,增加自己的保障;另一方面,他也要忘记或拒绝承认他曾把自己的妾拉出去交给便雅悯人的暴行所带来的恐怖。参 Bal, *Death and Dissymmetry*, p.192.

难的时候,即不由分说,把她抓住拉出去交给了基比亚人(25 节)。当
她被带回以法莲自己的"家里",却被利未人肢解了。她的身体受尽创
伤,四分五裂,不但没有人申诉、哀哭、埋葬,还被利未人"利用"来为他
自己说话。③

　　这是一个社会公义完全颠倒的世代,一个"利用"神,结果导致彼此
"利用"的世代。那妾侍的光景就是以色列的光景,这在第三十节显明
了,"这样的事"就是指利未人之妾的遭遇(参注解部分)。只是她已经
死了,没有"说话"的权力了。这里呼吁以色列人在罪恶面前不应该默
不作声,应当思想和商议"她"。但"以色列"也和"她"一样四分五裂了。
她还能够说话吗? 我们在第二十章看到"以色列"说话了,但那里的
"话"是被利未人扭曲了的"话",因而使以色列陷入极大的危险中。其
实,被肢解的"以色列"已经不能说"自己的话"了,只能够期望神"复活
的恩典"把"她"拯救过来。

(二) 以色列的内战(二十 1～48)

1 于是以色列从但到别是巴,以及住基列地的众人都出来如同一人,
　聚集在米斯巴耶和华面前。
2 以色列民的首领,就是各支派的军长,都站在神百姓的会中;拿刀的
　步兵共有四十万。
3 以色列人上到米斯巴,便雅悯人都听见了。以色列人说:"请你将这
　件恶事的情由对我们说明。"
4 那利未人,就是被害之妇人的丈夫,回答说:"我和我的妾到了便雅
　悯的基比亚住宿。
5 基比亚人夜间起来,围了我住的房子,想要杀我,[又强奸了我的妾。

③ 参 Elaine Scarry, *The Body in Pain: The Making and Unmaking of the World* (New
York: Oxford University Press, 1985), p.53. 该作者认为,痛苦和权力是彼此对立的,而
"身体"是痛苦的所在,"话语"却是权力的所在;本章故事中利未人没有身体的痛苦,却有
说话的权力,他的妾有身体的痛苦,却没有说话的权力,结果她的"痛苦"也被利未人"利
用"来说他的"话",不是他妾侍的话。这是很精到的分析,也是现代社会仍然需要认真留
意士师记教训的地方。

她死了]。

6　我就把我妾的尸身切成块子,使人拿着传送以色列得为业的全地,因为基比亚人在以色列中行了凶淫丑恶的事。

7　你们以色列人都当筹划商议。"

8　众民都起来如同一人,说:"我们连一人都不回自己帐棚、自己房屋去。

9　我们向基比亚人必这样行,照所掣的签去攻击他们。

10　我们要在以色列各支派中,一百人挑取十人,一千人挑取百人,一万人挑取千人,为民运粮;等大众到了便雅悯的[基比亚],就照基比亚人在以色列中所行的丑事征伐他们。"

11　于是以色列众人彼此连合如同一人,聚集攻击那城。

12　以色列众支派打发人去,问便雅悯支派的各家说:"你们中间怎么作了这样的恶事呢?

13　现在你们要将基比亚的那些匪徒交出来,我们好治死他们,从以色列中除掉这恶。"便雅悯人却不肯听从他们弟兄以色列人的话。

14　便雅悯人从他们的各城里出来,聚集到了基比亚,要与以色列人打仗。

15　那时便雅悯人从各城里点出拿刀的,共有[二万五千],另外还有基比亚人,点出七百精兵,

16　[　　]都是左手便利的,能用机弦甩石打人,毫发不差。

17　便雅悯人之外,点出以色列人拿刀的,共有四十万,都是战士。

18　以色列人就起来,到伯特利去求问神,说:"我们中间谁当首先上去与便雅悯人争战呢?"耶和华说:"犹大当先上去。"

19　以色列人早晨起来,对着基比亚安营。

20　以色列人出来,要与便雅悯人打仗;就在基比亚前摆阵。

21　便雅悯人就从基比亚出来,当日杀死以色列人二万二千。

22　以色列人彼此奋勇,仍在头一日摆阵的地方又摆阵。

23　未摆阵之先,以色列人上去,在耶和华面前哭号,直到晚上,求问耶和华,说:"我们再去与我们弟兄便雅悯人打仗,可以不可以?"耶和华说:"可以上去攻击他们。"

24 第二日,以色列人就上前攻击便雅悯人。

25 便雅悯人也在这日从基比亚出来,与以色列人接战,又杀死他们一万八千,都是拿刀的。

26 以色列众人就上到伯特利,坐在耶和华面前哭号,当日禁食直到晚上,又在耶和华面前献燔祭和平安祭。

27
28 那时,神的约柜在那里。亚伦的孙子,以利亚撒的儿子非尼哈,侍立在约柜前。以色列人问耶和华说:"我们当再出去与我们弟兄便雅悯人打仗呢?还是罢兵呢?"耶和华说:"你们当上去,因为明日我必将他们交在你们手中。"

29 以色列人在基比亚的四围设下伏兵。

30 第三日,以色列人又上去攻击便雅悯人,在基比亚前摆阵,与前两次一样。

31 便雅悯人也出来迎敌,就被引诱离城。在田间两条路上,一通伯特利,一通[基遍],像前两次,动手杀死以色列人约有三十个。

32 便雅悯人说:"他们仍旧败在我们面前。"但以色列人说:"我们不如逃跑,引诱他们离开城到路上来。"

33 以色列众人都起来,在巴力他玛摆阵;以色列的伏兵从马利迦巴埋伏的地方冲上前去。

34 有以色列人中的一万精兵,来到基比亚前接战,势派甚是凶猛,便雅悯人却不知道灾祸临近了。

35 耶和华使以色列人杀败便雅悯人;那日以色列人杀死便雅悯人二万五千一百,都是拿刀的。

36 [便雅悯人看见以色列人败了]。先是以色列人因为靠着在基比亚前所设的伏兵,就在便雅悯人面前诈败。

37 伏兵急忙闯进基比亚,用刀杀死全城的人。

38 以色列人预先同伏兵约定在城内放火,以烟气上腾为号。

39 以色列人临退阵的时候,便雅悯人动手杀死以色列人,约有三十个,就说:"他们仍像前次被我们杀败了。"

40 当烟气如柱从城中上腾的时候,便雅悯人回头观看,见全城的烟气冲天。

41 以色列人又转身回来,便雅悯人就甚惊惶,因为看见灾祸临到自己了。

42 他们在以色列人面前转身,往旷野逃跑,以色列人在后面追杀。那〔从城里〕出来的,也都夹攻杀灭他们。

43 以色列人围绕便雅悯人,〔不歇息地追赶他们〕,〔践踏他们,直到对着迦巴的日出之地〕。

44 便雅悯人死了的有一万八千,都是勇士。

45 其余的人转身向旷野逃跑,往临门磐去;以色列人在道路上杀了他们五千人,如拾取遗穗一样。追到基顿,又杀了他们二千人。

46 那日便雅悯死了的,共有二万五千人,都是拿刀的勇士。

47 只剩下六百人,转身向旷野逃跑,到了临门磐,就在那里住了四个月。

48 以色列人又转到便雅悯地,将各城的人和牲畜,并一切所遇见的,都用刀杀尽,又放火烧了一切城邑。

(I) 分段

本章经文是第十九章的延续,但主题已经由利未人和他的妾转到了全以色列,所以第一节说:"以色列从但到别是巴……都出来如同一人。"这是指全以色列的意思,他们出来的目的是要对付便雅悯支派。最后,第四十八节说,便雅悯各城的人和牲畜并一切所有的都除灭了。这样,本章的故事有自己的主题及该主题的发展和结束,可以自成一个单元来研读。

(II) 经文

二十 5 "又强奸了我的妾。她死了" 和合译本作"又将我的妾强奸致死"。原文是两个句子,直接翻译应该是:"又强奸了我的妾。她死了。"为了突出原文的意义(参释义部分),我们采纳了直接的翻译。

二十 10 "基比亚"(*gibᵉʿâ*) 原文作"迦巴"(*gebaʿ*)。两者乃不同的地方(参赛十 29)。后者在耶路撒冷东北偏北大约九公里。这两个名称常有混乱,因为同样是"山头"的意思,前者为阴性形式,后者为阳性形式。这里的文意应该指"基比亚",而第四十三节的基比亚则应该是"迦巴"。所以和合译本这里的译文是对的。

　　二十 15 　"二万五千"　和合译本作"二万六千"。七十士译本将"六千"改为"五千",因为第卅五和四十六节中便雅悯阵亡的总人数都只有二万五千。犹太学者金希认为,相差的一千人是便雅悯在第一和第二天阵亡的人数,该人数本段经文并没有记载。我们相信,故事的叙述者在这里对人数是颇为认真的,他不会轻易忽略便雅悯在头两天的阵亡人数。所以,七十士译本的修改是可以接纳的。

　　二十 15 下～16 上　"[……]"　和合译本在这里有"在众军之中有拣选的七百精兵"一句。这一句也是马所拉经文原有的。但其中"七百精兵"这一个词语在第十五节已经出现了一次。不同的古译本和版本都认为,第十五和十六节的"七百精兵"是同一群人。所以,第十六节的"在众军之中有拣选的七百精兵"一句可以取消。我们相信,基比亚的精兵数目与便雅悯支派的其他精兵数目不大可能完全一样,这里的"取消"是可以接纳的。㉞

　　二十 31 　"基遍"　和合译本照原文译作"基比亚"($gib^{e^c}ātâ$),但原文可能应该作"基遍"($gib^{e^c}ônâ$)。因为基比亚人由城里出来所遇到的两条路必定引向两个不同的地方,不可能再引回去基比亚本身。从地理上来看,中央山地南北走向的主要道路经过基比亚的西面之后,在基比亚西北约一公里的地方分为两条路,一条继续向北通往伯特利,另一条向西北通往基遍。㉟　所以,这里改为"基遍"比较合宜。

　　二十 36 　"便雅悯人看见以色列人败了"　和合译本作"于是便雅悯人知道自己败了",其中的"自己"显然是指便雅悯人。但原文"败了"($niggāpû$)这个动词的主词只作"他们",没有指明是便雅悯人或是以色列人。这里解释作"以色列人"更适合,因为第卅六节不是第卅五节的

㉞ 参 Burney, *The Book of Judges*, pp. 475 – 476.
㉟ 参 Burney, *The Book of Judges*, pp. 464 – 465 之间的地图及 p. 479 的解释。又参 Soggin, *Judges*, p. 296 及 Cundall & Morris, *Judges & Ruth*, p. 204. 他们皆同意改基比亚为基遍。

结果,而是第卅二节的重复;这是经文从另一个角度(便雅悯人的角度)看同一件事。便雅悯人看见的"败"其实是以色列人的"诈败"。这一点下半节已经表明了。㊧ 此外,和合译本的"知道"(*wayyireʿû*)照原文的直接翻译,应该是"看见"。所以,全句最好翻译作"便雅悯人看见以色列人败了"。

　　二十 42 "从城里" 和合译本作"从各城里"(*mēheʿārîm*)。这里最好跟随武加大译本和一些七十士译本的版本,改为"从城里",因为这里的城应该指基比亚城,是单数。这也符合以色列人的战略(33 节;比较书八 22)。

　　二十 43 "不歇息地追赶他们" 和合译本作"追赶他们,在他们歇脚之处"。其中"在他们歇脚之处"(*meʿnûḥâ*)的原文只有一个字,意思是"歇息",这与本句的动词"追赶"(*hirʾdîpuhû*)的意思是相反的。便雅悯人既然被以色列人穷追,哪里可能歇脚呢? 所以,有些解经家将"在他们歇脚之处"的原文(*meʿnûḥâ*)理解为便雅悯一个名叫"挪哈"的村庄(参代上八 2)。㊲ 但更可能的解释是跟随七十士译本和武加大译本,将"挪哈"(*meʿnûḥâ*)原文的"*m*"理解为"*mn*"。㊳ 然则,全句可以翻译为"(以色列人)不歇息地追赶他们"。㊴

　　"践踏他们,直到对着迦巴的日出之地" 和合译本作"对着日出之地的基比亚践踏他们",似乎指以色列人在"基比亚"践踏便雅悯人。其实这是不可能的,因为基比亚当时已经被烧掉了(40 节)。原文的直接翻译应该是"践踏他们,直到对着基比亚的日出之地"(*ʿad nōkaḥ haggibeʿâ mimmizraḥ -šāmeš*),即以色列人在基比亚的东面践踏便雅悯人。由于当时便雅悯人应该离开基比亚的附近了,而"基比亚"与"迦巴"又是很容易混乱的两个名词,一般解经家都将这里的"基比亚"改为"迦巴"。㊵ 这是可以接纳的。而且,迦巴也在便雅悯人逃跑的方向上。

㊧ 参 E.J. Revell, "The Battle with Benjamin (Judges XX29 - 48) and Hebrew Narrative Techniques," *VT* 35 (1985), pp. 430 - 431.

㊲ 参 Gray, *Joshua*, *Judges and Ruth*, p. 388; Burney, *The Book of Judges*, p. 485.

㊳ 这是一个希伯来文的前置词,表示"离开……"的意思。这里是"不休息"的意思。

㊴ Burney, *The Book of Judges*, p. 485; Cundall & Morris, *Judges & Ruth*, p. 207.

㊵ Boling, *Judges*, p. 287; Moore, *Judges*, p. 441; Burney, *The Book of Judges*, p. 486.

这样,全句可以翻译为:"践踏他们,直到对着迦巴的日出之地。"

(III) 注解

历史

很多解经家都认为本章的战争是有一些历史根据的,只是被理想化了。哥特华德认为,第卅一节的描述是本章战事的原始故事,一场便雅悯支派与邻近以法莲和犹大支派之间的边界战,与第十二章一至六节记述的战事相仿。[41] 我们相信,本章战事的真实历史已经很难追溯了,但本章的信息却是重要的。我们在释义部分再来讨论这一方面。

二十 1　"从但到别是巴"　是以色列最北端和最南端的两个城,表示全以色列都包括在内的意思(比较撒上三 20;撒下三 10,十七 11,廿四 2、15;王上四章;代上廿一 2;代下三十 5)。

"基列地"　泛指约旦河东以色列人的地方,表示东西方向的以色列也全包括在内,因而表达了强烈的"全以色列"思想。

"聚集"　和合译本是由两个原文翻译过来的:"会众"(hā'ēdâ)和"被招聚"(wattiqqāhēl)。前者是"以色列……众人"(kol-bᵉnê yiśrā'ēl)的同位词,是典型的摩西时期的用词(参利八 4;民十七 7;书十八 1,廿二 12),指以色列是一个宗教性群体。

"米斯巴"　守望台的意思,一座位于以法莲与便雅悯之间的城(书十八 13～26),在耶路撒冷西北约八公里,不是约旦河东的"米斯巴"(参十 17);乃示罗之后一个重要圣所(比较撒上七 5～17,十 17～25)。

二十 2　"首领"(pinnôt)　"房角"的意思。所以,这里可能用了建筑物的房角石来形容以色列人的领袖(比较撒上十四 38;赛十九 3;亚十 4)。

"四十万"('arba' mē'ôt'elep)　字面意思是"四百千"。那么多的步兵,在解释上有些困难。如果一个军人有一个妻子、两个孩子、一对

---

[41] 参 Gottwald, *The Tribes of Yahweh*, pp. 748 - 749, n. 249.

父母,则以色列的总人口将超过二百万,而且还未计算便雅悯和迦南地的原住民。这样的人口数目远超过了考古学可以支持的数目。底波拉时期以色列中可以动员的士兵只有四万人(五 8),所以这里的数目可能是夸大了的。有些解经家将这里的"千"('elep̄)理解为"将领"或受过特别训练的战士。然则,这里的数目可以大大减少了。⑫

二十 5 "基比亚人"(ba'ᵃlê haggibᵉâ) 原文作"基比亚的主人们"。这与原来故事中的"匪徒"(十九 22)有很大的出入。利未人指控基比亚城的"主人们",显然要控诉全城由上至下所有的人了。

"想要杀我" 这一句的意思也不符合原来故事的记载,因为基比亚人只是要与他交合,侮辱他(十九 22)。当然,从当时的情况来看,利未人的生命是有危险的,但那仍然不是基比亚人原来的动机。

"又强奸了我的妾。她死了" 参经文部分。和合译本的译文将利未人之妾的死看为基比亚人强奸她的结果。当然,基比亚人的暴行促使了他的妾之死亡,但那可能还不是直接的原因。我们相信,最后杀害利未人之妾的是利未人自己(参十九 29 注解及释义)。所以,他在这里不可以直截了当地说是基比亚人杀害了他的妾。

二十 6 "凶淫丑恶的事"(zimmâ ûnᵉbālâ) "凶淫"(zimmâ)在律法上指犯了奸淫罪或乱伦罪(利十八 17,十九 29,二十 14)。这个字也多次出现在以西结先知书中,指以色列人拜偶像的罪如同淫乱一样(结十六 27、43、68,廿二 9,卅三 21、27、29、35、44、48;比较耶十三 27)。"丑恶"(ûnᵉbālâ)已经在第十九章廿三和廿四节出现过了(参十九 23 注解)。⑬

二十 8 "帐棚""家"的意思。这是以色列人定居迦南之前或入主迦南早期的用语。

二十 9 "掣签" 可能指第十八节以色列人向神的求问。

二十 12 "便雅悯支派的各家" 原文作"便雅悯各支派"。当然,

---

⑫ 参 J. W. Wenham, "The Large Numbers of the Old Testament," *Tyndale Bulletin* 18 (1967), pp. 24ff; R. A. H. Gunner, "Number," in *NBD*, pp. 895-898.

⑬ 梅尔士(Mayes)认为当时以色列人可能有出二十 23~廿三 33 的约法为社会行为规范,参 A. D. H. Mayes, *Judges* (OT Guides, Sheffield; JSOT Press, 1985), p. 72.

便雅悯只有一个支派而已,所以原文的复数可能是指该支派的不同家族。

二十 13　"匪徒"　参第十九章廿二节注解。

二十 14　便雅悯人不听以色列人的话,随即动员全支派的人起来对抗以色列人。他们这种行动似乎很自不量力,因为一个支派的力量怎可敌挡其他十一个支派的力量呢?但雅各的诗歌中说:"便雅悯是个撕掠的狼,早晨要吃他所抓的,晚上要分他所夺的"(创四十九 27)。便雅悯是雅各最小的儿子,而他的分地又在强大的犹大和以法莲之间。因此,很可能这个支派从起初便因为需要生存而养成了奋勇自强的精神。后来,以色列的第一个王从便雅悯支派出来。这不是没有原因的(比较三 15;代上八 40,十二 1～2)。

二十 15　"二万五千"　参经文部分。这仍然是一个很大的数目。如果我们依照第二节的注解,则这里的数目可以大大减少。波令将"千"理解为军队的单位,这里的二万六千就是二十六个单位,总人数为七百;第卅五节的二万五千一百是二十五个单位,总共阵亡人数是一百;所以,第四十七节说,便雅悯军队最后剩下的人数是六百。[44] 这样的解释颇符合数目上的计算,可是便雅悯的阵亡人数很少,依照当时的激烈战况看来(二十 34、42～45),便雅悯不可能只有那么少比例的阵亡人数,我们相信将"千"了解为军队单位(或将领,参 2 节注解)是可取的,但将二十五"千"视为等于七百人(15 节)或一百人(35 节)是不合理的。这里的"千"所包括的人数在故事叙述者心中可能是清楚的,但我们却无从知道了。本章经文提到的七百、一百和六百(二十 15、35、47)是确实的人数,因为故事叙述者对数目很细心,所以记载了这些数字。那么,本章的数目问题可以这样理解:便雅悯的军队有二十五个单位(参经文部分)或由二十五个将领带领,另外还有基比亚的七百个精兵(15 节,参经文部分)。经过激烈战斗后,他们的所有阵亡人数是二十五个单位,或二十五个将领可以带领的人数,另外多加一百人。最后剩下的总人数是六百。当然,这六百人不一定都是基比亚的精兵剩下的

[44] Boling, *Judges*, pp. 284 - 285, 287.

人数。

二十 16 "用机弦甩石" 这种机弦是古时候的战争武器,埃及人、亚述人、巴比伦人和以色列人都曾使用,大卫也曾用这武器打死歌利亚(撒上十七 49)。[45] 这里的七百精兵都是从基比亚来的,可能基比亚人特别善于利用机弦甩石(参代上十二 1~3)。

二十 18 "伯特利" 这城在这里及第廿六节与第廿一章二节的出现,有些学者认为有解释上的困难。因为伯特利在当时以色列人聚集的米斯巴(1 节)东北约六公里之外的地方,步行需要三至四小时。为什么以色列人放弃米斯巴的祭坛,而特别去那么远的伯特利求问神呢?而且这样的求问是每天的事(二十 18、23、26)。波令认为这里的伯特利不是地名,而是"神的殿"的意思,当时他们求问神的地点在米斯巴。他又认为以色列人应当在伯特利求问神,而且应该问神可否去与便雅悯人作战,不应该问神谁当首先上去作战,因为作战与否是神自己的主权。[46] 其实,伯特利一词也出现在第卅一节,那里只能指伯特利城。我们相信故事的叙述者不会在不加解释的情况下用同一个词指两个不同的意思,因为这样会混乱他自己要表达的意思。因此,我们还是要以本节的伯特利为地名。这里的故事可能严格分开了米斯巴和伯特利的作用——前者是军事聚集的地方,而后者是求问神谕的地方。

"求问神" 参第一章一节的注解。

二十 21 本节显示以色列人败在便雅悯人面前,这是不容易想像的结果,因为以色列人的军队数目比便雅悯人多了很多,而且他们似乎是有神的祝福的(18 节)。以色列人失败的其中一个原因,可能是他们没有便雅悯人那么熟悉当地的地势,而人数多在山地作战也不容易调动。但这不可能是唯一的原因,我们在释义部分再来讨论这一点。

二十 26 这里显示以色列人第二次失败后越发在神面前反省认罪了。

---

[45] 有人估计用这种武器,一磅重的石头可以每小时一百四十公里的速度甩出去。参 Cundall & Morris, *Judges & Ruth*, p. 201.

[46] 参 Boling, *Judges*, pp. 285, 288. 武加大译本则将这里的伯特利理解为在示罗的"神的殿"。因为二十 28 提到那里有神的约柜,而约柜从约书亚时代(书十八 10)到以利时代(撒上四 3~4)都在示罗,但示罗比伯特利更远离米斯巴。

"燔祭"　全部祭牲都在坛上烧掉的祭,表示认罪,求神赦免的意思(利一 4,四 13~21;比较民八 19,廿五 13)。

"平安祭"　神和献祭者一同分享祭牲的祭,表示重新建立与神的约法关系。

二十 28　"非尼哈"　黑人的意思,一个埃及名字,可能反映了摩西和亚伦等人的埃及背景。这个名字后又成为祭司以利其中一个儿子的名字(撒上一 3)。从撒母耳记上第二章廿七节看来,在示罗作祭司的以利是亚伦家的直系祭司。从约书亚记第廿四章卅三节也可以推想,亚伦家与以法莲支派有密切的关系。非尼哈在本节经文的出现显示这里的故事发生在以色列人入住迦南地的早期。[47]

"侍立在约柜前"　传达和执行神旨意的意思(比较申十 8,十八 7;结四十四 15;王上十七 1,十八 15;王下三 14,五 16)。

当时祭司和约柜都在伯特利,可能是因为战争而由示罗搬来这里较接近战场的地方。最后,神应许以色列人可以战胜便雅悯人了,只是没有说要杀尽便雅悯人。

二十 29~48　这段经文有很多重复的记载,很多解经家都认为这是两个战争版本被合在一起的结果。[48] 我们同意雷威尔(Revell)的意见,认为这里的重复所显示的是文艺的技巧,不是故事版本的不同,因为本章故事的叙述者从以色列人、伏兵、便雅悯人三个不同的集中点去记叙战事:头一个集中点是整个战事的梗概,后两个集中点是战事的特写。当经文集中描述(narrative clause)某一组人的时候,背景性的描述(contextual clause)自然会给人一种重复和累赘的感觉。[49] 我们依照这观点,可以将本章故事分别如下:

---

[47] 参 Gray, *Joshua, Judges and Ruth*, p. 386;Cundall & Morris, *Judges & Ruth*, p. 203. 但有些学者认为这非尼哈应是第二,以利的前任祭司,因为当时已经是士师时期的末期了。参 Myers, *The Interpreter's Bible*, II, p. 819.

[48] 解经家认为这里重复或平行的经文有下列各节:9//20, 31//39a, 32a//39b, 36a//41a, 35//46, 45//47. 苏根将这里的经文分为下列两个版本:第一个包括下列各节:29, 36b, 37a, 38 - 42a, 45, 46;第二节包括下列各节:30 - 36a, 37b, 42b, 47. 参 Soggin, *Judges*, p. 294.

[49] 参 E. J. Revell, "The Battle with Benjamin (Judges XX29 - 48) and Hebrew Narrative Techniques," *VT* 35 (1985), pp. 425 - 426.

a.　第廿九至卅五节及第四十七至四十八节是战事的梗概，集中描述以色列人。

b.　第卅六至卅九节是特写，集中描述伏兵。

c.　第四十至四十六节也是特写，集中描述便雅悯人。

二十 31　"田间"　指离开了基比亚城范围的大路。

"路"（*mᵉsillôt*）　不是一般人走出来的路，而是正式修筑的路。这条路是中央山地南北走向的主要道路（参经文部分）。

二十 32　这是背景的描述，说明便雅悯人被引诱离城是以色列人的计划之一，同时强调自以为是的便雅悯人正在危险中。这样的描述在第卅六和卅九节一再出现，使人觉得便雅悯人越来越陷入危险中了。

二十 33　这也是背景性的描述，说明了反击便雅悯人的方法是以色列人的计划之二（32 节为计划之一）。从时间次序来看，上半节应该放在第廿九节之后，表示以色列人设下伏兵之后，其余的大军安营在"巴力他玛"。但为了强调以色列人的反击战略，叙述者将上半节放在这里，使以色列人的大军与下半节的伏兵组成钳形攻势，陷便雅悯人于前后受敌的困境。

"巴力他玛"　地点不详，可能在基比亚的东北面。

"马利迦巴"　地点也不详，但七十士译本把它读作"迦巴的西面"。由于迦巴在基比亚的东北面，宾尼把"马利迦巴"理解为"迦巴"西南面的一个谷地，即在基比亚的东面。然而"迦巴"可能应该读作"基比亚"，因为这两个字常有混乱（参经文部分 10 节），而且后来便雅悯人是向基比亚的东北方向逃跑的（42 节）。然则，伏兵应该在基比亚的西面（比较书八 9）。[50]

二十 34　本节接着第卅一节继续叙述战事实况。

"一万精兵"　就是那些伏兵。他们从埋伏的地方冲上了没有防卫的基比亚城。

二十 35　"二万五千一百"　参第十五节注解。

---

[50] 波令和摩尔都认为伏兵应在基比亚的西面。参 Boling, *Judges*, p. 287；Moore, *Judges*, p. 437.

　　二十 36～39　这是关于伏兵的特写,说明他们在这次战事中的特殊使命。

　　二十 36　这是第卅二节的重复(参经文部分的讨论),是伏兵使命的背景性描述。

　　二十 37　这是伏兵的特殊使命之一:夺取基比亚城。

　　"急忙……闯……进"　在原文中是三个不同的动词,表示以色列人的突进是迅速而又有组织的。

　　二十 38　这是伏兵的特殊使命之二:在城内放烟火为号,告诉以色列大军,城已夺取,他们可以还击便雅悯人了。

　　"伏兵"　这个词的原文随后有"大"(hereb)这个字,可能以色列人在伏兵当中指定了一些主要的人去放火。

　　二十 39　本节与第卅六节一样是背景性的描述,强调便雅悯人自以为是带来的危险。这个危险因为第卅七和卅八节的描述显得更加严重了。

　　"临退阵的时候"(wayyaḥᵃpōk ... bammilᵉḥāmâ)　指以色列人诈败退后的时候(参 32、36 节)。原文字面意思是"在战场上回转过来"。其中"退"(hpk)这个动词也出现在第四十一节,翻译为"转身回来"。所以,这里也有"预期"第四十节以后要发生之事的意思。即以色列人已经看见基比亚的烟火,要转向回来攻击便雅悯人了,可是便雅悯人仍然不知道自己的危险。这实在是对便雅悯人自以为是的讽刺!

　　二十 40～46　这是关于便雅悯人的特写,对照第卅五节的详细描述。

　　二十 40　"全城烟气"(kᵉlîl-hāʿîr)　"烟气"是对照上半节另外加上去的(比较书八 20),可能指基比亚城被当作祭物一样全烧掉了。[51]考古学家在巴勒斯坦的 Tel el-Fûl 发现该城曾于主前十二世纪初遭大毁灭,至十一世纪末才被重建起来。一般解经家相信那就是古时候的基比亚遗址。[52]

---

[51]　参申十三 16 节(原文为 17 节),"k lyl"这个词也出现在该节经文。

[52]　参 Soggin, *Judges*, p.305.

二十 42　"旷野"　指中央山脉以东的半沙漠地带。巴勒斯坦的雨云由西面的地中海而来,中央山脉以东属于无雨地区。所以,便雅悯人是向基比亚的东面逃跑的。

"城"　参经文部分。即以色列人的伏兵放火烧了基比亚城以后,便出来协助大军夹攻逃跑的便雅悯人。

二十 43　参经文部分的讨论。这里的"基比亚"通常被理解为"迦巴"。迦巴的东面有深谷(撒上十三 16,十四 4~5)。这可能是以色列人追赶便雅悯人的最后一站。而便雅悯人则继续向北逃跑,直到临门磐(47 节)。

二十 44~46　关于这里的人数,可以参考第十五节的注解。

"旷野"　参第四十二节注解。

"临门磐"　在基比亚东北约九公里,东距伯特利约六公里半;有天然峡谷,易于防守。

"如拾遗穗一样"　表示地毡式的扫荡,一个也不放过(比较八 2注解)。

"基顿"　这个地方确实地点不详。有些解经家认为是"基遍"。[33]这样的解释与当时的战事不大符合,因为基遍在基比亚西北面,而当时的战场在基比亚东北面。那么,"基顿"可能就是"迦巴",因为从内容看来,第四十四至四十六节只是计算便雅悯人的死亡人数,不是战事的继续发展。迦巴是以色列人追杀便雅悯人的最后一站(43 节)。

二十 47~48　上接第卅五节,继续描述这次战事的最后阶段。

"住了四个月"　余剩的便雅悯人可能生活在洞穴中,一如历史上常有的事,例如基甸时候的以色列人(六 2),及新旧约之间死海西北面的昆兰社群。

"各城的人"　指便雅悯支派基比亚之外其他城镇的老弱妇孺等人口。这里以色列人对待便雅悯支派的作为,如同约书亚的时候对待耶利哥城一样,将全支派都毁灭了(比较申二 34,三 6)。

---

[33]　参 Gray, *Joshua, Judges and Ruth*, p.389.

(IV) 释义

以色列秩序井然的假象

　　本章经文的内容是以色列人对便雅悯支派的惩罚战。以色列人的作为显得非常有纪律,"如同一人"(k^e'$\hat{\imath}\check{s}$ '$eh\bar{a}d$)一语在故事的开头出现了多次(二十 1、8、11),表示他们的合一和团结。对于惩罚犯罪的便雅悯人,他们有坚强的意志(8 节)和周详的计划(9～11 节)。以色列是一个有约法关系的群体,每一个成员都有责任和使命,任何一个成员违背了约法都应该受到惩罚,好叫"以色列"保持圣洁(13 节)。这是约法的要求(申十三 12～18,十七 2～7)。以色列人在这里所作的,不就是以色列之所以为以色列应该有的表现吗? 如果士师时期是各人任意而行,社会秩序大大混乱的时期,本章经文却表达了相反的意见。这样看来,以色列人纵使没有王,似乎也可以自己管理自己了。而管理以色列的就是"会众"($h\bar{a}$'$\bar{e}d\hat{a}$),一个理想的议会(参 1 节注解)。如果以上的情况真是本章的信息,就与前面的经文大大相反了。

　　其实,以上的情况只是假象而已。以色列人有约法,却没有真正依照约法生活。全章经文似乎显得他们很有纪律,却暴露了他们的混乱。很多解经家都认为本章的战事最少是由两个版本拼凑而成的,因为本章有很多重复的经文,特别是第廿九至四十八节。我们在注解部分采纳了雷威尔的意见,认为这些重复是文艺的。纵使这样,我们仍然不能够否认,本章经文的记叙方法实在与士师记其他经文的记叙方法有显著的不同,容易给人一种反复混乱的感觉。或许这是本章故事的叙述者故意的,目的是要传达一个信息:以色列在执行纪律战争的时候仍然是混乱的。他们虽然有约法,但没有真正尊重神的王权,结果显出了他们的丑陋和荒谬。我们下面就按着经文的次序来看这一点。

利未人的丑陋

　　整个战事开始的时候就似乎有问题了。那利未人将基比亚城的恶事带到全以色列十二支派的"会众"那里去,要求处理。这似乎过分了一些。我们知道,当时作恶的是基比亚城的一些匪徒(十九 22)。创世记第十九章同类的故事却特别强调,"所多玛城里各处的人,连老带少"都参与了作恶的事(创十九 4)。本章故事既然以创世记的故事为蓝本(参注解部分),这里不同的记载自然表示故事叙述者有意说明,基比亚城的恶事只是某一些匪徒作的,不是全城的人作的。然则,利未人可以将事情首先带到基比亚城的长老那里去(参申廿二 13~30)。他没有这样作,却故意将事情扩大。这一点从他向以色列"会众"的报告中可以看到:

a. 第四节中的叙述者称他的妾是"被害之妇人"(*ha'iššâ hannirṣāḥâ*),更清楚的翻译是"被谋杀之妇人"。我们在第十九章廿九节说,利未人的妾是被他自己杀害的。那么,这里叙述者是在暗示,利未人就是凶手了。这一点利未人却隐藏了,而将责任全推在基比亚人身上。

b. 他将矛头指向基比亚的领袖们(参 5 节注解),将全城的人都牵涉在内。他也许害怕,若不这样说,以色列的"会众"不会为他报仇吧。

c. 他改变了基比亚人围住房子的动机。基比亚匪徒的目的是要与他交合(十九 22),他却说是要杀他(5 节)。他又隐藏了自己自私地将他的妾拉出房子外面的作为,却暗示基比亚人谋杀了他的妾。
    利未人误导"会众",暴露了自己的丑陋。他称基比亚人行了"凶淫丑恶的事"(6 节),其中"丑恶"的基本意思是愚蠢和不敬畏神。他的指责也指向了自己的行为。他呼吁以色列全"会众"遵照以色列的约法处理这件事(7 节),其实是"利用"神圣的约法去成就他"自己眼中看为正的事",比从开始即放弃约法而行"自己眼中看为正的事"的人更加显得丑陋。

全会众的荒谬

那利未人是丑陋的。全以色列"会众"也是荒谬的。下面几点可以说明这一点:

1. 先兵后礼

他们看见了利未人分送出去的"肢体",还没有明白究竟发生了怎么一回事,便都要以武力对付便雅悯了。第一节的"出来"(*wayyēṣeʿû*)一词是有军事意义的。第二节的描述更确定了他们要以武力对付便雅悯的意思了,因为他们有四十万大军已经准备好了,但这时候他们还没有听取利未人的报告(4～7 节)。他们听完利未人不尽不实的报告之后,便立即决定了攻击基比亚的计划。他们认为这样作是公义的,因为他们是"照基比亚人在以色列中所行的丑事征伐他们"(10 节),但这时候他们还没有听取基比亚人的分诉(参 12 节)。这不是很荒谬吗? 后来,以色列"会众"与便雅悯人谈判了,却以武力作为他们的筹码(12～13 节)。这又显出了他们的愚蠢,便雅悯人不肯听他们的话是可以预期的。因为有罪的人一般也不愿意在武力压迫下认罪,更何况利未人的控诉是不尽不实的呢? 结果,谈判失败,以色列作为团结一体的组织便已经分裂了。因为若不理会便雅悯,以色列即少了一个支派;若攻击便雅悯,以色列也有缺少一个支派的危机。这是故事后来的发展可以证实的。[54]

2. 责人不责己

以色列人称基比亚人强奸那利未人的妾是一件"丑事"(10 节)。但故事后来的发展告诉我们,以色列的领袖们却鼓励便雅悯人强奸更多示罗的女子(廿一 20～21),前者是违反约法的,后者算是合乎约法吗? 他们这样作不是很荒谬吗? 以约法的名行违反约法的事不是很丑陋吗? 以色列"会众"的丑陋比那利未人的丑陋实在有过之而无不及。

3. 先决定后求问

究竟他们是否应该攻击便雅悯人呢? 圣经没有讨论这个问题,但故事的发展告诉我们,以色列人在这个问题上是应该先求问神的。第

---

[54] 威尔逊(Wilson)从古以色列的行政系统看,认为这也是以色列需要有支派以上的君王的原因,参 Robert K. Wilson, "Israel's Judicial System in The Preexilic Period," *JQR* 74 (1983), pp. 239 - 240.

十八节说，以色列人在神面前求问的不是应否去攻击便雅悯人，而是谁当首先上去攻击。很多解经家都留意到这里的求问和回应与第一章一至二节的求问和回应很相似。那么，以色列人经过了那么长的士师时期，结果还是回到了原来的起点吗？然则，以色列人的士师时期是白白地过了。不但如此，现在的情况比起初的情况更加恶劣了。因为起初的求问是要攻击迦南人，现在的求问却要攻击以色列的一个支派。攻击迦南人是神的决定，攻击以色列的一个支派却是以色列"会众"自己的决定。他们"筹划商议"之后（7 节）才来求问神，这又是荒谬的。从战事最初的失败（19～28 节）和后来引起的危机和罪恶（廿一章）来看，以色列"会众"在本章的决定和行为都是荒谬和丑陋的。

神给以色列人的教训

在第十八至廿八节，神两次说以色列人可以上去攻击便雅悯人（18、23 节），但两次他们都被便雅悯人打败了。这实在是一个令人不解的问题，可能是神要他们反省的缘故（比较赛八 10）。神要以色列人反省什么，认识什么呢？从上面的讨论来看，他们需要学习两点：

1. 他们与神的关系

神是他们的"王"。宣战是神的事（参撒下二 1，五 19；王上廿二 6、15）；他们不能自己商议决定了以后，才让神去执行——那是"利用神"的态度。这一点他们在这里学习了。本来他们是非常坚决要攻打便雅悯人的。他们来到神面前，只问神谁当首先上去攻打（18 节）；他们也以为，在兵力如此悬殊的情况下必定可以取胜的。第一日失败以后，他们在神面前哭号到晚上，怀疑自己是否应该再去攻打便雅悯人（23 节）。第二日失败以后，他们不但哭号，而且禁食到晚上，又献燔祭和平安祭（26 节），甚至要罢兵了（28 节）。可见他们越来越察觉到自己与神之间的问题，要求神赦免，重新建立与神的关系了。但他们看重的似乎仍然是宗教仪式多于心灵的更新。这里特别提到神的约柜和祭司非尼哈，无非要强调他们所作的都是"正统"的宗教礼仪。

2. 他们与便雅悯的关系

他们与便雅悯是弟兄,两者不能分开,便雅悯的罪和伤害也是他们的罪和伤害。故此,他们攻打便雅悯人,首先受伤痛的是他们自己(21～26节)。最后,他们怀疑是否应该去攻打便雅悯人了。神却应许他们不单可以上去攻打便雅悯人,而且必然得胜(28节)。为什么他们有意罢兵的时候,神又要他们去攻打呢? 原来,神让他们败在便雅悯人面前,并不等于便雅悯人的罪不需要惩罚。罪是必须对付的,否则恶必随着来到(申十七12;比较书七章;撒下廿一1～14),但必须按照约法而行。现在,以色列人要思想如何惩罚便雅悯人了。从第四十八节来看,他们似乎又过分了,因为他们将整个便雅悯支派都放在圣战的规条之下,杀了全支派及城里的人口和牲畜,又烧了所有城邑。结果,他们自己也为此而痛哭了(廿一2～3)。这不是很荒谬吗? 可见徒有宗教规条而没有神的带领是很容易混乱的,也是很危险的。

便雅悯人的愚昧

便雅悯人在本章的表现也是愚蠢和荒谬的。以色列人要他们交出基比亚匪徒来的时候,他们不肯交,而且还积极备战(12～14节)。可能他们太倚赖自己的兵力了(15～16节),以致轻看了以色列的四十万大军。第卅二、卅六、卅九各节三次将便雅悯人的骄傲和以色列人的诈败对立起来,显出了便雅悯人的轻敌和无知。第卅四节更直接说:"便雅悯人却不知道灾祸临近了。"其实,他们应该知道,昔日神如何对付作恶的所多玛(创十九28),今日也会照样对付犯同样罪恶的基比亚(40节),但他们"看见"自己的城被火焚烧的时候(41节),已经后悔莫及了。这不是他们的愚蠢和荒谬吗? 结果,他们全支派的人只剩下六百人(47节)。如果他们最初愿意交出基比亚的匪徒来,情况又哪里会如此恶劣呢? 但便雅悯人既然可以维护基比亚作恶的人,又哪里会有敬畏神的心呢?

这样看来,本章是以色列内部严肃的战事,也显出了他们严重的丑陋、荒谬和愚昧。以色列人之所以成为以色列人,是因为他们有使命和责任。如果失去了使命和责任,他们就会变成丑陋、荒谬和愚昧的人。

便雅悯的例子更可以成为后来被掳在外之以色列人的警戒：离弃神和神之约法的人都会失去迦南应许地的产业，在外地作逃亡的人。㉟

（三）便雅悯支派灭族的危险（廿一 1～25）

1　以色列人在米斯巴曾起誓说："我们都不将女儿给便雅悯人为妻。"

2　以色列人来到伯特利，坐在神面前直到晚上，放声痛哭，

3　说："耶和华以色列的神啊，为何以色列中有这样缺了一支派的事呢？"

4　次日清早，百姓起来，在那里筑了一座坛，献燔祭和平安祭。

5　以色列人彼此问说："以色列各支派中，谁没有同会众上到耶和华面前来呢？"先是以色列人起过大誓，说："凡不上米斯巴到耶和华面前来的，必将他治死。"

6　以色列人为他们的弟兄便雅悯后悔，说："如今以色列中绝了一个支派了。

7　我们既在耶和华面前起誓说，必不将我们的女儿给便雅悯人为妻，现在我们当怎样办理，使他们剩下的人有妻呢？"

8　又彼此问说："以色列支派中，谁没有上米斯巴到耶和华面前来呢？"他们就查出基列雅比没有一人进营到会众那里。

9　因为百姓被数的时候，没有一个基列雅比人在那里。

10　会众就打发一万二千大勇士，吩咐他们说："你们去用刀将基列雅比人连妇女带孩子都击杀了。

11　所当行的就是这样，要将一切男子和已嫁的女子尽行杀戮，[但你当存活处女。"他们就这样作了。]

12　他们在基列雅比人中，遇见了四百个未嫁的处女，就带到迦南地的示罗营里。

13　全会众打发人到临门磐的便雅悯人那里，向他们说和睦的话。

㉟ 参申四 32～40，五 32～33，七 1～6，九 1～6，十一 2～17，廿八 15～26、58～68，廿九 22～29；书廿三 11～13；王下十七 7～23。

14 当时便雅悯人回来了,以色列人就把所存活基列雅比的女子给他们为妻,还是不够。

15 百姓为便雅悯人后悔,因为耶和华使以色列人缺了一个支派。

16 会中的长老说:"便雅悯中的女子既然除灭了,我们当怎样办理,使那剩余的人有妻呢?"

17 又说:"[如何为了便雅悯,让余剩的人存留后代,免得以色列中涂抹了一个支派呢?]

18 只是我们不能将自己的女儿给他们为妻。"因为以色列人曾起誓说:"有将女儿给便雅悯人为妻的,必受咒诅。"

19 他们又说:"在利波拿以南,伯特利以北,在示剑大路以东的示罗,年年有耶和华的节期。"

20 就吩咐便雅悯人说:"你们去,在葡萄园中埋伏;

21 若看见示罗的女子出来跳舞,就从葡萄园出来,在示罗的女子中,各抢一个为妻,回便雅悯地去。

22 他们的父亲或是弟兄若来与[我们]争竞,我们就说:'求你们看我们的情面,施恩给这些人,因我们在争战的时候没有给他们留下女子为妻,这也不是你们将女子给他们的;若是你们给的,就算有罪。'"

23 于是便雅悯人照样而行,按着他们的数目,从跳舞的女子中抢去为妻,就回自己的地业去,又重修城邑居住。

24 当时,以色列人离开那里,各归本支派、本宗族、本地业去了。

25 那时以色列中没有王,各人任意而行。

(I)分段

本章经文是第二十章的延续,但主题已经不是对便雅悯的战争,而是战争的善后了。所以我们将它从前面的经文分开来看。而且,第二和四节以色列人的"哭号"和"献燔祭和平安祭",也领我们回到了以色列人第三日对便雅悯人作战之前的光景(二十 26),显示这里是一个新的段落。另一方面,本章是士师记结论部分(十七～廿一章)的结束。第廿五节"那时以色列中没有王,各人任意而行"一句,是士师记结论的结构性用语,与第十七章六节同样的用语互相呼应,总结了士师记的结论部分。

(II) 经文

廿一11　"'但你当存活处女。'他们就这样作了"　这是七十士译本梵蒂冈抄本加在本节末了的经文。这个补充是需要的,因为经文的内容告诉我们,这是当时以色列人要攻打基列雅比的目的。[56]

廿一17　"如何为了便雅悯,让余剩的人存留后代……呢?"　和合译本作"便雅悯逃脱的人当有地业"。其中"当有地业"($y^e ru\check{s}\check{s}at$)原文只有一个字,意思是"产业"。这个词与"便雅悯逃脱的人"一语合并起来的原文字面翻译是"逃脱之人─的产业─为便雅悯"。七十士译本将这一句改为:"如何为便雅悯让余剩的人存留(后代)呢?"即"产业"($y^e ru\check{s}\check{s}at$)可能需要改为"如何让……存留[后代]"($'\hat{e}k\ ti\check{s}\check{s}\bar{a}'\bar{e}r$)。这样的修改可能是需要的(参 BHS),因为上下文讨论的问题不是便雅悯的"地业"问题,而是他们的"后裔"问题。然则,译文可以是:"如何为了便雅悯,让余剩的人存留后代……呢?"

廿一22　"与我们争竞"　七十士译本及武加大译本皆作"与你们争竞"。这是可以理解的,因为示罗女子的父亲或弟兄,很可能直接与抢女子的便雅悯人争竞。但便雅悯人抢了女子后,可能立即回便雅悯去了,女子的父亲或弟兄就需要直接向以色列的长老们投诉了。我们还是保持这里的马所拉经文为是。

(III) 注解

廿一4　"那里"　指伯特利。由于伯特利已经有祭坛,而且本节提到的燔祭和平安祭已经在那里献过了(二十26),为什么以色列人还要在那里筑坛呢? 解经家一般都觉得这是一个困难。[57]　虽然以色列人

---

[56]　这里补充的原文可能是" $w^e et$ -habb $^e t\hat{u}l\hat{o}\underline{t}\ t^e hayy\hat{u}\ wayya^{`a}\acute{s}\hat{u}\ \underline{k}en$ "(参 BHS)。

[57]　有些将它当作是后来加上去的文字,有些则认为这里筑坛的地点是米斯巴,不是伯特利。
　　参 Burney, *The Book of Judges*, p. 488;Cundall & Morris, *Judges & Ruth*, p. 208.

不随便建筑新坛(书廿二 10～29),但他们在国家有危难或战争前后也可能筑坛献祭的(参撒上七 9,十三 9,十四 35)。这次战争使很多人死伤,再加上便雅悯人有断绝后代的危机,使以色列少了一个支派。以色列人可能认为这是极大的危机,因而特别筑坛举行宗教礼仪,在神面前懊悔祷告。

廿一 5　"大誓"(*hašš^ebû'â*)　原文前面有一个定冠词,表示指定的一个誓。这誓可能是第一节以色列人曾经起的誓,也可能是古以色列人社会中一种严肃的死誓(参撒上十四 24、26、28;比较申廿七 15～26;出廿一 12、15、16、17,廿二 19～20)。

廿一 6　"绝了"(*nigda'*)　原文只在这里及基甸(*gid^e'ôn*)的名字中出现,字面意思是"砍掉",好像树枝从树上被砍下来一样。

廿一 8　"基列雅比"　确实地点不详,^⑧可能在约旦河东约三公里的地方,由伯善往东,约一日可达,那里的基列人是玛拿西的后裔,与便雅悯同属拉结一系。解经家一般都认为,这里特别提到"基列雅比"有贬低扫罗王朝的意思,因为基列雅比在旧约圣经中只与扫罗有关系。扫罗是基比亚人(撒上十 26),曾经拯救基列雅比脱离亚扪人的辖制,因而被立为王(撒上十一章)。后来该城的人为了报答扫罗的拯救,曾冒险从伯善非利士人的手中夺回他的尸体(撒上卅一 8～13)。扫罗死后,他的儿子伊施波设曾将首都迁往约旦河东的玛哈念,继续统治以色列人(撒下二 8～10)。这样看来,基比亚和基列雅比可能有密切的关系,他们在这里和扫罗之时彼此支持是可以理解的。^⑨上面解经家的一般意见也是可能的,但我们认为那不是士师记本身的意思。因为如果这里贬低扫罗王朝,即暗示褒扬大卫王朝,而士师记对地上的"王朝"是没有特别好感的。

廿一 9　"被数"　指战争前后惯常的数点(比较五 14～18)。

"尽行杀戮"(*taḥ^arîmû*)　可能是根据第五节的大誓,将全部基列雅比人杀了的意思。这是以色列人继对付便雅悯支派后(二十 48),另

---

⑧　参宾尼在士师记注释中不同的可能地点。Burney,*The Book of Judges*,pp.489-490.

⑨　格雷更认为便雅悯和基列雅比之间可能有小的"支派同盟",以约旦河旁的吉甲为中心。
　　参 Gray,*Joshua*,*Judges and Ruth*,pp.390-391.

一次同样的杀戮（比较一 17）。

廿一 12　"迦南地的示罗营"　示罗突然出现在这里，给了我们一些理解上的困难。当战事开始的时候，以色列人聚集在米斯巴（二十 1，廿一 1、5、8）。后来，他们屡次求问神都是在伯特利（二十 18、26，廿一 2），为什么现在忽然去了示罗呢？这三个地点的相对距离是：伯特利在米斯巴东北偏北约六公里，示罗则在米斯巴东北偏北约二十一公里。可能的情况是：便雅悯的问题已解决，现在是基列雅比（东北距米斯巴约七十二公里）的问题，因此大会中心也向北移到示罗去了。这样，对那些仍然在临门磐（东北距离米斯巴约七公里）之余下的六百便雅悯人也比较方便。⑥ 这里称示罗为"迦南地的示罗"，可能表示当时示罗仍然是一个相当迦南化的城。但约书亚记第十八章一节说，那城早已经被以色列人制伏了。这里的称呼可能不是历史的，而是寓意的（参释义部分）。

廿一 15　"耶和华使以色列人缺了一个支派"　意思不是神要为此负责，而是神允许这事发生，为要教训以色列人。

"缺口"（peres）　比较撒母耳记下第六章八节、出埃及记第十九章廿二、廿四节。

廿一 17　参经文部分的讨论。

廿一 19　"他们又说"　这一句随后有"看哪"（hinnēh）一词，表示长老们正在为便雅悯支派余剩的人不知如何是好的时候（16～18 节），忽然有所洞察，将便雅悯人的视线带到了一个新的机会上面。

"示罗"　以色列早期的宗教中心（书十八 1～10；撒上一 1～3），在中央山地主要公路以东约三公里的地方。

"利波拿"　可能在示罗西北偏西约五公里，那里出产的葡萄直到以色列人被掳后期第二圣殿的时候仍然被用于圣所。⑥

"耶和华的节期"（hag-yᵉhwâ）　原文"hag"有"朝圣"的意思。这是

---

⑥ 诺马丁认为以色列早期中央祭坛迁移去不同的地点是可能的，原因之一为约柜原来就是可以迁移的柜，与迦南人的祭坛需要固定在某一个地方不同。参 Noth, *The History of Israel*, p.94.

⑥ 参 Gray, *Joshua, Judges and Ruth*, p.395.

定期举行的宗教节期,可能是住棚节——一个重要的葡萄收成后的新年节期,除了示罗的居民以外,还有其他地方的朝圣者参加(参撒上一 2)。

廿一 20～21　经文的描述显示,该节期可能有迦南宗教色彩。原来,迦南人于葡萄收成时向他们的神祇献祭(参九 27;比较民廿五 1～3),祭祀活动包括女子在园中跳舞。这是一种性放纵的活动。[62] 这里以色列人在示罗举行的节期,也以迦南人这种农耕社会的节期为背景。

廿一 22　**"或是弟兄"**　这里特别提到女子的弟兄,因为古时候女子的婚姻及有关事宜可能需要她弟兄的同意(参创廿四 28～60,卅四 7～31;撒下十三 20～29)。

"争战的时候"　指第二十章的争战,特别指他们杀了所有便雅悯的人口和牲口(48 节)。

"若是你们给的,就算有罪"　这里显示,示罗人也曾在米斯巴起誓(1、7、18 节)。那些女子既然不是他们"给"的,而是便雅悯人"抢"的,他们便不受所起的誓约束了。

廿一 25　参第十七章六节注解。

(IV) 释义

士师时期结束的悲哀

本章经文结束了士师记的结论部分,也结束了全本士师记的士师时期。它的情节是继续第二十章之战争的,主要讨论该战争的后遗症——便雅悯支派可能灭绝的问题,但主题仍然是"以色列"。这里给我们看到的以色列是悲哀的:

a.　第二节说,以色列人为此去到伯特利,在神面前放声痛哭。这叫我们回想到士师记的绪论中,他们也曾同样放声而哭,而且地点也是

---

[62] 参 Soggin, *Judges*, p.304.格雷认为这里的跳舞可能与原始宗教有关,因为人们在思想宗教之前往往藉舞蹈表达宗教(比较撒下六 14;诗一五○4)。迦南人的这种舞蹈又可能与性交合的兴奋有关,因为迦南人的生殖力敬拜常以宗教仪式上的性交模仿生殖力神祇的交合,促使农作物生机旺盛,期望来年五谷丰登。参 Gray, *Joshua, Judges and Ruth*, p.395.

在伯特利(参二 4)。痛哭之后,他们也在那里献祭(二 5,廿一 4)。这样看来,士师记以哀哭开始,也以哀哭结束。他们的光景没有改善,而且后来比先前更不好了,因为第二章的哀哭是由于迦南人将会成为他们的荆棘和网罗(二 3),本章的哀哭却是由于他们内部有了缺口(15 节)。

b. 第六节的“绝了”(*gd'*)一词,原文字面意思是“砍掉”,与“基甸”(*gidᵉôn*)用的是同一个字根。但基甸砍掉的是巴力的祭坛(六25~27),以色列人砍掉的是他们自己的弟兄便雅悯人,这不是很荒谬吗? 更可悲的是,他们还不知道自己的错,反而向神追问为何以色列中会有缺了一个支派的事(3 节),好像神应该为这件事负责似的。我们从第二十章知道,神应许他们打败便雅悯人(二十 28),他们却把便雅悯人全都杀了(二十 48)。这就难怪神对他们的祷告一点回应也没有了。其实,神在全章经文中都没有说话或行动,祂完全隐藏了。所以,士师记来到最后一章时,以色列人是在黑暗中的。

c. 第十二节说,当时以色列的军营在示罗,而示罗被称为“迦南地的示罗”。换言之,以色列人不但未征服迦南人,如同他们在士师记开始的时候所期望的(一 1),反而被迦南文化包围了,前途危殆。

以色列的合一问题

这里讨论的是以色列的合一问题。当以色列没有“王”的时候,他们可能成为以色列吗? 以色列“会众”的组织(第二十章)可能维持以色列吗? 本章故事告诉我们,他们最后维持了合一的以色列,但却是表面上的。以色列内部的关系已经分裂了,而这分裂又是他们自己种下的。这些问题都彰显在以色列可能绝了一个支派的危机上(2~3、6、15节)。我们在下面分几方面来看这个问题:

1. 起誓的问题

神既不回答以色列人的祷告(3 节),他们便自己商议如何解决便雅悯支派的危机。这一节说,他们曾经在米斯巴“起誓”,不将女儿给便雅悯人为妻,这就绝了余剩的六百便雅悯人可以娶以色列人为妻子的机会。这个"誓"可能是他们攻打便雅悯人之前向神起的,这样的"誓"显出了他们作茧自缚的愚昧,好比米迦母亲所起的"誓",结果成为她自己儿子的咒诅(十七 2);又好比耶弗他所起的"誓",结果害死了他自己的女儿(十一 30～39)。以色列人被自己所起的"誓"捆绑,便在自己的百姓中间寻找代罪羔羊。原来,他们还起了一个"大誓",就是要将一切不上米斯巴聚集的人治死(5 节)。结果,他们查出了基列雅比人没有上米斯巴聚集(8～9 节),便将那城的人全部杀尽,只留下四百个未嫁的处女,好作便雅悯人的妻子(10～12 节)。

2. 强暴与荒谬

以色列人屠杀基列雅比人是强暴和荒谬的行为。

a. 我们在第二十章看过,以色列人对便雅悯人的战争有荒谬和丑陋的一面。那么,基列雅比人不参与战事是有他们的理由的。以色列人杀了所有便雅悯人(二十 48),现在为了挽救便雅悯人,再屠杀所有基列雅比人。这不是很强暴和荒谬吗?

b. 那利未人杀了自己的"妾",现在便雅悯和基列雅比所有无辜的"妇女"都要因而死亡。这又是非常荒谬的事。

c. 以色列人"尽行杀戮"的战争方法,本来是对付外邦人的(参一 17),现在却用在自己的百姓身上了。这又是士师时期以色列越来越荒谬的现象。

d. 由于基列雅比未嫁的处女只有四百人,不够分配给六百个剩余的便雅悯人,以色列的长老便想到了抢亲的方法(19～22 节)。其实,律法禁止以色列人强抢别人的东西(利十九 13),更何况是人口呢? 便雅悯人强抢示罗的女子,与前面基比亚人强暴利未人的妾在实质上没有多大的分别,两处的女子都是违背了自己的意愿被抢夺、被强奸的。但发生在示罗的事是允许的,发生在基比亚的事是受攻击的,这不是很荒谬吗? 如果前面的利未人要受谴责,这里的长老更加要受谴责,因为那利未人只将"自己的妾"任由基比亚的匪徒强奸,这里的长老却将"二百个别人的女儿"任由便雅悯人强奸。以色列的长老为了解决一个利未人的问题,却制造了更多示罗人的问题。他们为一个人伸张公义，却将更多人的公义剥夺了（22节）。这不是很荒谬吗？这令我们想到但支派的人强抢米迦神像的故事（十八14～26），那里但人的不义和这里全以色列的不义实在相差不远。士师时期是一个强暴当道，社会没有公义的黑暗时期。

士师时期结束的期望

士师时期的以色列是悲哀和黑暗的，但仍然有一线希望，那希望需要我们有一些想像力才能够看到：

a. 示罗女子的遭遇叫我们联想到士师记第一章押撒的故事（一13～15），两者成了强烈的对比。

（i）示罗女子在父亲的反对下被强夺，前途不堪想像。但押撒却在父亲的祝福下正式嫁给了俄陀聂，充满了生命的应许。

（ii）圣经中常用女子的婚姻代表以色列在神面前的光景。示罗女子被掳掠，毫无婚姻生活可言。但押撒的婚姻是美满的，充满了神的赐福。

如果示罗女子代表了以色列人被掳的光景，那么押撒便是他们的希望。

b. 本章第廿四节的形容在第九章五十五节及第十八章廿六节的对照下，显得很无奈，令人担忧以色列人的前途。以色列的问题似乎是没有领袖的问题。其实，他们有领袖，只是领袖不中用。昔日的亚比米勒自立为王，结果带来了以色列的浩劫。这里的长老企图为以色列解决问题，结果为以色列带来了更多问题。以色列需要的是真正的"王"。因此，第廿五节一方面慨叹以色列"各人任意而行"，不尊重神的王权；另一方面为以色列开启了一线希望，就是"王"要来临了。讽刺的是，以色列第一个王扫罗即来自万恶不赦的基比亚（撒上十17～26）。然则，以色列人的希望不是很黯淡吗？但我们知道，这里的"王"是指神自己，只有神才能够真正拯救以色列人。如果以色列人要重建（24节），必须从认识神和信靠神开始。

附录：士师时期巴勒斯坦地图

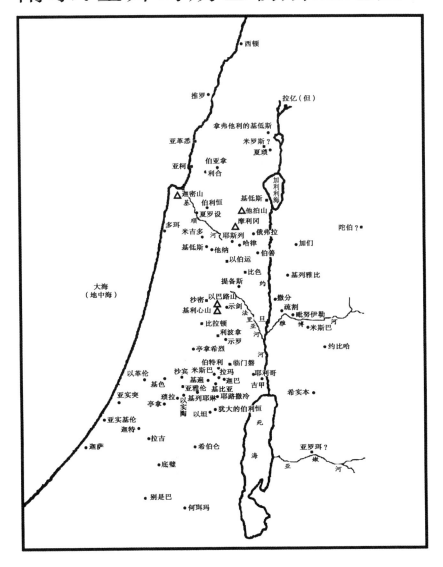

参考书目

Ackermann, J. S. "Prophecy and Warfare in Early Israel: A Study of the DeborahBarak-Story," *BASOR* 220, pp. 5–13.

Ackroyd, P. R. "Note to 'Parzon Iron' in the Song of Doborah," *JSS* 24 (1978), pp. 19–20.

Aharoni, Y. "New Aspects of the Israelite Occupation of the North," in J. A. Sanders, ed., *Near Eastern Archaeology in the Twentieth Century, Essays in Honor of Nelson Glueck* (New York: Doubleday), pp. 254–267.

Ahlstrom, G. W. "Judges 5: 20f and History," *JNES* 36(1977), pp. 287–288.

——. *Who Were the Israelites?* (Winona Lake, IN: Eisenbrauns).

Alter, R. "Samson Without Folklore," in *Text and Tradition: The Hebrew Bible and Folklore* (SBL Semeia Studies; Atlanta: Scholars), pp. 47–56.

——. *The Art of Biblical Narrative* (New York: Basic Books Inc., and London: George Allen and Union).

Amit, Y. "Judges 4: Its Contents and Form," *JSOT* 39, pp. 89–111.

——. "Hidden Polemic in the Conquest of Dan: Judges xvii-xviii," *VT* 40, pp. 4–20.

——. "Literature in the Service of Politics: Studies in Judges 19–21," in *Politics and Theopolitics in the Bible and Post-Biblical Literature* (JSOTS 171, Sheffield: Sheffield Academic Press, 1994), pp. 28–40.

Armerding, Carl E. "When the Spirit Came Mightily: the Spirituality of Israel's Charismatic Leaders," in J. I. Packer; L. Wilkinson, eds., *Alive to God; Studies in Spirituality presented to James Houston* (Downers Grove, IL: InterVarsity Press, 1992).

Arnold, Patrick M. *Gibeah: The Search for a Biblical City* (JSOTS 79; Sheffield: Sheffield Academic Press, 1990).

Auld, A. G. "Gideon: Hacking at the Heart of the Old Testament," *VT* 39, pp. 257 - 267.

——. "Judges I and History: A Reconsideration," *VT* 25, pp. 261 - 285.

——. "*Joshua , Judges and Ruth* (Daily Study Bible, St. Andrews-Westminster).

Bal, Mieke. *Murder and Difference: Gender , Genre , and Scholarship on Sisera's Death* (Indiana Studies in Biblical Literature, Bloomington & Indianapolis: Indiana University).

——. *Death and Dissymmetry: The Politics of Coherence in Judges* (Chicago: University of Chicago Press, 1988).

——. *Lethal Love: Feminist Literary Readings of Biblical Love Stories* (Bloomington & Indianapolis: Indiana U. Press, 1987).

Barr, Michael L. "The Meaning of נדשרפ in Judges iii 22," *VT* 41, pp. 1 - 11.

Bartov, Hanoch. "Son, Father, Judges: A Story," *Commentary* 81(1986), pp. 32 - 39.

Bimson, J. J. "The Origins of Israel in Canaan: An Examination of Recent Theories," *Themelios* 15:4 - 15.

——. "Merenptah's Israel and Recent Theories of Israelite Origins," *JSOT* 49, pp. 3 - 29.

Biran, A. "Two Discoveries at Tel Dan," *IEJ* 30(1980), pp. 91 - 98.

Blenkinsopp, J. "Ballade style and Psalm Style in the Song of Deborah. A Discussion," *Bib.* 42, pp. 61 - 76.

——. "Structure and Style in Judges 13 - 16," *JBL* 82, pp. 65 - 76.

Block, Daniel I. "Deborah among the Judges: The Perspective of Hebrew Historian," in A. R. Millard, etc. , eds. , *Faith , Tradition and History: OT Historiography in Its NE Context* (Winona Lake, IN: Eisenbrauns, 1994), pp. 229 - 253.

——. "The Period of the Judges: Religious Disintegration under Tribal Rule," in Avraham Gileadi, ed. , *Israel's Apostasy and Restoration* (Grand Rapids: Baker, 1988).

Boling, R. C. *Judges: Introduction , Translation and Commentary* (Anchor Bible 6A, New York: Doubleday).

——. "In Those Days There Was No King in Israel," in *A Light unto My Path , FS J. M. Myers* (GTM 4, Philadelphia), pp. 33 - 48.

Boogart, T. A. "Stone for Stone: Retribution in the Story of Abimelech and Shechem," *JSOT* 32, pp. 45 - 56.

Brenner, Athalya. "A Triangle and a Rhombus in Narrative Structure: A

Proposed Integrative Reading of Judges iv and v," *VT* 40, pp. 129 – 138.

Brettler, Marc. "Never the Twain Shall Meet? The Ehud Story as History and Literature," *HUCA* 62:285 – 304.

——. "The Book of Judges: Literature as Politics," *JBL* 108(1989), pp. 395 – 418.

Brooks, S. Shalom. "Saul and the Samson Narrative," *JSOT* 71 (1996), pp. 19 – 25.

Brown, Elizabeth. "Samson, Riddle, and Paradox," *TBT* 22(1984), pp. 161 – 167.

Bruce, F. F. "Judges," in Guthrie, D. , ed. , *New Bible Commentary* (London), Revised 3, pp. 252 – 276.

Brueggemann, Walter. "Social Criticism and Social Vision in the Deuteronomic Formula of the Judges," in *Die Botschaft und die Boten: Festschrift für H. W. Wolf zum 70 Geburtstrag* (Neukirchen: Neukirchener Verlag), eds. J. Jeremias, L. Perlitt, pp. 101 – 114.

Burney, C. F. *The Book of Judges with Introduction and Notes* (London: Rivingtons).

Bush, George. *Notes, Critical and Practical, on the Book of Judges* (Minneapolis: James and Klock, 1976).

Callaway, J. A. "A New Perspective on the Hill Country Settlement of Canaan in Iron Age I," in *Palestine in the Bronze and Iron Ages* (London: Institute of Archaeology), pp. 31 – 49.

Campbell, E. "Judges 9 and Biblical Archeology," in *The Word of the Lord Shall Go Forth*, *FS D. N. Freedman* (Winona Lake), pp. 263 – 278.

Cathcart, Kevin J. "The 'demons' in Judges 5:8a," *BZ* 21(1977), pp. 111 – 112.

Cody, Aelred. *A History of Old Testament Priesthood* (AnBibl 35. Rome: Pontifucal Institute, 1969).

Cohen, G. G. "Samson and Hercules. A Comparison between the Feats of Samson and the Labours of Hercules," *EvQ* 42, pp. 131 – 141.

Coogan, M. D. "A Structural and Literary Analysis of the Song of Deborah," *CBQ* 40:143 – 166.

Coote, R. B. and Whitelam, K. W. *The Emergence of Early Israel in Historical Perspective* (The Social World of Biblical Antiquity Series, 5. Sheffield: Almond Press).

Craigie, P. C. "A Note on Judges V, 2," *VT* 18, pp. 397 – 399.

——. "A Reconsideration of Shamgar ben Anath (Judg 3:31 and 5:6)," *JBL*

91, pp. 239f.

——. "Three Ugaritic Notes on the Song of Deborah," *JSOT* 2, pp. 33 – 49.

Crenshaw, J. L. "The Samson Saga: Filial Devotion or Erotic Attachment?" *ZAW* 86, pp. 470 – 504.

——. *Samson: A Secret Betrayed, a Vow Ignored* (Atlanta).

Crown, A. D. "Judges V 15b – 16," *VT* 17(1967), pp. 240 – 242.

——. "Tidings and Instructions: How News Travelled in the Ancient Near East," *JESHO* 17(1974), esp., pp. 253 – 254.

Culley, R. C. "Structural Analysis: Is it Done by Mirrors?" *Interpretation* 28 (1974), pp. 165 – 181.

Cundall, A. E. "Judges-An Apology for the Monarchy?" *Expository Times* 81:178 – 181.

Cundall, A. E. and Morris, L. *Judges, Ruth* (TOTC, London-Chicago).

Currie, S. D. "Biblical Studies for a Seminar on Sexuality and the Human Community, I. Judges 19 – 21," *Austin Seminary Bulletin* 87:13 – 20.

Danelius, E. "Shamgar Ben'Anath," *JNES* 22, pp. 191 – 193.

Daube, D. "Gideon's Few," *JJS* 7, pp. 155 – 161.

Davies, D. R. "Comic Literature-Tragic Theology: A Study of Judges 17 – 18," *WThJ* 46, pp. 156 – 163.

Davies, G. H. "Judges VIII, 22 – 23," *VT* 13, pp. 151 – 157.

Davies, Philip R. *In Search of 'Ancient Israel'* (JSOT Sup 148; Sheffield: JSOT Press).

Day, J. "Asherah in The Hebrew Bible and Northwest Semitic Literature," *JBL* 105(1986), pp. 385 – 408.

Day, Peggy L. "From the Child Is Born the Woman: The Story of Jephthah's Daughter," in Day, Peggy L., ed., *Gender and Difference in Ancient Israel* (Minneapolis: Fortress Press, 1989), pp. 58 – 74.

DeGeus, C. H. J. *The Tribes of Israel: An Investigation into Some of the Presuppositions of Martin Noth's Amphictyony Hypothesis* (Assen/Amsterdam: van Gorcum, 1976).

Dempster, S. G. "Mythology and History in the Song of Deborah," *WThJ* 41, pp. 33 – 53.

De Moor, J. C. "The Twelve Tribes in the Song of Deborah," *VT* 43(1993), pp. 483 – 494.

de Vaux, Roland. *The Early History of Israel to the Period of the Judges* (tr. D Smith; London: Darton, Longman & Todd Ltd., 1978,1973, originally published in French, 1971).

Dever, William G. "The People of Palestine in the Middle Bronze I Period," *HTR* 64(1971), pp. 197 – 226.

DeVries, S. J. "Temporal Terms as Structural Elements in the Holy War Tradition," *VT* 25, pp. 80 – 105.

De Witt, D. S. *The Jephthah Traditions. A Rhetorical and Literary Study in the Deuteronomistic History* (Diss. Andrews University, Andrews University).

Dothan, Trude. "'In The Days When the Judges Ruled'-Thirty Years of Research on the Period of the Settlement and the Judges," in B. Mazar, ed., *Thirty Years of Archaeology in Eretz-Israel*, 1948 – 78 (Jerusalem: Academic, 1981).

Dumbrell, W. J. "'In Those Days There Was No King in Israel; Every Man Did What Was Right in His Own Eyes': The Purpose of the Book of Jud. Reconsidered," *JSOT* 24, pp. 23 – 33.

———. "Midian-a Land or a League," *VT* 25(1975), pp. 323 – 337. Emerton, J. A. "Gideon and Jerubbaal," *JTS* 27(1976), pp. 296 – 312.

———. "The 'Second Bull' in Judges 6: 25 – 28," *Eretz-Israel* 14 (1978), pp. 52 – 55.

Exum, J. Cheryl. "The Centre Cannot Hold: Thematic and Textual Instabilities in Judges," *CBQ* 52, pp. 410 – 431.

———. *Tragedy and Biblical Narrative: Arrows of the Almighty* (Cambridge: Cambridge University).

———. "Murder They Wrote: Ideology and Manipulation of Female Presence in Biblical Narrative," *Union SQR* 43(1989), pp. 19 – 39.

———. "Samson's Women," in *Fragmented Women* (JSOTS 163; Sheffield: Sheffield Academic Press, 1993), pp. 61 – 93.

———. "Why, Why, Why, Delilah," in J. C. Exum, *Ploted, Shot, and Painted. Cultural Representations of Biblical Women* (JSOTS 215; Sheffield: Sheffield Academic Press, 1996).

———. "Aspects of Symmetry and Balance in the Samson Saga," *JSOT* 19, pp. 3 – 29.

———. "Promise and Fulfillment: Narrative Art in Judges 13," *JBL* 99, pp. 43 – 59.

———. "The Theological Dimension of the Samson Saga," *VT* 33, pp. 30 – 45.

Faiman, David. "Chronology in the Book of Judges," *JBQ* 21:31 – 40.

Fensham, F. C. "Did a Treaty between the Israelites and the Kenites Exist?" *BASOR* 175, pp. 51 – 54.

——. "Shamgar ben 'Anath," *JNES* 20, pp. 197 – 198.

——. "The Numeral Seventy in the Old Testament and the Family of Jerubbaal, Ahab, Panammuwa and Athirat," *PEQ* 109(1978), pp. 113 – 115.

Fewell, Danna Nolan & Gunn, David M. "Controlling Perspectives: Women, Men, and the Authority of Violence in Judges 4 and 5," *JAAR* 58, pp. 389 – 411.

Fewell, Danna Nolan. "Judges," in Carol A. Newsom and Sharon H. Ringe, eds., *The Women's Bible Commentary* (London/Louisville: SPCK/Westminster/John Knox, 1992).

Fishelis, A. & S. *Judges: A New English Translation and Commentary* (New York: Judaica, 1979).

Flanagan, J. "Chiefs in Israel," *JSOT* 20:47 – 73.

Freedman, David Noel. "Notes on Judges 15:5," *Bib* 51(1971), p. 535.

Frick, Frank S. "Religion and Sociopolitical Structure in Early Israel," *SBL* (Sem Pap 17,1979), pp. 233 – 253.

Fritz, Volkmar. "Abimelech und Sichem in JDC IX," *VT* 32(1982), pp. 129 – 144.

Frolov, Serge. "'Days of Shiloh' in the Kingdom of Israel," Biblica 76 (1995), pp. 210 – 218.

Fuchs, Esther. "Marginalization, Ambiguity, Silencing: The Story of Jephthah's Daughter," *J of Feminist S in R* 5(1989), pp. 35 – 45.

Garbini, Giovanni. "Parzon 'iron' in the Song of Deborah?" *JSS* 23(1978), pp. 23 – 24.

Garsiel, Moshe. "Homiletic Name-derivations as Literary Device in the Gideon Narrative: Judges vi – viii," *VT* 43(1993), pp. 302 – 317.

Gerbrandt, G. E. *Kingship According to the Deuteronomistic History* (ThD dissertation; Union Theological Seminary, Verginia).

Gerleman, G. "The Song of Deborah in the Light of Stylistics," *VT* 1, pp. 168 – 180.

Globe, A. "Judges V 27," *VT* 25, pp. 362 – 367.

——. "The Literary Structure and Unity of the Song of Deborah," *JBL* 93, pp. 493 – 512.

——. "The Muster of the Tribes in Judges 5,11e – 18," *ZAW* 87, pp. 167 – 184.

——. "The Text and the Literary Structure of Judges 5,4 – 5," *Bib.* 55, pp. 168 – 178.

——. "Enemies Round About: Disintegrative Structure in the Book of Judges," in Tollers & J. Maier, eds. , *Mappings of the Biblical Terrain*, V (Lewisburg, Pa. : Bucknell University, 1990).

Gnuse, Robert. "BTB Review of Current Scholarship: Israelite Settlement of Canaan: A Peaceful Internal Process-Part 1," *BTB* 21:56 – 66.

——. "BTB Review of Current Scholarship: Israelite Settlement of Canaan: A Peaceful Internal Process-Part 2," *BTB* 21:109 – 117.

Good, R. M. "The Just War in Ancient Israel," *JBL* 104(1985), pp. 385 – 400.

Gooding, D. W. "The Composition of the Book of Judges," in *Eretz-Israel*, *Archeological*, *Historical and Geographical Studies*, Vol. 16; *H. M. Orlinsky Volume* (Jerusalem: Israel Exploration Society), pp. 70 – 79.

Goodwin, Charles. "The Meaning of Judges 5:8b – 13x," *JBL* 63(1944), pp. 257 – 262.

Gottwald, N. K. "Early Israel and the Canaanite Socio-Economic System," in D. N. Freedman and D. F. Graf, eds. , *Palestine in Transition: The Emergence of Ancient Israel* (Sheffield: Almond Press), pp. 25 – 37.

——. *The Tribes of Yahweh*. *A Sociology of the Religion of Liberated Israel*, *1250 – 1050 B. C. E.* (Maryknoll/New York: Orbis Books).

Gray, J. *Joshua*, *Judges and Ruth* (Century Bible, London-Edinburgh).

——. "Feudalism in Ugarit and Early Israel," *ZAW* 64:49 – 55.

——. "Israel in the Song of Deborah," in L. Eslinger & G. Taylor, ed. , *Ascribe to the Lord*, *FS P. C. Craigie* (JSOTS 67, Sheffield: Sheffield Academic Press, 1988).

Green, A. R. W. *The Role of Human Sacrifice in the Ancient Near East* (ASOR Diss. Ser. 1, Missoula/Mont).

Greene, Mark. "Enigma Variations: Aspects of the Samson Story Judges 13 – 16," *VE* 21, pp. 53 – 79.

Greenspahn, F. E. "The Theology of the Framework of Judges," *VT* 36, pp. 385 – 396.

——. "An Egyptian Parallel to Judg 17:6 and 21:25," *JBL* 101 (1982), p. 129s.

Greenstein, E. L. "The Riddle of Samson," *Prooftexts* 1, pp. 237 – 260.

Gros Louis, K. R. R. "The Book of Judges," in K. R. R. Gros Louis, J. S. Ackerman, T. S. Warshaw, eds. , *Literary Interpretations of Biblical Narratives* (Nashville).

Grossfeld, B. "Critical Note on Judges 4:21," *ZAW* 85(1973), pp. 348 – 351.

Gun, David M. "Joshua and Judges," in R. Alter & F. Kermode, eds. , *The Literary Guide to the Bible* (Cambridge, MA: Harvard University, 1987).

——. "Narrative Patterns and Oral Tradition in Judges and Samuel," *VT* 24/ 3(1974), pp. 286 – 317.

Haag, H. "Gideon-Jerubbaal-Abimelek," *ZAW* 79, pp. 305 – 314.

Halpern, B. "The Assassination of Eglon. The First Locked-room Murder Mystery," *Bible Review* 4, pp. 31 – 41, 44.

——. "The Uneasy Compromise: Israel between League and Monarchy," in B. Halpern and J. Levenson, eds. , *Traditions in Transformation : Turning Points in Biblical Faith* (Winona Lake: Eisenbrauns: 59 – 96).

——. *The Emergence of Israel in Canaan* (SBLMS 29, Chico, California: Scholars Press).

——. "Sisera and Old Lace, The Case of Deborah and Yael, " in *The First Historians: The Hebrew Bible and History* (San Francisco: Harper & Row, 1988), pp. 76 – 103.

—— "The Resourceful Israelite Historian: The Song of Deborah and Israelite Historiography," *HTR* 76(1983), pp. 379 – 402.

——. "The Rise of Abimelek Ben-Jerubbaal," *HAR* 2(1978), pp. 79 – 100.

Hamlin, E. John. *Judges: At Risk in the Promised Land* (International Theological Commentary, Grand Rapids-Edinburgh: Eerdmans-Handsel).

Handy, L. K. "The Uneasy Laughter: Ehud and Eglon as Ethnic Humor," *SJOT* 6(1992), pp. 233 – 246.

Hauser, A. J. "Judges 5. Parataxis in Hebrew Poetry," *JBL* 99, pp. 23 – 41.

——. "The 'Minor Judges'-A Re-evaluation," *JBL* 94, pp. 190 – 200.

——. "Two Songs of Victory: A Comparison of Exodus 15 and Judges 5," in Elaine R. Rollis, ed. , *Directions in Biblical Hebrew Poetry* (JSOTS 40; Sheffield; JSOT Press, 1987).

——. "Unity and Diversity in Early Israel Before Samuel," *JETS* 22. 4 (1979), pp. 289 – 303.

Hillers, Delbert R. "A Note on Judges 5, 8a," *CBQ* 27(1965), pp. 124 – 126.

Hoffner, H. A. "Hittite TARPIS and Hebrew TERAPHIM," *JNES* 27 (1968), pp. 61 – 68.

Honeyman, A. M. "Salting of Shechem (Judges 9: 45)," *VT* 3 (1953), pp. 192 – 195.

——. "The Setting of Shechem," *VT* 3(1953), pp. 192ff.

Hopkino, D. *The Highlands of Canaan : Agricultural Life in the Early Iron*

Age (The Social World of Biblical Antiquity Series 3; Sheffield: Almond Press).

Hoppe, L. *Joshua*, *Judges*, *with an Exc*. *on Charismatic Leadership in Israel* (Old Testament Message 5).

Hudson, Don Michael. "Living in a Land of Epithets: Anonymity in Judges 19 – 21," *JSOT* 62(1994), pp. 49 – 66.

Ishida, Tomoo. "Leaders of the Tribal Leagues 'Israel' in the Pre-Monarchic Period," *RB* 80(1973), pp. 514 – 530.

Janzen, J. Gerald. "A Certain Woman in the Rhetoric of Judges 9," *JSOT* 38(1987), pp. 33 – 37.

Jones, G. H. "Holy War or 'Yahweh War'?" *VT* 25:642 – 658.

Kallai, Zecharia. *Historical Geography of the Bible*; *The Tribal Territories of Israel* (ET: Jerusalem/Leiden: Magnes Press/E. J. Brill, 1986).

Keil, C. F. , Kelitzsch, F. *The Book of Judges* (Commentary on the OT in Ten Volumes, 2; tr. J. Martin; Grand Rapids: Eerdmans).

Kim, Jichan. *The Structure of the Samson Cycle* (Kampen, The Netherlands: Kok Pharos Pub. House, 1993).

Klein, L. R. *The Triumph of Irony in the Book of Judges* (JSOT Supp. Ser. 68, Sheffield).

Knauf, Ernst Axel. "Eglon and Ophrah: Two Toponymic Notes on the Book of Judges," *JSOT* 51, pp. 25 – 44.

Kraeling, E. G. "Difficulties in the Story of Ehud," *JBL* 54(1935), pp. 206 – 207.

Landers, Solomon. "Did Jephthah Kill His Daughter? " [Judges 11], *BRev* 7, pp. 28 – 31,42.

Lasine, S. "Guest and Host in Judges 19: Lot's Hospitality in an Inverted World," *JSOT* 29, pp. 37 – 59.

Lemche, Niels Peter. "The Judges-Once More," *BN* 20, pp. 47 – 55.

——. *Early Israel*. *Anthropological and Historical Studies on the Israelite Society Before the Monarchy* (VTS 37, Leiden).

——. "The Greek 'Amphictyony': Could it be a Prototype ...," *JSOT* 4 (1977), pp. 48 – 59.

Lilley, J. P. U. "A Literary Appreciation of the Book of Judges," *Tyndale Bulletin* 18, pp. 94 – 102.

Lindars, B. "Deborah's Song. Women in the Old Testament," *BJRL* 65, pp. 158 – 175.

——. "Gideon and Kingship," *JThS* 16, pp. 315 – 326.

——. "Jotham's Fable-A New Form-critical Analysis," *JThS* 24, pp. 355 – 366.

——. *Judges* 1 – 5 *A New Translation and Commentary* (Edinburgh: T & T Clark, 1995), p. 209.

Loewenstamm, S. E. "The Lord Shall Rule Over You (Judges 8:23)," *AOAT* 204(1980), pp. 440 – 442.

Long, Burke O. "The 'New' Biblical Poetics of Alter and Sternberg," *JSOT* 51(1991), pp. 71 – 84.

Macintosh, A. A. "The Meaning of MKLYM in Judges XVIII 7," *VT* 35 (1985), pp. 68 – 77.

Malamat, A. "Charismatic Leadership in the Book of Judges," in F. M. Cross, W. E. Lemke, P. D. Miller, eds. , *Magnalia Dei. The Mighty Acts of God* (New York: Doubleday), pp. 152 – 168.

——. "Cushan Rishataim and the Decline of the Near East Around 1200 B. C. ," *JNES* 13, pp. 231 – 241.

——. "Hazor, 'The Head of All Those Kingdoms'," *JBL* 79:12 – 19.

——. "The Danite Migration and the Pan-Israelite Exodus-Conquest: a Biblical Narrative Pattern," *Biblica* 51(1970), pp. 1 – 16.

——. "The War of Gideon and Midian," *PEQ* 85, pp. 61 – 65.

——. ". . . 'After the Manner of the Sidonians . . . And How They Were Far from the Sidonians' (Judges 18:7), " in E. Stern, etc. , eds. , *Avraham Biran Volume* (ErIsr 23; Jerusalem: The Israel Explor. Society/Hebrew Union Col. -Jewish Inst. of Religion).

Maly, E. H. "The Jotham-Fable-Anti-Monarchical?" *CBQ* 22, pp. 299 – 305.

Manley, G. T. "The Deuteronomistic Redactor in the Book of Judges," *EvQ* 31:34.

Marcus, D. *Jephthah and His Vow* (Lubbock).

——. "Ridiculing the Ephraimites: The Shibboleth Incident (Judges 12:6)," *Maarav* 8(1992), pp. 95 – 105.

——. "The Bargaining between Jephthah and the Elders (Judges 11:4 – 11)," *JANES* 19, pp. 95 – 100.

——. "The Legal Dispute Between Jephthah and the Elders," *HAR* 12:105 – 114.

Margalit, B. "The Episode of the Fleece (Judges 6:36 – 46) in the Light of Ugaritic," *Shnaton* 5 – 6/1978 – 79, pp. LV – LXII.

Margalith, O. "More Samson Legends," *VT* 36, pp. 397 – 405.

——. "Samson's Foxes," *VT* 35, pp. 224 – 229.

——. "Samson's Riddle and Samson's Magic Locks," *VT* 36, pp. 225 – 234.

——. "The Legends of Samson/Heracles," *VT* 37, pp. 63 – 70.

Margulies, H. "An Exegesis of Judges V 8a," *VT* 15(1965), pp. 66 – 72.

Martin, J. D. *The Book of Judges* (Century Bible Commentary, Cambridge-London-New York-Melbourne).

——. "The Office of Judge in Pre-Monarchic Israel," *Glasgow Or Trans* 26 (1979), pp. 64 – 79.

Matthews, V. H. "Hospitality and Hostility in Genesis 19 and Judges 19," *BTB* 22/1(1992), pp. 3 – 11.

Matthews, V. H. , Benjamin, D. C. , "From Village to Tribe," *TBT* 30:235 – 239.

——. "Jael: Host or Judge?" *TBT* 30:291 – 296.

May, H. G. "Ephod and Ariel," *AJSL* 56(1939), p. 44.

Mayes, A. D. H. "The Historical Context of the Battle against Sisera," *VT* 19, pp. 353 – 360.

——. "The Period of the Judges," in J. Hayes, J. M. Miller, eds. , *Israel and Judean History* (Philadelphia: Westminster Press; London: SCM), pp. 308 – 322.

——. *Israel in the Period of the Judges* (London: SCM and Naperville: A. R. Allenson).

——. *Judges* (Old Testament Guides 3, Sheffield).

——. "Israel in the Pre-monarchy Period," *VT* 23(1973), pp. 151 – 170.

Mazar, Amihai. "Bronze Bull Found in Israelite 'Highplace'... Judges," *BAR* 9(1983), p. 34.

Mazar, Benjamin. "The Cities of the Territory of Dan," *IEJ* 10(1960), pp. 65 – 77.

——. "The Sanctuary of Arad and the Family of Hobab the Kenite," *JNES* 24(1965), pp. 297 – 303.

McKenzie, D. A. "The Judge of Israel," *VT* 17(1967), pp. 118 – 121.

McKenzie, John L. *The World of the Judges* (Englewood Cliffs, N. J. : Prentice-Hall, 1966).

McMillion, A. P. *Judges 6 – 8 and the Study of Premonarchical Israel* (Diss. Vanderbilt, Vanderbilt).

Mehlman, Israel. "Jephthah," *JBQ* 23(1995), pp. 73 – 78.

Mendelsohn, I. "The Disinheritance of Jephthah in the Light of Lipit-Ishtar," *IEJ* 4(1953), pp. 116 – 119.

Mendenhall, George E. "Social Organization in Early Israel," in F. M.

Cross, et al. eds., *Magnalia Dei : The Mighty Acts of God : Festschrift G. E. Wright* (Garden City, NY: Doubleday, 1976), pp. 132 - 151.

——. *The Tenth Generation : The Origins of the Biblical Tradition* (Baltimore: The Johns Hopkins University Press, 1973).

Miller, J. M. "The Israelite Occupation of Canaan," in J. H. Hayes, J. M. Miller, eds., *Israelite and Judaean History* (London: SCM), pp. 213 - 284.

——. "Geba/Gibeah of Benjamin," *VT* 25(1974), pp. 145 - 166.

——. "Jebus and Jerusalem: A Case of Mistaken Identity," *ZDPV* 90(1974), pp. 115 - 127.

Moore, George Foot. *A Critical and Exegetical Commentary on Judges* (ICC; Edinburgh: Clark, 2nd edn).

Mosca, Paul G. "Who Seduced Whom: A Note on Joshua 15:18; Judges 1: 14," *CBQ* 46(1984), pp. 18 - 22.

Mullen, E. Theodore. "Judges 1:1 - 3:6: The Deuteronomic Reintroduction of the Book of Judges," *HTR* 77(1984), pp. 33 - 54.

——. "The 'Minor Judges'. Some Literary and Historical Considerations," *CBQ*, pp. 185 - 201.

Murray, D. F. "Narrative Structure and Technique in the Deborah-Barak Story, Judges iv 4 - 22," in J. A. Emerton, ed., *Studies in the Historical Books of the Old Testament* (VTS 30, Leiden: Brill), pp. 155 - 189.

Murtonen, A. "Thoughts on Judges 17," *VT* 1(1951), pp. 223 - 224.

Na'aman, Nadav. "Literary and Topographical Notes in the Battle of Kishon (Judges IV-V)," *VT* 40(1990), pp. 423 - 426.

——. "Canaanites and Perizzites," *Biblische Notizen* 45(1988), pp. 42 - 47.

——. "Pirathon and Ophrah," *Biblische Notizen* 50(1989), pp. 11 - 16.

Nel, P. J. "Character in the Book of Judges," *Old Testament Essays* 8(1995), pp. 191 - 204.

Nel, Philip. "The Riddle of Samson (Judg. 14, 14. 18)." *Bib* 66(1985), pp. 534 - 545.

Neufeld, E. "The Emergence of a Royal-Urban Society in Ancient Israel," *HUCA* 31:31 - 53.

Niditch, Susan. "The 'Sodomite' Theme in Judges 19 - 20: Family, Community and Social Disintegration," *CBQ* 44, pp. 365 - 378.

——. "Eroticism and Death in the Tale of Jael," in Peggy L. Day, ed., *Gender and Difference in Ancient Israel* (Minneapolis: Augsburg Fortress, 1989).

Nielsen, E. *Shechem*, *a Traditio-Historical Investigation* (Kopenhagen).

Noth, Martin. "The Background of Judges 17 – 18," in B. W. Anderson; W. Harrelson, eds. , *Israel's Prophetic Heritage*: *Essays in Honor of James Muilenburg* (The Preachers' Library; London: SCM), pp. 68 – 85.

——. *The History of Israel* (London: A & C Black), 2nd edn.

——. "Das Amt des Richters," in W. Baumgartner, O. Eissfeldt, K. Elliger, L. Rost. eds. , *Festschrift für Alfred Bertholet* (Tübingen: J. C. B. Mohr [Paul Siebeck], 1950), pp. 404 – 417.

——. *Das System der Zwölf Stämme Israels* (Darmstadt: Wissenschaftliche Buchgesellschaft, 1966).

O'Connell, Robert H. *The Rhetoric of the Book of Judges* (VTS 63; Leiden: E. J. Brill, 1996).

O'Connor, Michael. "The Woman in the Book of Judges," *HebrAnnR* 10 (1987), pp. 277 – 293.

O'Doherty, E. "The Literary Problem of Judges 1, 1 – 3, 6," *CBQ* 18, pp. 1 – 8.

Ogden, Graham S. "Poetry, Prose, and Their Relationship: Some Reflections Based on Judges 4 and 5," in *Discourse Perspectives on Hebrew Poetry in the Scriptures* (UBS Monograph, UBS, 1994), pp. 111 – 130.

Palmer, Abram S. *The Samson-Saga and Its Place in Comparative Religion* (New York: International Folklore, 1977).

Patterson, Richard D. "The Song of Deborah," in J. S. Feinberg and P. D. Feinberg, eds. , *Tradition and Testament*: *Essay in Honor of Charles Lee Feinberg* (Chicago: Moody, 1981), pp. 123 – 165.

Payne, Elizabeth J. "The Midianite Arc in Joshua and Judges," in J. F. A. Sawyer and D. J. A. Clines, eds. , *Midian*, *Moab and Edom* (JSOTS 24; Sheffield: JSOT Press, 1983).

Penchansky, David. "Up for Grabs: A Tentative Proposal for Doing Ideological Criticism (Jud. 2:10 – 23)," *Semeia* 59(1992), pp. 35 – 42.

Phillips, Anthony. *Ancient Israel's Criminal Law* (Oxford: B. Blackwell, 1970).

Polzin, R. *Moses and the Deuteronomist*. *A Literary Study of the Deuteronomic History*. *Part One*: *Deuteronomy*, *Joshua*, *Judges* (New York).

Porter, J. R. "Old Testament Historiography," in G. W. Anderson, ed. , *Tradition and Interpretation* (Oxford: Clarendon Press, 1979), pp. 125 – 152.

——. "Samson's Riddle: Judges 14:14,18," *JThSt* 13(1962), pp. 106 – 109.

Rabin, Chaim. "Judges 5:2 and the 'Ideology' of Deborah's War," *JJS* 6 (1955), pp. 125 - 132.

Radday, Yehuda T. "Chiasm in Joshua, Judges, and Others," *Linguistica Biblica* 27/28:6 - 13.

Rainey, A. F. "The Military Camp Ground at Taanach by the Waters of Meggido," *ErIs* 15, pp. 61 - 66.

Raviv, H. "The Government of Shechem in the El-Amarna Period and in the Days of Abimelech," *IEJ* 16, pp. 252 - 257.

Reinhartz, Adele. "Samson's Mother: An Unnamed Protagonist," *JSOT* 55, pp. 25 - 37.

Rendtorff, R. "Reflections on the Early History of Prophecy in Israel," *JTC* 4(1967), pp. 14 - 34.

Revell, E. J. "The Battle with Benjamin (Judges xx 29 - 48) and Hebrew Narrative Techniques," *VT* 35(1985), pp. 417 - 433.

Richter, Wolfgang. *Traditionsgeschichtliche Untersuchungen zum Richterbuch* (Bonner Biblische Beiträge 18; Bonn: Peter Hanstein Verlag), 2nd edn.

Rösel , H. N. "Überlegungen zu 'Abimelech und Sichem in JDC IX'," *VT* 33 (1983), pp. 500 - 503.

Rogerson, J. W. "Was Early Israel a Segmentary Society?" *JSOT* 36, pp. 17 - 26.

Rosenberg, Ruth. "The Concept of Biblical 'Belial'," in *Proceedings of the Eighth World Congress of Jewish Studies: Division A: The Period of the Bible* (Jerusalem: World Union of Jewish Studies, 1982), pp. 35 - 40.

Safren, J. "New Evidence for the Title of the Provincial Governor at Mari," *HUCA* 50(1979), pp. 1 - 15.

Sasson, Jack M. "Who Cut Samson's Hair? (and Other Trifling Issues Raised by Judges 16)," *Prooftexts* 8(1988), pp. 333 - 339.

Satterthwaite, P. E. "Narrative Artistry in the Composition of Judges xx 29ff.," *VT* 42, pp. 80 - 89.

———. "'No Kings in Israel': Narrative Criticism and Judges 17 - 21," *TB* 44 (1993), pp. 75 - 88.

Sawyer, J. F. A. "'From Heaven Fought the Stars' (Judges 5,20)," *VT* 31 (1981), pp. 87 - 89.

Schaafsma, Roberta. "A Model for Israel," *TBT* 31(1993), pp. 208 - 212.

Schley, Donald G. *Shiloh: A Biblical City in Tradition and History* (JSOTS 63; Sheffield: JSOT Press, 1989).

Schloen, J. David. "Caravans, Kenites, and Casus Beli: Enmity and Alliance in the Song of Deborah," *CBQ* 55(1993), pp. 18 – 38.

Scolnic, Benjamin. "The Validity of Feminist Biblical Interpretation," *Conserv. Judaism* 38(1986), pp. 10 – 20.

Segert, Stanisla. "Paronomasia in the Samson Narrative in Judges XIII – XVI," *VT* 34(1984), pp. 454 – 461.

Shupak, N. "New Light on Shamgar ben 'Anath," *Biblica* 70 (1989), pp. 517 – 525.

Simon, U. "Samson and the Heroic," in M. Wadsworth, ed. , *Ways of Reading the Bible* (Brighton), pp. 154 – 167.

Smend, R. *Yahweh War and Tribal Confederation* (Nashville: Abingdon).

Soggin, J. A. *Judges. A. Commentary* (Old Testament Library, London).

——. "Ehud and the Fords of Mo'ab; Judges 3: 28b," *Old Testament and Oriental Studies* (Biblica et Orientalia 29, Rome: Biblical Institute Press, 1975), p. 237.

——. *When the Judges Ruled* (New York: Association Press, 1967).

Spina, Frank. "The Dan Story Historically Reconsidered," *JSOT* 4(1977), pp. 60 – 71.

Stager, L. E. "Archaeology, Ecology and Social History: Background Themes to the Song of Deborah," in *VTSup* 40 (Congress Volume, Jerusalem: Leiden: Brill, 1986), pp. 221 – 234.

——. "Merenptah, Israel and Sea Peoples: New Light on an Old Relief," *Eretz Israel* 18, pp. 56 – 64.

——. "The Song of Deborah-Why Some Tribes Answered the Call and Others Did Not," *BARev* 15(1):50 – 65.

Stek, John. "The Bee and the Mountain Goat: A Literary Reading of Judges 4," in W. C. Kaiser, Jr. , & R. F. Youngblood, eds. , *A Tribute to Gleason Archer* (Chicago: Moody, 1986).

Stemmer, N. "Introduction to Judges 2: 1 – 3: 4," *JerQR* 57(1967), pp. 239 – 241.

Stern, Philip D. *The Biblical Herem : A Window on Israel's Religious Experience* (Brown Judaic Studies 211; Atlanta: Scholars).

Sternberg, M. "Temporal Discontinuity: Darkness in Light, or: Zigzagging toward Sisera's End," in *The Poetics of Biblical Narrative* (Bloomington: Indiana University Press, 1985), pp. 270 – 283.

Stone, Ken. "Sexual Practice and the Structure of Prestige: The Case of the Disputed Concubines," in Eugene H. Lovering, Jr. , ed. , *Society of Bib-*

lical Literature 1993 *Seminar Papers* (Atlanta: Scholars Press, 1993), pp. 554 – 573.

——. "Gender and Homosexuality in Judges 19: Subject-Honor, Object-Shame?" *JSOT* 67(1995), pp. 87 – 107.

Stone, L. G. "From Tribal Confederation to Monarchic State: The Editorial Perspective of the Book of Judges," (Ph. D. diss. Yale University).

Strom, Donna. "Where are the Deborah and Baraks [Judg. 4 – 5; Women in the Church in India]," *EvRTh* 10(1986), pp. 19 – 26.

Sypherd, W. O. *Jephthah and his Daughter. A Study in Comparative Literature* (Delaware).

Talmon, S. "In Those Days There Was No King in Israel," *Immanuel* 5:27 – 36.

Tanner, J. Paul. "The Gideon Narrative as the Focal Point of Judges," *BS* 149:146 – 161.

——. *Textual Patterning in Biblical Hebrew Narrative: A Case Study in Judges* 6 – 8 (Ph. D. diss. , University of Texas at Austin).

Taylor, J. Clen. "The Song of Deborah and Two Canaanite Goddesses," *JSOT* 23(1982), pp. 99 – 108.

Thompson, Thomas L. "Palestinian Pastoralism and Israel's Origins, "*SJOT* 6, pp. 1 – 13.

Thomson, H. C. "Shophet and Mishpat in the Book of Judges," *Transactions of the Glasgow University Oriental Society* 19:74 – 85.

Townsend, Theodore P. "The Kingdom of God as a Reality: Israel in the Time of the Judges," *IndJTh* 32(1983), pp. 19 – 36.

Trible, Phyllis. "A Daughter's Death. Feminism, Literary Criticism, and the Bible," *Michigan Quarterly Review* 22, pp. 176 – 189.

——. *Texts of Terror, Literary-feminist Readings of Biblical Narratives* (Overtures to Biblical Theology 13, Philadelphia).

——. "A Meditation in Mourning: The Sacrifice of the Daughter of Jephthah," *Union Seminary Quarterly Review* 31:59 – 73.

Tsevat, Matitiahu, "Some Biblical Notes (Judges 5:14 and others)," *HUCA* 24(1953), pp. 107 – 114.

Urbrock, William J. "Samson: A Play for Voices," in Elaine R. Follis, ed. , *Directions in Biblical Hebrew Poetry* (JSOTS 40; Sheffield: JSOT Press, 1987).

van der Hart, R. "The Camp of Dan and the Camp of Yahweh," *VT* 25/4 (1975), pp. 720 – 728.

van der Kooij, A. "'And I also said': A New Interpretation of Judges ii 3," *VT*45(1995), pp. 294 – 306.

———. "On Male and Female Views in Judges 4 and 5, " in Bob Becking and Meindert Dijkstra, eds. , *On Reading Prophetic Texts* (Leiden. N Y. Köln: E. J. Brill, 1996), pp. 135 – 152.

van der Toorn, K. "The Nature of the Biblical Teraphim in the Light of the Cuneiform Evidence," *CBQ* 52(1990), pp. 203 – 222.

———. "Judges xvi 21 in the Light of the Akkadian Sources," *VT* 36(1986), pp. 248 – 253.

van Selms, A. "Judge Shamgar," *VT* 14, pp. 294 – 309.

———. "The Best Man and Bride-From Sumer to St John with a New Interpretation of Judges, Chapters 14 and 15, " *JNES* 9(1950), pp. 65 – 75.

van Seters, J. "Once Again-The Conquest of Sihon's Kingdom," *JBL* 99 (1980), pp. 117 – 119.

van Wyk, W. C. "The Fable of Jotham in Its Ancient Near Eastern Setting," *OTWSA* 15/16, pp. 89 – 95.

Vannoy, J. Robert. *Covenant Renewal at Gilgal* (Cherry Hill, NJ: Mack Publishing Co. , 1978).

Veijola, T. *Das Königtum in der Beurteilung der deuteronomistischen Historiographie. Eine redaktionsgeschichtliche Untersuchung* (AASF. B 198, Helsinki).

Vickery, J. B. "In Strange Ways. The Story of Samson," in B. O. Long, ed. , *Images of Man and God*, pp. 58 – 73, 119.

von Rad, Gerhard. "Judges 12:5 – 7," in *God at Work in Israel* (originally as Gottes Wirken in Israel, Neukirchener Verlag, 1974; ET by J. H. Marks, Nashville: Abingdon, 1980).

———. "The Story About Samson," in *God at Work in Israel* (originally as Gottes Wirken in Israel, Neukirchener Verlag, 1974; ET by J. H. Marks, Nashville: Abingdon, 1980).

Warner, S. M. "The Dating of the Period of the Judges," *VT* 28:455 – 463.

———. "The Judges within the Structure of Early Israel," *HUCA* 47:57 – 74.

Washburn, David L. "The Chronology of Judges: Another Look," *BS* 147: 414 – 425.

Watts, J. W. "The Song of Deborah (Judges 5)," in *Psalm and Story: Inset Hymns in Hebrew Narrative* (JSOTS 139, Sheffield, 1992), pp. 82 – 98.

Webb, B. G. *The Book of the Judges. An integrated Reading* (JSOT Supp. Ser. 46, Sheffield).

——. "The Theme of the Jephthah Story (Judges 10:6 – 12:7)," *RefThR* 45 (1986), pp. 34 – 43.

——. "A Serious Reading of the Samson Story," *RTR* 54(1995), pp. 110 – 120.

Weinfeld, M. "The Period of the Conquest and of the Judges as Seen by the Earlier and the Later Sources," *VT* 17, pp. 93 – 113.

——. "'They Fought From Heaven'-Divine Intervention . . . ," *Eretz-Israel* 14(1978), pp. 23 – 30.

Weiser, A. "Das Deboralied, Eine gattungs-und traditionsgeschichtliche Studie," *ZAW* 71, pp. 67 – 97.

Weisman, Ze'eb. "Charismatic Leaders in the Era of the Judges," *ZAW* 89 (1977), pp. 399 – 411.

——. "Did a National Leadership Exist in the Era of the Judges?" *Oded Bib-Studies V* (1980), pp. 19 – 31.

Welten, P. "Bezeq," *ZDPV* 81(1965), pp. 138 – 165.

Wharton, J. A. "The Secret of Yahweh. Story and Affirmation in Judges 13 – 16," *Interp.* 27, pp. 48 – 66.

Whitelam, K. W. "Recreating the History of Israel," *JSOT* 35:45 – 70.

Wilcock, Michael. *The Message of Judges. Grace Abounding* (The Bible Speaks Today, OT; Leicester, England/Downers Grove, Il. : Inter-varsity).

William, Jay G. "The Structure of Judges 2,6 – 16,31," *JSOT* 49, pp. 77 – 86.

Williams, R. J. "The Fable in the Ancient Near East," in *A Stubborn Faith*, *FS W. A. Irwin* (Dallas/Texas), pp. 3 – 26.

Wilson, R. R. "Enforcing the Covenant: The Mechanisms of Judicial Authority in Early Israel," in Huffmon, H. B. , et al. , eds. , *The Quest for the Kingdom of God* (Winona Lake, In. : Eisenbrauns), pp. 59 – 75.

Wilson, Robert K. "Israel's Judicial System in the Preexilic Period," *JQR* 74 (1983), pp. 229 – 248.

Wirppert, Manfred. *The Settlement of the Israelite Tribles in Palestine* (Naperville, Ill. : Alec R. Allenson, 1971).

Wright, G. R. H. "The Mythology of Pre-Israelite Shechem," *VT* 20, pp. 75 – 82.

Yadin, Yigael. "The Transition from a Semi-Nomadic to a Sedentary Society in the Twelfth Century BCE," in F. M. Cross, ed. , *Symposia Celebrating the 75th Anniversary of the Founding of the ASOR* (1900 – 1975)

(Cambridge, MA: ASOR), pp. 57 - 88.

——. *Hazor* (Schweich Lectures 1970; London: Oxford University Press).

——. "And Dan, Why Did He Remain in Ships," *Australian Journal of Biblical Archaeology* 1(1968), pp. 1 - 23.

Yee, Gale A. ed. , *Judges and Method: New Approaches in Biblical Studies* (Minneaplis: Fortress Press, 1995).

——. "By the Hand of a Woman: The Metaphor of the Woman Warrior in Judges 4," *Semeia* 61(1993), pp. 99 - 132.

Younger Jr, K. Lawson. "The Configuring of Judicial Preliminaries: Judges 1:1 - 2:5 and Its Dependence on the Book of Joshua," *JSOT* 68(1995), pp. 75 - 92.

——. "Heads! Tails! Or the Whole Coin! Contextual Method and Intertextual Analysis: Judges 4 and 5," in K. L. Younger, etc. eds. , *The Biblical Canon in Comparative Perspective: Scripture in Context IV* (ANETS 11; Lewiston, NY: Edwin Mellen, 1991).

——. "Judges 1 in Its Near Easten Literary Context," in A. R. Millard, et al. , eds. , *Faith, Tradition and History: Old Testament Historiography in Its Near Eastern Context* (Winona Lake: Eisenbrauns, 1994).

——. *Ancient Conquest Accounts: A Study in Ancient Near Eastern and Biblical History Writing* (JSOTS 98; Sheffield: JSOT Press, 1990).

Yurco, F. J. "3200-Year Old Picture of Israelites Found in Egypt," *BARev* 16/5, pp. 20 - 38.

——. "Merenptah's Canaaite Campaign," *Journal of the American Research Center in Egypt* 23:189 - 215.

——. "Merenptah's Palestinian Campaign," *Journal of the Society for the Study of Egyptian Antiquities* 8:70.

Zakovitch, Yair. *Hayye S (h) ims (h) on . . .* (ET: *The Life of Samson*, Jg 13 - 16, *Literary-critical Analysis*; Jerusalem: Magnes Press, 1982).

Zertal, A. "The Water Factor During the Israelite Settlement Process in Canaan," in M. Heltzer and E. Lipinski, eds. , *Society and Economy in the East. Med. (c. 1500 - 1000 BC)* (Orientalia Lovaniensia Analecta, 23; Leuven: Uitgeverij Peeters), pp. 341 - 352.

Zimmerman, Frank. "Reconstructions in Judges 7: 25 - 8: 25," *JBL* 71 (1952), pp. 111 - 114.

史丹理基金公司　　识

　　1963 年菲律宾史丹理制造公司成立后，由于大多数股东为基督徒，大家愿意把公司每年盈利的十分之一奉献，分别捐助神学院、基督教机构，以及每年圣诞赠送礼金给神职人员，史丹理制造公司也因此得到大大祝福。

　　1978 年容保罗先生与笔者会面，提起邀请华人圣经学者著写圣经注释的建议，鼓励笔者投入这份工作。当时笔者认为计划庞大，虽内心深受感动，但恐心有余而力不足，后来决定量力而为，有多少资金就出版多少本书。出版工作就这样开始了。

　　1980 年 11 月，由鲍会园博士著作的歌罗西书注释交给天道书楼出版，以后每年陆续有其他经卷注释问世。

　　1988 年史丹理制造公司结束二十五年的营业。股东们从所售的股金拨出专款成立史丹理基金公司，除继续资助多项工作外，并决定全力支持天道书楼完成出版全部圣经注释。

　　至 2000 年年底，天道书楼已出版了三十六本圣经注释，其他大半尚待特约来稿完成。笔者鉴于自己年事已高，有朝一日必将走完人生路程，所牵挂的就是圣经注释的出版尚未完成。如后继无人，将来恐难完成大功，则功亏一篑，有负所托。为此，于 2001 年春，特邀请天道书楼四位董事与笔者组成一小组，今后代表史丹理基金公司与天道书楼负责人共同负起推动天道圣经注释的出版工作，由许书楚先生及姚冠尹先生分别负起主席及副主席之职，章肇鹏先生、郭志权先生、施熙礼先生出任委员。并邀请容保罗先生担任执行秘书，负责联络，使出版工作早日完成。

　　直至 2004 年，在大家合作推动下，天道圣经注释已出版了五十一册，余下约三十册希望在 2012 年全部出版刊印。

　　笔者因自知年老体弱，不便舟车劳顿，未能按时参加小组会议。为此，特于 6 月 20 日假新加坡召开出版委员会，得多数委员出席参加。愚亦于会中辞去本兼各职。并改选下列为出版委员会委员——主席：姚冠尹先生；副主席：施熙礼先生；委员：郭志权博士、章肇鹏先生、容保罗先生、楼恩德先生；执行秘书：刘群英小姐——并议定今后如有委员或秘书出缺，得由出版小组成员议决聘请有关人士，即天道书楼董事，或史丹理基金公司成员担任之。

　　至于本注释主编鲍会园博士自 1991 年起正式担任主编,多年来不辞劳苦,忠心职守,实令人至为钦敬。近因身体软弱,敝委员会特决议增聘邝炳钊博士与鲍维均博士分别担任旧、新约两部分编辑,辅助鲍会园博士处理编辑事项。特此通告读者。

　　至于今后路线,如何发展简体字版,及配合时代需求,不断修订或以新作取代旧版,均将由新出版委员会执行推动之。

许书楚　识

2004 年　秋

天道圣经注释出版纪要

　　由华人圣经学者来撰写一套圣经注释，是天道书楼创立时就有的期盼。若将这套圣经注释连同天道出版的《圣经新译本》、《圣经新辞典》和《天道大众圣经百科全书》摆在一起，就汇成了一条很明确的出版路线——以圣经为中心，创作与译写并重。

　　过去天道翻译出版了许多英文著作；一方面是因译作出版比较快捷，可应急需，另一方面，英文著作中实在有许多堪称不朽之作，对华人读者大有裨益。

　　天道一开始就大力提倡创作，虽然许多华人都谦以学术研究未臻成熟，而迟迟未克起步，我们仍以"作者与读者同步迈进"的信念，成功地争取到不少处女作品；要想能与欧美的基督教文献等量齐观，我们就必须尽早放响起步枪声。近年来看见众多作家应声而起，华文创作相继涌现，实在令人兴奋；然而我们更大的兴奋仍在于寄望全套"天道圣经注释"能早日完成。

　　出版整套由华人创作的圣经注释是华人基督教的一项创举，所要动员的人力和经费都是十分庞大的；对于当年只是才诞生不久的天道书楼来说，这不只是大而又难，简直就是不可能的事。但是强烈的感动一直催促着，凭着信念，下定起步的决心，时候到了，事就这样成了。先有天道机构名誉董事许书楚先生，慨允由史丹理基金公司承担起"天道圣经注释"的全部费用，继由鲍会园博士以新作《歌罗西书注释》（后又注有《罗马书》上下卷，《启示录》）郑重地竖起了里程碑（随后鲍博士由1991年起正式担任全套注释的主编），接着有唐佑之博士（《约伯记》上下卷，《耶利米哀歌》）、冯荫坤博士（《希伯来书》上下卷，《腓立比书》，《帖撒罗尼迦前书》，《帖撒罗尼迦后书》）、邝炳钊博士（《创世记》一二三四五卷，《但以理书》）、曾祥新博士（《民数记》，《士师记》）、詹正义博士（《撒母耳记上》一二卷）、区应毓博士（《历代志上》一二卷，《历代志下》，《以斯拉记》）、洪同勉先生（《利未记》上下卷）、黄朱伦博士（《雅歌》）、张永信博士（《使徒行传》一二三卷，《教牧书信》）、张略博士（与张永信博士合著《彼得前书》,《犹大书》)、刘少平博士(《申命记》上下卷,《何西阿书》,《约珥书》,《阿摩司书》)、梁康民先生(《雅各书》)、黄浩仪博士(《哥林多前书》上卷,《腓利门书》)、梁薇博士(《箴言》)、张国定博士(《诗篇》一二三四卷)、邵晨光博士(《尼希米记》)、陈济民博士(《哥林多后书》)、赖建国博士(《出埃及记》上下卷)、李保罗博士(《列王纪》一二三四卷)、钟志邦博士(《约翰福音》上下卷)、周永健博士(《路得记》)、谢慧儿博士(《俄巴底亚书》,《约拿书》)、梁洁琼博士(《撒母耳记下》)、吴献章博士(《以赛亚书》三四卷)、叶裕波先生(《耶利米书》上卷)、张达民博士(《马太福音》)、戴浩辉博士(《以西结书》)、鲍维均博士(《路加福音》上下卷)、张玉明博士(《约书亚记》)、蔡金玲博士(《以斯帖记》,《撒迦利亚书》,《玛拉基书》)、吕绍昌博士(《以赛亚书》一二卷)、邝成中博士(《以弗所书》)、吴道宗博士(《约翰一二三书》)、叶雅莲博士(《马可福音》)、岑绍麟博士(《加拉太书》)、胡维华博士(《弥迦书》,《那鸿书》)、沈立德博士(《哥林多前书》下卷)、黄天相博士(《哈巴谷书》,《西番雅书》,《哈该书》)等等陆续加入执笔行列,他们的心血结晶也将一卷一卷地先后呈献给全球华人。

当初单纯的信念,已逐渐看到成果;这套丛书在 20 世纪结束前,完成写作并出版的已超过半数。同时,除了繁体字版正积极进行外,因着阅读简体字读者的需要,简体字版也逐册渐次印发。全套注释可望在 21 世纪初完成全部写作及出版;届时也就是华人圣经学者预备携手迈向全球,一同承担基督教的更深学术研究之时。

由这十多年来"天道圣经注释"的出版受欢迎、被肯定,众多作者和工作人员协调顺畅、配合无间,值得我们由衷地献上感谢。

为使这套圣经注释的出版速度和写作水平可以保持,整个出版工作的运转更加精益求精,永续出版的经费能够有所保证,1997 年 12 月天道书楼董事会与史丹理基金公司共同作出了一些相关的决定:

虽然全套圣经六十六卷的注释将历经三十多年才能全部完成,我们并不以此为这套圣经注释写作的终点,还要在适当的时候把它不断地修订增补,或是以新著取代,务希符合时代的要求。

天道书楼承诺负起这套圣经注释的永续出版与修订更新的责任,由初版营收中拨出专款支应,以保证全套各卷的再版。史丹理基金公司也成立了圣经注释出版小组,由许书楚先生、郭志权博士、姚冠尹先生、章肇鹏先生和施熙礼先生五位组成,经常关心协助实际的出版运作,以确保尚未完成的写作及日后修订更新能顺利进行。该小组于2004年6月假新加坡又召开了会议,许书楚先生因年事已高并体弱关系,退居出版小组荣誉主席,由姚冠尹先生担任主席,施熙礼先生担任副主席,原郭志权博士及章肇鹏先生继续担任委员,连同小弟组成新任委员会,继续负起监察整套注释书的永续出版工作。另外,又增聘刘群英小姐为执行秘书,向委员会提供最新定期信息,辅助委员会履行监察职务。此外,鉴于主编鲍会园博士身体于年初出现状况,调理康复需时,委员会议决增聘邝炳钊博士及鲍维均博士,并得他们同意分别担任旧约和新约两部分的编辑,辅助鲍会园博士处理编辑事宜。及后鲍会园博士因身体需要,退任荣誉主编,出版委员会诚邀邝炳钊博士担任主编,曾祥新博士担任旧约编辑,鲍维均博士出任新约编辑不变,继续完成出版工作。

　　21世纪的中国,正在走向前所未有的开放道路,于各方面发展的迅速,成了全球举世瞩目的国家。国家的治理也逐渐迈向以人为本的理念,人民享有宗教信仰自由,全国信徒人数不断增多。大学学府也纷纷增设了宗哲学学科和学系,扩展国民对宗教的了解和研究。这套圣经注释在中国出版简体字版,就是为着满足广大人民在这方面的需要。深信当全套圣经注释完成之日,必有助中国国民的阅读,走在世界的前线。

容保罗　识

2011年　春

图书在版编目(CIP)数据

士师记注释/曾祥新著.—上海:上海三联书店,2023.10 重印
"天道圣经注释"系列
主编/邝炳钊　旧约编辑/曾祥新　新约编辑/鲍维均
ISBN 978－7－5426－4252－3

Ⅰ.①士…　Ⅱ.①曾…　Ⅲ.①圣经-注释　Ⅳ.①B971.1

中国版本图书馆 CIP 数据核字(2013)第 134991 号

士师记注释

著　　者 / 曾祥新

策　　划 / 徐志跃

责任编辑 / 邱　红

装帧设计 / 鲁继德

监　　制 / 姚　军

责任校对 / 张大伟

出版发行 / 上海三联书店

　　　　　(200030)中国上海市漕溪北路 331 号 A 座 6 楼

邮　　箱 / sdxsanlian@sina.com

邮购电话 / 021－22895540

印　　刷 / 上海惠敦印务科技有限公司

版　　次 / 2014 年 10 月第 1 版

印　　次 / 2023 年 10 月第 6 次印刷

开　　本 / 890mm×1240mm　1/32

字　　数 / 430 千字

印　　张 / 14.25

书　　号 / ISBN 978－7－5426－4252－3/B·285

定　　价 / 43.00 元

敬告读者,如发现本书有质量问题请与印刷厂联系 021－63779028